Mq. la pièce cotée 12
lacération constatée le
27 février 1904
P. Marchal

LE RÉFRACTAIRE,

ou

UNE NUIT DE LA MI-CARÊME,

VAUDEVILLE EN DEUX ACTES,

PAR MM. MALLIAN et E. CORMON.

REPRÉSENTÉ POUR LA PREMIÈRE FOIS A PARIS, SUR LE THÉATRE DE LA GAITÉ,
LE 12 AVRIL 1837.

Oui, tout l'amour que vous aviez pour elle, (ACTE II, SC. XIII.)
Il faut, ici, le rendre à son enfant!

PARIS,

NOBIS, ÉDITEUR, RUE DU CAIRE, N° 5.

1837.

Personnages. *Acteurs.*

PREMIER ACTE.

GROBINOT (45 ans). M. LEBEL.
PHILÉAS (même âge). M. RAYMOND.
LUDOVIC (25 ans). M. EUGÈNE.
MANETTE (20 ans). M{}^{lle} MARIA.

DEUXIÈME ACTE.

GROBINOT (60 ans). M. LEBEL.
PHILÉAS (même âge). M. RAYMOND.
LUDOVIC (40 ans). M. EUGÈNE.
JEAN (15 ans). M{}^{lle} MARIA.

La scène se passe à Paris, chez Grobinot ; le 1er acte en 1793, le 2e en 1808.

J.-R. MEVREL, Passage du Caire, 5.

LE RÉFRACTAIRE,

VAUDEVILLE EN DEUX ACTES.

ACTE I.

Un appartement modestement meublé. Un bureau couvert de papiers. Une table ronde. Entrée principale au fond ; à gauche, deux portes ; à droite, une porte et une fenêtre.

SCÈNE I.

PHILÉAS, entrant, un paquet de papiers sous le bras.

Allons, voilà qu'ils demandent le président de la section... à cette heure-ci !.. et c'est encore de la besogne pour moi son secrétaire et ami !.. Pas un moment de libre, sous le règne de la liberté. (Déposant les papiers sur le bureau.) En voilà-t-il de ces actes d'accusation, de ces dénonciations !.. ah ! s'il ne dépendait que de moi !.. (Il fait le geste de déchirer les papiers.) Mon président Grobinot m'arrangerait joliment !.. je crois que malgré notre amitié il serait capable de me citer lui-même devant le comité de salut public... C'est que Grobinot est un enragé... un enragé poltron !.. il crie vive la république !.. parce que nous vivons sous la république... que nous vivions sous une autre température, il criera tout ce que l'on voudra.

Air de la Somnambule.

Au nom de la chose publique,
On nous a fait crier vive le roi !
C'est maintenant, vive la république !
Mais on est pas au bout je croi,
Bien d'autres cris suivront encor, je pense,
Je le devine et sans être sorcier,
Quel que soit le pouvoir en France,
On nous fera toujours crier !

SCENE II.

PHILÉAS, GROBINOT.

GROBINOT, ayant entendu les derniers vers.

Qu'est-ce que tu chantes là, malheureux séditieux ? mais si l'on t'entendait tu serais un homme perdu, écharpé à la minute !.. et moi aussi, moi, ton ami, moi, ton président, le peuple nous aurait bientôt pulvérisés, réduits en cendres... un jeudi de la Mi-Carême !.. presque un Mardi-Gras !.. le jour serait mal choisi !

PHILÉAS.

Tu ne rêves que conspiration... sédition !

GROBINOT, lui prenant la main avec mystère.

Renfermons dans nos cœurs nos secrètes pensées... profitons des circonstances. En tous lieux, en tous temps, ne perdons pas de vue nos petites affaires et fichons-nous du reste ! Tradéri... déra la ! la ! la !

PHILÉAS, le regardant avec surprise.

Ah ça ! es-tu fou ? voilà que tu danses !

GROBINOT.

Tradéri, déra la, la, la ! J'ai des fourmis dans les jambes !

PHILÉAS.

Tu es bien gai pour un fonctionnaire public.

GROBINOT.

Mais tu n'entends donc pas dans la rue ces cris de folle gaîté ?.. cris que la pudeur défend de répéter !.. La Mi-carême !.. n'est-ce pas pour nous depuis trente ans un jour sacré et consacré au plaisir, à la folie ?

PHILÉAS.

Oui, c'est dommage que nous ne soyons plus comme il y a trente ans.

GROBINOT.

Qu'entends-tu par ces paroles ?

PHILÉAS.

J'entends que nous avions quinze ans, il y a trente ans et qu'aujourd'hui nous ne les avons plus.

GROBINOT.

C'est des bruits que l'on fait courir et que je démens... quand on a eu quinze ans, on les a toute sa vie... seulement on en a plus ou moins avec, mais on les a toujours... personne ne peut vous les ravir.

Air : Contentons-nous d'une simple bouteille.

Nous réformer déjà serait un crime,
Nos cœurs encor peuvent être brûlans,
Rendons justice au feu qui nous anime ;
Mon cher ami, nous sommes deux volcans.

PHILÉAS.

Sur ce point-là, Grobinot soit paisible,
Je ne veux pas combattre tes raisons,
Nous somm's tous deux des volcans c'est possible...
Mais nous fumons plus que nous ne brûlons !

GROBINOT, changeant de ton.

Philéas !.. je suis le plus infortuné des hommes.

PHILÉAS.

Mon pauvre ami, qu'as-tu donc ?

GROBINOT.

Je suis seul et unique de mon espèce, pas un enfant !.. pas le moindre enfant dans lequel je puisse me mirer !.. c'est mon rêve de tous les instans, c'est mon idée fixe. Un fils qui perpétuerait ma race !.. car, après moi, les Grobinot s'éteignent !.. je suis l'éteignoir de ma race !

PHILÉAS.

Dam ! à qui la faute ?

GROBINOT.

Je veux changer mon état de veuf. J'ai pris l'audacieuse résolution de devenir père.

PHILÉAS.

Voilà quinze ans que tu me dis toujours la même chose, dans le carnaval !

GROBINOT.

Cette fois-ci sera la dernière !

PHILÉAS.

L'intention est bonne ! Ah ça ! je venais t'avertir qu'on t'attend à sept heures à la section !

GROBINOT.

J'y serai. L'amour du devoir l'emporte. Donne-moi mes papiers. As-tu fait mon rapport sur les mesures à prendre contre les réfractaires ?

PHILÉAS.

Je n'ai pas eu le temps de l'achever.

GROBINOT.

J'improviserai.

PHILÉAS.

Garde-t'en bien, tu dirais plus de bêtises !..

GROBINOT.

Jusqu'à présent tous mes discours écrits par toi m'ont valu les suffrages de l'assemblée... cela me vexe, m'humilie. Il est temps que je me relève à mes propres yeux. J'improviserai.

PHILÉAS.

Tu me fais trembler. Dis donc, en attendant que tu reviennes, je vais achever de mettre le couvert et descendre à la cave.

GROBINOT.

Bonne idée ! j'ai commandé à Manette un petit souper des plus délicats, avec des beignets et des crêpes !

PHILÉAS.

Bon ! tu m'électrises ! et je me sens tout guilleret !.. Tradéri, déra, la, la !..

GROBINOT.

Tradéri, déra, la, la !.. Il faut nous en donner une bonne ce soir !.. Manette ! Manette !

MANETTE, dans la coulisse.

Citoyen!

GROBINOT.

Es-tu à la besogne?

MANETTE.

Je taille les pommes et je prépare la friture.

GROBINOT.

Bravo! (Il pousse la porte de la cuisine.)

MANETTE.

Je ne veux pas qu'on vienne m'ennuyer dans ma cuisine, laissez-moi tranquille ou sinon, gare à vous!

GROBINOT.

C'est bon!.. c'est bon! on reste à la porte, méchante!.. (Elle lui ferme la porte au nez.) Ah! Manette!.. je trouve le procédé un peu dur! Est-elle farouche! on ne peut pas lui dire un mot qu'elle ne se fâche!

PHILÉAS, se rengorgeant.

Ça dépend des personnes qui lui parlent.

GROBINOT.

Cupidon que tu es, va!

PHILÉAS, allant à la porte.

Manette!.. c'est moi, Philéas!

MANETTE.

Que me voulez-vous?

PHILÉAS.

Passe-moi le panier aux bouteilles.

MANETTE.

Il est sous votre table.

PHILÉAS.

C'est juste! mais il me faudrait une bougie.

MANETTE.

Il y en a sur votre cheminée.

PHILÉAS.

C'est encore juste!.. (Hésitant un peu.) Manette!

MANETTE.

Ah! ça va se gâter!..

PHILÉAS.

J'ai tant de choses à te dire?..

(Il entr'ouvre doucement la porte; Manette le couvre de farine.)

GROBINOT.

Oh!.. bravo... Oh! que c'est bien!..

PHILÉAS.

J'en ai plein les yeux.

GROBINOT, à la porte.

Bravo!.. bravo!.. amour de Manette! (Manette lui colle sur la figure la pâte large et ronde d'une crêpe.) Ah! que c'est traître!..

ENSEMBLE.

Air du galop de Gustave.

Ah! c'est charmant! (bis.)
Ah! quelle aimable folle!
Je raffolle
Vraiment
De cette jolie enfant!

GROBINOT, à part.

Je n'y puis résister!

PHILÉAS, de même.

Je saurai vaincre toute entrave.

GROSBINOT.

A la tribun' je vais monter.

PHILÉAS.

Je descends à la cave!

ENSEMBLE.

Ah! c'est charmant! etc.

SCÈNE III.

MANETTE, seule.

(Elle entre en scène dès qu'ils sont sortis, et tient sa poêle à la main.)

A-t-on jamais vu des vieux aussi laids et aussi ennuyans que ceux-là ! Ce n'est pas assez d'avoir une bonne jeune et pas trop mal, ils veulent encore lui faire la cour ! Est-ce qu'ils ne me tourmentent pas tous les deux pour m'épouser !.. On vous en donnera, mes chéris !.. Comment, malgré la difficulté, j'aurais su conserver jusqu'à présent une réputation et un cœur intacts, et c'est à des êtres aussi disgracieux que de semblables trésors seraient réservés !.. Qu'ils y viennent donc !.. on les avertit que ça brûle !

Air de Doche.

Ah ! qu'un' servante
Doit êtr' prudente,
Pour faire taire les cancans.
Lorsqu'elle est fille,
Jeune et gentille,
Et qu'ell' n'a pas encor vingt ans !

Un jeun' garçon
La prend-il en service ?
Dans la maison,
On dit avec malice,
Que, chaque soir,
En cachette ell' se glisse
De la cuisin' dans le boudoir !

Eh bien ! le grand mal ! son maître ne peut-il pas se sentir incommodé ? avoir besoin d'une infusion de violettes, de bourrache ou de quatre-fleurs, sans que pour ça...

Ah ! qu'un' servante, etc.

D'un vieux rentier,
Devient-elle ménagère ?
Dans le quartier,
Quand ell' pass', chaqu' commère,
Avec dépit, lui dit : Mam' la rentière,
Ne fait's donc pas
Vos embarras !

La rentière !.. les insolentes ! comme si, pour un Madame devant son nom, et pour quelques écus dans sa poche, on allait vendre sa beauté, sa jeunesse à un vieux restant de mauvais sujet... J'l'en souhaite !

Ah ! qu'un' servante, etc.

Enfin voit-on
Venir dans sa cuisine
Un beau garçon ?
Aussitôt chaqu' voisine
Dit méchamment
Et par pur' jalousie :
Quelle infamie !
C'est un amant !

Un amant !.. c'est possible !.. ça s'est vu !.. mais pour le bon motif... sans quoi !.. (On entend frapper à une porte de côté.) C'est lui !.. c'est Ludovic !..

(Elle va ouvrir avec mystère.

LUDOVIC.

Êtes-vous seule ?

MANETTE.

Oui !..

(Pendant que Ludovic entre et referme la porte, elle reprend.)

Ah ! qu'un' servante, etc.

SCÈNE IV.
MANETTE, LUDOVIC.
LUDOVIC.
Bonjour, Manette.
MANETTE.
Vous v'là, à cette heure-ci?
LUDOVIC.
Le patron a fait fermer la boutique et nous a donné campo, en honneur de la soirée dansante qu'il offre à ses amis et connaissances.
MANETTE.
Tiens, nous entendrons la musique? ça égaîra la maison.
LUDOVIC.
Oui, mais entendre la musique, ça donne des idées, et je venais vous demander s'il n'y aurait pas moyen, à ce soir, quand votre ouvrage sera fini, d'aller faire un petit tour à l'Elysée?
MANETTE.
Avec vous?.. non pas, non pas.
LUDOVIC.
Mon Dieu, Manette, que vous êtes rigide sur l'article des mœurs! mais puisque nous nous aimons et que nous devons nous marier un de ces jours.
MANETTE.
Ecoutez, Ludovic; vous êtes jeune, moi aussi... on va danser... il n'y a pas de mal, c'est vrai; mais en dansant on se prend la main, on se regarde dans les yeux, et puis la chaleur, le bruit, la musique surtout!.. cette musique qui vous remue l'estomac comme il n'est pas possible... tout ça vous étourdit, vous tourne la tête, et puis bonsoir le mariage!.. non, non! pas de ça!.. quand nous aurons dit oui, tous les deux, ne craignez rien, je ne dirai pas non! mais jusque là, restez à vos herbes et moi à mes casseroles.
LUDOVIC.
Bien décidément, Manette, vous me refusez?
MANETTE.
Oui, je refuse.
LUDOVIC.
En ce cas, vous ne m'aimez pas!
MANETTE.
Hein!.. je ne vous aime pas.

Air de Téniers.
>De s' bien conduire on fait sa seule étude,
>Afin qu' plus tard ils puiss'nt nous estimer;
>Voilà pourtant dans leur ingratitude,
>C' que ces messieurs appell'nt ne pas aimer!
>Mais de r'fuser si l'on a le courage,
>C'est pour vous éviter des r'grets;
>Moins on accorde avant le mariage,
>Et plus on peut donner après!

LUDOVIC.
Rien avant, Manette, c'est bien dit!.. seulement, comme on s'embête pas mal avant, faut tâcher qu'après arrive le plus vite possible.
MANETTE.
Je ne m'y oppose pas.
LUDOVIC.
Apprenez donc que le bourgeois vient de me nommer premier garçon de sa pharmacie... hein?.. que de plus, j'ai un vieil oncle qui m'a fait l'amitié de décéder en me laissant un petit magot qui va vous servir de dot!
MANETTE.
Est-ce possible!
LUDOVIC.
Très possible!.. et avant un mois je t'épouse! pardon si je vous ai tutoyée, l'excès du contentement...
MANETTE.
Je te le permets, mon bon Ludovic.

LUDOVIC.

C'est ce qui fait que j'aurais été bien aise à ce soir... mais n'en parlons plus... rien avant!

MANETTE.

Un mois!.. c'est bien vite passé.

LUDOVIC.

Bien vite!.. il n'y en a pas moins trente mortels jours et trente nuits plus mortelles encore.

MANETTE, sautant de joie.

Ta femme!.. ta femme!.. Ah! mon Dieu! et mes crêpes que j'oublie. (Elle va reprendre sa poêle qu'elle frotte.) Ludovic, passe-moi du papier?

LUDOVIC.

Où qu'il y en a?

MANETTE.

Sur le bureau.

LUDOVIC.

Mais c'est peut-être...

MANETTE.

Un tas de bêtises... donne donc.

LUDOVIC.

Voilà! (Il prend des papiers sur le bureau, en donne une partie à Manette et garde l'autre.) Tiens.

MANETTE.

Pour ce que j'en fais, c'est excellent.

LUDOVIC.

Ah! mon Dieu!

MANETTE.

Quoi donc?

LUDOVIC.

Oh! rien!.. rien!.. je croyais avoir vu mon nom. (A part avec inquiétude.) Ludovic Gérard!.. c'est bien cela!

MANETTE.

Dis donc, Ludovic, dans un mois!

LUDOVIC, sans l'écouter.

Je suis perdu!.. Ah! comment lui apprendre?.. pauvre fille!

MANETTE.

Nous serons dans notre petit ménage... bien heureux...

LUDOVIC, à part et remettant le papier dans sa poche.

Plus tard, elle saura tout!

MANETTE.

Ludovic!.. vous ne m'écoutez pas!

LUDOVIC.

Si... si... pardon!.. c'est que je pensais... Ah! Manette! il faut que je te quitte!.. j'ai oublié... d'envoyer une potion chez un malade... et puis tes maîtres vont rentrer...

MANETTE.

Tu n'iras pas à l'Elysée?

LUDOVIC.

Oh! non!.. je te le jure.

MANETTE.

On y fait de trop vilaines connaissances!

LUDOVIC.

Adieu, Manette, un baiser?

MANETTE.

Du tout!

LUDOVIC.

Un seul!

MANETTE.

La main, c'est bien assez. (Ludovic lui prend la main, et l'embrasse sur le cou.)

LUDOVIC.

Adieu, Manette, adieu! (Il sort par la porte de côté.)

SCÈNE V.
MANETTE, puis PHILÉAS.
MANETTE.
Il a une manière de demander qui ne laisse pas le temps de dire non ! après tout, un baiser, ça ne tire pas à conséquence !.. (Se retournant et apercevant Philéas qui entre avec un panier plein de bouteilles.) Tiens, c'est vous !
PHILÉAS.
Moi, et le cachet rouge.
MANETTE.
Vous n'avez pas mal choisi... c'est du vieux !
PHILÉAS.
Le vieux, c'est le bon !
MANETTE.
En fait de vin, je ne dis pas !.. Mais M. Grobinot va rentrer... vite, vite... achevez de mettre le couvert.   (Elle rentre dans sa cuisine.)

SCÈNE VI.
PHILÉAS, seul.
Elle me fait bondir !... Et Grobinot qui veut à toute force être époux et père ! Il ne sait pas que sa monomanie est aussi la mienne ! Enfin, la semaine dernière, n'ai-je pas rêvé que j'épousais Manette ?.. pendant quatre jours j'ai cru qu'elle était ma femme... mais je n'ai jamais pu le lui persuader !

SCÈNE VII.
PHILÉAS, GROBINOT, accourant, pâle et défait.
GROBINOT.
De l'eau ! du sel ! une compresse !... on demande une compresse pour un blessé !
PHILÉAS.
Ah ! malheureux, qu'est-ce que tu as fait ?
GROBINOT.
J'ai improvisé !
PHILÉAS.
Quand je te le disais !
GROBINOT.
J'ai improvisé un discours sublime ! oh ! que ça allait bien dans le commencement, que ça allait bien !.. Bravo ! bravo !... mais vers le milieu !... ah ! vers le milieu, grand Dieu !... ping ! pang !... j'ai reçu un marron juste dans l'œil gauche... et au même instant, une pomme crue s'aplatissait sur mon oreille droite !.. ah ! le milieu a été rude à arracher !
PHILÉAS.
Allons, allons, ça ne sera rien.   (Il le fait asseoir.)
GROBINOT, se relevant.
Aie ! aie !.. prends donc garde !
PHILÉAS.
Est-ce que tu as encore reçu quelque chose ?
GROBINOT.
Tiens, parbleu ! à la péroraison, des marrons et des pommes crues on a passé à un autre genre de projectiles que l'on lance avec la jambe, et comme je descendais de la tribune... vlan ! oh !.. oh !..
PHILÉAS.
Allons, allons, ça ne sera rien ; le souper réparera tout ça ; place-toi là.
(Il l'aide à marcher et le fait mettre à table.)
GROBINOT.
Ah ! je sens que je défaille.
PHILÉAS.
Bois ça... ne crains rien, ça te remettra.
GROBINOT.
Quel rude métier que celui d'orateur.

PHILÉAS.
Manette !.. quand tu voudras !
MANETTE, entrant.
Voilà ! (Elle apporte une volaille rôtie.) Voilà de quoi commencer.
PHILÉAS et GROBINOT, la retenant par sa robe.
Manette !.. Manette... reste un moment !
MANETTE, leur tapant sur les doigts.
Voulez-vous me lâcher, mes beignets vont brûler. (Elle rentre.)

SCENE VIII.
PHILÉAS, GROBINOT, tous deux à table, UN PAILLASSE.
(Au moment où Manette rentre dans sa cuisine la porte du fond s'ouvre et un paillasse entre. Il referme la porte et reste au fond.)

PHILÉAS, qui a versé à boire.
Air du Chalet.

C'est un plaisir
Que de se réunir ;
Près d'un ami joyeux,
On rit, on chante et l'on boit mieux.

ENSEMBLE.
C'est un plaisir etc.

PHILÉAS.
Que faut-il pour que la vieillesse
Retrouve un éclair de jeunesse ?
Un doigt de vin.

GROBINOT.
Que faut-il pour de la tribune
Oublier plus d'une infortune ?
Un verre plein !

LE PAILLASSE, s'avançant.
Un verre plein ! et pour trinquer ensemble,
De francs lurons que la gaîté rassemble !

GROBINOT.
Un paillasse !

PHILÉAS.
Qui êtes-vous ?

LE PAILLASSE.
Eh ! qu'est-ce que ça vous fait ? j'ai une faim d'enragé, une soif de tous les diables et une copieuse envie de rire à vos dépens ou de vous faire rire aux miens... si ça vous va, dites-le !.. on vous servira, mes petits papas !

C'est un plaisir
Que de se réunir ;
Près d'un ami joyeux,
On rit, on chante et l'on boit mieux !

ENSEMBLE.
C'est un plaisir etc.

GROBINOT.
Allons, paillasse ! prends une chaise et sois des nôtres ! (A Philéas.) C'est quelque farceur de nos amis qui veut nous intriguer... tâchons de le reconnaître.

LE PAILLASSE, prenant une chaise près de la fenêtre.
Ces maudites gens sont toujours là, devant la maison !(Il revient se placer; on mange et l'on boit.) Ah çà ! mes anciens, comment gouvernez-vous l'existence et les amours ?

GROBINOT.
Oh ! l'existence... bien doucement... quant aux amours...

PHILÉAS.
Plus doucement encore !

LE PAILLASSE.
Vous me faites pourtant l'effet de deux pères sournois!.. toi, par exemple, Grobinot.
GROBINOT, à part.
Il sait mon nom; c'est cela!.. c'est un de nos amis!
LE PAILLASSE.
Tu passes dans le quartier pour un fameux Lovelace.
GROBINOT.
Réputation qui m'honore et dont je me rendrai digne...
LE PAILLASSE.
Si c'est possible! toi, Philéas, le secrétaire, je crois que tu t'occupes de toute autre chose que des discours de ton président... on connaît tes inclinations!
GROBINOT.
Ses inclinations!..
LE PAILLASSE.
Et les tiennes aussi. (Bas.) La petite Manette...
GROBINOT.
Chut!
LE PAILLASSE, bas à Philéas.
La jolie cuisinière...
PHILÉAS.
Chut!.. (A part.) D'où diable peut-il avoir appris?
GROBINOT, de même.
Comment se fait-il qu'il sache?.. ce paillasse est peut-être une tireuse de cartes!
LE PAILLASSE, se levant.
A vos santés!.. (Ils trinquent.)
ENSEMBLE.
C'est un plaisir
Que de se réunir ;
Près d'un ami joyeux,
On rit, on chante et l'on boit mieux.
(Après l'ensemble le paillasse remonte la scène et regarde à la fenêtre.)
GROBINOT, commençant à s'animer.
Manette! les beignets!
PHILÉAS, de même.
Les crêpes, Manette!

SCÈNE IX.

LES MÊMES, MANETTE, entrant sans voir le paillasse.
MANETTE.
Voilà! voilà! (Elle pose le plat sur la table.)
GROBINOT.
Eh bien?.. où es-tu donc paillasse?
LE PAILLASSE.
Présent! (Il se trouve auprès de Manette qu'il embrasse sur le cou.)
MANETTE, reculant.
Hein?.. qu'est-ce?.. un masque!.. je te trouve bien hardi!
GROBINOT.
Ah! ah!.. mon gaillard, va donc t'y faire mordre!
(Le paillasse s'approche de Manette et lui prend la taille.)
MANETTE, se défendant.
A bas les pattes, ou je griffe!
LE PAILLASSE, fredonnant.
Une servante
Doit être prudente
Pour fair' tair' les cancans !
MANETTE, à part.
C'est Ludovic! pourquoi sous ce déguisement?
LUDOVIC, retournant vers la table.
Si Manette est aussi bonne cuisinière qu'elle est jolie, je proposerai de boire à sa santé!

PHILÉAS et GROBINOT.

Adopté!

TOUS TROIS.

A la santé de Manette! (Ils boivent.)

MANETTE, à part.

C'est une ruse pour passer la soirée auprès de moi... bon Ludovic!

PHILÉAS, très animé et versant de nouveau.

A la vertu de Manette!

GROBINOT, de même.

Aux yeux en coulisse de Manette!

LUDOVIC.

A la fidélité de Manette!

MANETTE, à part.

C'est qu'il est capable de les griser!

(On entend frapper dans la coulisse.)

GROBINOT.

Qu'est-ce qui vient nous déranger? Va voir, Manette, et dis que je n'y suis pas. (Manette sort.)

LUDOVIC, à part.

Je tremble!.. viendraient-ils me chercher jusqu'ici?

(Musique à l'orchestre.)

MANETTE, entrant effrayée.

Notre maître, c'est un caporal et quatre hommes qui viennent vous demander.

LUDOVIC, à part.

Je suis perdu!

GROBINOT.

Vois donc, Philéas, vois donc, ce qu'ils me veulent. (Philéas sort.) Est-ce que ce serait au sujet de mon improvisation de tantôt?.. Eh bien?

PHILÉAS, un papier à la main.

Ils viennent te prier de recevoir...

GROBINOT, vivement.

J'ai reçu tout ce que je pouvais recevoir.

PHILÉAS.

Tu ne comprends pas... c'est un ordre d'arrestation qu'ils t'apportent à signer.

GROBINOT, prenant le papier et allant à son bureau.

Ah!.. bon!.. oui!.. oui!.. je sais... il s'agit de ce réfractaire qu'on a dénoncé hier soir à la section et qui travaille chez le pharmacien d'en bas... le nommé Ludovic Gérard.

MANETTE, à part, et en s'appuyant sur une chaise.

Ah! mon Dieu!

PHILÉAS.

Le pauvre diable se croit bien tranquille.

GROBINOT.

Si on le pince, son affaire est bonne! (Il redonne le papier.) Tiens.

(Philéas ressort et rentre aussitôt.)

LUDOVIC, bas à Manette.

Du calme, Manette, et je suis sauvé!

(La musique à l'orchestre cesse et on entend dans la coulisse la musique du bal qui se donne dans la maison.)

GROBINOT.

Ah! bon!.. voilà qu'on danse au premier. Il paraît qu'on se divertit à tous les étages... n'est-ce pas, paillasse?

LUDOVIC, remarquant le trouble de Manette.

Est-ce que Manette ne veut pas prendre part à la gaîté générale?

MANETTE.

Ah! dam! c'est qu'une servante devant ses maîtres...

GROBINOT.

Les maîtres!.. on les a abolis!

LUDOVIC.

Allons, Manette, une chanson!

GROBINOT.

Oui... et avant de commencer, une libation à Bacchus!

PHILÉAS, versant.

C'est ça... à Bacchus!

GROBINOT.

Au dieu de Cythère!

LUDOVIC, bas.

A notre amour. (Ils boivent.)

MANETTE.

Air : Peut-on n' pas.

Manon
N'a pas d'écusson,
Et pour armes
Ell' n'a que ses charmes,
Mais plus d'un' dam' de grand nom,
Voudrait de Manon
Voler l' blason.
Un vieux traitant, me dit : « Veux-tu
De l'or?.. j'en ai beaucoup, ma brune!.. »
Tant mieux! gardez votre fortune,
Je garderai ma vertu.

TOUS.

Manon
N'a pas d'écusson, etc., etc.

MANON.

Un écolier survient : « De l'or?..
Je n'en ai pas, j'ai ma tendresse. »
Moi, j'ai ma vertu, ma jeunesse,
Changeons : trésor pour trésor.

TOUS.

Manon
N'a pas d'écusson, etc., etc.

(Pendant chaque refrain, Manette danse avec Philéas, Grobinot et Ludovic. A la seconde fois, Philéas va tomber sur une chaise à côté de la table et s'y endort. Ludovic prend Grobinot par les deux mains, le fait tourner vivement, puis il le lâche et Grobinot tombe sur une chaise de l'autre côté de la scène. Il s'endort. Moment de silence.)

MANETTE, qui a regardé Grobinot et Philéas.

Ils dorment!

LUDOVIC, vivement.

Manette, pour rester auprès de toi, j'ai oublié que la patrie était en danger, que l'on se battait aux frontières, et j'ai déchiré ma feuille de route! Ce n'est pas que je manque de cœur ou que le bruit du canon me rende malade... crredié!.. ne vas pas le croire, au moins; mais c'est que je t'aime comme un fou, et que l'amour ne raisonne pas.

MANETTE.

Malheureux, qu'as-tu fait?... Et maintenant que tu es dénoncé, comment espères-tu te sauver ?

LUDOVIC.

En tâchant de rejoindre mon régiment. Une fois là-bas on ne pensera plus à moi, et je me battrai comme un autre, mieux qu'un autre, car j'aurai une faute à réparer, un nom, un grade à gagner pour te les offrir !

MANETTE.

Mais comment quitter Paris?

LUDOVIC.

Écoute!... Prévenu à temps du danger que je courais, par le chiffon de papier que j'ai trouvé là, j'ai tout avoué à mon patron. Brave homme!.. ma position l'a intéressé... son frère est employé dans les bureaux... il a couru lui demander un passeport en blanc, et, s'il l'obtient, je suis sauvé !

MANETTE.

Comment te le fera-t-il remettre?

LUDOVIC.

C'était là le hic!.. la rue était gardée, la boutique signalée; en me cachant ici, chez le président même de la section, j'étais à l'abri de toute poursuite... mais je ne puis en sortir sans craindre d'être reconnu, arrêté.

MANETTE.
Oh ! mon Dieu !

LUDOVIC.
Aussi a-t-il été convenu avec mon protecteur, que dès qu'il aurait le passeport, il le jeterait sous enveloppe dans cette cheminée, dont l'issue donne juste à côté d'une terrasse qui lui appartient. (Ils regardent tous deux à la cheminée.) Et peut-être que dans un instant... (Un papier tombe.)

MANETTE.
Ah ! le voilà ! (Ludovic s'empare du papier et lit.)

LUDOVIC.
« Le passeport n'a pu m'être remis sur-le-champ, je l'attends d'un ins-
» tant à l'autre, dès que je l'aurai, il vous parviendra par la même voie
» que cette lettre. Surtout, que le président Grobinot ne sache pas qui
» vous êtes, car il vous livrerait. » (Grobinot se retourne.)

MANETTE.
Il a fait un mouvement !

LUDOVIC.
Ils dorment toujours !

MANETTE.
Mais... s'ils se réveillent !.. s'ils vous revoient... que faire ?.. Ah ! dans cette chambre. (Elle indique celle à droite.)

GROBINOT et PHILÉAS, rêvant.
Manette ! Manette !

MANETTE et LUDOVIC.
Air des Couturières.
Chut ! chut ! soyons discrets,
Pas d'imprudence
Et surtout du silence.
Chut ! chut ! soyons discrets,
Ils sont si près
Qu'il faut être discrets !

PHILÉAS, rêvant.
Manon, que ton cœur,
Réponde à ma flamme !

GROBINOT, de même.
Manon, je réclame,
D'être ton vainqueur...
Fais-moi ton vainqueur !..
Ton petit vainqueur !

LUDOVIC et MANETTE.
Chut ! chut ! etc.

(A la fin de l'ensemble, Ludovic reste sur le seuil de la porte.)

SCÈNE X.
PHILÉAS, GROBINOT endormis, MANETTE.

MANETTE.
Ah ! mon Dieu, mon Dieu !.. pourrai-je le sauver ?

GROBINOT.
Quelle taille d'abeille !

PHILÉAS.
Quel corsage délicieux !

MANETTE.
Ah ! les vieux loups !

GROBINOT.
Air : Faut l'oublier
Sois mon épouse bien chérie,
Et pour doux gage de ta foi ;
Je t'en supplie, ah ! laisse-moi,
Cette ceinture si jolie !

MANETTE.
Ma ceinture !

PHILÉAS.
Manett' que mon bonheur s'achève,
Cède-moi, sans plus de débats,
Ce fichu pour moi plein d'appas.

MANETTE.

Mon fichu !
(Elle prend sa ceinture, son fichu, et va pour les leur donner, Ludovic reparaît à la porte.)

LUDOVIC, bas.

Que fais-tu ?

MANETTE.

J' leur donne un peu d' bonheur en rêve,
Afin qu'ils ne s'éveillent pas.

LUDOVIC, à mi-voix avec Manette, qui leur donne le fichu et la ceinture.

Ah ! rendons-les heureux en rêve,
Afin qu'ils ne s'éveillent pas !

LUDOVIC, à Manette.

Tu es un ange ! (Il l'embrasse.)

LUDOVIC et MANETTE.
Air des Couturières.

Chut, chut, soyons discrets,
Pas d'imprudence
Et surtout du silence.
Chut, chut, soyons discrets,
Ils sont si près
Qu'il faut être discrets ! (Ludovic ressort.)

MANETTE, courant à la cheminée.

Rien encore ! O ciel !.. j'entends du bruit !.. on monte l'escalier !.. viendrait-on pour l'arrêter !.. (Le papier tombe.) Ah !.. (Elle le prend vivement et l'ouvre.) Le passeport !.. Ah ! Ludovic !.. tu es sauvé !..

FIN DU PREMIER ACTE.

ACTE II.

Un petit salon. — Porte principale au fond. A droite, un cabinet, et à côté une fenêtre donnant sur la rue. A gauche, une porte donnant dans une salle à manger.

SCÈNE I.

PHILÉAS, VOISINS, VOISINES, LE PORTIER ; ensuite GROBINOT.

CHOEUR.
Air de la Muette.

Allons, monsieur, résignez-vous,
Au lieu de vous mettre en courroux ;
Puisqu'il le faut, n'hésitez pas,
Sur-le-champ, payez les dégats.

GROBINOT, arrivant à la fin du chœur.

Eh bien ! voyons ! qu'est-ce qu'il y a ? depuis quand, sous le règne glorieux du grand Napoléon, a-t-il été permis de violer le domicile d'un citoyen ?

PHILÉAS.

C'est encore ce petit scélérat de Jean qui est cause de tout ce vacarme.

GROBINOT.

Qu'est-ce qu'il a donc fait ?

PHILÉAS.

Il a cassé un carreau chez la boulangère, il a volé le toupet du distillateur, il s'est porté à des voies de fait envers la personne du concierge et il a lâché chez la modiste une demi-douzaine de rats qui ont mis le magasin sens dessus dessous.

GROBINOT.

Ah ! le vilain enfant !.. il me fera mourir de chagrin, il me ruinera.

CHOEUR.

Allons, monsieur résignez-vous, etc.

(Chaque plaignant présente à Grobinot une note de frais.)

GROBINOT.

Allez tous au diable!.. s'il fallait répondre des fredaines, des espiègleries d'un gamin! je ne paîrai rien.

LE PORTIER.

Vous ne pairez rien?.. en ce cas, nous allons nous plaindre au commissaire.

GROBINOT.

Allons, allons... remettez-moi tous ces papiers... si vous êtes raisonnables je vous indemniserai. (Il prend les papiers.) C'est bien; allez, maintenant, mes bons amis!.. (A part.) Tas de voleurs!

CHOEUR.

Air de la Femme du Peuple. (2ᵉ acte.)

Nous reviendrons demain;
Consentez, c'est plus sage,
A payer le dommage;
Au revoir cher voisin!

PHILÉAS.

Ce gamin-là s'égaie,
A nos dépens, c'est clair!

GROBINOT.

Ah! pour lui plus je paie,
Plus je sens qu'il m'est cher!

CHOEUR.

Nous reviendrons demain, etc. (Tous les voisins sortent.)

SCENE II.

GROBINOT, PHILÉAS.

PHILÉAS.

Tu vois ce que c'est que d'être trop bon!

GROBINOT.

Comment ne pas l'être!.. quand on a vu un enfant au berceau... car enfin, quand on me l'a amené ici, il était au berceau! et puis, j'ai mes raisons pour l'aimer, je trouve qu'il me ressemble.

PHILÉAS.

Je ne trouve pas.

GROBINOT.

Je te dis qu'il me ressemble comme deux et deux font quatre.

PHILÉAS.

Non, je lui trouve plutôt un peu de mon profil.

GROBINOT.

Tu te le figures; et puis, cet enfant me rappelle mon jeune âge... j'étais comme lui... j'étais délicieusement farceur!

PHILÉAS.

Et moi donc! je cassais... je brisais tout... je jettais tout par les fenêtres... Oh! j'étais un joli enfant! Jean est tout mon portrait!

GROBINOT, à part.

Comme il s'abuse de fond en comble.

PHILÉAS.

Tiens, je crois que nous avons eu tort de le mettre au Lycée-Napoléon; qu'est-ce que c'est que les collèges aujourd'hui?.. des petites casernes où l'on bat le rappel... où l'on fait l'exercice... où l'on marche au pas.

GROBINOT.

Veux-tu bien te taire! l'empereur est un grand homme, et s'il a mis la France au pas, c'est pour que ça marche! Vive l'empereur!

PHILÉAS.

Et la république?

GROBINOT.

Autre temps, autres cris... qu'est-ce qui nous aurait dit il y a quinze ans à pareil jour... (On sonne.) C'est sans doute Jean... je vais le tancer d'importance...

(La porte du fond s'ouvre, et Ludovic s'avance; redingote croisée, grandes bottes, moustaches; costume bourgeois des officiers de l'empire.)

SCENE III.
Les Mêmes, LUDOVIC.

LUDOVIC.

M. Grobinot?

GROBINOT.

C'est moi, monsieur.

LUDOVIC.

Monsieur... il y a quinze ans, à pareil jour...

GROBINOT, à part.

Juste! ce que je disais tout à l'heure.

LUDOVIC.

Vous étiez alors municipal.

GROBINOT, à part.

Diable! diable!.. est-ce que je serais recherché pour mes opinions politiques?

LUDOVIC.

Vous aviez à votre service une jeune personne nommée...

GROBINOT.

Manette.

LUDOVIC.

Précisément! Manette, une jeune fille, et bonne! encore plus que jolie.

GROBINOT, à part à Philéas.

D'où diable sait-il ça?

LUDOVIC.

Vous étiez à table... avec M. Philéas, je crois, lorsque tout à coup un masque, un paillasse, vint s'asseoir entre vous deux, et mêler sa gaîté à la vôtre.

GROBINOT, à part.

De plus en plus fort.

PHILÉAS, de même.

En effet, cela est singulier!

LUDOVIC.

Cet homme était un réfractaire poursuivi.

GROBINOT, inquiet.

Poursuivi!.. poursuivez, je vous en prie...

LUDOVIC.

Quel asile plus sûr pouvait-il choisir que la maison même du municipal qui venait de signer l'ordre de l'arrêter?

GROBINOT.

Ainsi que son devoir l'exigeait.

LUDOVIC, lui saisissant le bras.

Son devoir!

GROBINOT, tremblant.

Malheureux municipal! le cœur lui saignait... mais son devoir...

LUDOVIC, le lâchant.

Enfin! ce réfractaire passa la soirée chez vous.

GROBINOT.

Chez moi?.. dans une cheminée, peut-être!

LUDOVIC.

Dans un lieu d'où il put voir tout ce qui se passa entre vous et Manette.

GROBINOT, à part.

Cet homme est un espion.

LUDOVIC.

Bref, le lendemain il put s'échapper, rejoindre la frontière et son régiment.

GROBINOT.

Brave réfractaire!

LUDOVIC.

Mais, Manette! pauvre femme! elle avait subitement quitté votre maison pour se faire la compagne du réfractaire, et un an s'était à peine écoulé, qu'une maladie cruelle... (Il essuie une larme.)

GROBINOT, à Philéas.

Il pleure!.. un espion!.. je l'ai calomnié!.. c'est un mouchard.

PHILÉAS.
Tais-toi donc!

LUDOVIC.
C'est vers cette époque que l'on remit entre vos mains un enfant, l'enfant de Manette...

GROBINOT, à part.
Ça se complique.

LUDOVIC.
Et c'est de cet enfant que je viens vous parler.

GROBINOT.
Ah! ah!

LUDOVIC.
Voyons, monsieur, vous en avez eu bien soin, n'est-ce pas?

GROBINOT.
De l'enfant?

PHILÉAS.
Je crois bien, un enfant que nous aimons tant!

GROBINOT.
Laisse-moi donc répondre à monsieur. Monsieur, de quel droit m'adressez-vous toutes ces questions?

LUDOVIC.
Je me ferai connaître, monsieur; mais avant, j'ai un grand intérêt à voir le fils de Manette. Je n'ai que vingt-quatre heures à rester à Paris; soyez donc assez bon pour ne pas retarder plus long-temps cette entrevue... Où est-il?

GROBINOT.
Pour l'instant il est égaré!

LUDOVIC.
Égaré! comment, cet enfant qui fut confié à vos soins!..

PHILÉAS.
Entendons-nous. Il n'est pas perdu pour cela. Ce jeune enfant est allé courir les masques.

LUDOVIC.
A la bonne heure...

GROBINOT.
A la bonne heure... à la bonne heure... mais dites-moi, monsieur le militaire en bourgeois, de quel droit vous semblez vous intéresser?..

LUDOVIC.
Pas un mot de plus, monsieur, avant d'avoir vu le fils de Manette. Mon devoir m'apelle auprès de l'empereur... je retourne à mon poste, mais je reviendrai dans la soirée, et songez bien qu'alors il faudra me présenter ce fils de Manette dont vous me répondez!

GROBINOT.
Vive l'empereur! (Ludovic sort.)

SCENE IV.
GROBINOT, PHILÉAS.

GROBINOT.
J'adore son mot. « Dont vous répondez!.. (Ludovic reparaît à la porte.) Vive l'empereur!..

LUDOVIC.
Ah! pardon!.. j'ai cru que vous me rappeliez!..

GROBINOT.
Moi, au contraire! (Ludovic sort.)

PHILÉAS.
Dis donc, Grobinot, cet homme me fait l'effet d'un parent de Manette...

GROBINOT.
Qui vient peut-être réclamer Jean et l'arracher de mes bras.

PHILÉAS.
De nos bras!

GROBINOT.
Un enfant qui fait mon orgueil.

PHILÉAS.
Tout notre orgueil.

GROBINOT.
Que j'idolâtre.
PHILÉAS.
Que nous idolâtrons!
GROBINOT.
Chut! j'entends le petit drôle!.. je vais l'arranger!..
PHILÉAS.
Nous allons l'arranger!..

SCÈNE V.
Les Mêmes, JEAN, costume du lycée Napoléon.

JEAN.
Air : Rantanplan.

De notre temps il faut voir comme
On fait tout marcher vivement,
Rantanplan!
Avant quinze ans on est un homme,
Prêt à filer au régiment!..
Rantanplan!
Le latin, le grec et l'histoire
Au pas redoublé tout s'apprend!
Rantanplan!
Enfin jeunes, vieux, à la gloire,
Nous marchons tous tambour battant!

ENSEMBLE.

Enfin jeunes, etc.
Rantanplan!

(Philéas et Grobinot reprennent le refrain en marchant au pas derrière Jean.)

JEAN.
Peloton!.. halte!.. à droite!.. alignement! un peu de tenue là!.. un air martial, figurez-vous que l'ennemi est devant vous... Rentrez le nez, numéro deux... en arrière, en arrière le nez, numéro deux... fixe! (Il passe devant eux.) Soldats!.. je suis content de votre belle conduite!

GROBINOT, à mi-voix.
Je n'en dis pas autant de la tienne, moi.

JEAN.
Silence dans les rangs!

GROBINOT.
Un petit polisson qui n'est pas rentré depuis vingt-quatre heures!

JEAN.
Silence donc! quinze jours de salle de police au premier qui parle.

GROBINOT.
Je t'en donnerai de la salle de police!

JEAN.
Hein? j'ai entendu raisonner, je crois!

GROBINOT.
On se tait, on se tait!

JEAN.
A la bonne heure... Rompez vos rangs, marche!

GROBINOT.
Ah! à nous deux maintenant!

PHILÉAS.
Oui, à nous trois!

JEAN.
Bonjour, papa Grobinot. (Il lui saute au cou et l'embrasse.) Bonjour, mon bon Philéas!.. (Même jeu.)

GROBINOT.
Il ne s'agit pas de tout cela, nous avons un compte à régler ensemble.

JEAN.
De quoi!.. vous voulez vous fâcher parce qu'on est resté un peu longtemps dehors avec les amis et connaissances?

PHILÉAS.
Nous laisser dans une inquiétude!

GROBINOT.

Que je n'en ai pas dormi et que j'ai les yeux gros comme des œufs!

JEAN.

Mais, mon Dieu! de quoi vous plaignez-vous? voyez!.. je vous reviens au grand complet... pas une égratignure au physique, pas une déchirure au vêtement.

GROBINOT.

C'est très bien, mais la morale?

JEAN.

Elle fut respectée! j'en jure!..

GROBINOT.

Où as-tu passé la journée?

JEAN.

Sur la corniche de la porte Saint-Denis à regarder les masques!

PHILÉAS.

Et la nuit?

JEAN.

Au bal du Sauvage! (Il danse.)

> A la monaco,
> L'on chasse
> Et l'on déchasse,
> A la monaco
> L'on chasse comme il faut!

GROBINOT.

Hein? qu'est-ce que c'est?

PHILÉAS.

Comment!.. devant nous!

JEAN, continuant et leur tapant dans les jambes.

> La boulangère
> A des écus
> Qui ne lui coûtent guère...

GROBINOT.

Mais c'est affreux!.. veux-tu finir!

JEAN.

> Napoléon est empereur,
> V'là c' que c'est qu' d'avoir du cœur!

GROBINOT.

Vive l'empereur!

PHILÉAS.

Mauvais sujet!.. tu mériterais!..

JEAN.

Air du Carillon

> Calmez votre colère,
> On peut bien je l'espère,
> A son enfant gâté
> Permettre un peu de gaîté.
> Vous avez comme d'autres,
> Dans votre jeune temps,
> Vieux catons fait des vôtres!..
> Et je n'ai pas quinze ans.

GROBINOT.

Il n'y a pas moyen de se fâcher avec lui!

JEAN, leur tendant les mains.

Allons, allons...

ENSEMBLE.

> Calmez votre colère,
> Calmons notre
> On peut bien je l'espère,
> A son enfant gâté
> Permettre un peu de gaîté!

PHILÉAS, à part, enchanté.

Je me reconnais dans lui!

GROBINOT, de même.

C'est mon sang, mon pur sang !

PHILÉAS.

Ah ça! dorénavant, tâche de te mieux conduire.

JEAN.

Vous voyez, voilà que je commence, la mi-carême n'est pas encore finie et je rentre. (A part.) Il est vrai que je n'ai plus le sou !

PHILÉAS.

Si tu es bien sage, nous te ferons souper avec nous.

JEAN, à part.

Merci ! moi qui dois aller au bal masqué.

PHILÉAS.

Tu te coucheras de bonne heure, et demain, de grand matin, au collège.

JEAN, à part et en se moquant de lui.

Plus souvent ! mais ce diable de costume de pierrot que le portier n'a pas voulu laisser entrer... pourvu que mes amis réussissent à me le faire passer ! (Il s'approche de la fenêtre.) Bon ! les voilà dans la rue... n'ayons pas l'air...

(Il s'éloigne de la fenêtre ; aussitôt on entend comme un bruit de cailloux lancés dans les vitres.)

GROBINOT.

Qu'est-ce que c'est que ça ?

PHILÉAS.

On lance des pierres dans nos fenêtres.

GROBINOT.

Serait-ce une émeute ? Philéas, regarde donc.

PHILÉAS, regardant.

Eh ! non ! ce sont des enfans qui jouent.

GROBINOT.

Des enfans ! je vais leur improviser quelque chose.

PHILÉAS.

Méfie-toi ! tu n'es pas heureux en improvisations !

GROBINOT, ouvrant la fenêtre.

Jeunes gamins ! (Il reçoit dans la figure un paquet lancé du dehors.) Oh !

PHILÉAS, prenant le paquet pour l'ouvrir.

Voyons ce que c'est ?

GROBINOT, se frottant l'œil.

Oh ! juste à la même place que le marron il y a quinze ans !

PHILÉAS, montrant un costume.

C'est un pierrot !

GROBINOT.

Un pierrot ? par quel hasard arrive-t-il par la fenêtre ?

JEAN.

Est-ce que les pierrots entrent jamais par la porte ?

GROBINOT.

Ah ! tu te moques de moi ?.. Eh bien ! je le confisque le pierrot ; et quant à toi, je te consigne dans ta chambre jusqu'à demain.

JEAN, à part.

Comment sortir de là ?

PHILÉAS.

Tu dois plutôt avoir envie de dormir que de danser.

GROBINOT, ouvrant la porte du cabinet.

Allons, qu'on obéisse.

JEAN.

Ne vous fâchez pas... on obéit... on se couchera... mon pauvre bal !.. on dormira !.. un si joli costume !.. (A part en entrant.) Oh ! les vieux méchans !

(Il sort.)

SCÈNE IV.

GROBINOT, PHILÉAS.

(Un domestique entre par le fond ; il tient des plats à la main et des bouteilles sous les bras. Il entre dans la salle à gauche.)

PHILÉAS.

Tu crois qu'il restera dans sa chambre ?

GROBINOT.

Il n'osera pas en bouger ; il est étourdi, mais obéissant ; et puis, je vais faire donner l'ordre au portier de ne pas le laisser sortir. Allons, mon vieux, nous sommes servis.

PHILÉAS.

Encore un anniversaire à fêter.

GROBINOT.

Quel dommage que nous n'ayons plus pour nous servir cette gentille Manette, tu t'en souviens...

PHILÉAS.

Si je m'en souviens...

GROBINOT.

Je ne peux pas me figurer qu'elle ait cessé d'exister !

PHILÉAS.

En sommes-nous bien sûrs?.. la manière dont elle a disparu de la maison pendant cette nuit de la mi-carême... sans même enlever ses effets...

GROBINOT.

Quelle femme intéressante !

PHILÉAS.

Comme elle faisait les crêpes !

GROBINOT.

Allons, allons... nous nous rappellerons tout cela à table.

ENSEMBLE.

Air du Châlet.
C'est un plaisir
Que de se réunir ;
Près d'un ami joyeux,
On rit, on chante, et l'on boit mieux !

PHILÉAS.

A l'aspect d'une jeune fille,
Comme notre regard pétille,
Les jolis traits !
Elle a tout pouvoir sur notre âme.

GROBINOT.

Mais avec le temps une femme
Perd ses attraits ;
La bouteille est une maîtresse,
Qui s'embellit par la vieillesse.   (Ils se prennent le bras.)

ENSEMBLE.

C'est un plaisir, etc.

(Ils entrent dans la salle à manger. Le théâtre est faiblement éclairé, une seule bougie brûle sur la table.)

SCÈNE VII.

JEAN, seul.

(Il entre sur la pointe des pieds, il est déguisé en paysanne. Costume de Manette au 1er acte.)

Je n'entends plus rien !.. j'espère que voilà un costume qui vaut bien un habit de pierrot !.. j'ai trouvé tout ça dans une vieille malle... ça doit avoir appartenu à Manette, cette petite bonne qu'ils avaient jadis. Ça me va... comme un gant !.. on dirait que j'ai toute la vie porté des cotillons !.. Et personne ne me prendrait pour un homme !.. j'en profiterai au bal.

Air d'Amédée de Beauplan.
Puisque le hasard
De moi fait une femme,
Prenons, sans retard,
Le ton que ça réclame,
Allons un peu d'art,
Tournure piquante,
Allure agaçante,
Tendre et doux regard ;
Et puis par décence,
Pour la vraisemblance,
Certain air d'innocence...

On m'entoure, on me presse...
>Ton nom ;
>Me dit-on,
>Ton nom ?
>Moi, messieurs, j' suis Manon,
>Oui, Manon, (bis.)
>Vot' servant', je suis Manon.

>Chacun m' fait la cour,
>Et d' chacun moi de rire !
>Ils veul'nt tour à tour,
>Que pour eux je soupire !
>L'un prôn' son amour,
>L'autr' me dit ma belle,
>Qu' mon ardeur fidèle,
>Obtienn' du retour !
>Puis selon l'usage,
>Prenant du courage,
>On s'attaque au corsage...

Oh ! mais doucement !.. dites donc les malins ?..
>Halte-là ! plus de Manon,
>- Non, non,
>Plus de Manon !
>Finissons, ou sinon !
>Moi, je cogne en franc luron !

GROBINOT, dans la coulisse.

A boire ! à boire !..

JEAN.

Ils s'en donnent joliment par là. (Elle regarde par la serrure.) C'est étonnant comme ça boit sec, deux vieux ensemble !

GROBINOT.

A la santé de Manette !

JEAN.

Mais qu'est-ce qu'ils ont donc à parler toujours de cette Manette !

PHILÉAS et GROBINOT.

A la santé de Manette !..

JEAN.

Diable !.. je crois que les vieux commencent à être un peu... casquettes !.. profitons de ce qu'ils sont à table pour filer !..
(L'orchestre joue en sourdine les premières mesures de l'air MANON N'A PAS D'ÉCUSSON, du 1ᵉʳ acte.)

GROBINOT, sortant de la salle à manger.

Je vas chercher notre petit Jean ! je reviens !

JEAN.

Ah ! je suis pincé. (Il cherche à se sauver sans être vu.)

SCENE VIII.

GROBINOT, JEAN, puis PHILÉAS.

GROBINOT.

Que vois-je ?

JEAN, à part avec colère.

Pas moyen !

GROBINOT.

Une femme ici ! (Il s'approche.)

JEAN, à part en souriant.

Il me prend pour une femme !..

GROBINOT.

Ah ! mon Dieu !.. est-ce encore un rêve ?..

JEAN, à part.

La farce est bonne, par exemple !

GROBINOT.

Cette taille, ce costume, c'est Manette !

JEAN, à part.
Allons, bien !.. ah ça ! mais, il voit donc Manette partout ?
GROBINOT, bas à Jean.
Ah !.. chère Manette !..quinze ans sans donner de ses nouvelles !.. après avoir disparu comme tu l'as fait !.. quinze ans, c'est bien long !.. chère amie !.. pour un cœur qui soupire !
JEAN, à part.
Ah ! ah ! il paraît que la petite Manette !..
(En ce moment Philéas sort de la chambre à manger et s'arrête en voyant Grobinot avec une femme.)
GROBINOT.
N'est-ce pas que je ne l'ai pas rêvé !.. hein ?.. réponds-moi donc, réponds-moi donc, Manette ?..

PHILÉAS, à part.
Manette ?   (Il rentre vivement dans la salle à manger.)
GROBINOT.
Air de la visite à Bedlam.

Te souvient-il d'une ceinture,
Qui dans une joyeuse nuit,
Manette, devint ma capture
Et dans mes mains resta sans bruit ?
Le même amour à toi m'engage,
Tout comme au temps où je reçus ce gage...
Et je veux te le montrer pour te prouver ma constance...
Attends-moi là !   (bis.)
JEAN, à part.
Je n' suis pas assez bêt' pour ça !
Tra, la, la, la,
Je n' suis pas assez bêt' pour ça !

(Grobinot sort par la droite. Aussitôt Philéas sort de la salle à manger et arrête Jean au passage.)

SCÈNE IX.
PHILÉAS, JEAN.
PHILÉAS.
Manette !
JEAN, à part.
Lui aussi !.. Décidément je crois que la petite... et cependant ils sont si laids !.. ce n'est pas possible !.. oh ! non.
PHILÉAS.
Même air.

Te souvient-il belle Manette,
Qu'enhardit par un doux espoir,
Une nuit ma main indiscrète,
Te déroba certain mouchoir ?
Le même amour à toi m'engage,
Tout comme au temps où je reçus ce gage...
Tu en doutes peut-être ? eh bien ! tu vas en avoir la preuve...
Attends-moi là !   (bis.)
JEAN, à part.
Je n' suis pas assez bêt' pour ça !
Tra, la, la, la,
Je n' suis pas assez bêt' pour ça !

(Philéas sort par la gauche.)

SCÈNE X.
JEAN, seul.
En voilà-t-il une aventure !.. Manette par-ci... Manette par-là !.. ah ! ma foi ! sauvons-nous avant qu'ils ne reviennent.
(La porte du fond s'ouvre et Jean se trouve face à face avec Ludovic, qui entre.)

SCÈNE XI.
JEAN, LUDOVIC.

JEAN, à part.

Encore quelqu'un ?

LUDOVIC.

Vous êtes la bonne ?

JEAN, faisant la révérence.

Manette, pour vous servir !

LUDOVIC.

Manette !

JEAN, à part.

Ma foi ! j'en peux bien prendre le nom, puisque j'en ai la figure.

LUDOVIC.

Regardez-moi ! En effet !.. oui... et pourtant !..

Air de la Maison de Plaisance.

ENSEMBLE.

JEAN.	LUDOVIC.
Qu'ai-je vu ?	Qu'ai-je vu !
D'où vient qu'en ma présence,	Surpris en sa présence,
Il se trouble, il balance,	Je me trouble et balance...
Et demeure éperdu ?	Je demeure éperdu !

LUDOVIC.
C'est toi ! c'est toi que je retrouve !
Après quinze ans d'éloignement !

JEAN, à part.
Je devrais en rire et j'éprouve,
J'ignore quel saisissement !

LUDOVIC.
J'hésite quand je t'envisage,
Mais enfin qu'importent les traits,
Le cœur ne nous trompe jamais
Et du mien je crois le langage ;
Oui je veux croire à son langage.

JEAN.	LUDOVIC.
Le voilà !	Me voilà !
Qui dans son allégresse,	Compte sur ma tendresse
Vient m'offrir sa tendresse,	Pour te chérir sans cesse,
Comment sortir de là !	Désormais je suis là !

LUDOVIC, après un temps.

Mais quel étrange accueil !.. quel air froid et glacé... ce n'est pas Manette !.. oh ! non !.. et pourtant cette ressemblance... Manette !..

JEAN, à part.

Encore un qui y tient !

LUDOVIC.

C'est moi, Ludovic !.. moi, que Manette aimait !

JEAN, à part.

Ah ! il paraît que je l'aimais ! c'est bon à savoir.

LUDOVIC.

Moi à qui elle a sauvé la vie, l'honneur !..

JEAN, à part.

Ah ! diable !.. voilà qui devient intéressant !

LUDOVIC.

Air d'Yelva.

Grace à ses soins je rejoignis l'armée,
Plein de courage, ardent à parvenir
Je me disais près de ma bien-aimée,
Je reviendrai bientôt pour la chérir,
Mais de sa mort je reçus la nouvelle
Manon n'est plus ! m'écriai-je en pleurant !
Eh bien ! l'amour que je gardais pour elle,
Je veux un jour le rendre à son enfant !

JEAN, à part, ému.

Tiens!.. il y a un enfant!.. brave homme!.. il a du cœur!

LUDOVIC.

Mais ce vœu si doux, impossible de le réaliser!.. Soldat, j'étais enchaîné sous le drapeau de la France...et ce drapeau se déroulant sur l'Europe entière nous entraînait à sa suite; nous marchions, nous marchions toujours, et ce n'est qu'après quinze ans de combats, quinze ans de victoires, qu'il nous a été permis de revoir la patrie!.. Ah! le beau jour!.. Rendu à nos frontières, j'ai soudain tout quitté, tout abandonné, et j'ai pris la route de Paris, où je suis arrivé ce matin, afin de pouvoir remplir la tâche que Manette m'imposait dans cette lettre.

JEAN.

Cette lettre!..

LUDOVIC.

Ecrite sur son lit de douleur... au moment où elle attendait la mort... où sans doute elle avait perdu toute espérance de me revoir.

JEAN, vivement.

Donnez, oh! donnez cette lettre! (A part.) Comme mon cœur bat. (Il lit.) « Ludovic, voilà plus d'un an que nous sommes séparés... mais je ne t'ac- » cuse pas. Je t'aime et je pense toujours à toi... Je suis malade, bien ma- » lade!.. » — Pauvre Manette!.. « Quand tu recevras cette lettre, si tu la » reçois, je n'existerai plus sans doute... Mon ami, ne m'oublie pas et » surtout songe à notre enfant qui bientôt n'aura plus dans le monde d'au- » tre appui que toi! (Jean s'arrête, il pleure à chaudes larmes.)

LUDOVIC.

Ah! loin de nous ces tristes pensées. (Il va pour reprendre la lettre.)

JEAN.

Non!.. oh!.. non!.. laissez-moi finir!.. (Il lit bas et vivement à lui-même.) Quoi! dans cette maison!.. cet enfant confié aux deux amis!.. moi!.. ah! l'écriture de ma mère. (Il porte la lettre à ses lèvres.) Et lui qui est là! devant moi!.. ça serait!..

LUDOVIC.

Au nom du ciel ne retardez pas davantage l'instant si désiré qui doit mettre un fils dans les bras de son père!

JEAN.

Oh! qu'il aura de joie aussi vous embrasser!

LUDOVIC.

Où est-il?

JEAN.

Vous le demandez!.. (Il va pour s'élancer au cou de Ludovic; on entend du bruit.) Vite! vite! entrez là!... bientôt vous le verrez.

(Il pousse Ludovic dans la chambre.)

SCENE XII.
JEAN, GROBINOT, PHILÉAS.

PHILÉAS, le mouchoir à la main, s'approche de Jean, absorbé dans son émotion.

Manette, voici le mouchoir!

GROBINOT, même jeu que Philéas.

Manette, voici la ceinture!

(Tous deux se rencontrent face à face avec leurs gages à la main.)

PHILÉAS.

Une ceinture?

GROBINOT.

Un mouchoir?

PHILÉAS.

Pris à Manette.

GROBINOT.

Ah! parbleu!

ENSEMBLE.

GROBINOT et PHILÉAS.	JEAN.
Air du Dieu et la Bayadère.	
Pour tous les deux quel mystère?	Vous allez bientôt j'espère,
Il faut s'expliquer ma chère,	Voir cesser tout le mystère,
Et sur ce point contesté	Et sur ce point contesté
Proclamer la vérité!	Connaître la vérité.

SCENE XIII.
Les Mêmes, LUDOVIC.

LUDOVIC, s'avançant.

Messieurs, je viens vous mettre d'accord.

PHILÉAS.

L'homme de tantôt.

GROBINOT.

L'espion.

LUDOVIC.

Cette ceinture, ce mouchoir vous furent remis pendant votre sommeil.

GROBINOT.

Qui vous l'a dit?

LUDOVIC.

Le paillasse.

GROBINOT.

Le paillasse!.. vous voulez déguiser la vérité. Des preuves?

PHILÉAS.

Oui, des preuves!

JEAN.

Lisez!

(Il leur présente la lettre de Manette; ils la prennent et s'approchent de la bougie pour la lire. Musique à l'orchestre.)

LUDOVIC, regardant Jean avec émotion.

Je ne sais ce que j'éprouve... et quel trouble s'empare de moi!.. tout à l'heure encore... je croyais voir Manette et maintenant...

AIR d'Yelva.

Ah! répondez!.. du doute qui m'agite,
Vous seule ici pouvez me délivrer,

JEAN.

Je comprends bien que votre cœur hésite,
Eh bien! c'est donc à moi de l'éclairer,
Manon n'est plus!..

LUDOVIC.

Dieu!

JEAN.

Vérité cruelle!

LUDOVIC.

Mais vous, alors?..

JEAN.

Tenez votre serment!..
Tout cet amour que vous aviez pour elle,
Je le réclame, ici, pour son enfant!
Oui, tout l'amour que vous aviez pour elle,
Il faut, ici, le rendre à son enfant!

(Pendant les deux derniers vers, Jean s'est débarrassé de son costume, et à la fin, il se jette dans les bras de son père. En ce moment, Grobinot et Philéas se retournent.)

GROBINOT et PHILÉAS.

C'est Jean!...

LUDOVIC.

Mon fils!...

GROBINOT, à Philéas.

Décidément, nous l'avions rêvé.

JEAN.

AIR : Vaudeville de la Haine d'une femme.

Tous les deux se disaient mon père.
Mais ceux-là ne pouvaient compter;
Aussi, pour arranger l'affaire,
Un autre vint se présenter;
Le vrai, c'est lui, c'est le troisième...
Je suis prêt à le chérir...

(Au public.)

Mais j'en prendrais un quatrième
S'il m'était permis de choisir...
C'est vous, alors, que je voudrais chérir,
S'il m'était permis de choisir.
C'est vous, messieurs, que je voudrais chérir,
S'il m'était permis de choisir.

FIN.

UN

COLONEL D'AUTREFOIS,

COMÉDIE-VAUDEVILLE EN UN ACTE,

PAR MM. MÉLESVILLE, GABRIEL et ANGEL.

REPRÉSENTÉE POUR LA PREMIÈRE FOIS, SUR LE THÉATRE DU GYMNASE-DRAMATIQUE,
LE 12 AVRIL 1837.

(SCÈNE XI.)

PARIS,
NOBIS, ÉDITEUR, RUE DU CAIRE, N° 5.

—

1837.

Personnages.   *Acteurs.*

JULES DE CRÉQUI.	Mlle E. SAUVAGE.
LEFAUCHEUX, major du régiment de Beaujolais.	M. KLEIN.
HENRI DE BLANÇAY, lieutenant.	M. RHOZEVIL.
OCTAVE DE BLANÇAY, officier.	M. BLUM.
FLOCHARD, précepteur du marquis.	M. NUMA.
ERNESTINE, fille du major.	Mlle HABENECK.
JOLI-COEUR, sergent.	M. BORDIER.
BRIN-D'AMOUR, caporal.	
OFFICIERS, SOLDATS.	
VALETS DU MARQUIS.	

La scène est à Lille, en 1769.

NOTA. Les personnages sont inscrits dans l'ordre qu'ils occupent à la scène, le premier tient la gauche du spectateur; les changemens sont indiqués par des notes.

S'adresser, pour la musique, à M. HEISSER, bibliothécaire et copiste, au théâtre, ou à M. FERVILLE, correspondant, rue Poissonnière, 33.

Imp. J.-R. MEVREL, pass. du Caire, 54.

UN COLONEL D'AUTREFOIS,

COMÉDIE-VAUDEVILLE EN UN ACTE.

Le théâtre représente un vestibule d'un quartier d'infanterie ; à gauche de l'acteur une large croisée, avec balcon extérieur donnant sur la cour de la citadelle. Du même côté, et sur le dernier plan, une porte au-dessus de laquelle sont inscrits ces mots : SALLE DU CONSEIL. Au fond, l'entrée principale fermée par une grille à hauteur d'appui. A droite, sur le premier plan, la porte de la chambre d'Ernestine ; au dernier plan, une autre porte conduisant aux appartemens du major ; entre ces deux portes un œil-de-bœuf, garni de barreaux de fer, dépendant de la salle de discipline ; près de la porte du major, un étui de harpe, un métier à broder, et quelques cartons de femme attachés en paquets. Une table, sur le devant, à gauche.

SCÈNE I.
ERNESTINE, seule.

(On entend partir de la salle du conseil, un bruit de verres et des éclats de rire ; Ernestine, qui sort de sa chambre, s'arrête au milieu de du théâtre

Ah ! mon Dieu ! ils sont encore à table !..

LE MAJOR, dans la coulisse.

A la santé de notre nouveau colonel !

TOUS.

A sa santé !..

ERNESTINE.

Impossible de prévenir Henri de mon arrivée... le moyen de paraître au milieu d'un déjeuner d'état-major. (Regardant.) Ils se lèvent !.. ils viennent de ce côté... mon père est à leur tête... sauvons-nous !.. Henri aura peut-être l'esprit de rester seul ! (Elle rentre chez elle.)

SCÈNE II.
LE MAJOR, HENRI, OCTAVE, OFFICIERS, sortant de la chambre du fond, à gauche.

CHOEUR.

AIR : Repas aimable (LA FIOLE.)

Douce magie,
Tendre folie,
Ce vin charmant
Nous fait, en pétillant,
Rêver la gloire !
De la mémoire,
Son feu divin
Chasse au loin le chagrin.

HENRI, gaîment.*

Parbleu, major, vous nous avez donné là, un superbe déjeuner !

OCTAVE.

Et qui fera époque dans le régiment de Beaujolais.

LE MAJOR.

Oh ! un petit ambigu, sans prétention... parce que la discipline... Tête bleue !.. messieurs, la discipline !.. mais l'événement qui se prépare devait faire fléchir la sévérité de mes principes... Enfin, nous allons donc avoir un colonel !..

HENRI.

Depuis six mois que nous l'attendons...

LE MAJOR.

J'en étais horriblement mortifié pour Beaujolais... car, je le porte dans mon cœur, Beaujolais !.. et la moindre injure qu'on lui fait est un soufflet que je reçois... c'est tout simple !.. j'y suis né... à treize ans j'y étais cornette...

TOUS.

A treize ans !..

* Octave, le major, Henri.

LE MAJOR.

Oui, messieurs ; jeune et bouillant, je ne rêvais que la gloire, les plaisirs...je n'ai pas été trompé dans mon attente!..dès la bataille de Denain je reçois une balafre si épouvantable au beau milieu de la figure, que le grand Villars daigna me dire lui-même que j'étais un joli garçon... ça me flatta! A Philisbourg, coup de feu dans la jambe gauche... à Guastalla, estafilade au bras droit!.. si bien que de coups de sabre en coups de sabre, et de coups de feu, en coups de feu... je suis arrivé tout doucement au grade de major, après cinquante-deux ans de service!

HENRI, souriant.
Air : Léger comme un Papillon. (VIEUX PÉCHÉS.)

C'est payer cher un tel honneur !

LE MAJOR.

Mais non ! pour un vieux militaire,
C'est avoir encor du bonheur ;
Car dans notre noble carrière...
Le destin, heureux ou fatal,
Fait gagner aux plus intrépides,
Ou le bâton de maréchal,
Ou bien l'hôtel des invalides!

HENRI.

C'est égal... on n'a pas été juste envers vous...

OCTAVE.

Cette croix de Saint-Louis que vous sollicitez depuis vingt ans!..

LE MAJOR, s'animant.

Oh! cela par exemple ! c'est un passe-droit révoltant... et si je n'étais à cheval sur la discipline...

HENRI.

Vous la refuser!

OCTAVE.

Quand on l'accorde à tous les courtisans de Louis XV!

HENRI.

A tous les héros de l'Œil-de-Bœuf!

LE MAJOR.

J'en ai été navré pour Beaujolais...mais, j'en parlerai au colonel...et son crédit...

HENRI.

Son crédit... c'est très bien... mais en a-t-il? personne ne le connaît !

LE MAJOR.

C'est vrai!

OCTAVE.

Vous ne savez pas même encore son nom!

LE MAJOR.

C'est exact... mais nous ne pouvons que gagner au change. Notre ancien colonel était un fou, un écervelé, qui aurait mangé le régiment au jeu et à l'Opéra... il avait déjà mis deux bataillons en gage!...on l'a obligé de vendre... mais à qui? je n'en sais rien... le ministre s'est borné à m'annoncer que notre nouveau chef arriverait à Lille aujourd'hui... ce qui me place dans la position la plus embarrassante...

HENRI.

Pourquoi donc?

LE MAJOR.

A cause de la petite harangue de rigueur... J'avais préparé quelques phrases... je n'aime pas à parler d'abondance... depuis qu'à la dernière visite de M. le maréchal de Maillebois... je suis resté muet comme un tambour-major!..je donnais adroitement à notre nouveau colonel, le courage de César, l'expérience de Scipion, la force d'âme d'Annibal, et la continence de Turenne.

TOUS.

Ah!.. parfait!..

LE MAJOR.

Je me disais...il trouvera bien dans tout cela quelque chose qui lui ira!.. mais outre qu'il est assez difficile de louer les qualités de quelqu'un que l'on ne connaît pas... j'ai réfléchi qu'une harangue...

HENRI.
C'est commun!
OCTAVE.
Tout le monde s'en mêle...
LE MAJOR.
Et j'ai pensé qu'un dîner... mais un beau dîner...
HENRI.
C'est de bien meilleur goût!
TOUS.
Assurément!
LE MAJOR.
C'est commun aussi, je le sais... tout le monde dîne, ou à peu près... mais, j'ai remarqué que c'était une de ces choses banales que l'on retrouve toujours avec plaisir, et dont on ne se lasse pas.
HENRI.
Sans compter, major, que votre harangue pouvait tomber à faux.
LE MAJOR.
Comment cela, monsieur?
HENRI.
J'admets que notre nouveau colonel soit un César... un Annibal même... mais un Turenne...
LE MAJOR, riant.
Ah! ah!.. la continence de Turenne!... cela vous effraie messieurs les mauvais sujets!..
HENRI.
S'il est jeune?
LE MAJOR.
Allons donc!.. on ne peut confier Beaujolais, qu'à un homme mûr, réfléchi...
HENRI.
Ou à un jeune officier distingué par une action d'éclat.
LE MAJOR, s'animant.
Bah!.. est-ce qu'un ministre fait de ces bévues-là... je gage qu'il a cinquante ans.
HENRI.
Et moi, qu'il n'en a pas trente...
OCTAVE.
Je suis de moitié... vingt-cinq louis...
LE MAJOR.
Un pari d'argent! corbleu, si ce n'était contre la discipline...
HENRI.
Eh bien! six paniers de champagne, pour le banquet du colonel?
LE MAJOR.
Tope!
HENRI et OCTAVE.
C'est dit!
TOUS.
Bravo!
LE MAJOR, se frottant les mains.
Par la sambleu, messieurs, votre champagne y passera.
HENRI, gaîment.
Ou le vôtre, major!..
LE MAJOR.
Brrrrt... vous ne voyez donc pas que ce mystère annonce un vieux renard qui veut nous surprendre, examiner incognito ses officiers! comme l'a fait dernièrement le vicomte de Blignac, en arrivant à son régiment de Picardie... mais à d'autres, tubleu! j'ai placé mes védettes à la porte de la citadelle, pour m'avertir... et comme aucun étranger, excepté lui, ne peut pénétrer ici... dès qu'il paraîtra... (Riant.) Hein...
TOUS LES OFFICIERS, riant.
Ah! bravo, bravo!
LE MAJOR, reprenant sa gravité.
En attendant... assez de gaîté, messieurs... allons visiter les chambrées... que les armes soient brillantes comme des soleils... nos hommes rayon-

nans comme l'arc-en-ciel... et que l'enthousiasme soit prêt à éclater sur toute la ligne.

OCTAVE, à Henri.

Viens-tu, Henri?

HENRI, à part et apercevant Ernestine de côté.

Ernestine! (Haut.) Je vous suis...

TOUS.

AIR : Le cor de cette fête. (UNE POSITION.)

Le tambour nous appelle,
Et double notre ardeur...
Chacun sera fidèle
Au signal de l'honneur.

(Ils sortent avec le major ; Henri feint de les suivre et revient sur ses pas.)

SCÈNE III.
ERNESTINE, HENRI.

ERNESTINE, sortant de sa chambre.

Sont-ils partis?

HENRI, courant à elle.

Ernestine! je vous revois.

ERNESTINE.

Il y a une heure que j'attends... Dieu! que les hommes sont bavards.

HENRI.

Si j'avais pu prévoir... vous êtes donc revenue du couvent?

ERNESTINE.

D'hier au soir. (Montrant la harpe, le métier et les cartons.) On n'a pas même eu le temps de rentrer monbagage... Mais parlons de nous, monsieur... m'aimez-vous toujours... m'avez-vous été fidèle?

HENRI.

En doutez-vous?.. un lieutenant?

ERNESTINE, secouant la tête.

Hum! mon père dit qu'ils ont fort peu de mémoire!...

HENRI, vivement.

Ce serait plutôt à moi de trembler!..depuis que je vous aime, Ernestine, je ne vous vois chaque année que pendant les vacances que vous passez auprès de votre père... alors, seulement, je puis vous parler de mon amour!.. mais quand vous retournez à Paris, à ce couvent des Anglaises, où l'on reçoit tant de visites...

AIR de Céline.

Alors, la frayeur vient me prendre ;
Je vois d'ici tous ces jeunes seigneurs,
Vous regarder d'un air si tendre,
Vous adresser des propos si flatteurs !

ERNESTINE, souriant.

Vous croyez donc que de votre maîtresse,
Ils doivent tous être amoureux ?

HENRI, avec amour.

Ils n'auront jamais ma tendresse,
Mais ils peuvent avoir mes yeux !..

ERNESTINE.

Ingrat!..moi qui ne parlais que de vous, avec une de mes bonnes amies, Mlle de Cernay, que je ne quittais pas... je l'accompagnais toujours au parloir quand sa tante, la duchesse de Créqui, la faisait demander.

HENRI.

La duchesse de Créqui? elle venait seule?

ERNESTINE, avec malice.

Non!.. avec son fils.

HENRI, inquiet.

Son fils!..

ERNESTINE, souriant.

J'étais sûre que vous feriez la moue... un enfant, qui nous amusait par ses espiègleries... c'est donc bien redoutable.

HENRI, respirant.

Ah ! je n'ai pas cru...

ERNESTINE.

Si, si, vous avez eu peur !.. mais laissons cela... avez-vous enfin parlé à mon père ?

HENRI.

Je n'ai pas osé.

ERNESTINE.

Comment ?..

HENRI.

Il répétait si souvent que la fille d'un major ne pouvait épouser qu'un capitaine !.. moi, qui ne suis que lieutenant, j'ai pensé qu'il fallait attendre.

ERNESTINE, se récriant.

Attendre !... mais vous ne savez donc pas qu'on me marie demain.

HENRI, frappé.

Demain ?... et à qui ?

ERNESTINE.

Je l'ignore... c'est notre gouvernante, ma vieille Suzanne, qui n'a pas pu y tenir, et qui m'a glissé, en arrivant, ce grand secret à l'oreille. Je me flattais que c'était vous !

HENRI.

Ah ! mon Dieu ! qu'allons-nous devenir ?... Si nous avions une bonne guerre au moins, je me ferais tuer !

ERNESTINE.

Fi... l'égoïste ! qui ne songe qu'à lui.

HENRI.

Mais...

ERNESTINE.

Taisez-vous donc... vous seriez assez maladroit pour en venir à bout !

HENRI.

Que faire, alors !... parler au major ?...

ERNESTINE.

Je ne l'oserais jamais !.. je m'adresserais bien à ma marraine, l'intendante de la ville, qui m'aime tant, qui plaiderait ma cause !... mais impossible de m'échapper !.. (Comme frappée d'une idée.) Ah !.. ce colonel qu'on attend... un homme grave, qui ne peut manquer d'avoir du crédit sur mon père... lui surtout, qui est esclave de la discipline... je le verrai, j'implorerai sa protection.

HENRI.

Excellente idée !... de mon côté, je tâcherai de gagner sa confiance, de l'intéresser.

ERNESTINE, vivement.

Et nous réussirons !..

LE MAJOR, en dehors.

Alerte !.. aux armes !..   (Coups de tambour.)

ERNESTINE.

C'est mon père !

HENRI.

Et le colonel qui arrive sans doute.

ERNESTINE, s'échappant.

Adieu ! adieu ! bon courage !   (Elle rentre dans sa chambre.)

SCÈNE IV.

OCTAVE, HENRI, LE MAJOR, JOLI-COEUR, puis PLUSIEURS OFFICIERS.

LE MAJOR, entrant et appelant.

Joli-Cœur ! Joli-Cœur !

JOLI-COEUR, la main au chapeau.

Major !

LE MAJOR.

Tu dis que tu l'as vu ?

JOLI-COEUR, de même.

Officiellement... à la porte de la citadelle !.. un grand bel homme, sec, qui a demandé le major.

LE MAJOR, à Henri.

C'est lui! (A Joli-Cœur.) Quel uniforme ?

JOLI-COEUR.

Une grande houpelande boutonnée jusqu'en haut !

LE MAJOR, à Henri.

Toujours son système de surprises! (Au sergent.) Quel âge, à peu près ?

JOLI-COEUR.

Votre âge, major.

LE MAJOR, aux officiers.

Qu'est-ce que je disais?

JOLI-COEUR, regardant par la porte du fond.

Le voici!

LE MAJOR, aux officiers, qui se placent de côté..

Immobiles, messieurs!.. et que toutes les physionomies respirent la joie et le bonheur. (Les tambours battent aux champs derrière le théâtre.)

SCENE V.
LES MÊMES, FLOCHARD.

LE MAJOR et LES OFFICIERS.

AIR : Honneur, honneur à la princesse. (L'HÉRÉTIQUE.)

Honneur au chef dont la prudence,
Saura guider notre vaillance !
Soyons tous prêts, jeunes soldats,
A voler sur ses pas !

(Flochard paraît; les tambours cessent de battre.)

FLOCHARD, à la cantonnade.

Si c'est pour moi que vous faites tout ce tapage là, il ne fallait pas vous déranger. (Regardant les personnes en scène.) Monsieur le major ? *

LE MAJOR, se redressant.

C'est moi!... (Il tousse.) Colonel!..

FLOCHARD, regardant derrière lui.

Hein?.. colonel!..

LE MAJOR, d'un air solennel.

« Les quatre bataillons du beau régiment de Beaujolais, vous parlent
» aujourd'hui par ma voix!.. Heureux de posséder un chef qui joint à
» l'expérience d'Annibal...

FLOCHARD.

Permettez, monsieur le major...

LE MAJOR.

Pardon, ne m'interrompez pas... je pourrais perdre le fil... (Voulant continuer.) « d'Annibal...

FLOCHARD.

Vous vous méprenez.

LE MAJOR, souriant.

Du tout, colonel.

FLOCHARD.

Vous ne savez pas...

LE MAJOR, de même.

Je sais parfaitement... que vous vouliez nous surprendre.

FLOCHARD.

Moi!

LE MAJOR.

Mais, tout déguisement est inutile, et nous avons deviné...

FLOCHARD, froidement.

Quoi? que je n'étais pas votre colonel!... mais tout bonnement de sa maison.

TOUS, riant.

De sa maison!

LE MAJOR, avec dépit.

Quoi, monsieur, vous n'étiez pas... il fallait donc le dire... vous me laissez m'embrouiller dans ma harangue.

FLOCHARD.

Ah!... c'est que vous ne la saviez pas très bien.

* Octave, Henri, Flochard, le major.

HENRI, riant.

Aussi, je me disais qu'avec une pareille tournure!.. (Les officiers rient.)

LE MAJOR.

Silence, messieurs!.. l'erreur est excusable... (A Flochard.) Et où est-il donc, ce digne et respectable colonel?..

FLOCHARD.

Il me suit, messieurs.

HENRI, vivement.

Alors, vous pouvez nous donner quelques renseignemens sur son compte?

FLOCHARD.

De tout mon cœur... (On l'entoure. Octave passe à la gauche de Flochard.)

HENRI.

Il est jeune, n'est-ce pas?

LE MAJOR, avec confiance.

De mon âge?

FLOCHARD, se récriant.

Oh!

LE MAJOR.

A cheval sur ses devoirs.

FLOCHARD.

Oh! ses devoirs...

HENRI.

C'est l'ami du plaisir... aime-t-il le champagne?

OCTAVE.

Les jolies femmes?..

LE MAJOR.

Les théories de nos grands capitaines?..

FLOCHARD, étourdi.

Ta ta ta!.. quel feu roulant!..

HENRI.

J'ai parié qu'il avait toutes les aimables faiblesses d'un Richelieu,

LE MAJOR.

Moi, toutes les vertus d'un Caton.

OCTAVE et LES OFFICIERS.

Qui a gagné?..

HENRI, tirant Flochard de son côté.

C'est moi!..

LE MAJOR et les officiers de même.

C'est moi!..

FLOCHARD.

Ni l'un, ni l'autre... messieurs.

TOUS.

Comment?

FLOCHARD, regardant de côté.

Vous allez en juger.

LE MAJOR, faisant signe à Joli-Cœur de faire battre les tambours.

C'est lui!.. (Aux officiers.) Allons, messieurs!.. le même enthousiasme, si c'est possible!.. (Les tambours battent aux champs.)

SCÈNE VI.

LES MÊMES, JULES DE CRÉQUI, avec un pardessus-uniforme à collet retombant, garni de gallon d'or; culottes blanches, bottes à l'écuyère hautes et molles. Au fond, DEUX LAQUAIS, en grande livrée.

LE MAJOR et LES OFFICIERS.

Honneur au chef dont la prudence, etc. (Les tambours cessent.)

JULES, entrant étourdiment et s'adressant aux tambours.

Très bien, mes amis!.. il y en a un petit qui bat de la caisse comme un démon! il faudra qu'il me montre...

FLOCHARD, qui a été au-devant de lui, et à voix basse.

Monsieur le marquis! on vous écoute...

* Henri, Flochard, Octave, le major.

JULES, bas.
Oui, mon précepteur...
LES OFFICIERS, entr'eux.
Que vois-je?
LE MAJOR, le regardant et restant pétrifié.
Un enfant... un enfant de quinze ans!.. quelle humiliation pour Beaujolais...
JULES, aux officiers.
Il me tardait, messieurs, de me trouver au milieu de vous... voilà plus d'un an que je supplie mon noble père, le duc de Créqui, de m'acheter un régiment.
LE MAJOR, à lui-même.
Nous aurions pour chef un Créqui!..
JULES, continuant.
Mais le défaut d'occasions...il paraît qu'ils sont très chers, cette année, les régimens!.. enfin une vacance s'est présentée... Allez, mon fils, m'a dit monseigneur le duc, allez!.. montrez-vous digne de commander un des premiers régimens de France... pour cela, vous n'aurez qu'à imiter le courage de vos officiers et suivre les conseils de votre digne major...
LE MAJOR, à part et flatté.
Il s'exprime avec grace!
HENRI, aux officiers.
Drôle de petit bonhomme.
JULES, bas à Flochard.
Eh bien! mon précepteur?
FLOCHARD, bas.
Comme un ange!.. si vous m'aviez toujours récité vos leçons comme cela...
LE MAJOR.
Monsieur le marquis arrive de Versailles?
JULES.
Oui... j'ai été présenté à Mme Du Barri...qui a fait ratifier ma nomination.
HENRI, vivement.
Vous avez vu la comtesse Du Barri?
JULES.
Parbleu!.. elle m'a tapé sur la joue... en disant que j'étais gentil...
LES OFFICIERS.
Eh bien?
JULES.
Eh bien! je l'ai trouvée très gentille aussi, moi... mais je n'ai pas osé le lui dire... le roi était là, sans cela...
FLOCHARD, bas.
Mon élève!
JULES, bas et reprenant sa gravité.
Oui, mon précepteur.
LE MAJOR, d'un air modeste.
Monsieur le marquis, vous voyez en moi le major dont votre illustre père a daigné vous parler.
JULES.
Ah! c'est vous?
LE MAJOR.
Pierre Lefaucheux...
JULES, le regardant des pieds à la tête.
Lefaucheux... c'est bien cela!.. A propos, j'ai une lettre de mon père pour vous!
(Flochard est passé à la gauche du major.) **
LE MAJOR.
Monsieur le duc aurait daigné...
JULES, se fouillant.
Que diable est-ce que j'en ai fait? ah! mon Dieu!.. je l'aurai oubliée sur ma table, à Versailles, avec mes caricatures... (Sur un signe de Flochard il se reprend.) C'était des complimens, vous les recevrez plus tard...

* Octave, Henri, Flochard, Jules, le major.
** Octave, Henri, Jules, le major, Flochard.

UN COLONEL D'AUTREFOIS.

LE MAJOR, d'un air agréable.

A votre aise, monsieur le marquis... Permettez que je vous présente quelques-uns de vos jeunes officiers...

JULES.

Avec plaisir... Comment donc!.. ils sont très bien! mes officiers! (Leur donnant une poignée de main.) Des figures éveillées; je crois que nous nous entendrons parfaitement.

LE MAJOR, baissant un peu la voix.

Il en est certains qui, comme moi, ont le malheur d'être sans naissance, mais j'espère...

JULES, noblement.

Qu'est-ce que ça fait, major!.. je les en estime davantage.

Air : Ces postillons sont d'une maladresse.

Ceux-là seront mes plus chers camarades ;
Pour protecteurs, puisqu'ils n'ont pas d'aïeux,
A leur courage, ils doivent tous leurs grades !
C'est bien plus noble, et moi je veux,
Au premier rang marcher à côté d'eux !
Faire oublier que mon nom seul me porte,
L'environner d'un éclat mérité,
(Gaîment.) Et vienne ensuite un boulet qui m'emporte
A l'immortalité !

LE MAJOR, à part.

Il a du feu!.. et avec mes conseils...

JULES, montrant Flochard.

Moi, messieurs, je n'ai à vous présenter, pour tout état-major, que mon précepteur... M. Flochard !

TOUS, souriant.

Un précepteur...

FLOCHARD, saluant.

Ancien répétiteur au collége du Plessis.

JULES.

Et un excellent homme!.. (Bas aux jeunes gens.) qui m'ennuyait...

HENRI, bas.

Avec du latin ?..

JULES, de même.

Et du grec!.. ah !.. Vous ne savez pas le grec, vous autres?

OCTAVE, bas.

Du tout !..

JULES, leur serrant la main.

Vous êtes de braves gens!.. nous ferons des parties ensemble!.. Jouez-vous à la balle ?..

HENRI, souriant.

Pourquoi pas ?..

JULES, bas.

J'en ai de fameuses!.. à l'eau... gomme élastique... ça file!.. houp!.. (Il fait le geste d'en envoyer une.) en Irlande !..

LE MAJOR.

Colonel...

JULES, se remettant.

Plaît-il ?..

LE MAJOR.

Oserai-je vous rappeler que votre régiment est impatient de contempler les traits...

JULES.

Mon régiment est bien bon!.. je serai charmé de faire sa connaissance. Où puis-je passer mon grand uniforme?

LE MAJOR, indiquant aux laquais.

Dans la chambre de l'adjudant. (Les laquais sortent, Joli-Cœur les conduit.) Et jusqu'à ce que votre hôtel soit prêt, colonel, vous pourrez disposer de la salle du conseil.

JULES.

A merveille! (Au major.) Passez donc, major.

LE MAJOR.

Après vous, monsieur le marquis...

JULES.

Du tout!

LE MAJOR.

Mon devoir me défend...

JULES, gaiment.

Il ne vous défend pas de me montrer le chemin...

LE MAJOR, avec empressement.

Au contraire, colonel. (A part.) Il est vraiment aimable.

TOUS, entr'eux.

Il est charmant!

CHOEUR.

Air : Il hésite, il balance. (MARI CHARMANT.)

Que d'aisance et de graces,
Que d'esprit, de gaîté ;
Oui d'honneur, sur ses traces,
Chacun est emporté.
De nos succès d'avance,
Mon cœur est ébloui ;
Car sa seule présence,
Soumettra l'ennemi. (Ils sortent tous, excepté Flochard.)

SCÈNE VII.

FLOCHARD seul, puis DEUX DOMESTIQUES.

« Sa seule présence soumettra l'ennemi. » Je crois bien que l'ennemi en verra de belles!.. un petit gaillard qui explique QUINTE-CURCE, et qui va commencer TITE-LIVE!.. car, colonel... c'est bien... c'est gentil... c'est une amusette pour se distraire aux heures de récréation... Mais les études sérieuses! monsieur le duc me les a bien recommandées, et nous allons reprendre nos délicieuses versions... (Avec complaisance.) TITYRE TU PATULÆ... (Entre un laquais qui porte des livres, et un autre qui porte une malle qu'il passe dans la salle du conseil.)

LE DOMESTIQUE.

M. Flochard, où faut-il mettre...

FLOCHARD.

C'est bien, posez cela. (A lui-même.) SUB TEGMINE FAGI...

LE DOMESTIQUE.

Hein !.. sur quoi ?

FLOCHARD.

Là, sur le bout de la table, et allez vous promener. (Le domestique sort. Respirant un volume.) Hum! mon pauvre Thucydide! quel parfum de vétusté et de poussière... (Arrangeant les livres.) Ce qui me charme, c'est qu'ici, du moins, nous pourrons travailler sans que rien ne nous trouble! le voisinage de Versailles était fort dangereux pour une jeune tête qui devine les choses avant qu'on ne les lui apprenne... les femmes surtout me faisaient des peurs... le petit coquin les regardait déjà de manière à faire trembler les grecs et les latins... mais ici, au fond d'une citadelle... pas de mauvais exemples!.. un calme... un silence... (On entend une explosion de cris derrière le théâtre.) Hein? c'est moins calme que je ne croyais!.. Qu'est-ce que cela? (Il va à la fenêtre.) Ah! c'est mon élève qui passe devant son régiment... le petit drôle, a-t-il bonne mine ainsi... il se redresse avec un aplomb...

Air : De sommeiller encor ma chère.

Comme il agite son épée !
Quels cris de joie et de bonheur ;
Mais cette gloire anticipée,
Peut avoir un réveil trompeur ;
Car en sortant de la revue,
Je puis mettre, fâcheux échec,
Le conquérant en retenue,
Et le colonel au pain sec ! (Bruit confus en dehors.)

Les voici qui reviennent... (Prenant plusieurs livres sous son bras.) Hé vite! pour varier ses plaisirs, allons préparer la petite leçon du soir.

(Il entre dans la salle du conseil.)

SCENE VIII.

JULES, en grande tenue, LE MAJOR, JOLI-COEUR, au fond, son fusil sur le bras à la manière des sergens. *

JULES, à lui-même.
Quel coup d'œil!.. Ah! les braves gens! les braves soldats! ont-ils crié : « Vive notre colonel! »

LE MAJOR.
Monsieur le marquis est satisfait?

JULES.
Enchanté! ils m'ont rendu presque sourd.

LE MAJOR.
Vous ne voyez rien!.. demain, nous aurons les grandes manœuvres.

JULES, se frottant les mains.
C'est ça qui sera amusant.

LE MAJOR.
C'est vous qui les commanderez.

JULES, embarrassé.
Ah! c'est moi qui... (A part.) Diable!

LE MAJOR.
Je suppose que vous avez fait une étude particulière...

JULES, avec aplomb.
Oh! toute particulière! (A part.) Cet imbécile de Flochard qui ne m'a jamais parlé... (Haut.) Malgré ça, major, pour la première fois, si c'était...

LE MAJOR.
Non, non... vous jugerez mieux de la précision des mouvemens, et puis le régiment pourrait se choquer.

JULES.
Vous croyez?

LE MAJOR, en confidence.
Je connais Beaujolais!.. Beaujolais est sensible, mais il est fier... et la moindre insulte... Je l'ai vu prêt à se soulever, parce qu'on voulait lui supprimer l'oiseau royal et deux pouces de queue.

JULES.
Ah! il tient à l'oiseau royal?

LE MAJOR.
Dam! on tient à ce qu'on a.

JULES.
Naturellement!.. ah! mon Dieu! moi, je leur laisserai faire tout ce qu'ils voudront.

LE MAJOR.
Pourvu que la discipline n'en souffre pas! parce que la discipline...

JULES.
Bien entendu; oh! oh! la discipline...

LE MAJOR, en confidence.
Elle se relâche beaucoup, colonel, et je vous engage à être sévère.

JULES, gravement.
C'est mon intention; je serai très sévère.

LE MAJOR.
A la moindre insubordination... le cachot pour les soldats.

JULES.
Le cachot?..

LE MAJOR.
Il est très commode; je l'ai fait reblanchir; avec un petit jour de souffrance!... il est bien.

JULES.
Ah! s'il est gentil?..

LE MAJOR.
Il est bien!.. très bien... Les arrêts, pour les officiers.

JULES.
Ah! les officiers aussi?

LE MAJOR.
Sans distinction!

* Le major, Jules; Joli-Cœur, au fond.

JULES.
Ils crieront ?
LE MAJOR.
Vous ne devez de comptes à personne !
JULES, l'imitant.
Au fait, je ne dois de comptes à personne !
LE MAJOR.
Un chef doit être obéi au premier mot.
JULES.
C'est clair !
LE MAJOR.
Vous êtes colonel...
JULES.
Ou je ne le suis pas ! que diable !.. allons donc ! je les ferai marcher !
LE MAJOR.
C'est cela !... je suis ravi de vous voir dans de pareils sentimens !.. vous serez l'honneur de nos vieilles moustaches.
JULES, souriant.
Ah ! quand j'en aurai.
LE MAJOR.
C'est juste ! (Appelant.) Joli-Cœur ?
JOLI-CŒUR, la main à son chapeau.
Major.
LE MAJOR.
Tu es aux ordres du colonel ; laisse là ton fusil. (Joli-Cœur le pose de côté.) Je passe dans les bureaux, qui touchent mon appartement ; je vais préparer les états, les comptes du quartier-maître, pour vous les soumettre.
JULES.
C'est inutile... je suis sûr que les comptes, les quartiers-maîtres, comme vous dites... que tout est parfaitement en règle. C'est bien. (Le major s'éloigne. Regardant Joli-Cœur, qui se trouve auprès de lui.) Oh ! oh !.. C'est bon, laisse-moi ; je t'appelle-rai, si j'ai besoin de toi. (Joli-Cœur sort.)
LE MAJOR, revenant sur ses pas.
Pardon, colonel... J'aurais aussi une petite faveur toute personnelle à vous demander... je marie ma fille, et votre nom sur le contrat...
JULES.
Ah ! vous avez une fille, major !... jolie ?
LE MAJOR, modestement.
Il ne m'appartient pas... on dit qu'elle a un peu de mon air.
JULES.
Et vous avez trouvé à la marier ? (A lui-même.) Ça n'est pas maladroit !.. je signerai tout ce que vous voudrez.
LE MAJOR.
Il est charmant.
JULES, à part.
Ça m'a l'air d'un imbécile.
LE MAJOR, à part.
Dans un âge aussi tendre, il est impossible de voir plus juste. (Haut et saluant.) Colonel, j'ai bien l'honneur...   (Il sort par la 2ᵉ porte à droite.)

SCÈNE IX.
JULES, seul et le contrefaisant.

Le vôtre, de tout mon cœur... (Sautant comme un écolier.) Ah ! ah !.. ce brave major, qui s'imagine que je vais regarder ses paperasses !.. Ah ! bien oui... je suis colonel, et je me rappelle parfaitement les conseils de mon grand-oncle, le vieux duc de Vaucresson. « Mon garçon, tu vas au » régiment, fais des dettes, aie des femmes, donnes ou reçois un bon » coup d'épée, et tu seras un excellent colonel !.. » Des dettes, c'est facile ; avant huit jours, j'en serai criblé !.. Je traiterai tous mes officiers... je veux me faire des amis... D'abord, j'ai ce brevet de capitaine, en blanc, que mon père m'a remis, pour payer ma bienvenue, je veux le bien placer... quant aux coups d'épée... il y en a toujours pour tout le monde... Il n'y a plus que les femmes qui m'embarrassent... Ah ! bah ! avec un joli uniforme et une petite figure pas trop mal... on n'en manque pas !..

Air : Galop de M. Montfort.

  Quel bonheur
  Enchanteur !
Grace à l'épaulette,
  J'éblouis,
  Je séduis
Et prude et coquette !..
  Le plumet
  Brille et plaît;
Tout cède à ses charmes !
  Vingt minois
  A la fois,
Me rendent les armes !

  Aux combats,
Si le clairon m'appelle,
  Sur mes pas,
  Mes soldats
Bravent le trépas !..
  Chaque jour,
Lauriers, gloire nouvelle,
  Et l'amour,
  A son tour,
M'attend au retour !..
  Quel bonheur ! etc.

  Quel maintien !
Dit la jeune duchesse...
(Minaudant.) Qu'il est bien !
  Qu'il est bien !
  Ce petit vaurien !
  Mon pouvoir
Subjugue une princesse,
  Et le soir,
  Son œil noir,
(Baissant la voix et clignant de l'œil.) Dit : Venez me voir !

J'y vole !.. je m'élance à ses pieds. —Ah ! colonel n'abusez pas !... —(Avec feu.) Je suis discret, madame !.. (D'un air langoureux.) —Vous ? — (De même.) Parole d'honneur !.. tout le régiment vous le dira... Elle s'attendrit... sa main tombe dans la mienne... et...   (Se frottant les mains, et reprenant :)
    Quel bonheur ! etc.

SCÈNE X.
JULES, ERNESTINE, sortant de la porte à droite.
    ERNESTINE, à part.
On dit qu'il est seul... c'est le bon moment. (Elle passe à gauche du théâtre.)
    JULES, qui a remonté le théâtre et se retournant.
Une jeune personne !.. tiens, est-ce qu'il y a une pension de demoiselles dans la caserne ?
    ERNESTINE, le regardant de loin.
Pardon, mon petit ami... monsieur le colonel ?...
    JULES, choqué.
Mon petit ami ?.. Qu'est-ce que... (Se redressant et gravement.) C'est moi, ma petite...
    ERNESTINE, s'approchant.
Que vois-je ?.. M. Jules !
    JULES, la reconnaissant.
Ma jolie pensionnaire des Anglaises !
    ERNESTINE.
Ah ! que je suis contente !
    JULES.
Et moi donc !.. la meilleure amie de ma cousine ! qui était si gentille, si gaie... avec qui je faisais des parties... vous rappelez-vous comme nous jouions à colin-maillard, à la main-chaude ?

ERNESTINE.
Et comme vous aimiez les bonbons!
JULES.
Pardi! je les aime encore!.. quand vous en aurez...
ERNESTINE.
Et c'est vous qui êtes colonel?..
JULES.
Ma foi! oui...
ERNESTINE, riant.
Ah! que c'est drôle!.. (S'arrêtant.) Ah! pardon! le respect!..
JULES.
Je vous en dispense... quel âge avez-vous?
ERNESTINE.
Dix-sept ans.
JULES.
Vous êtes mon aînée... ainsi, c'est moi qui vous en dois!.. Mais à propos, qu'est-ce que vous faites donc, au régiment?
ERNESTINE.
Je suis la fille du major!
JULES.
La fille de mon major!.. (A part, regardant Ernestine.) Qu'est-ce qu'il disait donc, qu'elle avait de son air! (Regardant l'étui de harpe et le métier.) Aussi, je me disais une harpe... des cartons!.. ça ne peut pas être pour mes grenadiers!.. C'est charmant! nous passerons nos soirées ensemble... nous ferons de la musique... de la tapisserie!.. (Poussant le métier et regardant.) Etes-vous forte sur la tapisserie?
ERNESTINE.
Mon Dieu! non; c'est ma marraine qui m'a envoyé cela pour me distraire...
JULES.
Ah! bien... je vous montrerai! c'est ma passion!
ERNESTINE.
Vous?
JULES, s'asseyant.
Pardine! à Versailles, les officiers ne font pas autre chose... vous allez voir. (Prenant le métier et travaillant tout en causant.) Elle n'est pas mal cette petite bergère, mais la soie rose est trop foncée, ça lui fait des joues de marchande de cerises! je vais arranger ça.
ERNESTINE, le regardant.
Que vous êtes bon!.. cela m'encourage... car j'étais venue vous demander quelque chose...
JULES, travaillant.
Demandez, demandez!.. (Comptant ses points.) Cinq, sept, la soie verte?
ERNESTINE, cherchant.
Je n'en vois pas...
JULES.
Eh bien! de la bleue... ça fera absolument le même effet!.. (Il la prend.) Voilà! voilà!
ERNESTINE, hésitant.
Et comme je vous disais!... puisque vous voilà tout puissant au régiment... monsieur le marquis... et puisque... vous allez commander...
JULES, se grattant l'oreille.
Je vais commander, je vais commander!... je sais bien... je dois commander demain les grandes manœuvres... c'est ce qui m'inquiète...
ERNESTINE.
Pourquoi donc?
JULES, se levant et baissant la voix.
C'est que... je n'en sais pas le premier mot.
ERNESTINE.
Bah! cela s'apprend tout seul! quand je viens voir mon père, je regarde la parade par la fenêtre, parce que ça m'amuse... j'aurais voulu être garçon!..
JULES.
Tiens!.. moi j'aurais voulu être demoiselle...

ERNESTINE.
Et j'ai retenu tous les termes...
JULES.
Vous savez commander l'exercice!... une jeune fille!...
ERNESTINE.
Pourquoi pas? vous savez bien faire de la tapisserie... un colonel!

AIR : C'était Renaud de Montauban.

En répétant ce que les autres font,..
C'est très facile!.. GAUCHE!.. DROITE!..
PRÉSENTEZ ARMES!.. HALTE!.. FRONT!..
JULES.
J'ai la mémoire, hélas! très maladroite!..
ERNESTINE.
Mais tout cela se devine aisément!
JULES.
Oui, mieux qu'un autre.., oh! vous devez l'entendre!
Car, une femme, sans l'apprendre,
Sait toujours le commandement,
Sait toujours bien le commandement!

ERNESTINE.
Si vous voulez, à mon tour!.. je vous montrerai?
JULES.
Oh! ce serait charmant!.. à ce prix, je vous accorde d'avance, tout ce que vous veniez me demander.
ERNESTINE.
Vrai?
JULES.
Fût-ce de déclarer la guerre au roi de Prusse!.. vite, à la leçon.
ERNESTINE.
Volontiers... mais il faudrait quelqu'un pour exécuter...
JULES, prenant le fusil oublié par Joli-Cœur
Voilà un fusil! *
ERNESTINE.
Et le fantassin?
JULES.
Je vais faire monter un soldat.
ERNESTINE.
Y pensez-vous? mettre quelqu'un dans votre confidence!
JULES.
C'est juste! comment faire?

SCÈNE XI.
LES MÊMES, FLOCHARD, un livre à la main.

FLOCHARD.**
Là! monsieur le marquis, je viens de vous préparer une charmante petite version.
JULES, à Ernestine.
Oh! mon précepteur! voilà le fantassin demandé.
ERNESTINE, riant.
Délicieux!
FLOCHARD, lui présentant le livre.
Il n'y a qu'une page et demie.
JULES, faisant sauter le livre.
Au diable!
FLOCHARD, le ramassant.
Comment! un pareil soufflet à Virgile!
JULES.
Il s'agit bien de Virgile! tenez-vous là! ne bougez pas...
ERNESTINE.
Au contraire... avancez...

* Ernestine, Jules.
** Ernestine, Jules, Flochard.

FLOCHARD, étourdi.
Ne bougez pas!.. avancez!..
JULES, lui donnant le fusil.*
Prenez cela.
FLOCHARD.
Qu'est-ce que vous voulez que je fasse de ça?
JULES.
Vous ne comprenez pas?.. vous êtes mon précepteur, n'est-ce pas?
FLOCHARD.
Je m'en fais gloire, monsieur le marquis!
JULES.
Eh bien! grace à vous, mon éducation a été complètement manquée...
FLOCHARD.
Par exemple! vous savez la logique, la physique, la métaphysique...
JULES.
Oui, et la tactique? je ne sais rien de ce que je devrais savoir... mais, l'aimable fille du major veut bien y suppléer... elle va vous commander l'exercice pour me montrer; comme cela au moins, vous m'aurez appris quelque chose.
FLOCHARD.
Je vais faire l'exercice? moi! (Voulant rendre le fusil.) L'aimable fille du major veut-elle bien...
JULES.**
Sinon, je vous renvoie à mon père, comme un homme inutile, incapable... et vous perdez votre place et vos appointemens.
FLOCHARD, faisant la grimace.
Mes appointemens...O! Sénèque! (A part.) Il le ferait comme il le dit, le petit malheureux! et je ne retrouverais jamais une aussi belle éducation.
JULES, avec impatience.
Eh bien?
FLOCHARD, avec une douceur affectée.
Eh bien! eh bien! monsieur le marquis, est-ce que je n'ai pas toujours été le premier à condescendre à vos petits caprices, à vos petites fantaisies? il s'agit d'une plaisanterie, n'est-ce pas? d'un moment de gaîté? vous avez raison... ça repose des études sérieuses... UTILE DULCI, c'est ma maxime.
JULES.
Vous consentez?
ERNESTINE.
A merveille!
FLOCHARD.
Je vous demanderai seulement un peu d'indulgence... étranger à la profession des armes, je pourrais faire quelques barbarismes... quelques solécismes...(A part.) O! Quintilien, ferme les yeux.
JULES, le plaçant.
C'est bien, c'est bien... pas d'observations...
ERNESTINE, commandant.
Allons, la tête haute!
JULES, l'imitant, et levant le nez de Flochard.
La tête haute!
FLOCHARD, faisant la grimace.
Aie!.. c'est drôle!
ERNESTINE, de même.
Dissimulez votre estomac!
JULES, lui donnant un coup dans la poitrine.
Dissimulez votre estomac!
FLOCHARD, de même.
Ouf!.. c'est un exercice très agréable!
ERNESTINE.
Tenez donc mieux votre fusil!
JULES, lui mettant le fusil sur le bras.
Mais, tenez donc mieux votre fusil, mon cher; vous avez l'air de porter un cierge à la procession!

* Ernestine, Flochard, Jules.
** Ernestine, Jules, Flochard.

FLOCHARD.
Est-ce que je sais !.. je m'embarlificote dans tout ça !

ERNESTINE, commandant.
Bataillon !...

JULES.
Attendez donc ! sa manchette qui est prise...

FLOCHARD.
Ma manchette est prise dans le chien.

ERNESTINE, commandant.
Bataillon !..garde à vous. Eh bien !..

FLOCHARD.
Ah !.. C'est moi qui suis le bataillon ?

ERNESTINE, élevant la voix.
On ne parle pas sous les armes.

JULES, de même.
On ne parle pas sous les armes.

FLOCHARD, d'un air piteux.
O ! tendre Virgile !.. TITYRE, TU PATULÆ. (Haut.) Ça doit être à peu près çà ! L'aimable fille du major est-elle satisfaite ?

JULES.
Silence, dans les rangs !

ERNESTINE.
Sentez les coudes à gauche.

JULES, répétant.
Sentez les coudes à gauche.

ERNESTINE.
En place ! immobile !

JULES.
En place ! immobile !

ERNESTINE.
AIR : Rester en place. (LA FIOLE.)
Oui, nous allons, ah ! c'est charmant !
Le mener militairement.
Et l'exercice et le combat,
Voilà les plaisirs du soldat.
(Commandant.) L'air gracieux et plein de charmes.
L'œil en avant !

JULES, répétant.
L'œil en avant !

ERNESTINE.
Portez armes !.. hop !..

JULES.
Portez armes !

ERNESTINE.
Par file à droite et marchons vivement.

JULES et ERNESTINE.
Gauche !.. droite !.. marquez le pas !
Serrez les rangs et l'arme au bras !
La gloire au cœur, le sac sur l' dos,
C'est ainsi qu'on fait des héros !   (Ils marchent.)

ENSEMBLE.
Marchez, marchez toujours,
Au son du fifre et des tambours !
FLOCHARD, défilant.
Marcher, marcher toujours,
Au diable, fifres et tambours !

ERNESTINE.
Halte !

JULES.
Halte !   (Flochard s'arrête.)

ERNESTINE.
Front !

JULES.
Front ! (Flochard tourne le dos.) Qu'est-ce qu'il fait donc ?   (Il le place.)

ERNESTINE.
A droite... alignement.

JULES.
A droite... alignement.

FLOCHARD, s'alignant sur le fauteuil.
Je crois qu'il est impossible d'être mieux aligné. (Il laisse tomber son fusil.)

ERNESTINE.
Oh ! le mauvais soldat; maintenant, inspectons les rangs.
(Elle passe avec Jules devant Flochard, comme un officier qui inspecte une compagnie.)

JULES, en passant.
L'œil à quinze pas ?

FLOCHARD.
Comment ! l'œil à quinze pas ?

ERNESTINE.
Rentrez le menton dans la cravate !.. Ce n'est pas mal !

JULES, d'un air capable.
Pour une première fois !
(Quand ils sont passés, Flochard dépose son fusil; Jules et Ernestine le lui font reprendre.)

TOUS DEUX.
Eh bien ! eh bien ! ce n'est pas fini !

FLOCHARD.
Ah !.. bon !.. tant mieux... nous allons encore nous amuser !

ERNESTINE.
Nous allons passer à l'exercice à feu !

JULES.
Bravo !

FLOCHARD.
Bien ! voilà une autre chanson ! (A part.) Si je pouvais m'esquiver un peu, avant le carnage.

JULES.
Quel bonheur !.. les balles ! la mitraille !

ERNESTINE.
Même air :
C'est là le plus joli moment !

FLOCHARD.
Oui, je le crois plein d'agrément !

ERNESTINE.
En bataille le régiment !

JULES.
Et la baïonnette en avant !

FLOCHARD.
La peur me saisit, je l'avoue !

ERNESTINE.
Quand le canon gronde bien fort.
Chargez !

JULES.
Chargez !

ERNESTINE.
En joue !

JULES.
En joue !

ERNESTINE.
Feu !

JULES.
Feu !

ERNESTINE.
Pif !

JULES.
Paf !

FLOCHARD, se prenant le doigt dans la détente.
Ah ! là, là ! je suis mort !

JULES et ERNESTINE, le faisant marcher.
N'importe ! on ne s'arrête pas !..
On perd une jambe, on laisse un bras ;

Mais on arriv' le sac sur l' dos :
Voilà comme on fait les héros !
Marchez !.. marchez toujours
Au son du fifre et des tambours !

ENSEMBLE.

FLOCHARD, filant de côté.
Filons ! filons, toujours !
Et sans trompette et sans tambours !

(n marchant toujours militairement, Flochard disparaît tout à coup par la coulisse et rentre dans la salle du conseil.)

SCENE XII.
JULES, ERNESTINE.

ERNESTINE, commandant.

Halte... front !   (Elle se retourne et aperçoit Flochard qui se sauve.)

JULES, riant.

Ah ! ah ! ah !.. en voilà déjà un qui déserte avec armes et bagages...

ERNESTINE.

Eh bien ! colonel, êtes-vous content !

JULES.

Enchanté !

ERNESTINE.

Ah ! et puis, dites donc, il faudra jurer un peu...

JULES.

Il faudra jurer ?.. Vous m'apprendrez !

ERNESTINE.

Moi ?

JULES.

Non ! non !.. je vous apprendrai... (Se reprenant,) Hein ?.. qu'est-ce que je dis donc ? du tout, je sais très bien ; à Versailles, tout le monde jure !.. (D'un air gracieux.) Et maintenant, mon joli petit général, à moi, à tenir ma promesse : voyons... que puis-je pour vous ?

ERNESTINE, timidement.

Oh ! beaucoup ! c'est que... voyez-vous, monsieur le marquis, mon père veut me marier...

JULES.

Ah ! oui, je me rappelle... et vous désirez que je signe...

ERNESTINE.

Au contraire... ne signez rien !..

JULES.

Bah !..

ERNESTINE.

Un mariage que je déseste... un receveur des gabelles... que l'on attend ! un monsieur de la Roquette.

JULES.

Fi donc ! est-ce qu'il est permis de s'appeler Mme de la Roquette.

ERNESTINE.

N'est-ce pas ?

JULES.

Ce serait un meurtre !

ERNESTINE, baissant les yeux.

Surtout quand on aime quelqu'un... en secret...

JULES.

Ah ! vous aimez quelqu'un ?

ERNESTINE, confuse.

Je ne devrais pas vous dire cela, à vous, monsieur le marquis.

JULES.

Pourquoi donc ? (A part.) Comme elle paraît émue ! (Haut.) Un jeune homme, hein ?

ERNESTINE.

Tout jeune...

JULES.

Aimable ?

ERNESTINE.

Charmant !.. que je ne voyais que bien rarement...

JULES, à part.

Tiens!.. c'est drôle!.. elle a rougi... en me regardant!

ERNESTINE.

Mais, tout à l'heure, quand je me suis retrouvée près de lui...

JULES.

Tout à l'heure?..

ERNESTINE.

J'ai senti que je mourrais... si j'en épousais un autre!

JULES, à part.

Pauvre petite! comment, elle avait conservé le souvenir! par exemple! j'étais à mille lieues de me douter.(Haut.) Un officier n'est-ce pas?

ERNESTINE, confuse.

Ah! vous avez deviné.

JULES, avec aplomb.

Parbleu! il n'y a que les militaires pour plaire aux femmes... une figure heureuse?

ERNESTINE.

Oh! très heureuse!

JULES, à part.

C'est bien cela! c'est moi!

ERNESTINE.

Et si timide!.. si modeste!..

JULES, se défendant.

Ah! ah!..(A part.) Est-ce étonnant de faire des passions comme ça... mon grand-oncle avait raison... voilà les femmes qui m'arrivent.

ERNESTINE.

Ce que je vous dis là, ne vous fâche pas, monsieur le colonel?

JULES.

Du tout!.. (A part.) C'est qu'elle est très bien au moins...

ERNESTINE.

Je n'ai d'espoir qu'en vous, d'abord...

JULES, à part.

Une voix douce...

ERNESTINE.

Et si vous m'abandonniez...

JULES, lui prenant la main.

Jamais!..(A part.) La jolie petite main! Dieu! si j'osais... (Il lui baise la main.) Ma foi, tant pis! (Mettant la main sur son cœur.) Oh! ça me bat, ça me bat, ça me bat!.. et ça me tourne dans la tête!.. c'est fini... me voilà amoureux aussi moi... ça m'a pris comme un coup de pistolet..ah! ah! ça vous fait un drôle d'effet!

ERNESTINE, le voyant tout étourdi.

Qu'avez-vous donc, monsieur le colonel? est-ce que vous vous trouvez mal?

JULES.

Au contraire... je me sens très bien. (Prenant son parti et avec force.) Et vous ne vous ne vous appelerez par Mme de la Roquette, ou j'y perdrai mon nom. Ah! ah! nous allons voir. (Il passe à gauche.)

ERNESTINE, avec joie.

Vrai? (A part.) Oh! quelle bonne nouvelle pour Henri!

JULES.

Et vous épouserez celui que vous aimez! je vais arranger cela avec le papa...

ERNESTINE.

Mais comment?

JULES.

Ça me regarde...

Air Galop Allemand.

Bon espoir!
Conspirons en silence;
Oui, du succès, moi je réponds d'avance!
Dès ce soir,
L'amour, d'intelligence,
Par son pouvoir,
Comblera votre espoir.

ENSEMBLE.
{
Bon espoir! etc.
ERNESTINE.
Bon espoir!
Attendons en silence!
Oui, du succès, puisqu'il répond d'avance!
Dès ce soir,
L'amour, d'intelligence,
Par son pouvoir,
Comblera mon espoir!
}

(Elle rentre chez elle. Jules lui donne la main avec une gravité comique.)

SCÈNE XIII.
JULES, seul et sautant de joie.

Oui, parbleu! elle sera ma femme! je n'y pensais pas!.. mais, c'est que je l'aime, c'est que j'en suis fou!.. justement, ma mère disait qu'il faudrait me marier de bonne heure, pour me donner du poids!.. je ne pouvais pas mieux tomber!... une jeune personne douce, timide... qui commande l'exercice comme un ange!... c'est la femme qu'il me faut... Chut! voilà le beau-père!.. je vais lui glisser cela adroitement.

SCÈNE XIV.
LE MAJOR, JULES.

LE MAJOR.

Monsieur le marquis, j'ai disposé les registres en ordre de bataille, et si vous voulez...

JULES, s'asseyant.

Un moment, major... (Prenant un air grave.) Nous avons à causer; asseyez-vous!

LE MAJOR.

Vous permettez, colonel?

JULES.

Prenez un siége, M. Lefaucheux!

LE MAJOR, s'asseyant.

Un conseil de guerre?.

JULES.

Non!.. un conseil de famille!.. une affaire très sérieuse! (Tirant de sa poche un bilboquet, avec lequel il joue.) Qui ne peut être traitée convenablement, que par des gens graves et réfléchis comme nous!

LE MAJOR.

Trop flatté, colonel! (Le regardant jouer.) Il paraît que vous affectionnez le bilboquet?

JULES.

Oui! ça occupe l'esprit!

LE MAJOR, d'un air complaisant.

C'est une branche des mathématiques!.. les lois de l'équilibre!

JULES.

Précisément!... Et à propos d'équilibre! major, vous avez une fille?

LE MAJOR.

Je ne vois pas quel rapport...

JULES.

Il ne s'agit pas de rapport. Vous avez une fille?

LE MAJOR.

Je comptais vous la présenter.

JULES.

C'est inutile! elle se présente parfaitement elle-même!

LE MAJOR.

Comment, elle a osé venir...

JULES.

Elle me quitte!... elle est fort bien!... jeune, jolie, spirituelle!... et vous voulez la marier à un homme qui doit être nécessairement désagréable et ridicule!.. c'est là où je vois un manque absolu d'équilibre, et ce que je ne puis souffrir.

LE MAJOR.
Permettez, colonel!... ce mariage...
JULES, se renversant dans son fauteuil.
Je suis le père de tout mon régiment, monsieur; la fille du major fait partie du régiment... donc, je suis le père de votre fille!
LE MAJOR.
Comment!.. vous êtes le père?..
JULES.
C'est une manière de parler; elle a fait un choix que j'approuve!
LE MAJOR.
Mais, du tout, colonel, ce choix...
JULES.
Vous savez qui?
LE MAJOR.
Mon Dieu! je m'en doute!.. une folie, un véritable enfantillage, dont elle n'aurait jamais dû vous parler, et auquel je ne saurais consentir.
JULES.
Vous êtes difficile!.. le jeune homme me paraît fort bien.
LE MAJOR, baissant la voix.
Certainement!.. il a des qualités!.. mais, s'il m'est permis de le dire... une tête de linotte.
JULES, choqué.
Hein!
LE MAJOR.
Je ne lui en fais pas un crime! à son âge! mais enfin, entre nous, colonel, nous pouvons dire cela, nous sommes seuls... c'est un franc étourdi.
JULES.
Major!...
LE MAJOR.
Qui ne s'occupe que de futilités, qui aime le jeu...
JULES, jetant son bilboquet de côté
Major!...
LE MAJOR.
Sans la moindre vocation pour son état!... (Souriant, d'un air de confidence.) Et que je crois même un peu mauvais sujet.
JULES, se levant.
Morbleu!
LE MAJOR, de même.
Désolé, colonel, de ne pouvoir obtempérer...
JULES.
C'est votre dernier mot?
LE MAJOR.
C'est absolument impossible... la distance... d'ailleurs, le mariage n'est pas une affaire de discipline militaire.
JULES, avec dépit.
Peut-être. Et vous tenez au receveur des gabelles?
LE MAJOR.
J'ai donné ma parole!.. ce soir le contrat, demain la noce.
JULES, à part.
Je me charge des violons.
LE MAJOR.
Mes témoins sont avertis!.. le chirurgien-major et le capitaine des hallebardiers.
JULES, à part
C'est bon à savoir...
LE MAJOR.
Je vais même de ce pas au-devant de mon gendre, que j'attends par le coche de Valenciennes...
JULES, à part.
Je t'en empêcherai bien!
LE MAJOR, voulant sortir.
Car, je crains que ce pauvre la Roquette, qui ne connaît pas la ville...
JULES, sérieusement.
Un moment, major!.. le service avant tout.

UN COLONEL D'AUTREFOIS.

LE MAJOR, s'arrêtant.
C'est juste... auriez-vous quelque mission?
JULES.
Une très importante!.. Rendez-vous dans votre appartement, monsieur.
LE MAJOR.
Tout de suite, colonel.
JULES.
Et... attendez-y mes ordres.
LE MAJOR.
Comment, colonel!.. les motifs d'une pareille mesure...
JULES.
Je n'ai de comptes à rendre à personne.
LE MAJOR.
Aurais-je encouru la disgrâce...
JULES, élevant la voix.
Un chef doit être obéi au premier mot... et la discipline...
LE MAJOR.
Oh!.. la discipline... je la vénère... mais encore...
JULES.
Mais, mais... Je suis très mécontent, monsieur... j'ai remarqué... je me suis aperçu que... tout à l'heure encore... en passant devant le régiment... je n'entends pas cela... je veux que l'ordre... et la règle... Ah! ah! on ne me connaît pas... Allez, monsieur, et que pareille chose ne se renouvelle plus!
LE MAJOR, à part.
Miséricorde!.. qu'ai-je donc fait? Je n'en sais rien... mais il paraît que je suis bien coupable... (Rencontrant un regard de Jules.) J'obéis, colonel!.. j'obéis!.. Oh! la discipline!.. (Il entre chez lui.)

SCÈNE XV.
JULES, puis JOLI-COEUR, UN CAPORAL ET DEUX SOLDATS.

JULES, seul.
Ah! je suis une tête de linotte! je n'entends pas mon état!.. nous allons voir... (Appelant.) Joli-Cœur!
JOLI-COEUR, paraissant.
Présent!
JULES.
Approche ici...
JOLI-COEUR.
Voilà, colonel.
JULES, le regardant.
Tu as une bonne figure, toi! je t'avancerai... dis-moi un peu?.. tu sais tout cela, toi, peut-on mettre un major aux arrêts?
JOLI-COEUR.
Parfaitement... ça s'est vu!
JULES, s'asseyant et écrivant.
Bon! reste là.
JOLI-COEUR.
Tiens... est-ce que le major? ça serait drôle!.. lui qui est si sévère!
JULES, écrivant.
« Le major de Beaujolais, gardera les arrêts dans sa chambre, pendant » huit jours...» Bah! je vais en mettre quinze.
JOLI-COEUR.
Tiens... pendant qu'on y est... il n'en coûte pas plus.
JULES, écrivant.
Pour cause... pour quelle cause? « Pour cause à moi connue.» (A lui-même.) Ça dispense d'une foule d'explications. (Signant.) « Le colonel, Jules de Créqui. » (A Joli-Cœur.) Porte cela au major?
JOLI-COEUR, souriant.
Avec plaisir, mon colonel.
JULES.
Tu ris, je crois?
JOLI-COEUR.
Ça m'arrive volontiers... quand une idée me flatte.

Un Colonel d'autrefois.

JULES.

Un moment! le vieux renard pourrait m'échapper, et courir au-devant de son gendre. (A Joli-Cœur.) Un caporal et deux hommes.

JOLI-COEUR, appelant.

Brin-d'Amour!   (Entrent un caporal et deux soldats.)

JULES.

Qu'aucun officier ne puisse sortir de la citadelle, quel que soit son nom, son rang, son grade... fût-ce moi-même...

JOLI-COEUR, au caporal.

Tu entends, Brin-d'Amour, fût-ce le colonel lui-même! la consigne à tous les postes.

JULES, les arrêtant.

Et ses témoins que j'oubliais. (Se remettant à écrire.) Qu'est-ce que c'est que le capitaine des Hallebardiers?

JOLI-COEUR.

Un excellent officier.

JULES, écrivant.

Aux arrêts!.. et le chirugien-major?

JOLI-COEUR.

Un brave homme qui ne s'occupe que de ses malades!..

JULES, écrivant.

Aux arrêts!.. ses malades auront campo.

JOLI-COEUR, à part.

Tudieu! ce petit colonel! comme il y va. (Haut.) Mais je ne sais pas comment le régiment prendra cela... c'est qu'il n'est pas endurant!..

JULES.

Ah! bien... s'il bouge, il aura affaire à moi... (Joli-Cœur murmure entre ses dents.) Attendez... et le futur?.. quatre hommes au coche de Valenciennes, et qu'on arrête tout ce qui aura l'air d'un receveur des gabelles?

JOLI-COEUR.

Colonel... comment est-ce fait, un receveur des gabelles?

JULES.

Je ne sais pas! je n'en ai jamais vu; mais ça doit être vieux, petit et laid.

JOLI-COEUR, étonné.

Suffit! (Au caporal.) Tu arrêteras tout ce qui sera vieux, petit et laid... vous n'en avez pas d'autres pour le moment, colonel?

JULES.

Nous verrons plus tard.

JOLI-COEUR, aux soldats.

En avant, marche!..   (Ils sortent de différens côtés.)

SCENE XVI.
JULES, puis HENRI.

JULES, seul d'abord.

Parbleu! le major m'a donné là un excellent moyen... ça lève tous les obstacles... et c'est d'une exécution facile.

HENRI, entrant et courant à Jules.

Ah! colonel... permettez-moi de vous exprimer ma joie, ma reconnaissance!

JULES.

Je ne demande pas mieux, mon cher ami! mais à quel propos?

HENRI.

Pour ce mariage que vous voulez rompre... celui de la fille du major.

JULES.

Eh bien! qu'est-ce que cela vous fait?

HENRI.

Cela me sauve la vie! car je l'aime.

JULES.

Vous l'aimez? Mlle Ernestine?

HENRI.

Sans doute.

JULES, d'un air de compassion.

Ah! pauvre garçon, c'est fâcheux!..

HENRI.
Pourquoi donc?
JULES.
C'est qu'elle ne vous aime pas.
HENRI.
Moi?
JULES.
Non.
HENRI.
Pardonnez-moi!
JULES.
Du tout.
HENRI.
Je puis vous jurer...
JULES.
Vous êtes dans l'erreur!.. j'en sais quelque chose... puisqu'elle vient de m'avouer, là, dans l'instant que... c'était moi...
HENRI.
Vous? vous, qu'elle aime?
JULES.
Et qu'elle épouse dès aujourd'hui.
HENRI.
Vous l'épousez! ô ciel! mais ce n'est pas possible...vous ne vous connaissiez pas...
JULES, souriant.
Vraiment! nous ne nous sommes pas vus vingt fois, au couvent des Anglaises... quand j'y allais avec ma mère!
HENRI, frappé.
Au couvent!.. le fils de la duchesse de Créqui!.. en effet! je me rappelle... ah! quelle indignité! quelle perfidie!
JULES.
Monsieur, vous oubliez le respect!..
HENRI, hors de lui.
Ah! pardon!.. mais une pareille trahison! après ses promesses, ses sermens! je la disputerai au monde entier, d'abord!
JULES.
Monsieur... (A part.) Bon! voilà le coup d'épée qui m'arrive!
HENRI.
Oui, colonel, c'est un acte de tyrannie! un abus de pouvoir... et si j'avais une épaulette de plus... ou que vous en eussiez une de moins...
JULES, vivement.
Qu'à cela ne tienne, monsieur... je ne refuserai jamais de me mesurer avec un de mes officiers. Votre nom?
HENRI.
Henri de Blançay.
JULES, lui prenant la main.
Eh bien! M. de Blançay, je suis à vous! mais après mon mariage...
HENRI.
Après?
JULES.
C'est bien le moins...pauvre petite femme!..
HENRI.
Je saurai l'empêcher!..
JULES, ironiquement.
Je ne crois pas... car en attendant, vous allez vous rendre aux arrêts.
HENRI.
Aux arrêts?
JULES.
Pour avoir manqué à votre colonel, je ne sors pas de là, moi, le grand expédient! les arrêts! J'en suis désolé... mais la discipline, mon cher!
HENRI.
Ah! c'en est trop!..

AIR : Contredanse des Puritains
J'ai peine à calmer ma colère!

JULES.
Il faut obéir et se taire !..
A suivre une loi trop sévère,
Soyez tout prêt,
Rien ne saurait
Vous y soustraire!

HENRI.
Un affront si sanglant!
Doit avoir son châtiment!

JULES, gaîment.
Enchanté, cher rival,
Avec vous d'ouvrir le bal!

HENRI.
Cette ironie,
Ajoute encore à ma furie!

JULES.
De la philosophie!

HENRI.
A demain!

JULES.
A demain!

HENRI.
Nous serons sur le terrrain.

JULES.
Mais, gaîment jusque-là,
Aux arrêts, l'on se rendra!

TOUS LES DEUX.
J'ai peine à calmer ma colère, etc.
Allons, calmez votre

(A la fin de cet ensemble, Flochard paraît ; il sort de la salle du conseil et les regarde se serrer la main, Henri sort du côté opposé.)

SCÈNE XVII.
JULES, FLOCHARD.

FLOCHARD, à part.
Allons, je vois qu'il est au mieux avec ses officiers... ça fait plaisir!

JULES, à part et sautant de joie.
Un duel! bravo, ça me manquait; mais pour pouvoir nous mesurer, pour rapprocher la distance... Diable! je vais le nommer capitaine... ce brevet en blanc! je lui dois bien cela... d'ailleurs, c'est un brave garçon. (Il écrit.) Et les préparatifs de mon mariage... je n'ai pas une minute à perdre.

FLOCHARD, le regardant.
Bien! bien! le voilà qui se remet à l'étude de lui-même. (Haut.) Très bien, monsieur le marquis, MACTE ANIMO! nous allons passer à notre petit thème grec.

JULES, courant à lui.
M. Flochard! ah! vous arrivez à propos.

FLOCHARD, effrayé.
Encore une leçon d'exercice!

JULES.
Non! cette fois, je ne veux exercer que vos jambes... Vous allez courir toute la ville... il me faut un souper magnifique... deux cents couverts... et puis, chez les marchands de soieries, de bijoux... tout ce qu'il y a de plus beau... des fleurs, des plumes, des diamans.

FLOCHARD.
Ah! mon Dieu! vous voulez donc être abîmé de dettes!

JULES, vivement.
Des dettes... justement je n'y pensais plus... il m'en faut...

FLOCHARD.
Et pourquoi une pareille dépense?

JULES.
Pour mon mariage.

FLOCHARD.
Vous vous mariez?

JULES, d'un air capable.
Oui, mon cher Flochard!.. il faut faire une fin; j'épouse la fille du major; une personne charmante, qui m'adore, et dont je raffolle!
FLOCHARD, à part.
L'aimable fille du major!.. Allons, voilà déjà les femmes qui lui trottent dans la tête... (Haut.) Mais monsieur le duc...
JULES.
Mon père? je lui demanderai son consentement, quand ça sera fait...
FLOCHARD.
Et madame la duchesse?
JULES.
Sera enchantée.
FLOCHARD.
Votre rang.
JULES.
Qu'est-ce que ça me fait?
FLOCHARD.
Ma responsabilité.
JULES.
Je m'en moque!
FLOCHARD.
Bonté divine! un enfant qui ose!.. un mariage de garnison!.. (A part.) C'est pour le coup que je perdrais ma place. (Haut.) Monsieur le marquis, vous reviendrez d'un moment d'égarement, vous écouterez ma voix.
JULES.
Je n'écoute rien.
FLOCHARD.
Vous n'écoutez rien! Alors, j'en serai au désespoir... mais vous me forcerez aux mesures de rigueur.
JULES.
Ta, ta, ta, ta.
FLOCHARD.
Oui!.. monsieur le marquis, en vertu des pouvoirs que monsieur le duc m'a confiés, je vous défends de songer à ce mariage.
JULES.
Qu'est-ce que c'est?
FLOCHARD.
Je vous défends de passer outre, et pour en être plus sûr, je vous mets en pénitence dans votre chambre, au pain et à l'eau.
JULES.
Oui!.. Ah! parbleu, ça me fait penser que je vous en dois pas mal, à vous. (Appelant.) Holà, sergent!

SCENE XVIII.
LES MÊMES, JOLI-COEUR, DEUX SOLDATS.
FLOCHARD.*
Oh! je n'ai pas besoin du sergent.
JULES, montrant Flochard.
Conduisez monsieur dans la salle de discipline.
FLOCHARD, se récriant.
Dans la salle de discipline!.. moi!
JOLI-COEUR.
Oui, Colonel! (A part.) Quelle activité dans le service
FLOCHARD.
Permettez! permettez...
JULES.
Au pain et à l'eau.
JOLI-COEUR.
Oui, colonel.
FLOCHARD.
Au pain et à l'eau... moi! et de quel droit...
JOLI-COEUR.
Ça ne vous regarde pas; dès que le colonel a parlé...

* Jules, Joli-Cœur, Flochard.

FLOCHARD.
Mon élève qui se permettrait...

JULES.
C'est fâcheux... mais c'est comme cela !.. votre autorité n'est plus rien, je suis colonel et...

FLOCHARD, furieux.
C'est une horreur ! je n'irai pas !..

JOLI-COEUR, le menaçant.
On ne réplique pas au colonel... à la salle de discipline.

FLOCHARD, entre les deux soldats.
Messieurs, je suis un homme civil !

JULES.
C'est juste ! conduisez-le civilement.

JOLI-COEUR, lui donnant une bourrade.
En avant, bourgeois !

FLOCHARD.
Oh ! les misérables ! ils appellent ça civilement ! (Se débattant.) Messieurs ! mon élève !.. Messieurs !.. Ah ! quel affront pour les langues mortes...
(Il sort accompagné du sergent et des soldats.)

SCENE XIX.
JULES, puis ERNESTINE.

JULES, triomphant.
Ah !.. on me résiste !.. on veut me vexer, morbleu ! (Riant.) Eh bien ! ça n'est pas si difficile d'être colonel, ça marche !.. ça marche !.. (A Ernestine.) Vous voilà ! ça va à merveille !

ERNESTINE, tout en larmes.*
Au contraire... ah ! monsieur le marquis !.. qu'avez-vous fait ? tout est perdu !

JULES.
Comment ?

ERNESTINE.
Vous avez mis mon père aux arrêts... vous avez consigné ses témoins... consigné M. Henri, qui croit maintenant que... (Pleurant plus fort.) et qui vient de me faire une scène horrible.

JULES.
M. Henri ! et de quel droit ? de quoi se mêle-t-il ?..

ERNESTINE, embarrassée.
Dam !.. il n'a pas tort, parce que c'est lui... c'est-à-dire... ce n'est pas vous...

JULES.
C'est lui... ce n'est pas vous ! je ne comprends pas !..

ERNESTINE, hésitant.
Je ne sais plus comment vous dire cela... parce que... vous vous êtes trompé !.. quand je vous ai dit que j'aimais quelqu'un... vous avez cru... et pas du tout !.. ce n'était pas... ce n'était pas vous...

JULES.
Ce n'était pas moi !..

ERNESTINE, honteuse.
Non, c'était un autre... c'était... c'était M. Henri !..

JULES, riant aux éclats.
Celui que j'ai envoyé... ah ! ah ! ah !.. charmant... impayable !.. ah ! moi qui m'imaginais... ah ! ah !.. (Se renversant sur une chaise et se tenant le côté.) Oh ! ça fait mal de rire comme ça...

ERNESTINE, indignée.
Mauvais cœur ! qui peut rire quand je suis au désespoir !.. mon père est furieux ! il a fait venir dans sa chambre deux autres témoins, un notaire, et le futur qui est arrivé !..

JULES.
Il est arrivé... M. de la Roquette, les imbéciles ont manqué le coche !

ERNESTINE, pleurant.
Il est affreux !

* Ernestine, Jules.

JULES.
M. de la Roquette? pardi! ils sont tous comme cela, les futurs.
ERNESTINE, sanglottant.
Et on va signer le contrat...
JULES, ému et la calmant.
Allons, allons, Mlle Ernestine, ne pleurez donc pas comme cela!... Eh bien! j'ai fait le mal, c'est à moi à le réparer! voyons, qu'allons-nous faire?..
ERNESTINE.
Je ne sais... dans mon trouble, je voulais me réfugier chez ma marraine, l'intendante, elle a du crédit sur mon père et lui ferait entendre raison... mais il faut traverser la ville... et je n'ose toute seule...
JULES, prenant son chapeau.
Je vais vous y accompagner... (Lui offrant son bras.) Vous sentez que sous le bras d'un colonel... toutes les portes vont s'ouvrir...
(Ils vont pour sortir.)
LA SENTINELLE, de la porte du fond.
On ne passe pas!
JULES.
Hein?
LA SENTINELLE.
Aucun officier ne peut sortir!
JULES, à part.
Oh! c'est ma consigne!.. que c'est bête! (Haut.) Je suis le colonel, camarade... je lève la consigne!..
LA SENTINELLE, croisant la baïonnette.
Je ne connais que le caporal.
JULES.
Et il n'y est pas! corbleu! (Regardant le soldat de travers.) Je t'enverrai aux arrêts, toi!..
LA SENTINELLE.
Mademoiselle peut passer, ça ne regarde pas les femmes!.. (Il se retire.)
ERNESTINE.
Là! nous voilà bien avancés! et moi, qui me suis échappée un moment sous prétexte de faire ma toilette... (En soupirant.) Une toilette charmante, qui est là... que Suzanne vient de m'apprêter... si mon père s'aperçoit...*
JULES, frappé d'une idée subite.
Une toilette?..Suzanne! attendez-moi là une minute.
ERNESTINE.
Comment?
JULES.
Une espièglerie de collège! la consigne ne regarde pas les femmes!.. nous sortirons tous deux.
ERNESTINE.
Eh quoi?
JULES.
Chut!

AIR : Au moulin de ma tante.

Vous verrez ma tournure,
Ma démarche et ma figure,
Quand je prends, vrai lutin;
L'uniforme féminin?
Sous la mante assassine,
Parfois au milieu d'un bal
Je suivais ma cousine..
Je n'étais pas la plus mal!
   Ça lui plaisait,
   Ça l'amusait...
Vous verrez ma tournure, etc.

ERNESTINE.
Mais, monsieur le colonel!
JULES, continuant.
Je faisais la coquette,

* Jules, Ernestine.

ENSEMBLE.
{
Mon air était si discret,
Que souvent en cachette
Ma cousine m'embrassait !
Ça lui plaisait,
Ça l'amusait...
Vous verrez ma tournure, etc.
ERNESTINE.
Bon Dieu quelle aventure,
Je n'y consens, je vous jure,
Que pour finir et soudain,
Echapper à cet hymen !
}

(Jules sort à gauche.)

SCÈNE XX.
ERNESTINE, seule.

Ah! quelle tête! quelle tête!.. mais il a bon cœur... et je n'ai plus le courage de lui en vouloir, pourvu qu'il se dépêche. (Écoutant du côté de la fenêtre.) Hé mais... que se passe-t-il donc dans la citadelle?.. (Elle court à la fenêtre.) Des soldats qui courent aux armes. Ciel! mon père!

SCENE XXI.
ERNESTINE, LE MAJOR, puis, successivement, **OCTAVE, HENRI**, et PLUSIEURS AUTRES OFFICIERS.

LE MAJOR, entrant vivement.

En voici bien d'une autre!.. corbleu! Beaujolais en combustion!.. le régiment qui s'est soulevé.

ERNESTINE, avec un cri.

Le régiment !

LE MAJOR, se retournant.

Qu'est-ce que vous faites là, mademoiselle!

ERNESTINE, tremblante.

Rien, mon père? je passais... je venais d'arriver.

LE MAJOR.

Où est le colonel?

ERNESTINE, embarrassée.

Je ne sais... il dort peut-être...

LE MAJOR.

Il dort! il dort! et il ne se doute pas... c'est ma faute!.. ou plutôt c'est la sienne... si j'avais su... le petit fripon (Montrant une lettre.) qui s'avise d'oublier la lettre de son père, que je viens enfin de recevoir par un courrier extraordinaire... cette lettre qui me donne tout pouvoir sur lui, avec faculté de le mettre même aux arrêts!..et c'est lui qui m'y a envoyé! aussi, je me disais... il n'est pas naturel que le duc de Créqui, un homme sage, prudent, confie un régiment... et le superbe régiment de Beaujolais, à un écolier qui a exaspéré les esprits.

ERNESTINE.

Vous croyez, mon père ?

LE MAJOR.

Parbleu! en envoyant sans motifs, sans raisons, les meilleurs officiers aux arrêts... moi à la tête!.. les soldats crient que l'honneur du corps est compromis, et je tremble qu'ils ne lui fassent un mauvais parti.

ERNESTINE.

Ah! mon Dieu!

LE MAJOR.

J'ai envoyé dix ordonnances pour apaiser. (Voyant entrer Octave.) Eh bien! lieutenant?

OCTAVE.

L'effervescence est à son comble! le premier bataillon a entraîné les trois autres... ils ont pris les armes, et se dirigent de ce côté, tambours en tête.

LE MAJOR.

Ah! voilà ce que je craignais...

OCTAVE.
Henri fait des efforts incroyables pour les arrêter... mais, je doute...
(Entrent Henri et quelques officiers en désordre; Joli-Cœur, Brin-d'Amour et quatre soldats se rangent au fond.)
HENRI.
Impossible! ils n'écoutent personne! il faut que le colonel se montre... les calme...
LE MAJOR.
Miséricorde! mais où est-il donc, ce malheureux colonel?
TOUS, l'appelant.
Colonel, colonel! monsieur le marquis!

SCÈNE XXII.
Les Mêmes, JULES.

(Jules entre, un bonnet de femme sur la tête, et tenant sa robe à la main; il va vers Ernestine sans voir les officiers.)

JULES.
Voilà! voilà! vous ne me donnez pas le temps... je n'ai encore que la coiffure.
TOUS.
Que vois-je?
LE MAJOR.
Le colonel en pouf! (Tombant inanimé sur une chaise.) Infortuné Beaujolais!
JULES, courant çà et là comme un garçon.
Eh bien! quoi? qu'est-ce? qu'y a-t-il, messieurs? vous avez tous des figures renversées...
LE MAJOR.
Il y a monsieur!.. il y a que vous courez les plus grands dangers...
JULES.
Bah!
LE MAJOR.
Grace à vos folies, le régiment est en pleine insurrection.
JULES.
Il faut le mettre aux arrêts?
LE MAJOR.
Le régiment! hum! et cela au moment d'entrer en campagne, comme me l'annonce le ministre!.. un corps désorganisé... des soldats furieux... exaspérés!.. qu'est-ce que vous allez faire?
JULES.
Je vais leur parler.
LE MAJOR, l'arrêtant.
Dans cet équipage?
JULES.
Ah! c'est juste! (Il se débarrasse vivement de son costume de femme.) Vite, mon chapeau.
(Ici on entend le tambour dans l'éloignement; la musique accompagne toute cette scène.)
ERNESTINE.
Hâtez-vous!
LE MAJOR.
Ils accourent.
HENRI.
Ils se rangent en bataille sous cette fenêtre...
(La musique continue pendant le dialogue suivant; murmures au dehors.)
LE MAJOR.
Entendez-vous leurs cris?
HENRI.
Ils veulent qu'on leur livre le colonel.
JULES. (Il court vers le balcon.)
Je m'en charge.
LE MAJOR, l'arrêtant.
Non, non! c'est une folie d'affronter des gens qui ne se connaissent plus... sauvez-vous par la poterne!

JULES, fièrement.

Me sauver!

LE MAJOR.

Je réponds de vos jours, monsieur, et cette lettre de votre père?

JULES.

Il s'agit de mon honneur, monsieur, je ne prends conseil de personne...
(Il s'élance à la fenêtre.)

LE MAJOR, près de lui.

Le malheureux!

ERNESTINE, s'appuyant contre un fauteuil.

Je respire à peine...
(Dès que le colonel paraît au balcon, on entend des cris : Ah! Ah! C'EST LUI!.. Jules fait signe qu'il veut parler; le bruit s'apaise.)

JULES, au balcon.

Messieurs!.. Messieurs de Beaujolais, je ne comptais vous passer en revue que demain; mais puisque votre impatience ne vous a pas permis d'attendre jusque-là... soit! voyons un peu ce que vous savez faire?

LE MAJOR, étonné.

Que dit-il?

HENRI, bas.

Silence!

JULES, continuant.

La tenue est excellente! (Haussant la voix.) Mais ce n'est pas tout!.. (Commandant.) Bataillon! garde à vous! portez... armes!
(On entend le bruit du mouvement.)

HENRI, avec joie.

Ils obéissent...

LE MAJOR, de même.

Ce que c'est que l'habitude.

JULES.

Très bien! de l'ensemble!.. (Commandant.) Apprêtez armes! en joue!..

LE MAJOR, bas et avec effroi.

Il se fait coucher en joue... le petit enragé... si quelque balle...

JULES, les regardant.

Pas mal! le numéro trois... un peu trop haut.

LE MAJOR, à part.

Il les laisse là une heure!

JULES.

Redressez... armes!.. portez armes!.. reposez vos armes... vous hésitez... le premier... (D'une voix plus forte.) Bas les armes!.. corbleu! (On entend le mouvement.) Très bien! je suis content! (D'un ton naturel.) Ah! ça, il m'est revenu, mes enfans, que vous aviez quelques préventions contre un de vos officiers... nous arrangerons cela... c'est un bon garçon, allez!

VOIX, en dehors.

Il a raison, il a raison.

JULES.

La campagne va s'ouvrir... nous partons demain... c'est devant l'ennemi que nous ferons connaissance, et que nous saurons ce que chacun vaut!..

TOUS.

Bravo!.. Oui, oui! bon enfant, le colonel!

JULES, leur disant adieu de la main.

C'est bien, mes enfans, rentrez au quartier, et qu'on double les rations d'eau-de-vie pour boire à ma santé.

TOUS, en dehors.

Vive le colonel! (On entend la marche et les cris s'éloigner.)

LE MAJOR, serrant Jules dans ses bras.

Ah! colonel! ma joie... mes larmes!..

ERNESTINE.*

Quel courage!

HENRI.

Quel sang-froid!

* Octave, Henri, Ernestine, Jules, le major.

JULES, bas à Ernestine.

Hein! je me suis souvenu de la leçon. (Au major.) Eh bien ! major, croyez-vous que je puisse faire quelque chose ?

LE MAJOR, souriant.

Monsieur le marquis, l'étoffe est bonne; mais on a taillé l'habit un peu trop tôt.

JULES, gaîment.

Qu'il voie le feu, et je réponds qu'il m'ira bien !

(Flochard paraît à la lucarne de gauche.)

SCENE XXIII.
Les Mêmes, FLOCHARD.*

FLOCHARD.

Ah ça! est-ce que vous me laisserez là jusqu'à demain...

JULES.

Oh! ce pauvre Flochard que j'oubliais...

FLOCHARD.

C'est une horreur! mon élève !.. Je vous somme de me faire sortir, ou je casse tous les meubles.

JOLI-CŒUR.

Il n'y a que les quatre murs.

JULES, à Joli-Cœur, lui faisant signe de délivrer Flochard.

Allez !.. amnistie générale. (Regardant Ernestine.) Et pour commencer... capitaine de Blançay !

ERNESTINE.

Henri, capitaine !

LE MAJOR.

Comment ?

JULES, prenant le brevet sur la table.

En voici le brevet que je viens de remplir!..

HENRI.

O ciel !

JULES.

Et notre digne major, qui ne voulait pas accorder sa fille au lieutenant, ne la refusera pas j'espère au capitaine... d'autant que pour cadeau de noce, mon père, j'en réponds, lui fera envoyer cette croix de Saint-Louis qu'il attend depuis vingt ans !

LE MAJOR, enchanté.

Impossible de lui rien refuser !

ERNESTINE.

Ah ! ce petit colonel se fera adorer..

FLOCHARD, qui est entré.

Adorer! du tout! c'est indigne! c'est infâme!.. jeter son professeur dans un cloaque où l'on ne respire que l'eau-de-vie et la pipe...

LE MAJOR, vivement.

Un cloaque! prison militaire, monsieur... on en sort avec l'honneur intact...

FLOCHARD, se frottant le bras.

Et une foule de rhumatismes !.. aussi, j'ai assez du service ! je donne ma démission...

JULES.

Vous avez raison, mon précepteur ! car demain nous allons nous battre.

FLOCHARD.

Je pars ce soir...

JULES, à Henri.

Et maintenant, capitaine, rien ne nous empêche de nous donner un bon coup d'épée... à moins que vous ne préfériez me donner une poignée de main...

HENRI.

Vous, à qui je dois Ernestine !.. colonel ! ah! ma vie est à vous.

FLOCHARD.

Ah! comme ça, mon élève... vous ne vous mariez donc pas ?

* Octave, Ernestine, Henri, Jules, Flochard, le major.

JULES, avec aplomb.

Non... plus tard... quand je serai un homme...

CHOEUR FINAL.

Air : Avançons avec prudence. (P. CLIFFORD.)

Que les plaisirs et la gloire,
Suivent partout son destin...
Oui, son bras, de la victoire,
Va nous montrer le chemin !

JULES, au public.

Air : Vaudeville du Baiser au Porteur.

Vous le voyez, avec la discipline,
On ne rit pas impunément ;
Aussitôt que l'on se mutine,
On s'expose ; et je crois prudent
Ce soir, messieurs, d'aller tout doucement!
Oui, sans tapage ici que tout se passe,
Ou je serais forcé bien à regrets,
(Montrant la salle) De consigner tout le monde à sa place
Et pour deux mois de l'y mettre aux arrêts !

TOUS.

Chacun de vous resterait à sa place,
Et pour deux mois y serait aux arrêts.

FIN.

LE CORNET A PISTON,

COMÉDIE EN UN ACTE, MÊLÉE DE COUPLETS,

PAR MM. DUPIN et EUGÈNE.

REPRÉSENTÉE POUR LA PREMIÈRE FOIS, A PARIS, SUR LE THÉATRE NATIONAL DU VAUDEVILLE, LE 6 AVRIL 1837.

(SCÈNE XI.)

PARIS,
NOBIS, ÉDITEUR, RUE DU CAIRE, N° 5.
—
1837.

Personnages.   *Acteurs.*

COOTS, banquier.   M. LEPEINTRE jᵉ.
SARA, sa fille.   Mlle H. BALTHAZARD.
SIR ARTHUR LOVELY, prétendu de Sara.   M. CH. POTIER.
ADRIEN BEAUJEU, musicien français.   M. ARNAL.
HÉLOISE, maîtresse de piano.   Mlle L. MAYER.
CATERSING, maître de la taverne de Picadilly.   M. AMANT.
UN DOMESTIQUE.   M. BALLARD.
INVITÉS.

La scène est à Londres, dans l'hôtel de Coots.

J.-R. MEVREL, Passage du Caire, 54.

LE CORNET A PISTON,

COMÉDIE EN UN ACTE, MÊLÉE DE COUPLETS.

Un salon élégant, avec plusieurs portes ouvertes laissant voir les apprêts d'un bal. Plusieurs table de jeu ; à gauche, un piano.

SCENE I.
COOTS, SARA.

(Au lever du rideau, Coots, en robe de chambre, est assis près d'une table à droite, et lit un journal anglais.)

SARA, entrant de gauche.

Mon père, ma toilette, j'espère, sera de ton goût.. n'ai-je pas tout-à-fait l'air d'une française ?..

COOTS.

Ma chère Sara, tu en as aussi la tournure et la grace ! Moi, je suis fou de Paris ; les Anglais, mes chers compatriotes, se font un point d'honneur de ne trouver bien que ce qui se fait en Angleterre... sot orgueil... qu'ils nomment esprit national... Moi, quand je te vois ainsi habillée, je dis : Vive la France... pour les robes et les chapeaux !

SARA.

J'ai peur que ton amour pour les Français ne t'entraîne trop loin.

COOTS.

Comment cela ?

SARA.

Cette partie de whist n'est-elle pas imprudente, sir Arthur Lovely passe pour le premier joueur de whist de l'Angleterre.

COOTS.

Le premier !.. qu'est-ce à dire ?.. votre aveuglement pour sir Arthur vous fait-il oublier votre père... Le premier, sir Arthur !..

SARA.

Pardon, mon père, je voulais dire le second.

COOTS.

A la bonne heure !

SARA.

Et c'est avec un partenaire français que tu n'as jamais vu, que tu ne connais pas, que tu vas défier sir Arthur et M. Playwell à mille guinées la fiche.

COOTS.

D'abord, quand tu dis que je ne le connais pas, tu te trompes... M. de Beaujeu a une réputation qui, depuis long-temps, a passé le détroit ; sir Arthur a prétendu que les Français n'étaient pas plus forts en fait de whist qu'en fait de gouvernement constitutionnel, qu'ils n'y entendaient absolument rien... alors, moi, je me suis fâché, et pour prouver à ton sir Arthur qu'il ne sait ce qu'il dit... j'ai fait part à M. de Beaujeu, le premier joueur de whist français, du défi qu'on nous portait... il m'a accepté pour partenaire... j'ai reçu hier d'avance ses trois cent mille francs, qui résultent d'une souscription faite à Paris au cercle du boulevart Montmartre, tu conviendras qu'on ne peut agir plus loyalement.

Air Vaudeville de l'Apothicaire.

Il arrive, j'en suis certain,
Le Morning-Chronicle l'annonce,
A ma lettre de ce matin,
J'attends, ma fille, sa réponse :
La lutte aura donc lieu ce soir ;
Arthur, malgré votre assurance...
Du triomphe, moi, j'ai l'espoir,
Car pour allié j'ai la France.

SARA.

Tu en veux beaucoup à sir Arthur... c'est pourtant ton meilleur ami.

COOTS.

Au whist je n'ai d'ami que mon partenaire... Mais il me vient une idée, une superbe idée! veux-tu épouser sir Arthur dès demain?

SARA.

Si je le veux !.. tu le sais bien.

COOTS.

Pendant la partie, ce soir, on fera de la musique...

Air : Adieu.

Il faut dans cette occasion,
Avec ta voix douce et légère,
Détourner son attention.

SARA.

C'est une trahison, mon père...

COOTS.

Songe à cet hymen projeté :
Si tu veux qu'il porte tes chaînes,
Rappelle l'amabilité
Qu'avaient les antiques syrènes,
Que la fable donne aux syrènes.

SARA.

A ce prix-là, mon père, je chanterai tant que tu voudras.

COOTS.

Voici justement ta maîtresse de chant.

SCÈNE II.
HÉLOISE, COOTS, SARA.

COOTS.

Mlle Héloïse... j'ai ce soir du monde, beaucoup de monde, et je désire que ma fille chante un petit air... mais un air bien tendre, bien passionné... j'ai mes raisons...

HÉLOISE.

Si nous chantions un air italien.

COOTS.

Non... français, le chant français... ravissant. (A part.) Sir Arthur ne sait pas l'italien. (Haut.) C'est convenu... je vous laisse seules pour le répéter... Allons, ma fille, fais perdre la tête à sir Arthur. C'est tout ce que je te demande.

SARA.

Et c'est tout ce que je veux, nous nous entendons à merveille!

Air des Omnibus.

Il doit en ce lieu,
Venir sous peu,
Ma toilette
Qui n'est point faite !
Que chacun s'apprête
A recevoir monsieur de Beaujeu !
Il a, ce savant,
Des coups souvent
D'une adresse,
D'une finesse,
On gagne à ce jeu,
Dit-on, sans cesse
Avec Beaujeu.

CHOEUR.

Il doit en ce lieu, etc.   (Coots sort.)

SCÈNE III.
HÉLOISE, SARA.

HÉLOISE.

Quel nom monsieur votre père vient-il donc de prononcer?

SARA.

M. de Beaujeu

HÉLOÏSE.
Beaujeu !
SARA.
Qu'avez-vous donc, ma bonne Héloïse, vous voilà toute émue.
HÉLOÏSE.
C'est que ce nom m'a rappelé quelqu'un...
SARA.
Connaîtriez-vous M. de Beaujeu...
HÉLOÏSE.
Ce n'est pas sans doute celui qu'attend monsieur votre père...
SARA, à part.
Je voudrais bien savoir pourquoi elle a rougi. (Haut.) Allons, contez-moi cela, ma bonne Héloïse ; cela fait tant de bien de parler de celui qu'on aime.
HÉLOÏSE.
Oui ; mais quand celui qu'on aime est un ingrat, un infidèle... quand il vous oublie... depuis que je suis à Londres, je lui ai écrit trois fois... pas de réponse... n'est-ce pas indigne ?
SARA.
Vous l'aimez donc bien, ce jeune homme ? dites-moi, est-il aussi joli garçon qu'Arthur ?
HÉLOÏSE.
Il n'est pas beau ; on dit même qu'il est laid ; mais, moi, je l'aime, et puis je n'ai encore trouvé que lui qui m'ait parlé de mariage.
SARA.
Et quand espérez-vous le revoir ?
HÉLOÏSE.
Quand nous aurons fait fortune, lui ou moi, c'est du moins ce qu'il m'a promis... mais les sermens de ces messieurs...
SARA.
Ah ! pour moi, je suis bien sûre de la fidélité de sir Arthur. N'est-ce pas qu'il est charmant ? il a toujours la canne la plus à la mode, le groom le plus petit... le cocher le plus gros, et son cheval... son Oscar... qui gagne tous les prix aux courses... dis, est-on plus aimable ? il va venir, et je cours achever ma toilette... je veux toujours lui paraître jolie...
HÉLOÏSE.
Et ce nocturne ?
SARA.
Je le sais... nous le chanterons ce soir, et je veux que sir Arthur en perde la tête...
(Elle sort à gauche.)
HÉLOÏSE, seule.
Pauvre Sara... elle compte sur la fidélité de sir Arthur... si elle savait... le voici, éloignons-nous.
(Elle se dirige vers la gauche.)

SCÈNE IV.
HÉLOÏSE, SIR ARTHUR, entrant à droite.
ARTHUR, l'arrêtant.
Vous me fuyez... mon adorable !..
HÉLOÏSE.
Je vais rejoindre miss Sara, qui est à sa toilette.
ARTHUR.
Vous n'avez pas besoin de toilette, vous, pour être belle.
HÉLOÏSE.
Un Français n'aurait pas mieux dit.
ARTHUR.
Les Français, mon adorable, savent-ils, comme nous, apprécier les talens et rendre hommage à la beauté ; qu'un tableau nous plaise, nous le couvrons de guinées ; qu'une femme nous charme et nous séduise, il n'est pas de sacrifices que nous ne fassions pour elle... vous, par exemple, qui réunissez le talent à la beauté, il ne tiendrait qu'à vous d'avoir un hôtel, une villa, des équipages.
HÉLOÏSE.
AIR : Ses yeux disaient tout le contraire.
Obtenir tout cela, comment ?
Il faudrait être bien habile.

ARTHUR.
Rien de plus facile, en m'aimant!
HÉLOISE.
Ah! vous trouvez cela facile!
ARTHUR.
Il n'est pas j'en donne ma foi,
De ladys à qui je ne plaise.
HÉLOISE.
Qu'il est donc malheureux pour moi,
Monsieur de n'être point anglaise.

On m'avait, dit pourtant, que vous étiez le joueur le plus heureux de l'Angleterre.
ARTHUR.
Eh bien?
HÉLOISE.
C'est qu'en France nous avons un proverbe... «Heureux au jeu, malheureux en amour.»
ARTHUR.
Eh bien! pour voir s'il dit vrai, ce proverbe, je voudrais perdre ce soir, quoique la partie soit un peu chère : Mille guinées la fiche!.. mais c'est égal, je perdrai, je perdrai tout exprès... c'est là de l'amour, j'espère... ne consentirez-vous pas alors à justifier le proverbe...
HÉLOISE.
Si ce n'est pas moi, ce sera miss Sara, et alors vous aurez joué à qui perd gagne.

SCENE V.
LES MÊMES, COOTS.
COOTS.
Ah! sir Arthur! je vous attendais... le journal vous a sans doute appris ainsi qu'à moi, l'arrivée de notre illustre adversaire.
ARTHUR.
Je suis venu, un moment avant la réunion, pour vous prévenir d'un incident.
COOTS.
Lequel?
ARTHUR.
Sir Playwell...
COOTS.
Votre partenaire se dédirait-il?
ARTHUR.
Non.
COOTS.
Eh bien?
ARTHUR.
Il s'est brûlé la cervelle ce matin...
COOTS.
Sans nous en prévenir! mais c'est d'une impolitesse; au moment même, comment faire?.. la partie va donc manquer?
ARTHUR.
La partie ne manquera pas.
COOTS.
J'entends... le banquier hollandais... le gros juif ou le petit duc le remplacera...
ARTHUR.
C'est moi.
COOTS.
Comment?
ARTHUR.
Je vous tiendrai tête à tous deux... je jouerai avec un mort.
COOTS.
A merveille!.. J'entends déjà un équipage; Héloïse, prévenez ma fille; voyons si je n'ai rien oublié... (Allant à la fenêtre.)

AIR de Robin des Bois.

Oui, c'est un landau qui s'arrête,
Donnons nos soins officieux,
Aux derniers apprêts de la fête,
Et revenons vite en ces lieux.
Je l'emporte, je le confesse,
Au beau jeu de whist sur nos lords,
Je reçois...sur la politesse,
Mes amis, soyons aussi forts.

TOUS, en sortant à gauche.

Oui, c'est un landau qui s'arrête, etc.

SCENE VI.
ADRIEN, CATERSING.

(Adrien porte une boîte de cornet à piston et tient une lettre à la main. Catersing et lui entrent, en se disputant, par la droite.)

ADRIEN.

Englishman... comment, en entrant ici, je vous trouve sur mes talons; vous m'avez donc suivi!.. que signifie cette conduite... vous m'obsédez, vous êtes mon Méphistophélès !

CATERSING.

Je suis votre hôte...voilà deux semaines que vous logez dans ma taverne, votre bill se monte à dix guinées six shellings... je vous vois prendre un fiacre et...

ADRIEN.

Et vous avez cru que je prenais la fuite... Moi, faire un trou à la lune? ah! M. Catresinge!..

CATERSING.

Mauvaise plaisanterie, monsieur... dites Catersing.

ADRIEN.

Maître de la caverne de Picadilly, vous écorchez les Français, j'écorche l'anglais... nous sommes quittes.

CATERSING.

Quand je serai payé...

ADRIEN, avec fierté.

Aimez-vous les arts?.. avez-vous confiance dans ces artistes, nobles, désintéressés?..

CATERSING.

Aucune confiance, ils sont presque tous misérables...

ADRIEN, à part.

Alors, je me priverai de lui apprendre que je suis cornet à piston... cela n'ajouterait rien à sa considération pour moi.

CATERSING.

Enfin, que venez-vous faire dans cette maison?

ADRIEN.

Je viens, dans cette maison, conquérir de la réputation et de l'argent... De l'argent, c'est ce que vous aimez, c'est ce qu'il vous faut... j'y passe la nuit, demain vous aurez vos guinées et vos shellings... (Un domestique entre.) On vient... ayez l'air d'être mon valet... (Lui glissant la boîte qu'il tient.) Mon groom, donnez-moi cette boîte.

CATERSING, bas à Adrien.

Comment, votre groom?

ADRIEN, bas.

Anglais, silence, si tu veux être payé. (Haut.) Mon groom, sortez... vous viendrez me prendre demain matin.

CATERSING.

Sans faute. (Bas.) Et votre bill sera tout prêt, tout acquitté...

(Adrien le pousse et il sort.)

SCENE VII.
ADRIEN, LE DOMESTIQUE.

ADRIEN, *jetant un coup d'œil.*

Voilà un salon qui me rappelle exactement les concerts de la rue Lafitte; il n'y a pas un chat.

LE DOMESTIQUE.

Personne n'est encore arrivé... Monsieur est invité?

ADRIEN.

Un peu, domestique... écoutez! (Lisant la lettre qu'il tient à la main.) « Mon-» sieur, j'apprends votre arrivée à Londres... je m'empresse de réu-» nir ma société; il y aura ce soir chez moi, bal et concert; tout étant ar-» rangé et convenu d'avance, vous pouvez vous présenter pour faire vo-» tre partie, nous vous recevrons avec satisfaction et admiration, agréez » mes civilités empressées.   Coots.»

LE DOMESTIQUE.

Couts!

ADRIEN.

Couts, si vous voulez!.. subscription : « A monsieur, monsieur de Beau-» jeu... ». C'est moi...

LE DOMESTIQUE, *ôtant son chapeau.*

Comment, c'est à vous, monsieur, que James a été porter une lettre?.. vous êtes le célèbre étranger qui demeurez à la taverne de Picadilly?

ADRIEN.

Oui, domestique, c'est moi qui suis le célèbre étranger. (Le domestique lui fait de grandes salutations.) A la bonne heure, donc!... plus bas encore, devant le cornet à piston... Mon cher, placez ceci... sur un meuble... avec précaution; il a été essayé et approuvé par le fameux Dufrêne.

(Le domestique exécute les ordres d'Adrien, toujours le chapeau bas.)

AIR d'Un de plus.

Noble Amphion, que j'admire et vénère,
Ta lyre fit des miracles jadis,
Et mon cornet en fait aussi j'espère,
Soudain il rend tous les valets polis.
Pour les beaux-arts nous sommes deux trouvailles;
Par des accords mélodieux et beaux,
L'ancien, dit-on, élevait des murailles,
Et le nouveau fait tomber les chapeaux.

Domestique? sir Co...

LE DOMESTIQUE.

Couts.

ADRIEN.

Couts... c'est un homme à son aise, n'est-ce pas?

LE DOMESTIQUE.

Je crois bien, c'est un des plus forts intéressés dans la Compagnie des Indes; monsieur voudra bien attendre...

ADRIEN.

Attendre et courir, c'est l'état du cachet et le cachet de l'état.

(Le domestique salue et sort.)

SCÈNE VIII.
ADRIEN, seul.

Un des plus forts intéressés dans la Compagnie des Indes... Décidément je ne suis point ici chez un meurt de faim... c'est la Compagnie des Indes qu'il reçoit... c'est elle qui va avoir l'étrenne de mon cornet à piston... je ne suis pas fâché de faire danser des Indiennes, et les Indiennes ne seront pas fâchées de m'entendre.

AIR : C'est l'Angleterre.

Oui, leurs oreilles
Entendront des accords bien doux,
Anglais, vous verrez des merveilles;
Dans un instant je vous prends tous
Par les oreilles.

(Se retournant.) Diable! mobilier cossu... que de tables... que de tables... j'en vois une là-bas, couverte de viandes savoureuses et autres comestibles... cette table est sans doute un buffet, on me verra par là; j'y dînerai et souperai sans augmenter mon bill... comme dit le tavernier... Chaque fois que ce diable de Catresinge ma parle de bill, ça me donne une humeur!.. Je le vois, les Napoléons sont les seuls protecteurs du voyageur français, et j'ai beau fouiller dans ma poche, ils sont restés de l'autre côté de la Manche; dans ma poche comme ailleurs plus de Napoléons; dire qu'une vingtaine de pièces d'or, même à l'effigie de don Miguel, me rendrait parfaitement libre... libre comme l'air!.. l'air, trop souvent l'unique locataire de mon garde-manger... Adrien, mon ami, qu'est-ce que cela?.. Au diable les bill et autres pensées anglaises! Le lingot qui m'a écrit, va me faire retrouver ma gaîté et mon Héloïse... Héloïse!.. fatale ambition qui, pour aller au bout de la terre, lui a fait quitter la rue du Bout-du-Monde! son piano faisait pourtant assez de bruit dans le quartier Montorgueil... le premier jour que j'ai débarqué ici... je me suis perdu!.. pourvu que mon objet n'ai pas fait comme moi...

SCÈNE IX.
ADRIEN, HÉLOÏSE.

ADRIEN.

Que vois-je! Héloïse!..

HÉLOÏSE.

Adrien!

ENSEMBLE.

Air : Duo du Concert à la cour.

O doux instant, bonheur suprême!
Cela prouve bien, je le voi,
Que pour revoir celle/celui qu'on aime,
Il ne faut pas rester chez soi.

HÉLOÏSE.

Combien y a-t-il de temps que tu es à Londres?

ADRIEN.

Quinze jours.

HÉLOÏSE, d'un ton de reproche.

Et c'est seulement aujourd'hui...

ADRIEN.

Héloïse, je te cherchais... c'est que pour découvrir ta demeure, je n'avais uniquement que mon adresse.

HÉLOÏSE.

Mais je t'ai écrit.

ADRIEN.

Je n'ai rien reçu.

HÉLOÏSE.

Et pour me rejoindre, tu as fait un coup de tête, tu as quitté ton théâtre, tes élèves...

ADRIEN.

Tout, absolument tout... sans peine et sans regret, et si c'était à recommencer je n'hésiterais pas davantage, vu qu'avant de les quitter, les incivils m'avaient tous remercié.

HÉLOÏSE.

Il se pourrait!..

ADRIEN.

Ma parole d'honneur! on ferait de mes infortunes, une histoire, un conte, une nouvelle Héloïse... dispense-moi d'un compte rendu excessivement pénible...

HÉLOÏSE.

Au contraire, je veux tout savoir.

ADRIEN.

Tu veux tout savoir... je ne te cacherai rien... au fait, il n'y a que les sots qui rougissent.

HÉLOÏSE.
Mais tu étais cornet à piston...
ADRIEN
D'abord aux Variétés, chassé... après j'ai été à l'Ambigu, chassé... au Cirque, chassé... enfin, j'ai joué à Montmartre des contredanses... chassé !
HÉLOÏSE.
Et la raison ?..
ADRIEN.
Il n'y a pas de raison là-dedans ; il y a du parfait amour.
HÉLOÏSE.
Qu'est-ce à dire ?
ADRIEN.

Air : Ne dites rien.

Au Gymnase, au Cirque-Olympique,
Ton image me poursuivait,
Je ne tournais pas ma musique
Et ton tendre amant détonnait.
Même en jouant à la guinguette,
D'Auber les quadrilles nouveaux,
Je disais : elle me regrette,
Héloïse n'est pas coquette...
    Et c'était faux (bis.)
    Archi-faux !

HÉLOÏSE.
Pauvre garçon !.. et que devins-tu alors ?
ADRIEN.
Alors... relégué à son quatrième étage, le cornet à piston se trouva réduit à n'avoir pour auditeurs que ses deux oreilles ; banni des théâtres, sans élèves, sans argent, ton amant voulut en finir... je commençai un cours d'inanition, les commencemens furent couleur de rose, des extases, des rêves délicieux ; mais la suite ne répondit pas au commencement ; mon estomac, plus entêté que mon cœur, se révolta ; je possédais encore un lit, une table, quatre assiettes, une carafe et la bataille d'Austerlitz... Eh bien ! meubles, vaisselle, verrerie, victoire... j'échangeai tout contre une place dans le paquebot, et depuis quinze jours, j'ai maigri à Londres dans l'attente de la gloire, de la fortune et de ma douce mie...
HÉLOÏSE.
Va, va, tu reprendras bien vite, car tu me retrouves constante, fidèle, je ne t'ai point oublié.
ADRIEN.
Le doute m'est interdit... d'après la lettre que j'ai reçue.
HÉLOÏSE, étonnée.
Quelle lettre ?
ADRIEN.
La lettre de M. Coots, le patron de céans, qui m'invite à venir... il ne me connaît pas, et je ne puis devoir cette lettre aimable qu'au souvenir d'une femme charmante !
HÉLOÏSE.
D'une femme charmante ?.. mais je ne vous ai pas fait écrire... qu'est-ce que cela signifie ?..
ADRIEN, avec fatuité.
Héloïse, ce mouvement espagnol me fait grand plaisir... vous êtes jalouse... bravo ! je dois vous l'avouer, c'est à une femme que je suis redevable de cette invitation, à une femme que j'adore aussi... pas tant que toi.
HÉLOÏSE.
N'importe ! quel est son nom ?
ADRIEN.
Son nom : Euterpe. C'est Euterpe forçant le Crésus et l'artiste à se jeter dans les bras l'un de l'autre.

Air : Baiser au porteur.

Je touche à la terre promise
Et mon talent, dont chacun est ravi,
Ne peut manquer, mon Héloïse,

D'être par la vogue suivi,
Oui, par la vogue il doit être suivi.
La Renommée est rarement muette,
Et pour doubler encor son carillon,
J'accompagnerai sa trompette
Avec mon cornet à piston.

Et toi, mon idole, qui t'amène ici?

HÉLOÏSE.

J'y demeure depuis que j'ai quitté Paris, j'enseigne la musique à la fille de M. Coots.

ADRIEN.

Et ce M. Coots, il est riche, il est jeune, il est beau peut-être... j'espère Héloïse que vous ne lui donnez aucune leçon de chant.

HÉLOÏSE.

Le voici, je t'en fais juge... je te laisse, il est inutile qu'il sache que nous nous connaissons. *(Elle sort par le fond à droite.)*

ADRIEN.

Le Crésus!.. génie, chapeau bas!

SCÈNE X.
COOTS, ADRIEN.

COOTS, entrant à gauche. Il a quitté sa robe de chambre.

Enchanté, M. de Beaujeu, de faire connaissance avec vous... Vous voilà donc arrivé...

ADRIEN.

Le premier... c'est dans l'ordre... vous voyez, homme riche, un indigène de la rue Coquenard qui vient à Londres moissonner des lauriers et des guinées; voilà mon but...

COOTS, souriant.

Vous en moissonnerez.

ADRIEN.

En quantité...

COOTS.

En quantité.

ADRIEN.

Ceci fait parfaitement mon compte.

COOTS.

Votre talent ne peut manquer de vous enrichir.

ADRIEN.

C'est ce que je me dis tous les jours... un talent comme le mien....

COOTS.

Fait honneur à la France et envie à l'Angleterre. Ah! vous ne sauriez croire de quelle réputation vous jouissez ici...

ADRIEN.

Quel est donc le mortel connaisseur?

COOTS.

Qui? notre ambassadeur à Paris, et il s'y connaît..

ADRIEN.

Vraiment... et il a parlé de moi?

COOTS.

Vingt fois, dans sa correspondance diplomatique.

ADRIEN.

En effet, je me rappelle avoir joué chez lui... faubourg Saint-Honoré, un grand hôtel éclairé au gaz, mais il n'a pu me juger ce jour-là, je fus inférieur à moi-même, il m'avait fait servir des rafraîchissemens qui m'avaient singulièrement échauffés, et quand on n'a pas la tête à soi, vous comprenez...

COOTS.

Mais j'espère qu'aujourd'hui...

ADRIEN.

Aujourd'hui j'ai à peine dîné. *(A part.)* Je crois même que je n'ai pas dîné du tout.

COOTS.

Tant mieux, c'est comme cela qu'il faut être pour ne pas faire de fautes, car je vous préviens que nous avons ici d'habiles gens... qui sont jaloux de votre renommée et qui vous attendent pour vous juger... nous les vaincrons, j'espère...

ADRIEN.

J'ai l'audace de le croire.

COOTS.

Nous leur ferons voir que, sous ce rapport, la France n'a rien à envier à l'Angleterre... il y a des gens qui prétendent que c'est dans la guerre, dans la politique, dans l'industrie, qu'une nation doit chercher à établir sa supériorité sur une autre... eh bien! moi, je soutiens que c'est dans le whist...

ADRIEN, à part.

Voilà qui est stupide. (Haut.) Oui, c'est dans le whist... ou le cornet à piston... dans des bagatelles, dans des bêtises... c'est ce que je dis toujours.

COOTS.

Alors, vous dites comme moi?

ADRIEN.

Absolument.

COOTS.

Vous ne sauriez croire, mon cher M. de Beaujeu, combien il me tarde de nous voir à l'œuvre... les doigts me démangent...

ADRIEN.

Vous jouez donc aussi?

COOTS.

Je joue avec vous.

ADRIEN, à part.

Un amateur... c'est égal, il faudra se tenir ferme.

COOTS.

Ah ça! ne serait-il pas bon de s'entendre sur la manière dont nous conviendrons de jouer... Je pense que vous ne suivez pas l'ancien système?

ADRIEN.

Fi donc!.. je joue d'inspiration.

COOTS.

C'est cela, les règles ne sont faites que pour les petits génies...

ADRIEN.

J'ai un coup de langue qui va bien vous étonner.

COOTS.

Un coup de langue... je ne connais pas ce coup là... vous me l'apprendrez, n'est-ce pas?

ADRIEN.

Volontiers.

COOTS.

Et comme vous êtes sûr de votre mémoire...

ADRIEN.

Ma mémoire... je sais encore par cœur toutes les parties que j'ai faites cette année à Paris, dans les soirées où j'ai été invité.

COOTS.

Toutes les parties par cœur. (A part.) C'est vraiment un homme extraordinaire... (Haut.) Je ne suis pas étonné de la confiance que vous avez inspiré à vos compatriotes et que votre souscription ait si bien réussi.

ADRIEN.

Ma souscription... ah! (A part.) Il veut dire le concert que j'ai donné au Gymnase-Musical et qui m'a rapporté onze francs cinquante... (Haut.) J'étais sûr qu'on s'empresserait de répondre à mon appel...

COOTS.

Ah ça! je dois vous prévenir d'une chose, c'est que depuis que tout a été convenu entre nous, il est arrivé un malheur... un de nos joueurs est mort.

ADRIEN.

Vous appelez cela un malheur... au fait c'en est un pour lui.

COOTS.

De sorte que nous jouerons avec un mort...

ADRIEN.

Avec un mort?

COOTS.

Ça sera plus piquant, et c'est assez l'usage en Angleterre... cela ne vous fait rien, n'est-ce pas?..

ADRIEN.

Non assurément... (A part.) Jouer avec un mort, sont-ils originaux, ces Anglais... un mort!.. mais ça ne doit pas avoir avoir le souffle et ça doit faire des notes fausses.

COOTS.

Qu'avez-vous donc?.. est-ce que cela vous ferait peur de jouer avec un mort...

ADRIEN.

Moi, peur! moi, qui suis fort comme un Turc; je craindrais un Maure, fi donc!

COOTS.

Voilà ma société!

SCÈNE XI.

COOTS, ADRIEN, SARA, Sir ARTHUR, HÉLOISE, Invités.

CHOEUR.

Air de Lestocq.

La foule est avertie,
On la voit se presser,
La fameuse partie;
Va-t-elle commencer?

COOTS.

Aujourd'hui plus d'attente,
La partie aura lieu,
Milords, je vous présente,
Le célèbre Beaujeu...

(Tout le monde salue Adrien, qui se confond en salutations.)

CHOEUR.

La foule est avertie, etc.

ADRIEN

Gentleman et miladys, vous voyez un navigateur bien plus fortuné que Robinson Crusoé, car il aborda dans une île habitée uniquement par des singes et des tortues... tandis qu'ici... Compagnie des Indes, je vous salue!

COOTS, à un homme de la société.

Il est aimable et facétieux... (A Adrien.) Voilà notre adversaire qui cause avec ma fille.

ADRIEN.

Eh bien! nous allons nous prendre cor à cor.

COOTS.

Arrivez donc, sir Arthur, il me tardait de vous mettre vis-à-vis l'illustre M. de Beaujeu.

ARTHUR, à Adrien.

Monsieur... (A part.) C'est bien singulier, il a les joues rebondies et le teint frais... ce n'est pas là une figure de joueur.

ADRIEN, à Arthur.

J'ai bien l'honneur d'être... (A part.) Il est pâle et blême comme un musicien de la Porte-Saint-Martin.

COOTS.

Savez-vous que nous formons à nous trois un trio bien remarquable; je parie qu'on ne trouve pas dans l'Europe entière trois hommes de notre force.

ADRIEN.

Vous croyez que l'Europe entière n'a pas...

COOTS.

Sans doute; sir Arthur et moi, n'avons pas de rivaux dans la Grande-Bretagne, et notre ambassadeur m'a écrit que vous étiez, sans comparaison, le plus beau et le plus habile joueur de toute la France...

ADRIEN.

Le plus beau, je ne dis pas le contraire... mais le plus habile... c'est possible...

COOTS.

Allons, allons, c'est de la modestie, et j'ai bien vu, à quelques mots que vous m'avez dit tout à l'heure, que sir Arthur, en nous provoquant, s'exposait à une défaite certaine.

ARTHUR.

C'est ce que nous verrons à l'instant même.

COOTS, à Adrien.

La foule et le bruit ne vous troublent jamais ?

ADRIEN.

Jamais ; je jouerais en présence des cinq parties du monde, que cela ne me ferait absolument rien...

COOTS.

Voilà un homme !.. ah ! sir Arthur, vous êtes bien malade...

ADRIEN.

A propos de malade... où donc est le mort ?

COOTS.

Eh ! c'est monsieur...

ADRIEN.

Le jeune Angleterre... (A part.) Le diable m'emporte si j'y comprends rien... mais, c'est égal, ça m'amuse...

COOTS.

Sir Arthur, je ne veux pas vous faire languir plus long-temps et nous allons commencer... (A un domestique.) John, des cartes et des siéges...

(Le domestique avance une table sur le devant de la scène à droite.)

ADRIEN, étonné.

Des cartes...

COOTS.

M. de Beaujeu, voici le moment de vous signaler... j'ai mis toute ma confiance en vous, j'espère que vous allez justifier votre réputation... mettez-vous là...

ADRIEN.

Là, c'est là que vous voulez que je me mette...

COOTS.

Sans doute, puisque nous sommes ensemble.

ADRIEN.

C'est donc en attendant le bal... volontiers ! (A part.) Si je pouvais gagner mon fiacre... ça serait drôle...

(Ils se mettent à la table, Adrien se place vis-à-vis de Coots.)

COOTS.

Convenez, messieurs, que le whist est le plus beau jeu du monde !

ADRIEN, à part.

Ah ! c'est le whist que nous allons jouer... c'est bon à savoir... je ne le sais pas trop... bah ! qu'est-ce que ça fait...

ARTHUR, après avoir donné:

Messieurs, j'ai bien l'honneur de vous saluer.

MORCEAU.

Musique nouvelle de M. Thys (notée à la fin).

CHOEUR, à Sara.

Daignez, pendant la partie,
Miss, vous mettre au piano,
Exécutez, je vous prie,
Ce nocturne tout nouveau.

SARA, se mettant au piano.

Mesdames, à l'instant même.

CHOEUR.

Quelle complaisance extrême !
Écoutons donc, écoutons.

ADRIEN,

Bravo ! la touche est brillante,
Un beau doigté, de beaux sons,
La ritournelle est charmante !

CHOEUR.

Écoutons donc, écoutons !

SARA, chantant.
« Le daim de la montagne
» Vous voit et ne fuit pas ;
» L'oiseau vous accompagne,
» La fleur naît sous vos pas.
ARTHUR, à part.
Ah ! combien je suis coupable
De songer à la trahir...
HÉLOÏSE.
Que fait-il à cette table?
Ah ! je n'en puis revenir !..
COOTS.
Mais le baronnet oublie,
Sir Arthur nous jouons.
ADRIEN.
La pianiste jolie,
Donne des distractions !
SARA, chantant.
» L'onde coule plus pure,
» Le zéphir est plus doux,
» Et tout dans la nature
» S'embellit près de vous. »
COOTS.
Mais sir Arthur, c'est à vous.
SARA, s'apercevant des distractions d'Arthur et quittant le piano.
Ne les dérangeons plus, silence !
Du plaisir donnant le signal,
Il est temps, miladys, je pense,
Que nous allions ouvrir le bal.
CHOEUR.
Ne les dérangeons plus, silence !.. etc.

(Ils sortent tous, à l'exception des trois joueurs, et pendant le reste de la partie on entend dans la pièce à côté la musique du bal.)

COOTS, se levant.
Bravo... bravissimo... je l'avais prévu, je l'avais dit, c'est lui, c'est l'homme célèbre qui, par son dernier coup, a décidé la partie ! (A part.) C'est sans doute cela qu'il appelle son coup de langue.

ADRIEN, se levant ; le domestique enlève la table.
Aux innocens... les mains pleines ! toujours la première ou la seconde fois, on gagne.

COOTS.
Nous gagnons chacun dix fiches... sir Arthur, je vous plains... mais cela devait arriver.

ARTHUR, à Adrien.
Dans une heure, vous serez satisfait.

ADRIEN.
Jeune Angleterre, je n'attendrai pas ce temps-là...

ARTHUR.
Comment...

ADRIEN.
Je le suis déjà, on ne peut pas plus et je n'en demande pas davantage...

ARTHUR.
Je vais chez moi... votre demeure ?..

ADRIEN.
Taverne de Picadilly.

ARTHUR.
Monsieur, je vous salue... sir Coots, au revoir.   (Il sort à droite.)

SCENE XII.
COOTS, ADRIEN.

COOTS, à part.
Il a été étourdissant... et des coups d'une hardiesse...(Haut.) M. de Beaujeu, M. de Beaujeu, vous avez un talent bien remarquable !..

ADRIEN.
C'est un bruit très répandu, auquel j'ajoute entièrement foi.
COOTS.
Quant à moi, je publierai partout...
ADRIEN.
Attendez, au moins, vous... je n'ai pas encore joué...
COOTS, à part.
Il appelle cela ne pas jouer!... Allons, allons, je n'hésite plus. (Haut.) M. de Beaujeu, êtes-vous garçon?
ADRIEN.
Je n'ai pas encore courbé mon front sous le joug de l'hymenée.
COOTS.
Vous avez vu miss Sara, ma fille... qu'en dites-vous?
ADRIEN.
Je dis que c'est une bien belle Anglaise!
COOTS.
Vous la trouvez donc?...
ADRIEN.
De la seconde force sur le piano, et de la première sur la romance... il faudrait être sourd, pour ne pas voir qu'elle est charmante, et aveugle, pour ne pas applaudir à son chant.
COOTS, à part.
Il y vient de lui-même. (Haut.) Tenez, M. de Beaujeu, je suis Anglais, un peu brusque, un peu original... mais franc comme les gens de mon pays... une dot de vingt mille livres sterlings, cinq cent mille francs de votre beau pays de France, vous tenterait-elle?
ADRIEN.
Cinq cent mille francs!!!
COOTS.
Je sais que c'est peu de chose pour vous, puisque dans deux soirées vous pouvez les gagner.
ADRIEN.
Ce n'est pas à Paris, toujours!... il y a de si mauvaises payes!... Tenez, l'hiver dernier, chez un prince russe, ils m'ont fait revenir six fois pour vingt-cinq francs... et j'avais joué toute la nuit.
COOTS.
Vous n'avez pas à craindre cela en Angleterre. (A un domestique qui entre.) Qu'est-ce?
LE DOMESTIQUE.
C'est le maître de la taverne de Picadilly qui demande monsieur.
(Il désigne Adrien.)
COOTS.
Mon cher M. de Beaujeu, ne vous gênez pas chez moi, et si vous désirez le voir...
ADRIEN, à part.
C'est pour son diable de bill. (Au domestique.) Il est donc bien pressé?
LE DOMESTIQUE.
Il dit qu'il faut absolument qu'il parle à monsieur.
ADRIEN, à Coots.
Voilà ce que c'est : depuis quinze jours il me loge, me chauffe, me nourrit et m'éclaire dans sa caverne, et c'est, comme il appelle cela, pour un petit bill de dix guinées...
COOTS.
Comment! il oserait vous relancer chez moi pour une semblable bagatelle. (Au domestique.) Faites-le entrer; et s'il se permet... je le fais jeter par les fenêtres de ce salon, qui donne sur la Tamise, lui et son mémoire.
ADRIEN.
Diable! alors, j'aurai ma dette flottante.
COOTS.
C'est qu'il serait inouï qu'on manquât d'égards avec un homme de votre mérite... mais, laissez-moi faire.

SCENE XIII.
CATERSING, ADRIEN, COOTS.
CATERSING, apercevant Adrien.
Ah ! le voilà...
ADRIEN, à part.
Pas moyen d'échapper à mon créancier... payons d'audace... (Haut.) Sir Coots, je vous présente M. Catresinge.
CATERSING.
Chàrmante plaisanterie !.. ces Français sont spirituels... aussi, je les aime...
ADRIEN.
Oui, mais vous n'aimez pas les artistes...
CATERSING.
Les artistes ! je les adore, je les vénère... Rien est-il au-dessus de l'artiste qui, par son industrie, parvient à être millionnaire...
COOTS, à Catersing.
Que venez-vous faire chez moi, monsieur ?
CATERSING.
Pardon, si au milieu d'un bal... mais l'intérêt que m'inspire M. de Beaujeu, mon locataire, me fait espérer qu'on excusera... J'avais bien peur de ne plus le rencontrer ; monsieur n'a pas de reproches à m'adresser... j'ai mis quatre minutes pour venir de Picadilly ici, j'avais tant de hâte de vous apporter...
ADRIEN.
De m'apporter mon bill...
CATERSING.
De vous apporter ce portefeuille...
ADRIEN.
C'est pour moi, ça ?
COOTS.
C'est sans doute sir Arthur... cela vous est dû...
CATERSING.
C'est lui-même... il m'a chargé de le remettre sur-le-champ à M. de Beaujeu, et je m'acquitte de ma commission... le voici.
ADRIEN, prenant le portefeuille.
C'est bien aimable à lui, voilà un souvenir...
COOTS.
Qui lui coûte un peu cher.
ADRIEN.
M. Catresinge, vous voyez que je suis lancé, ainsi ne soyez pas inquiet.
CATERSING.
Inquiet !.. je voudrais que monsieur me dût mille livres sterlings... à propos, si monsieur a besoin de guinées... comme vous n'avez que des banknotes... j'en ai chez moi à votre service...
COOTS.
Sans aller si loin... je puis lui donner tout l'or qu'il voudra... parlez, mon cher Beaujeu...
ADRIEN.
Je suis vraiment confus... et veux mériter d'abord... va-t-on danser ?
COOTS.
Mais on danse dans le salon à côté...
ADRIEN.
Je m'y rends...
COOTS.
Restez... auparavant je veux vous présenter ma fille, elle aime beaucoup la danse... et si vous voulez la faire danser...
ADRIEN.
C'est bien le moins.
COOTS.
Je cours la chercher, c'est l'affaire de quelques secondes... M. de Beaujeu j'ai une idée... (Il sort à gauche.)

CATERSING.

M. de Beaujeu, j'ai fait transporter votre malle dans l'appartement du premier... si j'avais su plutôt... vous me plaindrez et vous m'excuserez...
(Il sort à droite en saluant Adrien avec respect.)

SCENE XIV.
ADRIEN, seul.

Vous m'excuserez... vous serez mon gendre... ce qui m'arrive est tout-à-fait féerie... c'est Pied de mouton... c'est Cheval de bronze, c'est Za, zé, zi, zo, zu... Je n'y conçois plus rien, mon hôte, qui me connaît, qui veut me prêter de l'argent; et l'autre qui ne me connaît pas et qui m'offre la main de sa fille... moi, simple cornet à piston... que diable cela veut-il dire? réfléchissons un moment... quand je songe aux mille et un guignons qui ont sillonné ma carrière artistique... quand je songe que l'Angleterre a toujours été jalouse de la France... et que dans ces salons, c'est moi qui représente la France... Oui, plus de doute, c'est elle que John Bull mystifie dans ma personne!.. ceci peut devenir très grave, demain notre ambassadeur saura tout.

Air de Turenne.

Je représente ici la France,
Qui prendra cette affaire à cœur,
Et qui d'une pareille offense,
Ne peut laisser entacher son honneur...
Cela va faire ici de la rumeur.
Pour un coup d'éventail naguère,
Les Français ont conquis Alger,
Et qui sait si pour me venger,
Ils ne prendront pas l'Angleterre!

SCENE XV.
HÉLOISE, ADRIEN.

HÉLOISE, accourant.

Ah! mon Dieu! que viens-je d'apprendre... serait-il vrai...

ADRIEN.

Quoi donc, mon Héloïse?

HÉLOISE.

Maintenant que te voilà riche, tu ne voudras plus m'épouser.

ADRIEN.

Fi donc... si l'artiste pauvre a seul des droits à ton amour, je dois te plaire Héloïse...

HÉLOISE.

Pauvre... avec ta fortune.

ADRIEN.

Ma fortune! elle est hypothéquée sur les brouillards de la Tamise et ça n'est pas clair... ces Anglais sont de mauvais farceurs... on me dit que les millions vont tomber comme une tuile dans ma poche; si je le désire, ô mon Héloïse! c'est afin de partager cet accident avec toi.

HÉLOISE.

Bien vrai!.. Ah ça! tu sais donc jouer au whist?

ADRIEN.

Ma portière m'a montré.

HÉLOISE.

Ah! mon Dieu! et si tu avais perdu?

ADRIEN.

Je n'aurais pas perdu grand'chose, car j'ai gagné dix fiches et ça ne m'a rien rapporté.

HÉLOISE.

Rien rapporté... et tu as gagné deux cent cinquante mille francs!

ADRIEN.

Où sont-ils donc?

HÉLOISE.

Mais on vient de te remettre, dit-on, un portefeuille...

ADRIEN.

Voici.

HÉLOISE, l'ouvrant.

C'est bien cela... deux cent cinquante mille francs en banknotes; ce sont les billets de banque du pays, ça vaut de l'or...

ADRIEN, avec joie.

Il se pourrait! j'ai deux cent cinquante mille francs! oh! alors, vive l'Angleterre! vive mon Héloïse! embrassons-nous, tout est fini... nous irons de pair avec les banquiers chrétiens et juifs!.. vivent les bancroches! j'en ai pour deux cent cinquante mille francs! cela va joliment relever le cornet à piston!..

Air :

Je suis opulent,
Tenez-vous bien, monsieur Dufrêne;
Enfin mon talent
Pourra bien prendre son élan;
Illustrer mon nom,
Doubler mon or; étant en veine
Ne sera pas long,
Grâce à mon cornet à piston.

On vient subito
A de grands dîners que je donne,
A tous mes solo
Mes convives criront : Bravo!
Et du bas en haut
Pour qu'on proclame et carillonne
Mon jeu sans défaut,
Je pairai même s'il le faut!

Je suis opulent, etc.

Voilà M. Coots... il a l'air tout joyeux...

HÉLOISE.

Je crois bien! tu lui as fait gagner deux cent cinquante mille francs... (Regardant dans la coulisse.) Il vient avec miss Sara; elle a l'air tout pensif.

ADRIEN.

C'est que le papa lui aura touché quelques mots de son projet... il veut me la donner en mariage, avec cinquante mille francs de dot...

HÉLOISE.

Comment, monsieur!.. mais vous m'avez promis le mariage... je vais lui dire tout.

ADRIEN.

Héloïse.. tu es la fiancée, la femme du cornet à piston... sois calme, mais j'ai mon amour-propre d'artiste... je vais, par un moyen ingénieux, me faire connaître. (Il entre dans le salon où l'on danse au fond.)

SCÈNE XVI.

HÉLOISE, SARA, COOTS.

COOTS, à Sara.

Oui, ma fille, c'est M. de Beaujeu, cet étonnant Français, que je vous ordonne de regarder comme votre époux. (Musique dans le salon du fond. Cherchant.) Où est-il donc?.. Héloïse, avez-vous vu M. de Beaujeu?

HÉLOISE.

Il a passé dans la salle du bal...

COOTS, regardant après avoir ouvert la porte du fond à droite.

Comment dans l'orchestre des musiciens... je crois qu'il s'est emparé d'un instrument...

(On entend un cor à piston qui joue excessivement faux. Les trois portes du fond s'ouvrent ; on aperçoit l'orchestre que les musiciens abandonnent, Adrien reste seul son cor à piston à la main.

SCÈNE XVII.

Les Mêmes, tous les Danseurs, en se bouchant les oreilles.

CHOEUR.
Air des Huguenots.

Nous avons beau faire,
Bien loin de se taire,
Le cor au contraire
Va toujours faussant;
Puisque de la sorte
Monsieur se comporte,
Mettez à la porte
Ce mauvais plaisant.

COOTS.
Qu'est-ce que c'est que cette mauvaise plaisanterie, on va m'expliquer?

SCÈNE XVIII.

Les Mêmes, un Domestique, entrant à droite, ensuite Sir ARTHUR.

LE DOMESTIQUE.
Sir Arthur.

ARTHUR.
Pardon, mon cher Coots... c'est moi qui reviens avec un étranger; il est dans la salle de bal..

COOTS.
Quel est cet étranger?

ARTHUR.
Celui que nous attendions, M. Balthazar de Beaujeu, qui est arrivé hier à Londres.

COOTS, désignant Adrien.
Et qui est donc monsieur?

ARTHUR.
Un misérable musicien, qui a pris un nom qui ne lui appartient pas.

ADRIEN, descendant de l'orchestre.
Halte-là englishman! voici ma carte... « Adrien Beaujeu professeur de coret à piston, rue Coquenard, n. 120. »

ARTHUR.
Alors, monsieur, que venez-vous faire ici?

ADRIEN.
Demandez à monsieur, qui m'a fait l'honneur de m'adresser cette invitation.

ARTHUR.
Mais en jouant le whist à mille guinées la fiche, étiez vous en mesure?

ADRIEN.
En mesure!.. ah! par exemple, la question est naïve... je suis toujours en mesure, monsieur.

ARTHUR.
Mais comment auriez-vous payé...

ADRIEN, montrant son cornet à piston.
Voilà mon talent.

ARTHUR.
Vous voyez que monsieur est insolvable... cette conduite est celle d'un malhonnête homme!..

HÉLOÏSE.
Un malhonnête homme! attaquer mon Adrien!.. un malhonnête homme c'est celui qui, sur le point d'épouser une femme qui l'aime, veut en tromper une autre...

ARTHUR.
Silence, mademoiselle!

ADRIEN.
Oui, silence, Héloïse!.. (S'adressant à la société.) Compagnie des Indes, vous avez vu comme j'ai joué ce fameux whist, je l'ai joué avec bonne foi, avec loyauté, sans finesse, sans cartes biseautées, sans leçons de M. Comte...

COOTS.

C'est vrai...

ADRIEN, désignant Arthur.

Cependant, le jeune Angleterre a l'air de vouloir me vexer... l'artiste Français est au-dessus de deux cent cinquante mille francs... mais comme je ne suis point venu à pied, et que les fiacres coûtent quatre francs ici... qu'on me paie ma course et je suis content.

Air :

(Avec fierté.) Adieu ! je me retire...
(Lui donnant le portefeuille.) Vous voilà remboursé !
Dans vos mains, je puis dire,
Mon bonheur est passé !

HÉLOISE.

Bien, mon Adrien, très bien.

COOTS.

Du tout! que monsieur soit ce qu'il voudra, nous avons joué et gagné selon les règles... ce portefeuille lui appartient... vous, sir Arthur, vous allez prendre votre revanche avec M. Balthazar de Beaujeu, qui vient nous défier, et d'ailleurs, la main et la dot de ma fille ne sont-elles pas là pour vous consoler ?.. (Se tournant du côté d'Adrien.) Quant à vous, M. Adrien Beaujeu... vous comprenez...

ADRIEN.

Je comprends l'anglais... Héloïse, je mets à vos pieds ma fortune et mon cornet à piston, repassons la Manche... retournons à Paris, c'est là seulement que l'on sait apprécier un talent comme le mien. Cependant, la politesse exige que nous fassions nos adieux au public d'Albion... Compagnie des Indes... good morning.

HÉLOISE, au public.

Air de M. Blanchard.

Mon mari va m'accompagner

(Adrien qui tient toujours son cornet à piston à la main; se met à jouer l'air que chante Héloïse.)

Tous deux nous partons pour la France ;
Mais avant de nous éloigner..,
Messieurs, je viens réclamer l'indulgence,

(A Adrien qui joue atrocement faux) Ah ! mon ami !

ADRIEN, au public.

Mon exécution, ce soir, laisse peut-être quelque chose à désirer ; mais que quelqu'un de la société gagne comme moi deux cent cinquante mille francs en dix minutes... et qu'il joue... (Offrant son cornet.) Il s'en tirera plus mal...

Suite de l'air.

L'émotion est bien permise enfin,
Mais compagnie aussi noble qu'auguste,
Voulez-vous entendre un malin,
Exactement revenez tous demain,
Je vous promets de jouer juste ;
Messieurs, demain, je jouerai juste !

NOCTURNE DE M. THYS.
(Voyez page 14.)

FIN.

PERROQUET TROUVÉ!

VAUDEVILLE EN UN ACTE,

PAR MM. ANICET et ÉDOUARD BRISEBARRE.

REPRÉSENTÉ POUR LA PREMIÈRE FOIS, A PARIS, SUR LE THÉATRE DES FOLIES-DRAMATIQUES, LE 14 JUIN 1837.

PARIS,
NOBIS, ÉDITEUR, RUE DU CAIRE, N° 5.

1837.

Personnages. *Acteurs.*

PORPHYRE BELLICARD, employé au Trésor. (28 ans.) MM. PALAISEAU.
VIGOUREUX, chef de bureau. (50 ans.) MILET.
DU BROCHET, ancien capitaine de vaisseau. (58 ans.) NEUVILLE.
COLLIGNON. ERNEST.
ESTHER, fleuriste. (19 ans.) Mmes A. HENRI.
PÉRINE, brodeuse. (17 ans.) A. AMANT.

La scène se passe à Paris, rue du Dauphin, dans l'appartement habité par Porphyre et les deux jeunes filles.

Imp. J.-R. MEYREL, pass. du Caire, 54.

PERROQUET TROUVÉ !

VAUDEVILLE EN UN ACTE.

Le théâtre représente une chambre mansardée où se trouvent réunis divers ustensiles de ménage, un coucou, etc., un tambour à broder, des fleurs artificielles. Au premier plan, à droite, la chambre des deux jeunes filles ; à gauche, parallèlement, la chambre de Porphyre ; au fond, une porte ouvrant sur le carré ; à côté de cette porte une fenêtre ayant vue sur les toits.

SCENE I.
ESTHER, PÉRINE, PORPHYRE.

(Esther et Périne travaillent chacune d'un côté du théâtre. Porphyre se promène avec agitation.)

ESTHER.

Huit heures et demie ! Périne, si tu mettais la table pour le déjeuner ? moi, je finis un coquelicot.

PÉRINE, quittant sa broderie.

Sois tranquille, je vais me dépêcher ; je ne veux pas que Porphyre arrive trop tard à son bureau.

PORPHYRE, à part.

Mon bureau !.. ô collier de misère, va !

ESTHER.

Paresseux ! croyez-vous donc que ça m'amuse, moi, de faire toute l'année des tulipes et du réséda ?

PORPHYRE.

Oh ! son image est là !

ESTHER.

L'image de qui ?

PORPHYRE.

De lui... lui... mon oncle.

ESTHER.

Comment, vous pensez encore à ces bêtises-là ?

PORPHYRE, avec sévérité.

Mlle Esther !

ESTHER.

Laissez-moi donc finir mon coquelicot ; votre oncle... mais je parierais qu'il n'a jamais existé.

PORPHYRE.

Par exemple ! tu n'as donc jamais entendu parler du capitaine Du Brochet ? un sabreur qui a découvert des coquillages et des îles inconnues. Autre Christophe Colomb, qui a fait naufrage comme Robinson Crusoé.

Air du Château perdu.

Il parcourut l'un et l'autre hémisphère,
Et fit naufrage à Boston à Pékin,
Sans murmurer, dans ses jours de misère,
Il digéra du chameau, du requin ;
S'il a trouvé beaucoup d'îles désertes,
S'il navigua pour la gloire, morbleu !
Pour terminer ses belles découvertes,
Il aurait dû découvrir son neveu.

Oh ! marin estimable, va ! ma mère, qui était sa cousine, m'a régalé bien souvent de ses exploits.

PÉRINE.

Votre mère était sa cousine, et vous vous dites son neveu ?..

PORPHYRE.

Oui... à la mode de Bretagne... et s'il revient à Paris, je lui prouverai bien que...

PÉRINE.

Qu'avez-vous besoin de parent ? ne trouvez-vous pas en nous, deux bonnes sœurs...

ESTHER, quittant son ouvrage.

Et si l'une d'elles est vive, folle, étourdie... si elle vous fait quelquefois enrager, elle n'en a pas moins bon cœur.

PÉRINE.

Et nous n'oublierons jamais que depuis la mort de notre pauvre mère, c'est grace à vous que nous avons pu payer tout ce qu'elle devait...

PORPHYRE.

Et ne vous dois-je rien, moi ?... Quand je suis venu à Paris, il y a dix ans, je n'avais que 15 francs et l'espérance... je suis descendu chez l'excellente maman Coquard, qui était cousine issue de germain de mon parrain, j'avais une lettre de recommandation... elle ne voulut même pas la lire... dès ce jour-là, elle m'offrit une tasse de café à la crême le matin... un bœuf à la mode à cinq heures, et un lit de sangle le soir... et tout ça, gratis... jusqu'à ce que j'eusse des appointemens... je suis resté comme ça cinq ans et demi... tout le temps de mon surnumérariat... et jamais elle ne me demanda un rouge liard... digne femme! seulement le jour de sa mort elle me dit : « Porphyre, je sens que ça va mal, ma petite pension de veuve de militaire va s'éteindre avec moi... qui prendra soin de mes enfans?... » Moi! m'écriai-je ; car, le jour même, j'étais nommé employé à 1,500 francs, et je ne vous ai pas rendu encore tous les potages, toutes les cotelettes que j'ai consommés... j'ai encore une multitude de biftecks d'arriéré... mais je m'acquitterai... je marierai Périne... à mon choix... j'ai une idée là-dessus... pour toi, Esther, je t'en donnerai aussi, un mari... je te doterai, toujours sur mes appointemens... et quand vous serez là, bien heureuses toutes les deux, je pourrai dire : J'ai tenu la promesse faite à ma bonne maman Coquard... et elle n'a pas logé, nourri et blanchi un ingrat.

ESTHER, à part.

Bon! voilà que je pleure sur mon coquelicot!

PÉRINE.

Nous ne nous quitterons jamais, n'est-ce pas, mon ami?

ESTHER.

Jamais... malgré les cancans... les propos des mauvaises langues...

PORPHYRE.

Bah! qu'est-ce qu'elles disent les mauvaises langues?

ESTHER.

Elles trouvent drôle que deux jeunes filles habitent avec un jeune homme.

PORPHYRE.

Mais votre chambre est là... la mienne est ici... la morale n'a rien à me reprocher... pourtant, s'il le faut, je déménagerai, je quitterai la rue du Dauphin, pour aller aux Invalides... à la Bastille... j'irai louer aux Catacombes plutôt que de vous compromettre.

ESTHER.

C'est inutile... j'ai donné congé hier.

PORPHYRE.

Ah! bah! et pourquoi?

PÉRINE, vivement.

Ma sœur n'aime plus le quartier.

ESTHER.

Ce n'est pas cela... comme l'aînée je dois veiller sur ma sœur, et il y a un individu qui la guette toujours dans l'escalier pour lui dire des douceurs et lui offrir des boules de gomme.

PORPHYRE.

Qui est-ce qui lui a offert des boules de gomme... son nom? je ne te demande que son nom?

PÉRINE.

Ma sœur...

ESTHER.

Pourquoi donc que je ne le dirais pas? c'est le locataire du premier. M. Vigoureux, votre chef de bureau.

PORPHYRE.

Vigoureux! lui qui a une perruque!...

ESTHER.

Un horreur d'homme qui a des lunettes vertes.

PORPHYRE.

Et une infâme pie noire qui ne dit jamais que des sottises...

ESTHER.

Ah! c'est vrai, la vilaine bête vient rôder toujours sur notre fenêtre.

PORPHYRE.

Moi qui ai eu l'autre jour la bassesse de la caresser... si je l'attrape... je lui tords le cou. (On voit paraître la pie à la fenêtre.) Je ne me trompe pas... la voilà!.. faut que je lui jette quelque chose à la figure... tiens! tiens! (Il prend la boîte au lait et en jette le contenu sur la pie, puis, hors de lui:) Va te débarbouiller à présent, va!

PÉRINE.

M. Porphyre, voilà neuf heures.

PORPHYRE.

Neuf heures? déjà? je vais recevoir un savon de Vigoureux... ah! si le capitaine Du Brochet revenait en France! comme je le mépriserais... le Trésor!

ESTHER.

Allons, venez déjeuner... voilà du fromage.

PORPHYRE.

Ne jette donc pas ce papier-là!.. c'est mon journal... c'est un moyen peu coûteux d'apprendre les affaires publiques. (Ils sont assis; il lit.) « 15 janvier » 1836. » Celui-là est un peu ancien. « L'Obélisque est arrivé, la crise mi- » nistérielle dure toujours, etc. » Que vois-je!..

ESTHER et PÉRINE.

Qu'avez-vous?

PORPHYRE.

Ai-je bien lu! oui... oh! mon Dieu! mes jambes s'en vont... mon oncle! j'ai retrouvé mon oncle!

ESTHER et PÉRINE.

Que dit-il?

PORPHYRE.

Tenez... voyez... entre un suicide et un brevet d'invention... « Le capi- » taine Du Brochet, cet illustre navigateur, ce digne vétéran de notre ma- » rine, s'est retiré du service et est arrivé depuis quelques jours à Paris ; » il est descendu à l'hôtel Meurice, rue de Rivoli... » Ma redingote..... un fiacre... mon chapeau gris... que j'aille chez mon oncle!

PÉRINE.

Je vais vous la brosser...

PORPHYRE.

Je n'ai pas le temps.. et puis ça blanchirait les coutures... (Il passe sa redingote.) Ah! je n'ai jamais eu d'oncle!.. en doutez-vous à présent? ah! ah!

ESTHER.

Tiens... on a frappé... qu'est-ce qui vient là?

PÉRINE, ouvrant, à part.

M. Vigoureux!

PORPHYRE, se retournant.

Mon chef de bureau!

SCÈNE II.

LES MÊMES, VIGOUREUX.

VIGOUREUX, à part.

Il est encore ici! (Haut.) Mesdemoiselles, j'ai bien celui de...

PORPHYRE, à part.

Oh! s'il n'était pas mon supérieur, comme je lui ferais payer ses boules de gomme.

VIGOUREUX.

Comment, Porphyre, vous n'êtes pas encore à votre bureau... il est plus de neuf heures.

PORPHYRE, embarrassé.

Vous croyez?

VIGOUREUX, montrant sa montre.

Je vais comme Saint-Roch... M. Porphyre, je ne suis pas content de vous... vous avez manqué d'égards envers ma pie.

PORPHYRE.

Votre pie noire?

VIGOUREUX.
Elle est revenue blanche à mon domicile... on vous a vu lui jetter je ne sais quoi... auriez-vous eu l'intention de la détruire, monsieur?

PORPHYRE.
Moi ! ah ! me prenez-vous pour un cannibale ?

VIGOUREUX.
C'est bon... tenez, voici un paquet de plumes que vous me taillerez pour vous amuser.

PORPHYRE, à part.
Vieux serpent, je t'abomine!

VIGOUREUX.
Hein ?

PORPHYRE.
Je disais... que... je crois que vous les aimez fines ?

VIGOUREUX.
De plus, vous demanderez à ma cuisinière, trois paniers d'abricots que vous porterez faubourg Saint-Antoine chez le chef de division.

PORPHYRE.
Trois paniers! (A part.) Ah ça! et ma dignité d'homme, qu'est-ce que j'en fais ?..

VIGOUREUX.
Ah! j'ai reçu un billet de garde pour dimanche... c'est aux Tuileries.

PORPHYRE.
Bon !

VIGOUREUX.
Vous prendrez mon uniforme et vous me remplacerez.

PORPHYRE.
Hein ? que je mette votre uniforme... mais il est beaucoup trop long... j'aurai l'air d'un comparse des Funambules.

VIGOUREUX.
Ainsi donc, dimanche, heure militaire.

PORPHYRE, à part.
Et faire tout ça pour quinze cents francs! pour quinze cents malheureux francs.

ESTHER, à part.
Est-il bon enfant ! comme je te laisserais faire les patrouilles !..

VIGOUREUX.
Ce soir, Porphyre, j'ai un petit bal, il me faut des danseurs, j'ai compté sur vous.

PÉRINE, à Porphyre.
Au moins, voilà une compensation.

PORPHYRE, bas.
Laisse-moi donc tranquille! j'y ai déjà été attrapé une fois... c'est pour servir les rafraîchissemens et allumer les lampes.

VIGOUREUX.
A dix heures, soyez au Trésor! j'ai des lettres d'invitation à copier.

PORPHYRE.
A dix heures! et vous m'envoyez faubourg Saint-Antoine porter de abricots !

VIGOUREUX.
Prenez un omnibus... je vous retiendrai cela sur vos appointemens.

PORPHYRE.
Comment vous me le retiendrez! c'est-à-dire vous me le rembourserez.

VIGOUREUX.
C'est ce que je voulais dire; allons, dépêchez-vous.

PORPHYRE, à part.
C'est cela... il veut rester ici.

VIGOUREUX.
J'ai une guirlande de roses à commander à Mlle Esther; eh bien! vous n'êtes pas encore parti ?

PORPHYRE.
Si fait... si fait... (A part.) Je vais d'abord aller rue de Rivoli, hôtel Meurice... et si je mets la main sur mon oncle Du Brochet...

VIGOUREUX.
Air: Recevez-moi donc à table (GALOP DE JULIEN.)
Monsieur, je vous invite,
A ne pas demeurer;
Ainsi donc partez vite,
Partez sans murmurer.
PORPHYRE, à part.
Si mon oncle sanglotte,
Je taill' tes plumes en gros,
Je m' fais une compote
De tous les abricots.
REPRISE.

PORPHYRE.	VIGOUREUX, ESTHER, PÉRINE.
C'est chez moi qu'il m'invite,	Porphyre, il vous invite,
A ne pas demeurer;	Monsieur, je
Faut-il donc au plus vite	A ne pas demeurer
Partir sans murmurer.	Ainsi donc partez vite,
	Partez sans murmurer.

(Porphyre sort.)

SCÈNE III.
PÉRINE, ESTHER, VIGOUREUX.

ESTHER, à part.

Il en est venu à ses fins... le voilà seul avec nous... heureusement il n'est pas dangereux... est-il possible que la nature produise des hommes pareils!..

PÉRINE, à part.

Pauvre Porphyre!

VIGOUREUX, à part.

Elles sont toutes deux jolies comme des madones!

ESTHER.

Voyons... sont-ce des roses pompons que vous voulez... ou des panachées.

VIGOUREUX.

Il ne s'agit pas de ces roses artificielles... mais de deux véritables roses qui habitent une ignoble mansarde... et auxquelles j'offre encore une fois un appartement au second, une loge à demi-droit à l'Ambigu et un cabriolet-compteur...

PÉRINE.

Qu'entends-je? vous osez nous proposer...

ESTHER.

Et à toutes les deux encore... mais c'est une horreur; taisez-vous, pacha manqué.

VIGOUREUX.

Qu'est-ce à dire? vous faites les cruelles?

PÉRINE.

Nous sommes d'honnêtes filles, entendez-vous, monsieur?

VIGOUREUX.

Oui... d'honnêtes filles, qui demeurent avec un célibataire de vingt-huit ans.

PÉRINE.

C'est notre ami.

ESTHER.

Notre protecteur.

VIGOUREUX.

C'est ça, protecteur... nous savons ce que cela veut dire.

ESTHER.

Vieux sans peur... si vous ne vous taisez pas... je vous enfonce mes ciseaux quelque part. (Elle prend ses ciseaux.)

PÉRINE, la retenant.

Ma sœur, tu sais bien que dans trois jours, nous n'aurons plus rien à craindre de monsieur, nous avons donné congé.

VIGOUREUX.

Hein?

ESTHER.

Oui... nous quittons le quartier.

VIGOUREUX.

Quitter le quartier!.. mais c'est affreux! moi qui les adore... qui en perd la tête... ah! vous faites les Jeanne-d'Arc! mais je me vengerai... je serai cruel... inhumain... je deviendrai féroce.

Air : Allez, que ma chère Eudoxie. (CHEVALIER D'ÉON.)

C'est une infâme tromperie
De quitter ainsi le quartier
Dans peu, vous verrez, je parie
Quelque bon tour de mon métier.
Pour punir votre persiflage,
Du chacal, j'aurai la fureur,
De l'ours, j'emprunterai la rage...

ESTHER, riant.

Vous avez déjà sa laideur!

VIGOUREUX.

C'est une infâme tromperie, etc.

ESTHER et PÉRINE

ENSEMBLE.
Je me moque de sa furie.
Son courroux est trop singulier,
Pour le fuir tout l' monde, je parie
Abandonnerait le quartier.

(Vigoureux sort furieux.)

SCENE IV.
ESTHER, PÉRINE.

PÉRINE.

Mon Dieu! ma sœur, tu as été trop vive, trop emportée... c'est le supérieur de Porphyre... toute sa colère peut retomber sur lui.

ESTHER.

A-t-on jamais vu?.. tiens! sans toi, je l'aurai jeté par la fenêtre.

PÉRINE.

Ne pensons plus à ce vilain homme, et si tu m'en crois, ma sœur, ne disons rien de cette scène à Porphyre... il pourrait se fâcher, faire un éclat...

ESTHER.

Tu as raison... je vais reprendre mon coquelicot.

PÉRINE, la retenant.

A propos, dis-moi donc pourquoi, depuis quelque temps, tu veilles si tard lorsque Porphyre est couché?

ESTHER.

Et toi, pourquoi brodes-tu la nuit au risque de t'abîmer les yeux?

PÉRINE.

Parce que c'est demain le 24 mars.

ESTHER.

C'est cela.

PÉRINE.

Tu as donc pensé à la fête de notre ami?

ESTHER.

Si j'y ai pensé... pauvre garçon! crois-tu donc être la seule à le chérir?

PÉRINE.

Je lui ai acheté une cravate superbe... tiens! regarde...

ESTHER.

Et moi, cette tasse en porcelaine avec son chiffre.

PÉRINE.

Je veux qu'il mette cette cravate en revenant de son bureau.

ESTHER.

Et il étrennera ma tasse aujourd'hui.

(La tasse est placée sur la table où travaille Esther et la cravate sur la table où travaille Périne.)

Air : Jadis une actrice modèle. (Mme FAVART.)

C'est notre ami, c'est notre frère,
Jadis, il sut nous secourir;
Toujours le cœur de l'ouvrière

Gardera ce doux souvenir.
Il faudra bien, grace à sa fête,
Qu'il pense à nous à chaque instant,
Le soir en faisant sa toilette
Et le matin en déjeunant.

SCÈNE V.
Les Mêmes, PORPHYRE.

PORPHYRE, *entrant avec précipitation.*

Vieil égoïste, va!

ESTHER.

Porphyre!

PÉRINE.

Déjà de retour!

PORPHYRE.

Toi, un savant, un homme illustre, toi, un capitaine de vaisseau!.. le plus souvent!.. tu n'es qu'une vieille croûte... Oh! les nerfs!
 (Il se place à la table où travaille Esther, laisse tomber son poing sur la tasse de porcelaine et la brise en morceaux.)

ESTHER.

Là... vous avez cassé ma tasse.

PORPHYRE.

Je t'en donnerai une autre, laisse-moi tranquille!
 (Il se lève et va se placer à la table de Périne.)

PÉRINE.

Comme il est agité!..

PORPHYRE.

Comptez donc sur les parens! chérissez donc un oncle... que vous n'avez jamais vu? la voix de la nature est donc une bêtise!.. oh! oh! oh! les nerfs!.. *(Il prend et déchire la cravate de Périne.)*

ESTHER, *le regardant de loin.*

Je crois qu'il est en train de se calmer.

PÉRINE, *courant.*

Du tout, il est en train de déchirer ma cravate.

PORPHYRE.

Ta cravate! tiens!.. j'en fais de la charpie...

ESTHER.

Vous êtes gentil! cette tasse... cette cravate... c'était pour votre fête...

PORPHYRE.

Ma fête!.. je m'en moque de ma fête...

PÉRINE.

Mais qu'avez-vous donc?

ESTHER.

Que vous est-il arrivé?

PÉRINE.

Je suis sûre qu'il a été chez son oncle.

PORPHYRE.

Mon oncle!.. c'est un vieux cuistre... figurez-vous que la joie, la crainte... l'espérance m'avaient donné des ailes, je vole donc rue de Rivoli hôtel Meurice, j'aperçois un vieux nègre qui brossait un vieil uniforme avec de vieilles ancres...j'en baise les vieux paremens et je lui demande mon oncle, le capitaine Du Brochet... il veut me mettre à la porte... nous nous colletons... je lui déchire sa veste rouge... et j'allais pénétrer dans le sanctuaire du capitaine... lorsque le marin paraît, et sans m'écouter, sans m'honorer d'un coup d'œil... malgré mes paroles et mon extrait de baptême... il se met de la partie, me pousse par les épaules, je veux me retourner... V'louf!.. je sens une secousse violente, et je me trouve rue de Rivoli, blessé dans une région délicate que les convenances me défendent de vous indiquer.

ESTHER.

Faut respirer de l'éther... boire de l'eau sucrée...

PORPHYRE.

Ça ne ne remettra pas ce que je vous ai dit. Mais ce Du Brochet est un gros sans cœur... car je ne lui ai rien demandé, je ne voulais que son amitié... ses embrassemens... ses caresses... il m'a tout refusé... et devant moi, il a prodigué tout cela à un autre... il lui a gratté la tête... il lui a donné du sucre.

ESTHER.

A qui donc?

PORPHYRE.

Son perroquet... il avait l'air de l'adorer... il paraît qu'il a des manies de vieille femme, mon oncle.

PÉRINE.

Après un tel esclandre, il ne faut plus songer à votre parent; ainsi, retournez au Trésor.

ESTHER.

Et portez les abricots au chef de division.

PORPHYRE.

Ah! je n'en aurai jamais la force!.. j'aime mieux les manger.

COLLIGNON, entrant.

M. Porphyre, voilà une lettre très pressée.

PORPHYRE.

Une lettre! si c'était...

ESTHER.

De qui?

PORPHYRE.

Pardieu! du capitaine Du Brochet... sa conscience aura parlé.

ESTHER.

Mais, il ne sait pas votre adresse.

PORPHYRE.

C'est vrai! il m'aura peut-être fait suivre par son nègre... Qu'est-ce qui a apporté cette lettre? est-ce un noir ou un blanc?

COLLIGNON.

Je ne sais pas... c'est un garçon de bureau. (Il sort.)

PORPHYRE.

Alors ça doit être un blanc... (Regardant l'adresse.) Je connais cette écriture-là... signé Vigoureux. Il a peut être encore des commissions à me donner... en voilà un qui abuse de ses employés !.. (Il lit.) « Monsieur, le » ministre ayant eu connaissance de votre assiduité à vos occupations...» Le ministre, il pense à moi... il fera le bonheur de la France, ce ministre-là. « M'a chargé de vous annoncer qu'à compter du premier du mois...»

ESTHER et PÉRINE.

Après?

PORPHYRE.

Je suis sûr que je suis nommé à un emploi supérieur... « Vous ne ferez plus partie de l'administration. »

ESTHER et PÉRINE.

Grand Dieu!

PÉRINE.

Ce méchant homme se venge.

PORPHYRE, avec éclat.

Supprimé!.. après cinq ans de surnumérariat... cinq ans et demi même! usez donc votre moral et vos vieux habits!

PÉRINE.

Qu'allez-vous devenir, sans emploi, sans recommandation?

ESTHER.

Eh bien! tu broderas deux heures de plus, et moi, je ferai des roses pompons au rabais.

PORPHYRE.

Qu'est-ce que vous dites? vous travailleriez pour me nourrir, moi qui ai tous mes bras et toutes mes jambes! ah! mais le pain que vous me donneriez me resterait sur la poitrine... Pauvres petites!.. moi qui devais les protéger... les doter... leur donner un mari... car enfin, je l'ai juré à la veuve Coquard... et je n'ai rien... je suis supprimé! et ce Du Brochet, au lieu de me dire : Mon neveu, j'ai quarante mille livres de rente, prends-en vingt, fais comme chez toi... j'ai un vieux nègre, fais-lui cirer tes vieilles bottes... au lieu de ça, il me renie, me fait jeter à la porte et s'amuse à gratter la tête à son perroquet!

PÉRINE.

Ne désespérez pas encore.

PORPHYRE.

Oh! quelle idée! il aime son perroquet... eh bien! il me verra, aujourd'hui... tout à l'heure... tu monteras cent trente-cinq marches, vieux corsaire...

ESTHER.

Qu'avez-vous donc?

PORPHYRE.

Mes enfans, vous aurez chacune un mari... vous aurez des richesses... vous marcherez sur du velours... je vous couvrirai de lévantine... Esther, prête-moi quinze francs?

ESTHER.

Que voulez-vous faire?

PORPHYRE.

Ton bonheur, celui de Périne... le mien... Vite, trois pièces de cent sous.

PÉRINE.

Porphyre, soyez prudent.

PORPHYRE.

A la grace de Dieu! (A part.) Cachons-leur le crime que je vais commettre...

AIR : Adieu, retourne auprès de ta maîtresse. (FIOLE DE CAGLIOSTRO.)

Mais à mon tour, marin acariâtre,
Mon cœur aussi sera comme un caillou ;
Ah! tu m'as fait rosser par ton mulâtre,
Moi qui venais pour te sauter au cou.
(A part.) Pour me venger, pas d'offensives armes,
Mais si le ciel seconde mes travaux,
Je te ferai verser autant de larmes
Que j'ai reçu de coups d' pied dans le... dos.

ENSEMBLE.
{
Mais à mon tour, etc.
ESTHER et PÉRINE.
Songez, monsieur, que l'on vous idolâtre,
Soyez prudent, il faut songer à nous...
Ne pensez plus à l'homme acariâtre
Qui fut hélas! si cruel envers vous.
}

(Porphyre sort.)

SCÈNE VI.

ESTHER, PÉRINE, puis VIGOUREUX.

PÉRINE.

Je suis d'une inquiétude... où va-t-il ainsi?

ESTHER.

Au Trésor... laver la tête au ministre.... il fait bien.

PÉRINE.

Et nous sommes pourtant cause de sa disgrace!

ESTHER, avec colère.

Vieux Vigoureux... tiens! si on ne me rend pas la place à Porphyre... j'irai casser ses carreaux.

PÉRINE.

Il faut plutôt l'implorer pour notre ami... je m'en charge.

ESTHER.

Par exemple! ah! ma chère, tu ne sais pas ce que c'est que les hommes d'âge!

VIGOUREUX, entrant doucement, à part.

J'ai vu descendre Porphyre, je puis me présenter hardiment.

PÉRINE, se retournant.

M. Vigoureux.

ESTHER.

Pas possible!

VIGOUREUX.

Moi-même, mes petits anges, moi-même.

PÉRINE.

Et vous osez revenir ici, monsieur !

VIGOUREUX.

Avec plus de confiance que jamais.

ESTHER, le prenant par le bras.

Eh bien ! je vais vous dire votre fait, moi... Vous êtes un méchant homme, un libertin... un vieux sapajou.

PÉRINE.

Ma sœur... ma sœur...

VIGOUREUX, à part.

La colère la rend délirante.

ESTHER, à Périne.

Laisse-moi... ah! je voudrais être un homme seulement pour cinq minutes et je le mettrais en miettes.

VIGOUREUX, à part.

C'est Junon... Junon insultant Jupiter !

PÉRINE.

Mais tu vas l'irriter encore !

ESTHER.

C'est vous qui avez fait destituer Porphyre?

VIGOUREUX.

Moi seul, rien que moi.

ESTHER.

Vous l'avouez !

VIGOUREUX, avec douceur.

Attendez donc... Porphyre était expéditionnaire à quinze cents francs... grace à mon crédit, à mes connaissances, demain, si je veux, il sera nommé sous-chef.

PÉRINE.

Que dites-vous ?

ESTHER.

Serait-il possible ?

VIGOUREUX.

Et cela dépend de vous... je suis veuf, j'ai de la fortune... mais je désire être aimé... je veux de l'amour... j'en veux beaucoup.

AIR : Au moulin de ma tante. (AMÉDÉE DE BEAUPLAN.)

A la blonde, à la brune,
Je propose ma fortune,
Je propos' le bonheur,
Et le tout avec mon cœur.

Qu'importent les années !
L'amour rit de l'almanach...
Près de vous, bien-aimées
Mon cœur fait tic tac, tic tac.

Si la jeunesse est tendre,
Notre amour, à nous, hélas !
C'est un feu sous la cendre
Qui brûle et ne s'éteint pas.

A la blonde, à la brune, etc.

ESTHER, ouvrant la porte.

M. Vigoureux, voulez-vous nous faire le plaisir d'aller nous chercher au troisième.

VIGOUREUX.

Ah! vous me refusez encore... prenez garde; mon ressentiment ne s'arrêtera pas là.

ESTHER.

Mais vous ne craignez donc pas la colère de Porphyre? il est exaspéré ! hors de lui !

VIGOUREUX.

Que m'importe ?

ESTHER.
Il a juré votre mort!

VIGOUREUX.
Hein?

ESTHER.
Il est allé au Trésor, pour vous chercher.

VIGOUREUX.
Vraiment!

ESTHER.
S'il vous rencontre, il vous brûlera la cervelle.

VIGOUREUX.
Miséricorde!

ESTHER.
Et vous êtes chez lui.

VIGOUREUX.
Je m'en vais.

PÉRINE.
J'entends monter.

VIGOUREUX, effrayé.
C'est peut-être le porteur d'eau... ça doit être le porteur d'eau.

PÉRINE.
Du tout... c'est Porphyre.

VIGOUREUX.
Je suis perdu!

ESTHER, l'empêchant de sortir.
Vous ne sortirez pas!

VIGOUREUX.
Vous voulez donc que deux hommes se massacrent?

PÉRINE.
Il est au troisième.

VIGOUREUX.
Au troisième! ah! la cheminée... je ne passerai jamais là-dedans. (Il court à la fenêtre.) Quatre-vingts pieds de haut.

PÉRINE.
Ma sœur il faut le cacher.

ESTHER, courant à la porte.
Du tout, il faut que Porphyre le corrige.

VIGOUREUX.
Oui... cachez... cachez-moi... où vous voudrez... je me ferai tout petit... je tiendrai dans un pot à beurre.

PÉRINE.
Entrez là et ne faites pas de bruit.

(Elle fait entrer Vigoureux dans leur chambre et met la clé dans sa poche ; au même instant, Porphyre entre.)

SCÈNE VII.
Les Mêmes, PORPHYRE.

PORPHYRE ; il entre précipitamment tenant à la main son mouchoir, qui semble contenir quelque chose.)

Vivat! vivat! ah! pour le coup, je le tiens... A bas les bureaux! à bas les expéditionnaires! à bas les petits pains de deux sous! (D'un ton calme.) Où diantre vais-je le mettre?

ESTHER.
Est-ce que vous êtes devenu millionnaire? (A Périne.) Il aura vu son oncle! (A Porphyre.) Est-ce que vous avez pu lui parler?

PORPHYRE, préoccupé.
Lui parler! je l'ai pris dans mes bras.

ESTHER.
Dans vos bras?

PORPHYRE, idem.
Et je l'ai amené avec moi... où diantre vais-je le mettre?

PÉRINE.
Vous l'avez amené avec vous?

ESTHER.
Votre oncle? où est-il donc?
PORPHYRE, préoccupé.
Dans mon mouchoir.
ESTHER.
Dans son mouchoir?
PORPHYRE.
Voulez-vous le voir... tenez... prenez garde de l'effaroucher.
(Il ouvre son mouchoir.)
ESTHER et PÉRINE.
Un perroquet!
PORPHYRE.
Où diantre vais-je le mettre?.. sous mon chapeau. (Il s'approche de la fenêtre où se trouve la table de travail d'Esther et met le perroquet sous son chapeau.) Là! il sera fort à son aise... donne-moi un fer à repasser. (Il place le fer sur le chapeau.) Maintenant je suis tranquille.
ESTHER, le ramenant en scène.
Qui vous a donné ce perroquet-là?
PORPHYRE.
Tiens, voici ma réponse, lis!
PÉRINE.
Une affiche!
ESTHER, lisant.
Perroquet trouvé!
PORPHYRE.
J'en ai fait coller comme ça sur tous les gros arbres, sur les portes cochères, sur les monumens publics; j'en ai collé moi-même une sur l'Obélisque.
PÉRINE.
Et où avez-vous trouvé cet oiseau?
PORPHYRE, avec embarras.
Où je l'ai trouvé?.. rue de Rivoli... il flânait sous les arcades.
ESTHER, lisant l'affiche.
Que vois-je?..S'adresser chez Mlle Esther, fleuriste, rue du Dauphin, 4.
PÉRINE.
Pourquoi avez-vous mis cela?
PORPHYRE.
Je ne veux pas être connu... j'ai des raisons pour garder l'anonyme.
ESTHER.
Je devine tout... ce perroquet appartient au...
PORPHYRE.
Silence!
ESTHER.
Et ce perroquet vous l'avez vol...
PORPHYRE.
Tais-toi, malheureuse! tu veux donc me faire porter la tête sur un échafaud!.. j'entends des pas dans l'escalier.
PÉRINE.
Eh bien!
PORPHYRE.
Ce doit être lui... Périne, Esther, faites-moi le plaisir de rentrer dans votre chambre... j'ai besoin d'être seul.
ESTHER.
Dans notre chambre... (A part.) Et l'autre...
PORPHYRE.
Allez donc!
PÉRINE.
Mon Dieu! j'ai perdu la clé...
PORPHYRE.
Je vais enfoncer la porte... car il faut absolument que...
ESTHER, à part.
Bon! M. Vigoureux ne l'échappera pas!
PÉRINE.
C'est inutile; nous irons dans votre chambre, viens Esther.

PERROQUET TROUVÉ! 15

ENSEMBLE.

Air : Galop Indien. (MUSARD.)

ESTHER, PÉRINE.

Allons, sans retard,
Laissons-le car
Le temps nous presse ;
Il attend, ma sœur,
Et le bonheur
Et la richesse.

PORPHYRE.

Allons, sans retard,
Laissez-moi, car
Le temps me presse ;
J'attends sur l'honneur
Et le bonheur
Et la richesse.

(Esther et Périne sortent.)

PORPHYRE.

On a frappé... bien... c'est lui... je le reconnais aux battemens de mon cœur... allons, Porphyre... mon bonhomme, de l'éloquence, de la sensibilité. *(Il ouvre.)*

SCÈNE VIII.
PORPHYRE, DU BROCHET.

DU BROCHET, à la porte.

Mlle Esther, fleuriste?

PORPHYRE.

Entrez donc... entrez donc...

DU BROCHET, entrant.

Je demande Mlle Esther?

PORPHYRE.

Mlle Esther... c'est moi.

DU BROCHET.

Vous!.. une femme en pantalon de nankin.

PORPHYRE.

Je veux dire que pour le moment je représente Mlle Esther. (A part.) Il ne me reconnaît pas... c'est un podagre que ce vieux Jean-Bart-là!

DU BROCHET.

Puisque vous représentez Mlle Esther, vous devez deviner ce qui m'amène ici... Je suis le capitaine Du Brochet, j'ai lu l'affiche qui a été placardée... et je viens réclamer Coco.

PORPHYRE.

Coco! qu'est-ce que c'est que cela?

DU BROCHET.

C'est mon perroquet... mes amours, mes délices, ma vie... celui qui me tient lieu de tout... de parens, d'amis, de famille.

PORPHYRE, à part.

Quel abrutissement! si tu n'avais pas des millions et des milliards comme je te renierais.

DU BROCHET.

Nous vivions ensemble depuis dix-huit ans, monsieur!

PORPHYRE, à part.

C'est un vrai Cassandre... il me fait beaucoup de peine.

DU BROCHET.

Si vous saviez... il chante, il commande l'exercice.. il jure... enfin il m'a sauvé la vie.

PORPHYRE.

Vraiment!

DU BROCHET.

Par un gros temps, au milieu de la nuit... j'étais seul sur le tillac, fumant ma pipe avec Coco...

PORPHYRE.

Ah! il fume!

DU BROCHET.

Une lame vint, qui nous emporta tous deux...et ce fut lui qui me sauva.

PORPHYRE.

Il sait nager aussi!

DU BROCHET.

Vous n'y êtes pas... il revint voltiger sur le navire, en criant : Capitaine! pauvre capitaine! l'équipage averti me jeta une corde et...

PORPHYRE.

Ah! que c'est joli!.. ça enfonce complètement le lion d'Androclès et le chien de Montargis.

DU BROCHET.

Jugez de ma douleur, quand j'appris ce matin qu'il s'était envolé...

PORPHYRE.

Je comprends... (A part.) Allons, il est sensible, mon oncle... Porphyre, mon garçon, il faut supplanter Coco... (Haut.) Rassurez-vous, capitaine, je vous rendrai ce fidèle ami...

DU BROCHET.

Hein? vous?

PORPHYRE.

Oui, moi; en vous disant: Embrassez-moi, mon oncle, car je suis Porphyre Bellicard, votre neveu.

DU BROCHET.

Mon neveu! mais j'ai toujours été fils unique.

PORPHYRE.

Vous avez donc oublié Antoinette Boivin?

DU BROCHET.

Antoinette!.. en effet, j'avais une cousine de ce nom-là.

PORPHYRE.

Qui a épousé Jacques Bellicard, le seul et légitime auteur de mes jours.

DU BROCHET.

Tu vois donc insensé, que tu n'es tout au plus que mon cousin. C'était un piége tendu à ma bonne foi; je veux m'en aller...

PORPHYRE, se mettant devant la porte.

Oh!.. tu ne sortiras d'ici que mon oncle, ou par le trou de la serrure... si je ne peux pas te prendre par les sentimens, je te prendrai par la famine...

DU BROCHET.

Où est mon chapeau? m'aurait-on pris mon chapeau?.. ah! le voilà!

(Il lève le chapeau de Porphyre où est le perroquet, qui prend aussitôt sa volée par la fenêtre.)

PORPHYRE.

Miséricorde!

DU BROCHET.

Il était là! malheureux!.. et tu ne le disais pas!

(Ils se précipitent tous deux à la fenêtre.)

DU BROCHET.

Pst! pst! pst!..

PORPHYRE.

Coco! Coco! ici!

VIGOUREUX, entre-baillant la porte.

Je crois qu'il n'y a plus personne,.. si je pouvais sortir.

DU BROCHET.

Coco! Coco!

PORPHYRE, à la fenêtre.

Le voilà!

VIGOUREUX, refermant la porte avec bruit.

Il m'a vu!

(Dubrochet et Porphyre se retournent.)

PORPHYRE.

Hein?

DU BROCHET.

Ce bruit?..

PORPHYRE.

Vient de l'autre chambre.

DU BROCHET.

C'est peut-être lui.

PORPHYRE.

Et la clé qui est perdue! voyons si celle de ma chambre... (Il court prendre la clé de sa chambre et l'introduit dans la serrure de la porte de la chambre où est Vigoureux.) O Providence! Elle s'adapte... capitaine, elle s'adapte!.. préparez votre chapeau!

DU BROCHET.

Brave garçon! force, mon ami, force!

PORPHYRE.
Ah! le pêne a grincé... la porte cède... le voilà!
DUBROCHET.
Je le tiens!
(Il a fait avec son chapeau le mouvement d'attraper le perroquet... il a couvert la tête de Vigoureux qui a poussé fortement la porte pour sortir.)
DU BROCHET.
Ce n'est pas Coco. *(Il entre dans la chambre des jeunes filles.)*

SCENE IX.
VIGOUREUX, PORPHYRE.

VIGOUREUX, *essayant en vain de faire sortir le chapeau de sa tête.*
Aye! aye!
PORPHYRE, *le faisant tourner.*
Qu'est-ce que c'est que cela? Vigoureux!.. *(Le retenant.)* Halte-là! que faisais-tu dans cet asile virginal! ah! je puis donc enfin me venger! tiens! *(Il le frappe.)* voilà pour tes abricots... tiens! voilà pour tes abricots... voilà pour tes trois gardes... pour tes lampes... pour tes rafraîchissemens...
(Il lui donne des coups de pieds au derrière et le jette à la porte.)
VIGOUREUX.
A la garde! à la garde!

SCENE X.
PORHYRE, ESTHER, PÉRINE, *accourant au bruit.*
PÉRINE, *le suppliant.*
Porphyre!..
PORPHYRE.
C'est fini.., je me suis vengé... je crois que j'ai une entorse!

SCENE XI.
LES MÊMES, DU BROCHET, *sortant du cabinet.*
DU BROCHET; *il entre d'un air désolé.*
Il est là... je l'ai aperçu et il a méconnu ma voix... il est resté sur le toit. Porphyre, veux-tu me rendre un service?
PORPHYRE.
Un! je veux passer ma vie à vous en rendre des services.
DU BROCHET, *bas.*
Il s'agit de monter...
PORPHYRE.
Monter... où ça? j'irais pour vous jusqu'au ciel.
DU BROCHET, *bas.*
Non... ce n'est pas si haut... il s'agit tout simplement de monter sur le toit.
PORPHYRE.
Hein?
DU BROCHET.
Tu trouveras Coco entre une gueule de loup et un tuyau de poêle.
PORPHYRE.
Je le trouve très bien là... et je ne vois pas pourquoi j'irais me casser le cou pour le déranger.
DU BROCHET.
Si tu me refuses... si je ne retrouve pas le seul véritable ami que le ciel m'avait accordé, je me rembarque... je retourne au bout du monde et on n'entendra plus parler de moi.
PORPHYRE, *à part.*
Partir pour ne plus revenir... et moi qui me croyais arrivé au port... allons, allons, je ne risque après tout que de me tuer... *(Haut.)* Mon oncle vous serez satisfait, priez pour moi. *(Aux jeunes filles.)* Priez de toutes vos forces. *(Il sort.)*

SCENE XII.
DU BROCHET, ESTHER, PÉRINE.

PÉRINE.

Qu'a-t-il donc?

ESTHER.

Et où court-il?

DU BROCHET.

Mes enfans, laissez-le faire, il va accomplir une bonne œuvre... ce gaillard-là est taillé sur le patron des écureuils, il s'en tirera comme un ange.

ESTHER.

Mais enfin pourquoi est-il sorti?

PÉRINE.

Ma sœur, viens donc et regarde... ne vois-tu pas quelqu'un... là, sur le toit?

ESTHER.

Oui... grand Dieu! c'est Porphyre!

PÉRINE.

Oh! le malheureux! le moindre faux-pas peut causer sa chute!

DU BROCHET.

Ah! le brave garçon! il est allé chercher Coco.

ESTHER.

Comment, c'est pour un perroquet qu'il est allé...

DU BROCHET.

Il monte... il monte avec une résolution...

PÉRINE.

Ah! le pied lui glisse! grand Dieu! il est tombé!..

DU BROCHET, avec effroi.

Non! c'est impossible... ça ne se peut pas... quoi! je serais cause...

SCENE XIII.
LES MÊMES, COLLIGNON, puis PORPHYRE.

COLLIGNON.

Ne craignez rien... il n'a pas la moindre contusion... le voici...

TOUS.

Porphyre!

CHOEUR.

AIR : C'est elle, adieu, va-t-en (SAVONETTE.)

Quel heureux coup du sort,
Il n'est pas mort!
Il marche même sans effort,
Il vient de se lancer.
Mais sans s'blesser
Il ne pourrait recommencer.

PORPHYRE.

Je suis mort... je dois être mort... qu'on me le dise tout de suite... j'aime mieux ça.

ESTHER.

Comment est-il tombé?

COLLIGNON.

Il s'est arrêté au premier, chez M. Vigoureux.

PÉRINE.

De l'eau de Cologne bien vite!   (Elle entre dans sa chambre.)

ESTHER.

Comment a-t-il pu se retenir?

COLLIGNON.

Il était suspendu à la persienne par son habit.

PORPHYRE.

Hein? par mon habit. (Il se retourne et l'on voit son habit déchiré jusqu'au collet.) Ah! mon Dieu! j'étais joli garçon, si le collet n'avait pas été bien cousu... je fais six cent livres de rente à mon tailleur.

DU BROCHET.
Et moi je les paierai, entends-tu?
PORPHYRE.
Je comptais bien là-dessus.
DU BROCHET.
Porphyre, mon garçon, mon neveu! ah ça! et mon perroquet?
PORPHYRE, faisant le geste de le prendre.
Je l'ai... il est dans ma poche.
DU BROCHET.
Oh! tu l'as... ma tendresse... ma fortune, tout est à toi.
PORPHYRE, avec émotion.
La fortune aussi... l'étonnement, le bonheur... je me trouve mal... (Il tombe sur une chaise, on entend un cri.) Oh! mon Dieu! il est broyé... j'en ai fait une galette.
DU BROCHET.
O ciel!
PORPHYRE.
Je suis dessus... je l'ai écrasé!..
DU BROCHET.
Air du Baiser au porteur.
Ah! malheureux! mais quelle barbarie!
PORPHYRE.
Ecoutez-moi, je veux tout réparer;
Ce perroquet, dont j'ai tranché la vie,
De mes deux mains, je prétends l'enterrer,
Et sur sa tombe on me verra pleurer.
Vous m'ouvriez vos bras, douce espérance!
Je fus m'asseoir, accablé de bonheur,
Et si d' l'oiseau j'abrégeai l'existence,
C'est seulement la faute de mon cœur.

SCENE XIV.
LES MÊMES, PÉRINE.

PÉRINE, arrivant avec une cage.
Porphyre, Esther, vous tous... regardez.
TOUS.
Le perroquet!
DU BROCHET.
Coco!
PÉRINE.
Lui-même... qui était rentré tout seul dans notre chambre... j'ai refermé bien vite la fenêtre et je l'ai mis dans la cage de notre défunt chardonneret...
PORPHYRE.
Hein? c'est donc son ombre... son spectre... je viens de l'aplatir.
DU BROCHET.
Du tout! c'est bien lui... je le reconnais.
PORPHYRE.
Ah ça! qu'est-ce que j'ai donc dans ma poche, moi... que vois-je? une pie!
ESTHER.
C'est celle de M. Vigoureux... et vous l'aurez prise pour le perroquet.
PORPHYRE.
Comment, je suis monté sur le toit... j'ai fait la grande voltige sur une persienne!.. et tout ça pour une pie! pour une vieille pie!
ESTHER.
Que va dire M. Vigoureux?
PORPHYRE.
Je la ferai estimer... avance ici, portier? combien coûte une pie jouissant de tous ses avantages?
COLLIGNON.
Une trentaine de sous.

PORPHYRE.

Voici soixante-quinze centimes et les restes du volatile... tu les lui remettras.

DU BROCHET.

Porphyre, mon neveu... car tu seras mon neveu, tu vas me suivre à mon hôtel, ainsi que ces deux jeunes filles... tu t'es chargé de leur avenir... eh bien! c'est moi qui les doterai... et qui leur donnerai un mari.

PORPHYRE.

Un instant, je me charge de ce soin-là... Périne, voulez-vous que je me charge de ce soin-là?

PÉRINE.

Ah! Porphyre!

DU BROCHET.

Porphyre, tu vivras désormais avec moi.

PORPHYRE.

Et votre perroquet?

DU BROCHET.

Je partagerai ma tendresse entre vous deux.

PORPHYRE.

Je ne vous demande rien de plus. (A part.) Les perroquets n'héritent pas.

CHOEUR.

Air Vaud. des Femmes le vin et le tabac.

Plus d'ennui de chagrin,
Bénissons le destin;
Nos tourmens sont finis,
Nous voilà réunis;
Au plaisir, au bonheur,
Livrons-nous de tout cœur,
Pour avoir de beaux jours
Il faut s'aimer toujours.

PORPHYRE, au public.
Air d'Aristippe.

Vous savez tous, messieurs, quel est mon crime,
Par un larcin, j'attirai mon parent;
Si du malheur, je fus long-temps victime,
Ce perroquet m'a fait riche, et vraiment
Il me fournit un projet excellent;
Je veux pincer, dans notre capitale,
Tous les jaquots; un', deux, pst! enlevé!
Par ce moyen, je remplirai la salle,
En affichant le PERROQUET TROUVÉ.

REPRISE.

Plus d'ennui, de chagrin, etc.

FIN.

LE PORTE-RESPECT,

VAUDEVILLE EN UN ACTE,

PAR

MM. ANICET-BOURGEOIS, DUMANOIR et ÉD. BRISEBARRE.

REPRÉSENTÉ POUR LA PREMIÈRE FOIS, A PARIS, SUR LE THÉATRE DES VARIÉTÉS, LE 24 JUIN 1837.

Eh bien! ce gaillard-là, c'est le mari de madame. (SCÈNE V.)

PARIS,
NOBIS, ÉDITEUR, RUE D'ENFER-SAINT-MICHEL, N° 66.

—

1837.

Personnages. *Acteurs.*

ABEL VAROQUIN, sous le nom de Catillard (25 ans).   M. GABRIEL.
GRASSOUILLET, garde du commerce (50 ans).   M. PROSPER GOTHI.
STÉPHEN (22 ans).   M. ALEXANDRE.
LUCIENNE ARNAUD (18 ans).   Mme BRESSANT.
TIENNETTE, sa domestique (20 ans).   Mlle ERNESTINE.

La scène se passe à Paris, chez Lucienne.

Imp. J.-R. MEVREL, pass. du Caire, 54.

LE PORTE-RESPECT,

VAUDEVILLE EN UN ACTE.

Le théâtre représente un appartement élégamment décoré. Un portrait, richement encadré, est placé en évidence. Une croisée, à gauche, ayant vue sur la rue. Une porte au fond ; portes latérales. Guéridon, fauteuils, etc. etc.

SCÈNE I.
LUCIENNE, TIENNETTE.

(Tiennette est penchée par la croisée et a l'air de faire des signes à quelqu'un. Lucienne, assise, relit une lettre.)

LUCIENNE, lisant.

« Mademoiselle, il m'a été impossible, jusqu'à présent, de retrouver la
» personne à la recherche de laquelle je me suis mis d'après vos instruc-
» tions; ou les renseignemens que vous aviez étaient inexacts, ou cette
» personne a changé de nom... dans les divers quartiers que j'ai cru de-
» voir visiter moi-même, je n'ai rien trouvé qui pût me mettre sur sa
» trace. Jouissez donc sans scrupule d'une fortune qui vous appartient à
» tant de droits, et qui, j'espère maintenant, vous restera malgré vous. »
(Jetant la lettre et parlant.) Non, je ne quitterai pas encore Paris; il doit y être, mon homme d'affaires y aura mis de la négligence... Allons, il faut me résigner et attendre ! (Se retournant et appelant.) Tiennette !

TIENNETTE.

Madame !

LUCIENNE.

Que regarde-tu ?

TIENNETTE, descendant la scène.

Moi ?.. la maison... oui, notre maison qu'on badigeonne... et puis, je regardais aussi le badigeonneur... un petit blondin, en casquette de papier, qui a planté son échelle sous notre croisée et qui ce matin voulait entrer ici.

LUCIENNE.

Comment?

TIENNETTE.

Il n'avait qu'à enjamber... mais pas de ça !... J'ai lié connaissance avec lui, parce qu'en faisant l'appartement j'ai secoué mon torchon sur sa tête. (Remontant la scène.) Tenez, le voilà qui laisse son ouvrage et son échelle; il s'en va déjeuner... il pousse de gros soupirs et il emporte son pain de quatre livres.

LUCIENNE.

Tiennette, vous êtes bien inconséquente... il ne faut pas parler à tout le monde, comme vous le faites.

TIENNETTE.

Dame ! écoutez donc, j'ai une langue, c'est pas pour la garder dans ma poche.

Air du Bal d'ouvriers.

En nous jetant sur cette terre,
On a dû nous mettre au complet ;
Et la nature, en bonne mère,
Nous a donné c' qu'il nous fallait...
L'œil pour voir, l'oreill' pour entendre,
L' reste est aussi bien arrangé...
Si j'ai la lang' vive et l' cœur tendre,
C'est pour m' servir de ce que j'ai.

D'après ça, n'faut pas m'en vouloir, madame... franchement, je pourrais pas exister comme vous, en ne parlant à personne... en ne recevant personne... de l'autre sexe... et tout ça, parce que vot' mari est en voyage.

LUCIENNE.

C'est assez...

TIENNETTE.

Madame, c'est-il pour aujourd'hui ?..

LUCIENNE.
Que veux-tu dire ?..
TIENNETTE.
Oui... c'est-il aujourd'hui qu'il arrive, vot' mari ?..
LUCIENNE, avec embarras.
Je ne sais pas... peut-être...
TIENNETTE.
Voilà six mois que je suis à votre service, et vous me dites toujours : C'est pour demain... c'est pour la semaine qui vient... ah ! je ne sais pas quelle route il a prise, vot' mari ; mais à coup sûr, c'est pas le chemin de fer...
LUCIENNE.
Des affaires importantes l'auront retenu à la Martinique plus long-temps qu'il ne croyait... (Avec intention.) Je serais trop à plaindre, si je pouvais supposer qu'il lui fût arrivé malheur.
TIENNETTE.
Un malheur ?.. plus souvent... excepté un naufrage ou quelqu'inconvénient de ce genre-là... n'y a rien à craindre pour lui... car d'après son portrait, il a l'air joliment bâti, votre mari... Madame, vous allez dire que je suis bien curieuse... mais il me semble que vous n'aviez pas ce portrait-là, quand je suis entrée chez vous ?
LUCIENNE, embarrassée.
Ah !.. tu as remarqué ?.. ton observation est juste... M. Arnaud s'est fait peindre... là-bas... et m'a envoyé ce tableau.
LUCIENNE.
Ah !.. enfin, c'est toujours quelque chose...
LUCIENNE.
Termine promptement cette pièce, il faut que je m'habille.
TIENNETTE.
Madame va sortir ?
LUCIENNE.
J'irai chez mon homme d'affaires.
TIENNETTE.
Un coup de balai... deux coups de plumeau... et après ça je vous ferai superbe.
LUCIENNE.
Non !.. la plus grande simplicité dans ma toilette... afin d'éviter, s'il est possible, les regards effrontés... les sots complimens... les persécutions même... car, depuis quelques jours, je ne puis sortir sans être suivie par un homme d'un certain âge, qui plusieurs fois a essayé de m'adresser la parole...
TIENNETTE.
Vraiment ?.. c'est comme ce petit monsieur d'hier, qui s'est placé à côté de nous... à l'Opéra-Comique... et qui nous demandait le nom des acteurs... eh bien ! madame, il est monté dans un cabriolet avec un domestique galonné, et il nous a suivies jusqu'à la porte.
LUCIENNE.
Air de Julie.
Grand Dieu !.. me voilà compromise !
Il fallait donc m'avertir à l'instant...
TIENNETTE.
C'est qu' voyez-vous, la peur m'a prise
Et je craignais d'vous effrayer autant ;
Il nous suivait à la sourdine...
Pas moyen d' fuir... d'un' femme c'en est fait !
Lorsque l'amour est en cabriolet
Et la sagesse en citadine
LUCIENNE.
Tiennette ! on a sonné.

SCENE II.
TIENNETTE, LUCIENNE, STÉPHEN.

(Lucienne a descendu la scène, et s'est remise à travailler près de la petite table.)

TIENNETTE, ouvrant.

Que voulez-vous, monsieur? (A part.) Ah! le petit jeune homme de l'Opéra-Comique!

STÉPHEN, sans entrer.

Cette demoiselle est-elle visible?

TIENNETTE.

N'y a pas de demoiselle ici.

STÉPHEN.

Qu'importe?.. demoiselle, dame, ou veuve... je veux parler à la maîtresse de la maison.

TIENNETTE.

Madame ne reçoit personne.

STÉPHEN.

C'est pour une affaire importante.

TIENNETTE.

Ça m'est égal, vous n'entrerez pas.

LUCIENNE, sans regarder.

Qui donc est là, Tiennette?

STÉPHEN.

C'est elle!... (Il force la porte et s'avance en saluant d'un air suffisant.) Madame, madame... j'ai bien l'honneur...

LUCIENNE, embarrassée.

Monsieur... (A Tiennette.) Comment! tu as laissé entrer ce jeune homme?

TIENNETTE.

Dame!.. il a forcé la consigne.

STÉPHEN.

Madame... est-ce que vous ne me reconnaissez pas?..

LUCIENNE, froidement.

Non, monsieur.

STÉPHEN.

Comment, madame!... vous avez oublié votre voisin d'hier au soir... à l'Opéra-Comique... la stalle 89!...

LUCIENNE.

Monsieur...

STÉPHEN.

Oui, madame... je suis la stalle 89... vous savez, à votre gauche... serais-je déjà sorti de votre mémoire?.. ah! la mienne est plus fidèle, je vous jure, et je n'oublierai jamais la conversation que nous avons eue ensemble...

TIENNETTE, à part.

Je crois bien, il faisait les demandes et les réponses...

STÉPHEN, à part.

J'espère qu'elle va renvoyer la bonne.

LUCIENNE, à Tiennette.

Ne t'éloigne pas d'ici... (Haut.) Vous me voyez surprise... étonnée, monsieur... car je ne crois pas vous avoir encouragé, par mes paroles ou par ma conduite à vous présenter chez moi...

STÉPHEN, à part.

Quel air sévère!.. elle croit que je suis un écolier... (Haut.) Madame, je n'aurais osé vous importuner chez vous, si je n'y avais été forcé par un devoir impérieux.

LUCIENNE.

Que voulez-vous dire?

STÉPHEN.

Je viens, madame, vous rapporter ces jumelles, que vous avez oubliées hier au soir au spectacle.

TIENNETTE, à part.

Oh! comme il ment!.. il est sorti avant nous.

STÉPHEN, à part.

En voilà un moyen... des jumelles, et l'on s'introduit chez toutes les femmes.

LUCIENNE.

Vous vous trompez, monsieur, elles ne m'ont jamais appartenu... daignez recevoir mes remercîmens pour la démarche inutile dont je suis la cause involontaire.

TIENNETTE, à part.

Attrape ça.

LUCIENNE.

Tiennette, reconduis monsieur.

STÉPHEN, à part.

Hein?.. me reconduire, quand je n'ai pas eu le temps de dire quatre mots! (Haut.) Oserais-je, madame, vous demander la permission de revenir vous présenter mes hommages?

LUCIENNE.

Non, monsieur.

STÉPHEN, à part.

Non?.. je conçois, elle a peut-être des ménagemens à garder... (Haut.) Au moins, il serait possible de se voir, de se rencontrer quelquefois, par hasard...

LUCIENNE.

Je ne sors jamais.

STÉPHEN.

Madame... est pourtant seule... seule, je crois, avec sa bonne; si mon bras pouvait lui être agréable... pour le bal, le spectacle; un mot de vous, et tout serait à votre service... moi, mon cabriolet et mon groom. (A part.) J'ai bien fait de dire que j'avais un cabriolet.

LUCIENNE.

Je vous le répète, je n'ai besoin de personne; reconduis donc monsieur, Tiennette!

STÉPHEN, à part.

Eh bien! non!..j'y mettrai de l'obstination... (Haut.) Madame, je ne sortirai pas!.. car, sachez-le, je vous aime... je vous adore... vos yeux m'ont fait perdre la tête depuis hier au soir...

LUCIENNE.

Sortez, monsieur...

STÉPHEN.

Oh! vous m'écouterez... car je reviendrai tous les jours... et j'espère vous rencontrer peut-être.

LUCIENNE.

Jamais, monsieur... mais, seulement, mon mari se chargera de vous recevoir.

STÉPHEN, frappé de surprise.

Hein?.. vous êtes mariée!..

LUCIENNE.

Depuis deux ans.

TIENNETTE.

Tenez, v'là l' portrait de monsieur.

STÉPHEN.

Ça?.. ah! vous êtes mariée?..

Air de Partie et Revanche.
C'est une horreur! une infamie!
Vous me l'apprenez aussi tard!..

LUCIENNE, à part.
O mon portrait, que je te remercie!

STÉPHEN, avec dépit.
Quand on possède un mari... par hasard,
On doit d'abord en faire part...
(A lui-même.) Je la rencontre jeune et belle,
Et plein d'ardeur, quand près d'elle j'accours,
J'apprends qu'elle est mariée et fidèle!..
Les femmes nous trompent toujours.

(A Lucienne, avec embarras.) C'est bien, madame, je me retire... je croyais... je... j'ai bien l'honneur de vous saluer. (Il sort.)

SCÈNE III.
TIENNETTE, LUCIENNE.
TIENNETTE, riant.

Ha! ha! ha!... comme il est vexé!... il vous croyait demoiselle... ou autre chose... voyez pourtant à quoi les pauvres femmes sont exposées!..

LUCIENNE.

Toujours des visites, des billets doux... des déclarations...

TIENNETTE.

L'a-t-il dévisagé c' pauvre portrait!... quel coup d'œil!.. ah! madame, vous avez là un fameux porte-respect... il fait peur aux amoureux, celui-là...

LUCIENNE, riant.

Oui, c'est le dixième qu'il éloigne...

TIENNETTE.

Je ne sais pas ce qu'il a coûté à vot' mari, mais c'est de l'argent bien placé... c'est comme un factionnaire qui est là de planton; au moindre physique d'amoureux, halte-là! qui dit, on ne passe pas!

LUCIENNE.

Ah! sans ce portrait, que serais-je devenue?

TIENNETTE.

Et puis, et la considération, et le crédit, et les politesses!... quand on vous croyait demoiselle, le portier était insolent.... le propriétaire ne voulait jamais faire poser une sonnette, ou empêcher les cheminées de fumer... mais maintenant qu'on sait que vous êtes mariée, le portier vous ôte sa casquette.... et nous avons une cheminée à la prussienne.

LUCIENNE.

Oui.... c'est à ce portrait que je dois cela.... il m'a rendu de grands services, et j'espère que toujours il sera ma sauvegarde..... Tiennette, as-tu préparé tout pour ma toilette?

TIENNETTE.

Oui, madame... est-ce que vous allez encore mettre votre robe noire?

LUCIENNE.

Non.

TIENNETTE.

Vous étiez donc en deuil de quelque parent?

LUCIENNE.

De quelque parent?... non, Tiennette... j'ai été élevée par une excellente dame qui prit soin de moi.... c'est à elle que je dois tout.... bonheur, fortune, talens...

TIENNETTE.

Et c'est-elle qui vous a mariée?

LUCIENNE, souriant.

Oui... c'est elle... viens m'habiller, Tiennette... (Elle rentre.)

TIENNETTE.

Oui, madame... (A part, regardant le portrait.) C'est drôle!... je ne le trouve pas beau, moi... le phénix de madame.... il a un nez bien affligeant... j'aime mieux mon petit badigeonneur... (Elle va à la fenêtre.) Il n'est pas encore là...., je ne ferai le ménage, que quand il sera revenu.... tiens! tiens!.... qu'est-ce qu'il y a donc au n° 9?... on dirait qu'on s'y bouscule!

LUCIENNE, dans sa chambre.

Tiennette?... allons donc, Tiennette?...

TIENNETTE.

On y va, madame... on y va.... il y a quelque chose, bien sûr... il y a quelque chose au n° 9... (Elle rentre)

SCÈNE IV.
ABEL, seul.

(Aussitôt après la sortie de Tiennette, un bruit assez violent se fait entendre dans la rue ; puis Abel paraît à la croisée et saute dans l'appartement après y avoir jeté un coup d'œil, il est en tenue de ville et porte un chapeau gris à larges bords.)

Personne!..... enfoncé le garde du commerce et ses acolytes!... ils ont perdu ma piste.... ils questionnent le marchand de tabac..... ils arrêtent l'omnibus... sac à papier!... Abel Varoquin, tu viens de l'échapper belle!.... Tout à l'heure, je secoue les pavots du sommeil et je sors avec la ferme intention de prendre un exercice plus nourrissant... tout à coup, je me trouve au premier étage nez à nez avec deux énormes favoris garance, qui me masquent l'horizon..... je me range pour les laisser passer..... mais l'homme qui en était affligé me dévisage.....puis, s'adressant au collet de ma redingote.... il s'y cramponne sans ménagement.... je trouve ce procédé si brutal, que je lui fiche un coup de poing.... démesuré.... il dégringole.... d'un seul bond, je franchis cet homme.... à l'instar des faiseurs de tours.... je traverse la rue..... je cherche un refuge.... fatalité!.... toutes les portes sont closes.... par bonheur, j'aperçois cette échelle tutélaire..... je grimpe... et me voilà.... Ah ça! chez qui suis-je?... car je dois être chez quelqu'un, au moins...

Air : Vaud. des Frères de lait.

Me trouverais-je ici chez une femme?...
Ah! sacrebleu!.. que j'en serais flatté!
Les hommes sont méchans au fond de l'ame,
Les femmes sont des anges de bonté,
Du genre humain c'est le plus beau côté....
Aux deux sexes je rends justice,
Car tous deux me sont bien connus :
(Avec attendrissement.) A l'un, je dois ma mère et ma nourrice!...
(Avec indignation.) A l'autre, je dois mille écus.

LUCIENNE, dans sa chambre.

Dépêche-toi donc, Tiennette!

ABEL.

Hein?... on a parlé!... (Il s'approche de la porte et regarde par le trou de la serrure.) Oh! une femme!... non, ce n'est pas une femme... il y en a deux... eh mais! c'est cette jeune personne que j'ai souvent admirée de ma fenêtre en face... qui m'a occasionné plusieurs rêves agités... je suis chez elle!... en voilà du fortuit!... comment me présenter?... c'est assez embarrassant... oh! je lui dirai que je suis venu sans cérémonie... en voisin... (Regardant la chambre.) Elle est très bien meublée, cette dame... l'acajou domine... c'est beaucoup mieux que chez moi... des tableaux!... saint Vincent-de-Paule... patron des orphelins... tiens!... un portrait... (Reculant de surprise.) Ah! mon Dieu! je ne me trompe pas!... (Il se frotte les yeux.) Ce portrait, c'est le mien!... c'est bien moi!... c'est ma figure... c'est ma bouche... je reconnais mon nez... je jurerais que c'est mon portrait qui a été vendu, avec mon mobilier, par autorité de justice. Mais comment se trouverait-il ici... chez une femme que je ne connais pas?... ah! ça, mais, je ne suis pas devenu, sans le savoir, un homme célèbre... je ne suis pas Napoléon... je ne m'appelle pas Louis XIV! ou Musard. (On sonne.) Tudieu!... l'airain a vibré! si c'était un de mes persécuteurs?...

TIENNETTE, de la chambre.

On y va!.. on y va!..

ABEL.

N'y va pas!... n'y va pas!... (Courant à la fenêtre.) Bon!... on a retiré l'échelle!... je suis pris comme dans une souricière... où me fourrer?... pas un lit... une armoire... il ne me reste plus qu'à implorer la Divinité... ah! ce cabinet!... je vais m'y retrancher, et je m'y défendrai comme un animal nuisible...   (Il entre dans le cabinet. — On sonne plus fort.)

SCÈNE V.

TIENNETTE, ABEL, caché, GRASSOUILLET, puis LUCIENNE.

TIENNETTE.

On y va... on y va!... quel coup de sonnette!... ah! madame, si c'était lui, votre mari?... (Ouvrant.) Tiens, un inconnu!... ah! qu'il est laid!...

GRASSOUILLET, sans entrer.

Petite, n'est-ce pas ici le second étage?..

TIENNETTE.

Au-dessus de l'entresol... oui, monsieur.

GRASSOUILLET.

Cet appartement n'a-t-il pas une fenêtre sur la rue?...

TIENNETTE.
Une fenêtre avec quatre carreaux... (A part.) C'est un employé des contributions.
GRASSOUILLET.
Dites à votre maître qu'on désire lui parler.
TIENNETTE.
Mon maître est sorti.
GRASSOUILLET.
Y a-t-il long-temps?
TIENNETTE.
A peu près dix-huit mois; je ne vous conseille pas de l'attendre, car il est allé à la Martinique.
GRASSOUILLET, à part.
On ne m'a pas trompé... le mari est absent... (Haut.) Peut-on parler à votre maîtresse?
TIENNETTE, à part.
A-t-il l'air doucereux, celui-là! (Haut.) Ma maîtresse?... je sais pas si elle y est... (Sans se déranger.) Madame, y êtes vous?
LUCIENNE, entrant.
Mais fais donc entrer, Tiennette.
GRASSOUILLET, s'avançant à part.
La voici... je suis ému... mes jeunes gens sont en bas, mon fugitif est signalé... je puis être tranquille et faire marcher en même temps l'amour et la procédure.
LUCIENNE, à part.
Oui... je ne me trompe pas!.. cet homme est celui qui me suit depuis quelques jours.
GRASSOUILLET.
Excusez la liberté que je prends, madame; tel que vous me voyez, je me promène devant votre maison depuis le lever du soleil.
ABEL, ouvrant la porte.
Oh! mon homme!   (Il se cache.)
GRASSOUILLET.
Par état, je me lève avec l'astre du jour... je me nomme Alfred Grassouillet, et je suis garde du commerce.
ABEL, à part.
Je suis traqué comme une grosse pièce de gibier.
LUCIENNE, à part.
C'est une fable inventée pour arriver jusqu'à moi.
GRASSOUILLET.
Figurez-vous, madame, que je suis à la poursuite, d'un certain luron qui s'est travesti pour le moment du nom peu usité de Catillard, après avoir dévalisé tous les saints de l'almanach, après avoir changé quinze fois de domicile, et un nombre de fois illimité de perruques, faux toupets et autres articles.
LUCIENNE.
Que me fait tout cela?
GRASSOUILLET.
Jugez de ma joie, en apprenant qu'il logeait en face de chez vous, et qu'il était caché sous le pseudonyme ci-dessus, et sous une redingote entièrement puce.
LUCIENNE, à part.
Où veut-il en venir?
GRASSOUILLET.
Mon débiteur a failli d'être arrêté par mes jeunes gens... mais il s'est réfugié, à ce qu'on dit, dans cette maison.
LUCIENNE, riant.
Dans cette maison... (Sévèrement.) Monsieur, je ne suis pas votre dupe... je vous reconnais... c'est vous, qui depuis quelque jours... me suivez sans relâche, et m'importunez de vos fades galanteries...
ABEL.
Bah!..
TIENNETTE, à part.
Comment! c'est ce vieux délabré-là!..

LUCIENNE.

Vous avez inventé cette histoire pour vous présenter chez moi.

GRASSOUILLET.

Madame, ce n'est pas une histoire... c'est la vérité!.. mais ce n'est pas le but de ma visite... le but, vous l'avez deviné, c'est moi qui vous ai suivie et qui vous suivrai toujours du cœur... et des jambes.

Air : Il me faudra quitter l'empire.

Amant sensible et garde du commerce,
C'est, je vous jure, un cumul fatigant;
Le double état que dans Paris j'exerce
Me fait aller comme le Juif-Errant,
Oui, sur l'honneur, je tourne au Juif-Errant.
Depuis huit jours que de démarches vaines!
Mais deux objets animent mon espoir,
Toujours courant, par amour, par devoir,
Je le poursuis pour lui donner des chaînes,
Et vous, madame, afin d'en recevoir.
De votre main je veux en recevoir.

ABEL.

O vieux madrigal! vieux talon rouge!

LUCIENNE.

Je suis mariée, monsieur, et vous n'auriez jamais dû m'adresser de semblables paroles... veuillez sortir à l'instant!

GRASSOUILLET.

Mariée? eh bien! j'aime mieux ça...

LUCIENNE.

Monsieur, vous m'insultez...

TIENNETTE, bas et vivement.

Madame, nous sommes sauvées! (A Grassouillet.) Venez ici, vous... et regardez-moi ça!

GRASSOUILLET.

Eh bien?

TIENNETTE.

Qu'est-ce que c'est que cela?

GRASSOUILLET.

C'est un portrait.

TIENNETTE.

Comment le trouvez-vous?

GRASSOUILLET, regardant Lucienne.

Il y a beaucoup mieux que ça.

ABEL, à part.

Mieux? c'est pas toi, toujours.

TIENNETTE.

Eh bien! ce gaillard-là, c'est le mari de madame.

ABEL.

Hein? qu'est-ce qu'elle dit?

GRASSOUILLET.

Son mari?

LUCIENNE.

Oui, monsieur, mon mari...

ABEL.

Elle aussi? ah ça! dors-je tout éveillé?

GRASSOUILLET.

Eh bien! après tout, le mari de madame est à la Martinique.

TIENNETTE.

C'est ce qui vous trompe... il est revenu... ah! vous ne criez pas si fort, et vous faites bien, car si vous réveillez monsieur... il vous fera sauter par la fenêtre.

GRASSOUILLET.

Hein? comment! madame, votre mari est ici?

LUCIENNE.

Oui... oui, monsieur!

ABEL, qui regarde le portrait.

C'est moi! bien moi!.. je suis pourtant bien sûr de ne m'être jamais marié...

TIENNETTE.
Et je vais l'aller chercher.

ABEL.
Pardieu ! je serai curieux de l'apercevoir.

GRASSOUILLET, à part.
Ce mari-là est venu bien à propos... stratagème !

TIENNETTE.
Je vais éveiller monsieur.

GRASSOUILLET, avec ironie.
Je serais enchanté de faire sa connaissance... eh bien ! vous n'y allez pas ? ah ! ah ! on ne nous trompe pas facilement nous autres lapins d'un certain âge... et je reste pour vous parler de ma passion.

LUCIENNE.
Votre conduite est infâme !

ABEL, à part.
Est-ce que vraiment le mari serait à la Martinique... patrie des cafés ?

GRASSOUILLET.
Serez-vous donc toujours inhumaine ?

ABEL.
Attends, vieux dissolu, vieux Alfred que tu es !

TIENNETTE, prenant son balai.
Vous ne voulez pas vous en aller ?

GRASSOUILLET.
Je vous l'ai dit, la bonne, je reste...

LUCIENNE, avec désespoir.
Mon Dieu ! mon Dieu !

ABEL, toussant. (Tout le monde s'arrête.)
Hum ! hum !

GRASSOUILLET.
Hein ?

LUCIENNE, à part.
Qu'entends-je !

TIENNETTE, à part.
Qu'est-ce que c'est que ça ?

ABEL, dans le cabinet.
Tiennette ! Tiennette !

LUCIENNE, à part.
Quelle est cette voix ?

TIENNETTE, à part.
On m'appelle !

LUCIENNE, à part.
Il y a donc en effet quelqu'un ?

TIENNETTE, à part.
Ah ! voilà... la peur qui me prend !

GRASSOUILLET, très haut.
Allons donc ! on m'a assuré que le mari est absent, ça ne peut être lui !

ABEL, entrant.
Qui est-ce qui dit que ce n'est pas moi ?

LUCIENNE.
Ciel !

AIR : Que ce soit un mystère. (Marquise de Pretintaille)
ENSEMBLE.

ABEL.	LUCIENNE.
Pour moi quelle espérance !	Grand Dieu ! quelle insolence !
Ma ressemblance	De la prudence !
En sa présence	Sa ressemblance
Me sauve ici...	Me sauve ici.
Faut-il que je l'embrasse ?	Que faut-il que je fasse ?
Avec audace	Avec audace
Que je remplace	Il prend la place
Le vrai mari.	De mon mari !

TIENNETTE.	GRASSOUILLET.
C'est bien lui, je le pense,	J'ignorais sa présence,
Ah! sa présence!	Plus d'espérance!
Trouble d'avance.	Sur sa vengeance
C'vieux qu'est ici.	Je compte ici.
Il faut qu'monsieur le chasse	La peur déjà me glace,
Pour son audace	Non, plus d'audace!
Qu'il r'prenn' sa place	Cédons la place
Comm' le mari!	A son mari!

LUCIENNE, à part.

Oui, ce sont bien les mêmes traits, le même regard... cela tient du prodige!

ABEL, à part.

AUDACES FORTUNA! (Haut.) Qui êtes-vous donc, bonhomme, et de quel droit violez-vous mon domicile?.. êtes-vous commissaire, fumiste, juge-de-paix, ou ramoneur?

GRASSOUILLET.

Non, monsieur, je venais...

ABEL.

Vous avez insulté mon épouse... car madame est mon épouse... n'est-ce pas, chère amie?

LUCIENNE, à part.

Je ne sais que dire... je crois rêver...

ABEL, à part.

Elle est pétrifiée!

GRASSOUILLET.

Monsieur, je n'avais pas l'intention...

TIENNETTE.

Hein! comme il change de gamme!

ABEL.

Chère moitié, acceptes-tu les excuses de ce petit vieux? parle! J'ai là mes armes, Tiennette ira me chercher un fiacre, et dans une heure je te rapporterai une de ses oreilles... les deux, si tu en as besoin... hein? veux-tu les deux oreilles de ce petit vieux?

GRASSOUILLET.

Monsieur...

LUCIENNE, à part.

Je ne puis souffrir plus long-temps...

GRASSOUILLET.

Monsieur, je vous présente mes excuses, je suis garde du commerce, je croyais trouver ici un particulier que je poursuis, et dont je ne connais que le chapeau horrible de forme, et gris de couleur.

(Abel cache son chapeau derrière lui.)

LUCIENNE, qui a vu son mouvement.

Plus de doute! c'est lui! je ne le trahirai pas.

GRASSOUILLET.

Je me serai trompé d'étage; apparemment, et je...

ABEL.

J'accepte vos excuses, mais partez!.. et que je ne vous retrouve jamais devant moi... c'est mon vœu le plus cher...

GRASSOUILLET.

Monsieur, j'aurai l'honneur de ne jamais vous rencontrer...

(Il regarde autour de lui.)

ABEL.

Qu'est-ce qu'il cherche? qu'est-ce qu'il cherche?

GRASSOUILLET.

Rien... rien... mon chapeau... voilà tout!

ABEL, lui enfonce son chapeau gris sur les yeux.

Tenez, le voilà; et à présent, Tiennette, introduis monsieur à la porte.

TIENNETTE.

Avec plaisir... (Elle pousse Grassouillet aveuglé par son chapeau.)

CHOEUR, excepté Grassouillet.

Air: Amis francs et sincères (Changée en nourrice.)
Partez, sortez bien vite,
Surtout plus de visite!

Fuyez de ce séjour !
Vraiment, ah ! c'est infâme !
Venir chez une femme
Pour lui parler d'amour ! (Grassouillet sort.)

SCENE VI.
TIENNETTE, ABEL, LUCIENNE.

ABEL, à part.
Enfin, me voilà débarrassé de lui, et de mon chapeau... ah! je sens les bienfaits de la respiration.

LUCIENNE, à part.
Comme il a dû trembler pour sa liberté! c'est une bonne action que je viens de faire.

TIENNETTE, au fond.
Il descend d'un fier train... vous lui avez rajeuni les jambes de trente ans.

ABEL, à part.
Sac à papier! Ma femme est fort belle... et des yeux... à vous faire faire trois lieues à l'heure... à dépasser la malle-poste.

LUCIENNE, à part.
Il ne sait comment s'y prendre pour me faire des excuses.

TIENNETTE.
Hein? madame, quand je vous le disais... c'est que j'aurais parié mon petit doigt que vous verriez M. Arnaud aujourd'hui... mais par où monsieur est-il rentré?

ABEL.
Par la fen... porte, que vous avez oublié de fermer, c'est fort imprudent... si j'avais été un voleur... enfin, j'aurais pu être une canaille.

TIENNETTE.
Ah! c'est par la porte.

ABEL.
En ne voyant personne, j'ai dû croire tout le monde sorti... fatigué de mon voyage, je m'étais introduit là pour me reposer, en attendant la rentrée de ma chère... (A part.) Diable!

TIENNETTE, riant.
A présent que vous savez que madame n'est pas sortie, faut-il que je m'en aille.

LUCIENNE, vivement.
Non pas, reste avec moi.

ABEL, à part.
Oh! v'là qu'il me monte des idées, il m'en pousse d'affreuses des idées; au fait mon épouse m'a reconnu, ça doit avoir des suites...

LUCIENNE, à part.
Il cherche sans doute à sortir d'embarras, allons à son secours! (Haut.) Monsieur...

ABEL.
Hein? Monsieur? c'est à moi que tu parles, chère amie?

LUCIENNE, effrayée.
Ah! mon Dieu!

ABEL.
Jamais, au grand jamais, tu ne m'as dit, monsieur.

LUCIENNE, à part.
Eh bien! il continue son rôle!

ABEL.
Autrefois, tu me tutoyais entièrement.

LUCIENNE.
Moi, vous tutoyer!

TIENNETTE.
Ah! madame, ça devait être.

ABEL.
Ça était.

LUCIENNE, à part.
Quelle position... que faire?

ABEL.

Je comprends, tu as perdu l'habitude... il faut s'y remettre, remettons-nous-y, voyons, essaie un peu... dis-moi tu, toi... dis-le moi tout bas, tu sais bien que dans mes lettres...

TIENNETTE.

Nous n'en avons jamais reçu...

LUCIENNE.

C'est vrai, pas une lettre ne m'est parvenue. (A part.) Quel supplice ! Je n'ose le confondre devant cette fille !

ABEL, à part.

Je patauge comme un caniche !

TIENNETTE.

Aviez-vous bien mis l'adresse ?

ABEL.

Ah ! l'adresse ! j'avais mis, à madame, madame... (A part.) Comment a-t-elle dit tout à l'heure... Pruneau ? non, ah ! je crois que je le tiens ! (Haut.) J'avais mis à Mᵐᵉ Cerneau, rue des...

TIENNETTE.

Arnaud donc !

ABEL.

Arnaud, pardieu ! Arnaud.

LUCIENNE, à part.

Que va penser cette fille ?

TIENNETTE.

Aviez-vous mis le prénom ?

ABEL, à part.

Ah ! mais, est-ce que tu vas me cribler comme ça de questions ? je vais le supprimer... (Haut.) Dis donc, la Bourguignotte... tu as bien peu d'égards pour ton maître... tu vois un homme qui vient de traverser l'Océan, et tu ne lui offrirais seulement pas un verre d'eau !

LUCIENNE, à part.

Qu'entends-je !

TIENNETTE.

Est-ce que vous avez faim ?

ABEL.

Mais je casserais volontiers une croûte ou deux... (Regardant Lucienne.) Je croquerais bien toute espèce de choses !

LUCIENNE, à part.

Déjeuner ! chez moi !..

TIENNETTE.

Fallait donc le dire, je cours vous chercher ça.

LUCIENNE.

Mais...

TIENNETTE.

Et comme vous devez être fatigué, je cours tout préparer dans la chambre de madame, pour vous reposer... je bassinerai le lit !

LUCIENNE.

Tiennette, je vous défends...

ABEL.

Et moi, je te l'ordonne, bassine, bassine !   (Tiennette sort.)

SCÈNE VII.
ABEL, LUCIENNE.

ABEL, à part.

Je reposerai donc ma tête sur son oreiller ! oh ! mais, oh ! mais, ça prend une tournure divertissante au dernier point ! (Haut en s'approchant.) Ma chère.

LUCIENNE, le repoussant.

Monsieur, devant cet homme, devant Tiennette, j'ai dû, dans votre intérêt et dans le mien, me taire et supporter cette plaisanterie... mais maintenant que nous sommes seuls...

ABEL, la pressant.

Eh bien ! oui... mais maintenant que vous êtes seule avec ton mari...

LUCIENNE.

Eh ! monsieur... je n'ai jamais eu de mari.

ABEL.
Hein? quoi? comment? vous dites?
LUCIENNE.
Je n'ai jamais été mariée.
ABEL.
Jamais été... au grand jamais? ah! je tombe de ce qu'il y a de plus haut, mais ce portrait... ce n'est donc pas celui...
LUCIENNE.
M. Arnaud n'a jamais existé...
ABEL.
Eh quoi!.. le malheureux Arnaud...
LUCIENNE.
Ce portrait est un caprice, une fantaisie, je l'ai acheté dans une vente publique.
ABEL, se frappant le front.
Oh! j'y suis! rue Thibautodé, 3 bis? à côté d'un boulanger?
LUCIENNE, étonnée.
En effet, c'est là qu'il était exposé.
ABEL.
Entre une pipe d'écume et des bottes à l'écuyère? c'est le mien, c'est feu mon portrait qu'on a vendu avec mes meubles... ah! pardon, madame, deux cent fois, pardon... (A part.) Et moi qui la tutoyais! ah! je l'ai traitée comme une danseuse de corde.
LUCIENNE.
Monsieur, vous étiez poursuivi : la vue de ce portrait vous a sans doute inspiré la pensée d'une ruse, que je vous pardonne... je vous dois, à mon tour, l'explication de ma conduite... il faut que vous sachiez comment il se fait que votre portrait se trouve chez moi, et pourquoi j'ai pris un nom et une qualité qui ne m'appartiennent pas... j'étais seule au monde, sans parens; une vieille et respectable dame, qui m'avait élevée, venait de mourir, et un devoir impérieux me forçait de vivre à Paris, au milieu d'une société qui n'a nul égard pour une jeune fille, qui se croit tout permis contre celle qui est sans défenseur, exposée aux insultes, et je voyais d'autres femmes respectées, parce qu'elles portaient le nom d'un mari... moi, je ne voulais, ni ne pouvais me marier... cela vous étonne, je le vois, vous qui ignorez ma position.
ABEL.
Dam! jolie comme un ange, et jeune à proportion. Ah! si vous étiez bossue!..
LUCIENNE.
La jeunesse ne suffit pas.
ABEL.
Que si, quand on a de la fortune... (A part.) Car je la crois calée...
LUCIENNE, souriant.
De la fortune... enfin, n'importe?.. je voulus, fût-ce par le mensonge, imposer le respect à ceux qui s'en dispensaient envers M{{lle}} Lucienne; il me fallait à tout prix un nom, je l'imaginai... un époux qui fût mon protecteur et mon appui, je le trouvai...
ABEL.
Chez le marchand de curiosités? d'occasion, pour onze francs cinquante : j'ai été vendu onze francs cinquante, avec mon cadre.
LUCIENNE.
Votre arrivée, ce matin, m'a glacée d'effroi... je ne pouvais m'expliquer une ressemblance aussi frappante, car on m'avait assuré que l'original de ce portrait n'existait plus.
ABEL, avec éclat.
L'original respire toujours... ils m'ont enterré, les escrocs. (Avec satisfaction.) C'était pour surenchérir mes dépouilles.
LUCIENNE.
J'ai deviné bien vite que vous étiez celui que l'on poursuivait, et je vous ai laissé mentir, puisque ce mensonge pouvait vous sauver.
ABEL.
Et, pour prix de votre dévoûment, j'ai voulu... car j'ai voulu. Ah! je suis un paltoquet. (Changeant de ton.) Et pourtant, quand je vous regarde, je me trouve excusable...

LUCIENNE.

Comment cela?

ABEL.

En voyant vos yeux, en voyant votre taille, en voyant une infinité de jolies choses, je me disais : ça doit être ma femme, je me serai marié un jour, quelque part, et je l'aurai oublié.

LUCIENNE, gaiement.

Vous êtes fou, monsieur.

ABEL.

Ça menace, et pour peu que je vous regarde trois quarts d'heure, ça va se développer à l'infini.

Air : De Turenne.

Pour vous brûle, au fond de mon âme,
Un feu qui ne mourra jamais;
Car apprenez que vous êtes la femme
Que dans mes rêves je voyais,
Que depuis long-temps je cherchais.
O sympathie! o délirant présage!
En même temps, par un accord secret,
Votre salon possédait mon portrait,
Mon cœur renfermait votre image.

LUCIENNE.

Reprenez ce portrait, il est à vous.

ABEL.

Du tout, il n'est pas à moi, je ne l'ai jamais payé... gardez-le, madame... ou mademoiselle... il sera beaucoup mieux chez vous que chez moi... d'abord je n'ai plus de chez moi... et puis, vous en trouverez difficilement un autre comme celui-là... Je représente, j'ai un physique de mari, et quand un... drôle sera tenté de manquer à Mlle Lucienne... vous lui montrerez... ceci... cependant, ce n'est pas assez... je professe l'opinion que ce n'est pas assez.

LUCIENNE.

Que voulez-vous dire?

ABEL.

Non... c'est genti à l'œil, ça orne, ça tient de la place, c'est d'un entretien peu coûteux, un coup de plumeau à monsieur votre mari, et en voilà pour vingt-quatre heures, c'est une justice à lui rendre; mais à la fin, ça devient monotone; ce genre d'époux ne peut pas soutenir une conversation; on ne peut pas sortir avec lui; on ne peut pas s'appuyer sur son bras... si, au lieu de cette chose peinte, vous trouviez quelqu'un de véritable, avec le même physique, de la sensibilité, un bras solide et un cœur aimant, croyez-vous que ça ne vaudrait pas mieux? cent pour cent de profit!.. et ça ne vous coûterait pas onze francs cinquante, car il serait trop heureux de vous offrir gratis sa main.

LUCIENNE.

Monsieur, je ne puis comprendre...

ABEL.

Et vous ne seriez pas forcée d'aller le chercher rue Thibautodé, il est tout rendu, franco, il est là, à deux pas de vous, et prêt à se jeter à vos genoux, tout entier.

LUCIENNE, émue, mais souriant.

Merci, monsieur, merci... j'étais loin de m'attendre à cette proposition, un peu brusque... mais très honorable pour moi... sans me connaître et plein de confiance, vous m'offrez votre main! c'est une marque d'estime que je suis heureuse de recevoir, et désolée de refuser.

ABEL.

Comment?

LUCIENNE.

Je ne puis être la femme de personne.

ABEL.

Par exemple! rester fille toute votre vie! ça n'est pas dans nos mœurs, il y a dans chaque arrondissement un maire, orné de son écharpe et de deux adjoints; c'est à l'effet du bonheur général... (Plus sérieusement.) Mais je vois ce que c'est, vous nagez dans l'opulence, et je me noie dans la débine...

LUCIENNE, vivement.

Oh ! ne croyez pas...

ABEL, à part.

Oh ! si ma vieille tante venait à... (Haut.) Au fait, vous avez raison, vous seriez peut-être obligée de passer à Clichy la première nuit des noces... (A part.) Ah ! si je n'avais pas tortillé mon patrimoine, dissipateur ! que deviendras-tu sur la fin de ta carrière ? Un vieux portier. (Haut.) Ainsi, mademoiselle, j'efface mes paroles, et je m'en vais.

LUCIENNE, avec effroi.

Vous partez ? mais cet homme, ces gens qui vous attendent, ils vont vous arrêter !

ABEL.

Eh bien ! qu'ils m'arrêtent ! qu'ils me chargent de chaînes ! là-bas, en prison, je penserai à vous... toujours, du matin au soir, et du soir au matin... ça me consolera, ça me fera une société, et peut-être qu'en songeant à moi, par hasard... vous vous direz : C'était un bon garçon.

LUCIENNE.

Oh ! oui, certainement... mais vous ne pouvez rester...

ABEL.

Vous m'ordonnez donc de partir ?

LUCIENNE.

Non... pourtant... je... Adieu, monsieur, adieu ! (Elle sort.)

SCENE VIII.
ABEL, puis STÉPHEN.

ABEL.

Elle s'en va ! et elle me laisse là !... brûlant, calciné, desséché d'amour sur pied ! c'est qu'elle a tout, beauté, jeunesse, vertu, et pas de mari ! pas un seul mari !... bigre ! moi qui n'ai jamais connu que des luronnes qui vous menaient une existence un peu... andalouse... l'innocence et la candeur me causent des frémissemens sans exemple, et il faut que je m'en aille !.. non, non, je ne puis pas quitter ces lieux, la force armée en personne, ne me ferait pas quitter ces lieux, je m'y cloue, je m'y rive.

(Il s'empare d'un fauteuil, placé du côté opposé au portrait.)

STÉPHEN, entrant sans voir Abel.

Elle m'a trompé ! elle m'a joué comme un enfant !

ABEL, à part.

Hein ? quel est ce jeune intrus, qui entre ici comme sur la place Louis XV ?

STÉPHEN.

Se dire mariée ! et personne ne connaît son époux, et le portier lui-même ne l'a jamais vu.

ABEL.

Est-ce que... est-ce que la vertu aurait une connaissance ?

STÉPHEN, se tournant vers le portrait.

Le voilà donc, ce prétendu mari ! ah ! c'est à cause de toi, que l'on m'a évincé, mis à la porte !

ABEL.

Mis à la porte ? ah bien ! fort bien !

STÉPHEN, au portrait.

Mais elle m'en a imposé ; c'est une intrigante, une aventurière, et toi, tu n'es pas son époux, tu n'es qu'un simulacre, un homme de paille...

ABEL.

Il me qualifie d'homme de paille ! va donc l'informer au bal Montesquieu !

STÉPHEN, idem.

Tu es une caricature !

ABEL.

Ah ! mais, ah ! mais, ce dialogue devient violent.

STÉPHEN, idem.

Me refuser pour toi... mais rien que ton nez est repoussant...

ABEL.

Ses expressions grossissent à vue d'œil.

STÉPHEN.
Je crois même que tu louches un peu...
ABEL, suffoqué, se lève, lui frappe sur l'épaule et le fait retourner.
Tu crois... dites-vous?
STÉPHEN, regardant Abel et le portrait.
Hein? que vois-je!..
ABEL, le considérant de tous côtés.
A mon tour de te détailler.
STÉPHEN.
Quoi! vous seriez...
ABEL.
Oui, oui, je suis l'époux de céans..... ah! je suis une intrigante, une aventurière... ah! ma femme est un homme de paille? non, je me trompe.
STÉPHEN.
Monsieur, croyez bien...
ABEL.
A votre choix, monsieur, pistolets, épées, ou n'importe!
STÉPHEN.
Pas à l'épée, monsieur; je suis un des premiers élèves de Grisier.
ABEL.
Raison de plus, l'autre arme alors.
STÉPHEN.
J'abats une poupée à soixante pas... je suis connu au tir de Lepage.
ABEL.
Et moi aussi, monsieur... j'y suis connu au tir, j'y suis même consigné... à la porte du tir, pour avoir manqué de tuer l'homme qui charge.. l'autre arme, alors.
STÉPHEN.
Au bois de Boulogne, monsieur!
ABEL.
Oui, dans le fourré le plus épais.
STÉPHEN,
J'ai mon cabriolet à la porte.
ABEL.
Ah! tu as un cabriolet... ah! ah! ah! ce mot me fait rire, fendant! va! je pourrais prendre un fiacre, moi, si je voulais... (Cherchant dans son gousset.) Mais non, je n'en prendrai pas.
STÉPHEN.
Sortons, monsieur!
ABEL, avec rage.
Oh! oui, sortons! en champ clos, monsieur! Montjoie, Saint-Denis! à la rescousse!... Allons, bon! v'là qu'il me fait pousser les cris de guerre des anciens preux!

ABEL et STÉPHEN.
Air : Galop de Julien.

ENSEMBLE.
Suivez-moi, cette offense
Mérite une leçon,
Et bientôt ma vengeance
Punira votre ton.

ABEL.
Je le vois, tu veux rire,
Mais redoute mon bras!
Si je peux te détruire,
Je n'y manquerai pas.

REPRISE.
Suivez-moi, etc.   (Ils sortent.)

SCÈNE IX.
LUCIENNE, puis TIENNETTE.
LUCIENNE.
Il n'est plus là! oh! oui, c'est un brave et digne jeune homme... celui-là, au moins, ne se croit pas le droit d'outrager une femme sans défense... c'est le premier...
TIENNETTE, portant le déjeuner.
Eh bien! eh bien! madame, il n'est plus ici, votre époux? (A la porte.) Monsieur, monsieur? ousque vous êtes?

LUCIENNE.

Tiennette! veux-tu te taire! tais-toi donc!

TIENNETTE, à la fenêtre.

Ah! madame, le voilà! il monte dans un cabriolet, tiens!.. avec le petit jeune homme de ce matin! ils ont l'air furieux... on dirait qu'ils vont se battre.

LUCIENNE.

Grand Dieu! si c'était pour moi!.. si devant lui, on m'avait outragée!... ah! je ne dois pas laisser exposer ses jours... vite mon chapeau, mon châle!

GRASSOUILLET, en dehors.

Ah! nous allons voir!

LUCIENNE.

Cette voix?

TIENNETTE.

Encore celle du petit vieux, et votre mari qui n'est plus là!..

LUCIENNE.

Que faire?.. que faire?.. va ouvrir, Tiennette.

SCÈNE X.
Les Mêmes, GRASSOUILLET.

TIENNETTE.

Comment! encore vous?

GRASSOUILLET.

Encore moi... toujours moi, plus que jamais, moi.

LUCIENNE.

Et que me voulez-vous encore?

GRASSOUILLET.

Oh!.. il y a du nouveau... et nous allons rire, à tour de bras... je vais enfin avoir raison de l'insolent qui s'est moqué de moi... qui m'a volé mon chapeau noir, et m'a effrontément coiffé de ce gris, source des quiproquos.

TIENNETTE.

Quoi donc qu'il y a eu?

GRASSOUILLET.

Eh! pardieu! ce chapeau gris était notre principal indice... c'est lui qui nous signalait de loin le fugitif... comme le feu panache de Henri IV... dès que mes hommes l'ont aperçu, ils se sont précipités sur moi comme des hydrophobes... mais mon triomphe approche... horriblement vexé, j'ai couru chez l'huissier chercher le signalement de cet aventurier, que j'avais omis de prendre... et le voici... ah!..

LUCIENNE, à part.

Je tremble...

GRASSOUILLET, avec aplomb.

Madame... quel est ce portrait?

LUCIENNE, embarrassée.

Celui de mon mari.

GRASSOUILLET.

Fort bien!.. quel est l'homme que j'ai rencontré ici, tantôt, qui m'a mis à la porte?

LUCIENNE.

Mais...

TIENNETTE.

C'est le mari de madame.

GRASSOUILLET.

Encore mieux... eh bien!... madame, mon débiteur, ce caméléon qui a parcouru tous les logements et tous les noms de la nature!... enfin, ce vil pseudonyme, c'est monsieur votre époux!

LUCIENNE, à part.

Grand Dieu!

TIENNETTE.

Notre époux!

GRASSOUILLET.

Le signalement ci-joint reproduit textuellement l'homme et l'image... or donc, je vous somme de me livrer le premier complet et en bonne forme...

TIENNETTE.

Vous livrer not' mari !..

LUCIENNE.

N'y comptez pas, monsieur.

GRASSOUILLET.

Vous refusez ?.. je m'y attendais... mais, ça m'est égal à présent... qu'il se sauve ; qu'il aille à Mexico où à Bruxelles... je m'en ris parfaitement... autrefois il s'agissait de s'emparer de sa personne qui était sa seule propriété... mais aujourd'hui je lui découvre un domicile et un mobilier inédits... je saisis son mobilier... à l'aide d'un huissier patenté, qui m'attend à la porte.

TIENNETTE.

Saisir nos meubles !...

LUCIENNE.

Mais, monsieur, ces meubles sont à moi.

GRASSOUILLET, prenant une prise.

Par conséquent à monsieur votre mari... ça va tout seul... car vous êtes indubitablement mariée sous le régime de la communauté.

LUCIENNE.

Non, monsieur, pas du tout ! (A part.) Maudit portrait !.. ah ! je ne savais pas à quel danger il m'exposait...

GRASSOUILLET.

A moins pourtant que vous ne soyez séparés de biens ?..

LUCIENNE.

Oui, monsieur, oui ; c'est cela, nous sommes séparés de biens.

GRASSOUILLET.

Ah ! diable ! c'est différent... mais c'est ce que vous allez avoir la bonté de me prouver par l'exhibition de votre contrat.

LUCIENNE, troublée.

Mon... mon contrat ?

GRASSOUILLET.

Veuillez exhiber l'acte.

LUCIENNE.

Mais je...

TIENNETTE.

Voyons, madame... puisqu'il le faut... exhibez !...

LUCIENNE.

Je ne le puis... cela m'est impossible !... (A part.) Fatal portrait !... j'aurais dû en faire faire un tout exprès...

GRASSOUILLET, à part.

Comme elle se trouble !.. (Haut.) Ce refus est un aveu... ainsi, les meubles sont à lui comme à vous, et comme nous avons jugement en poche, ils seront saisis aujourd'hui... à l'instant...

LUCIENNE.

O ciel !...

TIENNETTE, sous son nez.

Vieux crocodile !.. vieux je ne sais quoi !...

LUCIENNE.

Monsieur... monsieur... de grace... (A part.) Comment avouer ?... ah ! j'en mourrais de honte !... il n'y a que mon homme d'affaires, que ce bon M. Morin qui puisse me tirer de cette situation... (Haut.) Monsieur, je vous supplie de m'accorder un quart-d'heure... le temps d'écrire à mon homme d'affaires...

GRASSOUILLET.

Un quart-d'heure ?... je ne sais rien refuser à la beauté... j'accorde dix minutes.

LUCIENNE.

Allons vite écrire ! (Elle rentre dans sa chambre.)

SCÈNE XI.

GRASSOUILLET, TIENNETTE, puis ADÈL.

GRASSOUILLET.

Dix petites minutes... je m'établis ici, dans ce fauteuil... (A Tiennette) Et maintenant, la bonne, essayez donc de me mettre dehors.

TIENNETTE, à part.

Oh! j'ai envie de le mordre!...

GRASSOUILLET, continuant.

Si vous en aviez la prétention... je... hein?... quel est ce bruit?

ABEL, le bras enveloppé, une lettre à la main.

O joie!... ô bonheur!... ô délire!.. je suis fou... j'extravague... vive la charte!... vive la ligne! ah! Tiennette!... Tiennette!.. (Il l'embrasse.) Ah! vieux Grassouillet!.. (Il l'embrasse aussi.) J'embrasse tout le monde, vous, elle, la portière, le facteur, l'univers tout entier!... je voudrais presser l'Europe dans mes bras!... ô ma patrie! j'engraisse de joie!...

TIENNETTE, regardant le bras d'Abel.

Qu'est-ce que vous avez donc?.. vous êtes blessé?

ABEL.

Blessé?... c'est possible... qu'est-ce que cela me fait?... ah! si tu savais ce qui m'arrive!

GRASSOUILLET.

Qu'est-ce qui vous arrive?...

ABEL.

Écoute, Tiennette... écoute, vieillard!... car maintenant tu es mon ami, vieillard... je te tutoie... je t'invite à déjeuner... je suis riche... je suis millionaire... je paie mes dettes, et j'épouse Lucienne.

GRASSOUILLET et TIENNETTE.

Epouser votre femme!

ABEL.

Neuf fois plutôt qu'une... écoutez donc!

GRASSOUILLET, à part.

Il est insensé! (Haut.) Mais de qui est cette lettre?...

ABEL.

De mon ami Trubert; je n'ai eu le temps que d'en lire cinq lignes... j'ai aperçu vos hommes, j'ai grimpé l'escalier comme une flèche... mais quelles cinq lignes!... je n'avais pas besoin d'en lire davantage... écoutez... « Paris 2 juin » Il y a trois mois qu'elle trotte... je crois bien... elle m'était adressée rue St-Jacques... mon septième avant-dernier domicile. (Lisant.) « Mon cher ami, je connais ta fâcheuse position : un nouveau malheur » vient de l'aggraver encore... je viens d'apprendre, par le plus grand des » hasards, le décès de ta tante Varoquin, arrivé il y a quelques mois... tu » ne saurais verser trop de larmes... »

AIR des Amazones.

Comprenez-vous à présent mon ivresse?
De mon objet je puis être l'époux!
La liberté, le bonheur, la richesse,
Tout ça m'arrive et tout ça pour trois sous,
Dans ce billet j'ai tout ça pour trois sous.
(Baisant la lettre.) Papier chéri, ne crains pas qu'on t'outrage,
Oui, quel que soit le besoin qu'on en ait,
De toi jamais je ne veux faire usage,
Pour papillote, allumette ou cornet.

Vite de l'encre! une plume, deux plumes!... (Il se précipite à la table et écrit.) « Lucienne, un seul mot d'entretien, ma tante est morte... je suis riche...» Allons, v'là un pâté sur ma tante... pardonne, ombre chérie!.. (Continuant d'écrire.) « Votre réponse doit être votre présence » signé!.. Abel Varoquin. Je puis enfin me parer du nom de mes aïeux, je puis dire à tout le monde, je suis Varoquin, Varoquin!

TIENNETTE.

Vous ne vous appelez pas M. Arnaud?

ABEL.

Tu vas encore recommencer tes questions? fais-moi le plaisir de porter ce billet à ta maîtresse, tôt!.. tôt!.. dépêche-toi!

TIENNETTE.

Mais, monsieur...

ABEL.

Va... ou je te donne ma malédiction!..

SCENE XII.
GRASSOUILLET, ABEL.
GRASSOUILLET.
Ah! ça, jeune homme, m'expliquerez-vous?...
ABEL.
Comment! vieux borné, vous n'avez pas encore saisi?.. je ne suis pas Cerneau, je ne suis pas un Catillard... je suis Abel Varoquin, j'hérite de ma tante Varoquin, je vous paie... et je vous invite à déjeuner, et voilà.
GRASSOUILLET, joyeux.
J'accepte; quoi!.. il serait vrai?..
ABEL.
Si c'est vrai! voyez le timbre de la poste.... vrai comme l'Histoire de France... et c'est qu'elle devait être fort à son aise, cette bonne tante, qui était si économe... qui n'avait pas de défaut... pas de passion, excepté celle des petits chiens.
GRASSOUILLET.
Et c'est un vice qui revient à sept ou huit sous par jour.
ABEL.
Mais Trubert doit me donner des détails... où en étais-je resté?..
GRASSOUILLET.
Aux larmes... nous avons ri!..
ABEL.
Aux larmes... m'y voilà. « Tu ne saurais verser trop de larmes, car ta satanée tante...» Il a mis satanée! (Avec dignité.) M. Trubert! «a eu l'indignité de laisser tout son bien à une petite fille, qui était sa demoiselle de compagnie, et qui a... dis... pa... ru... (Il a lu lentement et va tomber dans les bras de Grassouillet, qui le fait asseoir.)
GRASSOUILLET.
Il se trouve mal!
ABEL.
Un verre d'eau! de l'air!.. tapez-moi dans les mains!.. tirez-moi le nez! (Grassouillet lui prend la main et s'apprête à frapper; Abel se lève tout à coup et le repousse avec rage.) Ventre-saint-gris!.. me déshériter!.. moi, un neveu qui ne lui ai t jamais causé un chagrin! qui n'ait jamais été la voir! et pour qui? pour une petite drôlesse!.. mais vieille marâtre, puisque tu voulais me dépouiller, il valait mieux nommer héritiers tes ignobles petits chiens... c'était ta famille, c'étaient tes enfans... je comprends les liens de la nature, mais une étrangère!.. oh! il y a des momens dans la vie où l'on a besoin de taper sur quelqu'un... (Il regarde Grassouillet.)
GRASSOUILLET, à part.
Ah! tu es déshérité!.. ah! tu n'as pas le sou!.. ah! tu ne peux pas me payer à déjeuner!..
ABEL, à part.
S'il pouvait seulement me regarder de travers!
GRASSOUILLET.
Et tu m'as volé mon chapeau!
ABEL, idem.
S'il pouvait me marcher sur un cor! (Il avance.)
GRASSOUILLET, s'élançant et le saisissant au collet.
Au nom de la loi, je vous arrête, vous, Abel Varoquin!
ABEL, enchanté et ne bougeant pas.
Bien!.. bien!.. très bien!..
GRASSOUILLET, le tenant toujours.
Non pas comme débiteur, puisque tu es dans un domicile... mais comme voleur.
ABEL.
Bon!.. bon!.. très bon!..
GRASSOUILLET.
Comme voleur de chapeau... veux-tu me rendre mon chapeau, filou!
ABEL, se dégageant.
Ah! tu veux ton chapeau... eh bien! tiens, le voilà... ton chapeau,.. (Il le lui enfonce sur la tête, et tape dessus.)
GRASSOUILLET
Miséricorde!..

ABEL.
Excite-moi donc encore! ksss! ksss!..
GRASSOUILLET.
Suis-moi chez le commissaire!
ABEL.
Chez le commissaire! (Il le saisit au collet.)
GRASSOUILLET.
Oh là! oh là!... j'étouffe... à moi! à moi!..
ABEL.
Ah! ma tante m'a déshérité! tiens! tiens! tiens!.. (Il le secoue et le bouscule.)

SCÈNE XIII.
Les Mêmes, LUCIENNE, TIENNETTE.

LUCIENNE.
Grand Dieu! qu'y a-t-il?
TIENNETTE.
Lâchez donc!.. vous allez l'aplatir, ce pauvre cher homme!..
ABEL, le lâchant.
C'est fini!.. je suis soulagé... je ne lui en veux plus!
LUCIENNE.
M. Abel... vous êtes blessé?..
ABEL.
Oh! ce n'est pas ce petit vieux, allez; c'est un petit mince qui vous avait invectivée devant moi... sans m'épargner.
LUCIENNE.
Et vous avez...
ABEL
Je me suis vengé... il m'a donné un coup d'épée dans le bras... fanfaron! va!.. toi! tu as pris des leçons de Grisier?.. mais c'est qu'il tire très mal... il a manqué de me fourrer son épée dans le ventre.
LUCIENNE.
Exposer vos jours! ah!..
ABEL.
Eh! mon Dieu! je n'ai fait qu'un peu plus que mon portrait, votre porte-respect... il a bien reçu des coups de plumeau... je pouvais bien recevoir un coup d'arme blanche.
GRASSOUILLET, qui s'est rajusté.
Oh! mais, il ne s'agit pas de cela... tu vas me suivre en prison, ah! tu m'as donné des coups de poing sur la tête, et tu me l'as crevé...
TIENNETTE.
Votre tête!..
GRASSOUILLET.
Eh non! mon chapeau!
ABEL.
A Clichy!.. emmenez-moi à Clichy!..
LUCIENNE.
Arrêtez!.. toutes les dettes de M. Abel sont payées.
ABEL et GRASSOUILLET.
Comment?..
LUCIENNE.
C'est moi qui les acquitterai.
ABEL.
Plaît-il?..
LUCIENNE.
M. Abel, vous êtes ici chez vous.
ABEL.
Hein?..
LUCIENNE.
Tout ici vous appartient.
ABEL.
Ah! ce badinage est bien cruel... Lucienne... je ne suis pas ennemi de la gaîté; mais quand je perds tout... quand ma tante me dépouille pour enrichir une... ah! si je la découvre!..
LUCIENNE.
Elle est devant vous.

ABEL.

Ah! bah!..

LUCIENNE.

Oui, monsieur, la pauvre orpheline élevée par les soins de votre tante; vous voyez son héritière qui n'a jamais eu la pensée de s'approprier une fortune à laquelle elle n'a aucun droit... le plus beau jour de sa vie est venu, monsieur, car elle s'acquitte aujourd'hui envers sa bienfaitrice...

GRASSOUILLET, bas à Lucienne

Ne lui rendez rien.

ABEL.

Et c'est pour moi que vous ne vouliez pas vous marier... pour moi que vous avez acheté mon portrait 11 francs 50 centimes, que vous l'avez baptisé... Cerneau! et maintenant vous voulez me rendre... eh bien! non, je n'accepte pas!

GRASSOUILLET.

Prenez-le au mot.

ABEL.

AIR : du Baiser au porteur.

Ah! gardez tout, le mobilier, la rente,
Et faites en un usage bien doux :
Car c'est la dot que vous laissa ma tante,
Pour l'apporter un jour à votre époux.

LUCIENNE.

Oh! non, jamais, ces biens ils sont à vous!
C'est un dépôt que ma main doit vous rendre.

ABEL.

D'un pareil trait, je suis vraiment touché :
De votre main je veux bien les reprendre,
Avec la main par-dessus le marché.

Eh bien?..

LUCIENNE, baissant les yeux.

Monsieur, je vous ai déjà dit...

ABEL, criant.

Rue de Clichy!..

LUCIENNE, vivement.

Non!.. (Lui tendant la main.) Restez!..

ABEL.

Que je reste!.. Lucienne!.. Lucienne!.. (Étouffant.) Sapristi!.. que la vie est une belle invention!..

CHOEUR.

Air : Du Forgeron. (Julien.)

En cette journée,
Chassons le chagrin!
Dans notre cœur l'espoir rentre enfin,
Qu'un doux hyménée,
Couronne leurs vœux
         nos
Et pour toujours nous serons heureux.
               ils seront

LUCIENNE, au public.

AIR de Teniers.

Jusqu'à présent gardien fidèle,
Qui me protégeait en ces lieux,
Ce portrait, mis en sentinelle,
Fermait la porte aux amoureux.
Mon destin change et le ciel me seconde,
Car je vais quitter, dès ce soir,
Ce mari-là qui chassait tout le monde,
Pour celui-ci qui veut vous recevoir
Ainsi que lui, je veux vous recevoir

REPRISE.

FIN.

LES PAGES DU CZAR,

ou

LEQUEL DES DEUX?

COMÉDIE-VAUDEVILLE EN UN ACTE,

PAR MM. BARTHÉLEMY et EUGÈNE FILLOT;

REPRÉSENTÉE POUR LA PREMIÈRE FOIS, A PARIS, SUR LE THÉATRE DE LA GAITÉ, LE 8 JUILLET 1837.

DIRECTION BERNARD-LÉON.

Ils pourront se mêler à présent tant qu'ils voudront.   (SCÈNE XV.)

PARIS,

NOBIS, ÉDITEUR, RUE D'ENFER-SAINT-MICHEL, N° 66.

1837.

Personnages. — Acteurs.

KNOUTOFF, gouverneur des pages.	MM. ÉDOUARD.
BETTMANN.	{ LEBEL. { RAYMOND.
FRÉDÉRIC, CHARLES, } pages du czar et frères jumeaux.	Mlles LÉONTINE. MARIA.
OLGA, fille de Knoutoff.	PAULINE.
ANNA, fille d'auberge.	SAINT-ALBE.
HOSTEIN, jeune officier récemment sorti des pages.	M. ROSIER.
PLUSIEURS AUTRES OFFICIERS.	

La scène se passe dans une hôtellerie russe.

LES PAGES DU CZAR,

COMÉDIE-VAUDEVILLE EN UN ACTE.

Le théâtre représente la grande salle d'une auberge commune aux voyageurs. A gauche et à droite plusieurs portes conduisant à différentes chambres ; une table, quelques chaises, porte au fond.

SCÈNE I.

(Au lever du rideau Frédéric, Hostein et quelques officiers sont assis à une table et boivent.)

CHOEUR.
Air de la Tentation.

A l'amour, à la gloire,
Buvons tous en ce jour;
Fêtons notre victoire,
Nos belles tour à tour.

FRÉDÉRIC.

C'est le droit de notre âge,
Amis, faisons les fous ;
La raison chez un page,
Est du luxe, entre nous.

REPRISE.

A l'amour, à la gloire, etc.

HOSTEIN.

Eh bien ! Frédéric, as-tu des nouvelles de Charles, notre camarade?

FRÉDÉRIC.

Il est toujours au cachot !

HOSTEIN,

Il paraît que le czar ne lèvera les arrêts que lorsqu'il aura consenti à donner des détails sur l'emploi de ses 3,000 roubles de traitement.

FRÉDÉRIC.

Eh bien ! il s'obstine à garder le silence, même avec moi, qui suis son meilleur ami, son frère.

HOSTEIN.

Le czar sera inflexible !...

FRÉDÉRIC.

Je le sais ; Charles avait demandé deux heures de liberté pour assister à l'attaque de la redoute que nous avons enlevée cette nuit... cette faveur lui a été refusée...

HOSTEIN.

A propos ? messieurs, l'empereur a couru un grand danger cette nuit...

FRÉDÉRIC.

En effet ! et c'est un de ses pages qui lui a sauvé la vie..... lorsqu'il se trouvait imprudemment engagé dans un gros de cavalerie ennemie..... l'obscurité ne lui a pas permis de distinguer les traits de son libérateur... mais il lui a remis un anneau qui servira au besoin à le reconnaître....

HOSTEIN.

Et sait-on quel est ce page?

FRÉDÉRIC.

On l'ignore encore.....

HOSTEIN.

Allons ! mes amis, buvons à la santé du czar, sauvé si miraculeusement.....

TOUS.

Vive l'empereur !...

FRÉDÉRIC.

Buvons aussi à l'heureux retour, et à la délivrance de mon bon frère!

HOSTEIN.

Je suis fâché qu'il ne soit pas ici, à cause du nouveau gouverneur.

FRÉDÉRIC.

Je comprends ! vous voudriez profiter encore de notre grande ressemblance, à tous deux, pour lui jouer quelques malins tours.

HOSTEIN.

C'est que c'est vraiment à s'y méprendre !... on n'a jamais vu deux frères jumeaux se ressembler à ce point.....

FRÉDÉRIC.
N'est-ce pas?... on nous prend toujours l'un pour l'autre; l'empereur lui-même s'y trompe quelquefois... c'est pour cela qu'il veut nous séparer.

TOUS.
Vraiment!...

HOSTEIN.
Nous ignorions cela, depuis huit jours que tu es absent... à propos, où as-tu donc été?

FRÉDÉRIC.
En prison!...

TOUS.
En prison?...

FRÉDÉDIC.
Oui, messieurs, j'ai été passer quelques jours au château fort du major Bettmann; mais cette fois j'ai fait ma prison en amateur... pour Charles, qui est amoureux; grace à notre ressemblance, j'ai pu prendre sa place; tandis qu'il était à la recherche d'une belle inconnue et faisait mon service auprès de sa majesté, moi je mangeais gaîment son pain sec à la salle de police....

Air : J'en guette un petit de mon âge.
Entre nous la gloire est commune,
Le danger est commun à tous deux,
Nous courons la même fortune,
Peine, plaisir, tous se partage au mieux ;
Nous avons dû, sans peur qu'on nous confronte,
A tour de rôle, être aussi prisonniers,
Mais d'après notre plan, les geôliers
Y retrouvaient toujours leur compte.

HOSTEIN.
Charles a-t-il au moins profité de ta générosité?

FRÉDÉRIC.
Malheureusement pour lui, lorsqu'il vint me rendre à la liberté, il n'était pas plus avancé qu'auparavant......

HOSTEIN.
Et toi, as-tu aussi quelque amour en tête?

FRÉDÉRIC.
J'ai en ce moment une passion... dans cette auberge.

HOSTEIN.
Il n'y a ici que le gouverneur des pages, et sa suite.....

FRÉDÉRIC.
C'est la petite Anna, la fille de notre hôte, qui est folle de moi; mais c'est une amourette sans conséquence ; quant aux autres, permettez-moi de garder le secret.

HOSTEIN.
A l'entendre, toutes les femmes seraient éprises de lui.

FRÉDÉRIC.
Que voulez-vous? quand on est joli garçon... voilà à quoi l'on est exposé; c'est au point que je ne sais à laquelle répondre, et que les femmes m'arrivent de tous les côtés.

HOSTEIN.
Il est délicieux! parole d'honneur!

SCÈNE II.
LES MÊMES, OLGA, voilée.

OLGA, sortant du cabinet de gauche avec mystère, et s'adressant à Frédéric.
Ah! c'est vous!... je vous cherchais!

FRÉDÉRIC, étonné.
Moi?

HOSTEIN, bas aux autres officiers.
Quelle est cette belle dame voilée?

OLGA.
Je vous ai reconnu, et depuis hier j'épie l'occasion de vous parler sans témoins.

FRÉDÉRIC.
Ne craignez rien, madame, ces messieurs sont des amis très discrets... pour des militaires... (A part.) Que signifie ce mystère?

OLGA.

Vous ne savez pas ce qui arrive?

FRÉDÉRIC.

J'avoue que j'ignore entièrement...

OLGA.

Mon père veut me marier?

FRÉDÉRIC, avec légèreté.

Vraiment!

OLGA.

Il veut me faire épouser le major Bettmann, que je ne puis souffrir.

FRÉDÉRIC, surpris.

Le major Bettmann?... tiens!... tiens!... tiens! je le connais beaucoup.

OLGA.

C'est pour cela que mon père est allé ce matin au château fort, dont le major a la direction... ainsi vous n'avez pas un instant à perdre... il faut empêcher ce mariage.

FRÉDÉRIC.

Je ne demande pas mieux... en quoi puis-je vous être utile?

OLGA.

Puisque nous nous aimons... c'est à vous de tout lui avouer?

FRÉDÉRIC, à part.

Je l'aime?... c'est un peu fort.

OLGA.

Hésiteriez-vous?

FRÉDÉRIC.

Du tout!... au contraire!

OLGA.

Le major et mon père peuvent venir d'un moment à l'autre, je vous quitte

FRÉDÉRIC.

Déjà! expliquez-moi au moins...

OLGA.

De la prudence! cette lettre vous apprendra ce que vous avez à faire... adieu... amour et mystère. (Elle rentre dans sa chambre.)

SCENE III.

LES MÊMES excepté OLGA.

FRÉDÉRIC, à part, la regardant partir.

Si j'y comprends un mot!

HOSTEIN.

Ma foi! mon cher Frédéric, je t'en fais mon compliment... c'est quelque grande dame, sans doute?

FRÉDÉRIC, avec fatuité.

C'est possible! (A part.) Laissons-les dans leur erreur!

HOSTEIN.

Ne vas-tu pas faire le discret avec nous?

FRÉDÉRIC.

Je tiens à ne pas la compromettre. (A part.) Et il y a de bonnes raisons pour cela!

HOSTEIN.

Eh bien! seulement son nom?

FRÉDÉRIC.

Son nom? c'est mon secret. (A part.) D'ailleurs, je ne le sais pas... mais peut-être que cette lettre? (Décachetant la lettre et la parcourant des yeux.) Que vois-je? un rendez-vous ce soir, dans cette auberge? voilà qui est original! Ah! diable! la gouvernante y sera... c'est dommage!... Qu'ai-je lu?.. signé, Olga Knoutoff... Eh! mais, c'est la fille de notre gouverneur?

HOSTEIN.

Eh bien! qu'as-tu donc?

FRÉDÉRIC.

Oh! rien! la surprise... l'émotion... (A part.) Je m'y perds! ah! je vois ce que c'est; elle m'a vu, et elle a été subjuguée par mes avantages extérieurs; je produis cet effet-là sur toutes les femmes.

HOSTEIN.

Est-il heureux, ce diable de Frédéric! toujours en bonnes fortunes!

FRÉDÉRIC.

Vous le voyez, mes amis! qu'est-ce que je vous disais tout à l'heure?

Air : Du Postillon

Oui, je charme toutes les belles;
On me trouve joli garçon;
Je sais dompter les plus cruelles
Par ma tournure et mon bon ton;
Je fais tourner toutes les têtes,
J'aime et je soupire au hasard;
Je fais conquêtes sur conquêtes;
J'imite en cela notre czar...
Ah! quel bonheur! ah! quel bonheur!
D'être page d'un empereur.

Près d'une bourgeoise en cachette
Je fais l'amour en amateur;
Je séduis comtesse et grisette,
Et jusques aux dames d'honneur.
Chez les femmes du haut parage,
Parfois on me voit me glisser;
Grace à ma qualité de page,
Les maris me laissent passer...
Ah! quel bonheur! ah! quel bonheur!
D'être page d'un empereur.

Mais j'aperçois la gentille Anna.

HOSTEIN.

Encore une de tes victimes!

SCÈNE IV.
LES MÊMES, ANNA.

ANNA.

Votre servante, messieurs!

HOSTEIN.

Salut à la charmante Anna! (Il veut lui prendre la taille.)

ANNA.

Finissez, ou je me fâche!

HOSTEIN.

Toujours farouche!

FRÉDÉRIC.

Respect aux propriétés, mes amis, cette jeune fille est sous ma protection. (Il l'embrasse.)

ANNA.

Eh bien! jamais! voulez-vous être sage, à votre tour?

FRÉDÉRIC.

Sage? ce n'est pas d'ordonnance chez les pages..... boire, se battre et faire l'amour, voilà notre devise, à nous autres.

ANNA, à part.

Est-il aimable, ct' être-là, quel dommage qu'il soit si effronté!

FRÉDÉRIC.

Ah ça! et mon dîner, ma toute belle?

ANNA.

Mon père m'envoie vous dire qu'il est prêt.

HOSTEIN.

Que d'attentions?

ANNA.

Dame! quand on a un page pour pensionnaire, faut bien avoir soin de lui... lui donner le meilleur vin.

FRÉDÉRIC.

Et... il est excellent ton vin!

ANNA.

La meilleure place à table.

FRÉDÉRIC.

Je ne demande qu'une place dans ton cœur. (Il l'embrasse encore.) Car je t'aime à la folie.

ANNA, à part.

Quel petit démon a fait !

FRÉDÉRIC, à part.

Ah ça, n'oublions pas auprès de cette petite, mon rendez-vous avec ma belle inconnue; éloignons d'abord mes camarades. (Haut.) Dites-moi, mes amis, le temps est superbe, nous sommes en belle humeur, si nous faisions un tour de promenade ?

TOUS.

Approuvé !

ANNA.

Et votre dîner ?

FRÉDÉRIC.

Je reviens dans l'instant. !

ANNA, bas à Frédéric.

Mon père ne sera pas ici, nous pourrons causer.

FRÉDÉRIC, de même.

C'est ça ! tu me tiendras compagnie, comme hier. (Haut.) Allons! mes amis, qui m'aime, me suive! et quoique page, je veux vous donner l'exemple de la bonne tenue.

Air du Pas redoublé.

Ici ne faisons pas de bruit;
Ne forçons point de grille,
Du voisin ménageons le fruit,
Et la femme et la fille.
Ne commettons aucun larcin
Dans les lieux où nous sommes ;
A tous les yeux montrons enfin
Que nous sommes des hommes.

ENSEMBLE. { À tous les yeux montrons enfin
Que nous sommes des hommes. (Ils sortent.)

SCENE V.
ANNA, seule.

Qu'il est gentil ce monsieur Frédéric ! et dire qu'un jeune homme si bien tourné, a fait attention à moi, la fille d'un pauvre aubergiste ! c'est glorieux tout de même d'avoir un amoureux dans les pages !... je sais bien qu'on fait des cancans sur eux.

Air de l'Apothicaire.

On dit que ce sont des trompeurs
Qui cherchent à séduir' les filles,
Qui jettent le troubl' dans les cœurs,
Et le désordr' dans les familles.
Qu'on n'peut compter sur leur amour...
S'il allait oublier le nôtre !...
Si quelqu'un doit m'tromper un jour,
Autant que ce soit lui qu'un autre.

Il ne va pas tarder à revenir ; allons apprêter son dîner. (Elle sort à gauche.)

SCENE VI.
CHARLES, il entre par la porte du fond avec mystère, il a l'air agité, et les cheveux en désordre.

CHARLES.

Je n'entends rien ! plus rien ! les cavaliers du château fort, qu'on a mis à ma poursuite, viennent de perdre ma trace ! je suis sauvé ! Que de peines depuis deux jours que je me suis échappé de cette maudite prison... j'aime une jeune fille, tout à coup elle quitte la ville, et j'ignore le lieu de sa retraite; à peine au cachot, j'apprends que son père, le baron Knoutoff, vient d'être nommé notre gouverneur, et qu'elle est dans les environs... Depuis deux mois que la guerre est commencée je brûle d'envie de me signaler par une action d'éclat; l'occasion se présente et je suis détenu par ordre du czar, et cela parce que je refuse de donner des détails sur l'emploi de mes 3,000 roubles ? ai-je besoin de dire publiquement que ma mère, issue d'une des plus nobles familles russes, et veuve d'un officier distingué, est réduite à la misère, et que c'est à elle que j'envoie en cachette mon traitement... non... personne ne le saura, pas même ma pauvre mère, qui croit que cet argent lui vient de l'empereur.

Air de l'Harmonica.

Si sur l'emploi de l'argent qu'on me donne
Depuis long-temps j'ai gardé le secret ;
C'est que ma mère est trop fière et trop bonne
Pour accepter de son fils un bienfait.
Pour soulager, jusqu'ici sa misère
J'ai dû mentir... aussi je ne crains rien,
Car l'empereur m'approuvera, j'espère,
De prendr' son nom pour faire un peu de bien.

Ainsi, voilà pourquoi ils m'ont mis aux arrêts ? et m'ont refusé les deux heures de liberté que je demandais pour assister, avec mes camarades, à la prise de cette fameuse redoute... ils ont cru qu'à travers mes barreaux je ne sentirais pas l'odeur de la poudre, que le bruit électrique du canon ne viendrait pas m'allumer le sang? je me moquais bien de la hauteur des murs du château fort qui se baignent dans vingt pieds d'eau, je sais nager, aussi je ferme les yeux, je m'élance, et je suis bientôt au milieu de la mêlée ; tout à coup j'aperçois un de nos brillans uniformes brusquement chargé par quelques cavaliers ennemis... c'est l'empereur !... un officier étranger le harcèle avec acharnement, je vole à la rencontre de cet imprudent, et je sauve le czar, qui s'éloigne rapidement après m'avoir remis cet anneau en me disant : A demain, jeune homme, ta fortune est faite ! depuis cette nuit, ce mot magique est là... ma fortune faite ! à seize ans ; si jeune, pouvoir dire à ma vieille mère : Moi, ton enfant, avec cet anneau, rien qu'avec ça, je vais rétablir ton ancienne opulence, peut-être alors m'aimeras-tu comme tu aimes mon frère ? cela doit faire tant de bien d'être aimé de sa mère ! Il faut que je fasse parvenir à l'empereur cette lettre que je lui ai écrite et que j'ai là dans mon portefeuille...Oui, mais il est sévère... s'il allait me renvoyer au fort pour régler mon compte avec le major Bettmann ?.... le plus prudent est de me remettre à la recherche de mon Olga... dînons d'abord, car j'ai une faim !...

SCÈNE VII.
CHARLES, ANNA.

ANNA, le prenant pour Frédéric.
Monsieur, v'là votre dîner !

CHARLES, avec surprise.
Heim ! que me voulez-vous ? (A part.) J'ai cru qu'on venait pour m'arrêter.

ANNA.
Allons ! mettez-vous à table, et mangez !

CHARLES, s'asseyant à la table.
Ma table toute dressée ? ah çà ! mais on est servi comme par enchantement dans cette auberge ?

ANNA.
Je ne vous ai pas vu venir, par où êtes-vous entré ?

CHARLES.
Par la porte, apparemment !

ANNA.
Vous avez donc pu vous échapper un instant ?

CHARLES, étonné.
M'échapper ? est-ce que j'ai l'air d'un homme qui s'est échappé !

ANNA.
Mon père est absent, ainsi nous pourrons causer à notre aise.

CHARLES.
Causer ? (A part.) Elle n'est pas gênée. (Haut.) Je dînerai d'abord.

ANNA.
On voit bien que vous avez plus d'appétit que d'amour. (A part.) Pas un mot galant depuis qu'il est entré !

CHARLES.
Vous vous trompez, jamais sous un habit de page ne battit un cœur plus brûlant que le mien !

ANNA.
Vous allez laisser refroidir votre dîner ?

CHARLES, se levant.
J'aime une jeune fille... oh ! mais je l'aime, comme un fou... elle est si belle ! si sage !

ANNA, à part.
Comme il me flatte! v'là qu'il redevient gentil!
CHARLES.
Aussi, je veux qu'elle soit ma femme.
ANNA.
Votre femme, pour de vrai?
CHARLES.
Certainement! puisque le czar sanctifiera notre union.
ANNA.
Est-il Dieu possible! votre femme? je serai la femme d'un page!
CHARLES, à part.
Qu'est-ce qu'elle dit? ah ça! elle est folle!
UNE VOIX, à la cantonade.
Par ici, mon cher major.
CHARLES.
Quelle est cette voix?
ANNA, allant regarder à la porte du fond.
C'est celle de votre gouverneur... le major Bettmann est avec lui.
CHARLES, effrayé.
Le major Bettmann! je suis perdu! où me cacher... vite, un cabinet, la chambre... n'importe quoi?
ANNA.
Ma chambre?.. quand je serai votre femme, à la bonne heure! tenez! en attendant, entrez dans ce cabinet.
CHARLES.
Il est fermé!
ANNA.
Le verrou est en dedans, mais il y a une seconde entrée, suivez-moi!
(Ils sortent par la droite.)

SCENE VIII.
KNOUTOFF, BETTMANN.

KNOUTOFF.
Oui, mon cher Bettmann, je veux laisser un appui, un protecteur à ma fille, et c'est sur vous que j'ai jeté les yeux.
BETTMANN.
Vous avez du goût!
KNOUTOFF.
Vous connaissez mon Olga? elle est jolie, à peine si elle a dix-huit ans?
BETTMANN.
La direction du château fort, et la main de votre fille, ça a été le rêve de toute ma vie: voilà trente ans que j'y pense.
KNOUTOFF.
A ma fille?
BETTMANN.
Eh! non, à ma place!
KNOUTOFF.
En ce cas, c'est une affaire qui se terminera le plus tôt possible; vous me jurez de la protéger, de la rendre heureuse?
BETTMANN.
Si je le jure! je veux que sa vie se passe au milieu du bonheur et des délices; elle habitera avec moi la prison que j'ai sous mes ordres, elle sera seule avec moi, toujours seule.
KNOUTOFF.
Diable! elle qui est accoutumée au bruit du monde, au tumulte des fêtes, aux plaisirs.
BETTMANN.
Le plaisir est une chimère; d'ailleurs, elle sera libre dans son ménage.
KNOUTOFF.
La liberté dans une prison, ce n'est pas séduisant à son âge; enfin vous verrez à vous entendre.
BETTMANN.
Quand elle me verra, elle partagera vos sentimens et vos projets; avant tout, permettez que je jette les yeux sur cette lettre qu'on vient de me remettre à l'instant de la part de l'inspecteur de la prison.

KNOUTOFF.
Retournez-vous, au fort aujourd'hui?
BETTMANN.
C'est inutile! je l'ai visité ce matin dans les moindres détails, ma surveillance ne sera pas en défaut. (Il a ouvert la lettre.) Ah! mon Dieu! quel coup de foudre! on me mande que le jeune Burlay, le page que m'a confié l'empereur, s'est évadé; je suis déshonoré!... une chaise... un verre d'eau, je vous en prie.
KNOUTOFF.
Remettez-vous, mon cher Bettmann.
BETTMANN, lisant.
P. S. Ah! il y a un post-scriptum! voyons! voyons! « Lorsque je me suis
» aperçu de son évasion, j'ai mis à sa poursuite quatre cavaliers..... il est
» probable qu'à cette heure il est entre leurs mains. » Ceci me calme un peu, j'avais besoin de ce post-scriptum! (Continuant de lire.) « Je tiens ces
» détails d'un des cavaliers qui est revenu m'apporter un portefeuille ap-
» partenant au fugitif... entr'autres papiers, il y avait une lettre adressée
» au czar... en votre absence, j'ai cru de mon devoir de la faire parvenir
» à Sa Majesté... Je vous salue, etc., etc. »
KNOUTOFF.
Mon cher Bettmann, il faut partir à l'instant même.
BETTMANN.
Quand vous m'aurez présenté à ma cousine.
KNOUTOFF.
Hâtons-nous alors... venez par ici. (Ils entrent dans le cabinet de gauche.)

SCÈNE IX.

CHARLES, sortant d'un des cabinets de droite, un peu après ANNA.
CHARLES.
Plus personne, je puis sortir de ma cachette où j'ai tout entendu.

Air :

Ah! la singulière aventure!
Vrai le tour est original!
J'étais sans m'en douter, je jure,
Prisonnier de mon rival.
Evitons du jaloux
La présence et le courroux,
Car on dit qu'il n'est pas doux;
Le major est un sot,
Qui d'un mot,
Peut rouvrir mon cachot.
Ah! la singulière aventure, etc.

Mais je me rassure, puisque le hasard m'a rapproché de celle que j'aime.

J'oublie ici toutes mes peines;
Je me désolais sans raison,
C'est pour reprendre d'autres chaînes
Que j'ai quitté ma prison.
De plaisir, de bonheur
Oui, je sens battre mon cœur,
J'irai trouver l'empereur...
Il verra
Mon Olga,
Puis après il nous mariera.
J'oublie ici toutes mes peines, etc.

Qu'il me tarde de la revoir!..
ANNA, entrant, le prenant toujours pour Frédéric.
Ah ça! je vous cherche partout, pourquoi donc vous êtes vous sauvé?
CHARLES.
Ça ne te regarde pas. Dis-moi, mon enfant, connais-tu une jeune personne nommée Olga, qui loge dans cette auberge?
ANNA.
C'est moi qui suis sa caménsée depuis qu'elle demeure ici... là, dans cette chambre, sa vieille gouvernante est toujours avec elle.
CHARLES.
Là, dis-tu? eh quoi! j'étais si près d'elle, sans m'en douter?..

ANNA.
Qu'est-ce que ça peut vous faire?
CHARLES.
Tu n'as pas encore compris que c'est elle que j'adore?
ANNA, surprise.
Qui? mademoiselle Olga?
CHARLES.
Certainement! et si tu consens à servir notre amour...
ANNA.
Quelle infamie! et c'est à moi que vous osez faire de semblables propositions? après vos sermens?
CHARLES.
Quels sermens?
ANNA.
Après m'avoir promi de demander ma main au czar?
CHARLES, à part.
Il paraît qu'elle y tient, elle veut absolument que je l'aime.
ANNA.
Allez! vous êtes un monstre! mais puisque c'est comme ça, je me ferai faire l'amour par tous les pages... que je suis malheureuse!

CHARLES,
Air de la Cachucha.

Ne pleure pas comm' ça,
Apaise-toi, ma chère;
Avec le temps, j'espère,
Ton chagrin passera.
J'ai fait un autre choix;
Je ne puis pas, je pense,
Aimer en conscience,
Deux belles à la fois.

ANNA, à part.
Vraiment j'enrage;
J' veux du volage
Punir l'outrage,
Vite au major contons cela.

CHARLES.
Un autre page
Bientôt, je gage,
Se trouvera
Qui te consolera.
REPRISE.

(Anna entre chez Knoutoff.)

SCÈNE X.
CHARLES, seul.

Me voilà seul! et dire qu'Olga est ici, me croyant bien loin sans doute? si je pouvais l'avertir? comment faire? si j'entrais, ah! oui; mais cette vieille gouvernante qui sans cesse est auprès d'elle, n'importe, je n'écoute que mon amour, d'ailleurs un page entre partout, sans faire annoncer...

(Il entre dans le cabinet à gauche.)

SCÈNE XI.
FRÉDÉRIC, ensuite ANNA.

FRÉDÉRIC.
Il n'est pas encore sept heures; j'ai le temps de dîner, avant d'aller à mon rendez-vous mystérieux... Quelle drôle d'aventure, quand j'y pense! ces choses-là n'arrivent qu'à moi, parole d'honneur! qui vient là? serait-ce déjà ma nouvelle conquête? non, c'est l'autre... quel contre-temps!

ANNA, à part.
J'ai tout conté au major Bettmann, qui va se rendre ici... nous verrons s'il osera devant lui aller à son rendez-vous... le p'tit séducteur! le voici! ne lui disons rien... (Haut, à Frédéric.) Tiens! vous êtes encore là? je vous croyais aux pied de votre nouvelle maîtresse?

FRÉDÉRIC.
Quelle maîtresse? tu sais bien que toi seule... (A part.) Qui diable peut lui avoir dit? (Haut.) Je n'aime que toi, jusqu'à présent!..

ANNA.
Vous cherchez à revenir... c'est inutile, je n'oublierai jamais tout ce que vous m'avez dit... fi! que c'est vilain! monsieur!

FRÉDÉRIC.
Diable m'emporte si je me rappelle!

ANNA.
Parjure! infidèle!

FRÉDÉRIC.
Mais je suis toujours le même.

ANNA.
Vous m'aviez promis que je serais votre femme.

FRÉDÉRIC.
Je te le jure encore! (A part.) Cela n'engage à rien...

Air du Postillon.

Je s'rai ton mari
Je le jure ici,
Va, ne crois pas qu'une autre femme
Jamais puisse attendrir mon ame!
Ah! sois sans effroi,
Et compte sur moi;
Je proclame
N'aimer que toi.

Allons! ne sois plus cruelle,
Entends la raison,
J'attends mon pardon;
Ne te trouble pas la cervelle
Sur de vains propos
Que t'ont faits des sots.
Allons! plus de peur;
Quitte l'air boudeur,
Je veux, sur l'honneur,
Faire ton bonheur.
Je s'rai ton mari, etc.

Et pour commencer notre réconciliation, tu vas me servir à dîner? donne-moi la carte et mets-toi là!

ANNA, lui présentant un papier.
La voici, monsieur.

FRÉDÉRIC, lisant.
« Total, huit roubles! » Qu'est-ce que c'est que ça?

ANNA.
Est-ce que mon père a fait erreur dans l'addition?

FRÉDÉRIC.
Il fait donc payer d'avance! c'est la carte à payer que tu me donnes?

ANNA.
N'avez-vous pas dîné?

FRÉDÉRIC.
Moi? c'est un peu fort! je ne digérerai pas celui-là, par exemple!

ANNA.
C'est moi-même qui vous ai servi, là, tout à l'heure...

FRÉDÉRIC.
Mon estomac a de la mémoire, peut-être... pas de mauvaise plaisanterie! et tu vas m'aller chercher...

ANNA.
Oui! oui!.. vous voudriez m'éloigner, je vous gêne, n'est-ce pas? (A part.) J'entends M. Bettmann qui vient, je puis partir sans crainte. (Haut.) Eh bien! je vous laisse, monsieur. (Elle se sauve.)

FRÉDÉRIC.
Ah ça! et mon dîner? cette petite a juré de me faire mourir de faim.

SCENE XII.

FRÉDÉRIC, BETTMANN, sortant de la chambre de Knoutoff.

BETTMANN, à part sans voir Frédéric.
Ce que vient de me confier la fille de cette auberge me fait frissonner, plaçons-nous en sentinelle devant la porte de ma fiancée.

FRÉDÉRIC.
Montons ma faction!

BETTMANN.
Qui vive ?
FRÉDÉRIC.
Page de sa majesté !
BETTMANN, à part.
C'est sans doute le jeune page que je guette (Haut.) Que faites-vous ici à cette heure ?
FRÉDÉRIC.
Je me promène !
BETTMANN.
Je connais vos projets !

Air : De sommeiller encor ma chère

De la femme que je courtise
Vous voulez devenir l'amant ;
De votre coupable entreprise
J'empêcherai le dénoûment ;
A moins que le diable m'emporte,
Je reste là, veillant sur sa beauté ;
Je me cramponne à cette porte,
Comme un verrou de sureté.

FRÉDÉRIC.
Quand il y a des verrous on les brise ?
BETTMANN.
Qu'est-ce qui parle de me briser ?
FRÉDÉRIC.
Moi ! j'en ai brisé de plus solides...
BETTMANN.
Vous êtes un impertinent.
FRÉDÉRIC.
Vous en êtes un autre.   (Il lui donne un soufflet.)
BETTMANN.
C'est trop fort !.. ça ne peut pas se passer comme ça ?
FRÉDÉRIC.
Je suis prêt à vous rendre raison.
BETTMANN.
Vous ne savez donc pas à qui vous avez à faire ? (L'examinant.) Ah ! mon Dieu ! ne bougez pas ! (Il tire un signalement de sa poche ; il lit et regarde alternativement.) Menton rond, bouche moyenne, yeux noirs ; je ne me trompe pas ! c'est lui ! c'est mon prisonnier.
FRÉDÉRIC.
Qu'avez-vous à me dévisager ainsi ?
BETTMANN, le prenant pour Charles.
Ah ! ah ! mon petit gaillard, je vous reconnais, c'est donc vous qui vous êtes échappé de prison ?
FRÉDÉRIC.
Moi... allons, vous êtes fou !
BETTMANN.
J'ai votre signalement et votre nom : Charles Burlay... ainsi...
FRÉDÉRIC, à part.
Que dit-il ? je comprends ! mon frère se sera évadé, et cet imbécile me prend pour lui. (Riant.) C'est délicieux !
BETTMANN.
C'est ça ! riez... en attendant, je vous arrête.
FRÉDÉRIC, à part.
Quelle idée ! il s'agit ici de gagner du temps. (Haut.) Eh bien ! oui, monsieur, c'est moi qui suis Charles Burlay.
BETTMANN.
En ce cas vous allez me suivre.
FRÉDÉRIC.
Un instant ! nous avons un compte à régler ensemble.
BETTMANN.
Quand vous serez sorti de prison. (A part.) Je ferai en sorte qu'il y reste le plus long-temps possible.
FRÉDÉRIC.
Non ; je vous ai insulté ! j'exige que vous me demandiez satisfaction à l'instant même.

BETTMANN.

Du tout! du tout!

FRÉDÉRIC.

Si vous consentez, je jure, sur l'honneur, de me rendre aux arrêts de bonne volonté. (A part.) Je tâcherai de ne pas le manquer.

BETTMANN, à part.

C'est un prétexte pour prendre la fuite; feignons d'accéder, et ne le perdons pas de vue. (Haut.) Eh bien! soit! monsieur, j'y consens! (A part.) Si je pouvais le faire empoigner en route?

FRÉDÉRIC.

Il y a près d'ici, à Skolbau, un endroit commode, je vous y attends.

BETTMANN, à part.

Et dire qu'il n'y a pas le moindre poste de ce côté.

FRÉDÉRIC.

Je cours chercher mes pistolets. (A part.) Au moins, Charles aura du temps devant lui. (Il s'enfuit.)

BETTMANN.

Eh bien! où est-il donc? est-ce qu'il m'aurait échappé? (Apercevant Charles qui pendant ce temps est sorti du cabinet de gauche.) Ah! le voilà!

SCENE XIII.
CHARLES, BETTMANN.

CHARLES, à part.

Ciel! le major!.. je suis pincé!..

BETTMANN.

Eh bien! vous n'allez pas chercher vos pistolets?..

CHARLES, étonné.

Mes pistolets?

BETTMANN.

Suivez-moi!..

CHARLES.

Que je vous suive? (A part.) Plus souvent que je retournerai au cachot.

BETTMANN.

J'ai mon épée, ainsi...

CHARLES.

Pardine!.. qu'est-ce que cela me fait! moi aussi, j'ai la mienne... et j'espère bien que vous ne m'emmènerez pas de vive force? (A part.) Tâchons de l'intimider. (Toisant le major.) Morbleu! sacrebleu!..

BETTMANN.

On dirait que vous hésitez à marcher...

CHARLES, à part.

Si je lui montrais mon anneau?

BETTMANN.

Le soufflet que j'ai reçu de vous tout à l'heure, crie vengeance...

CHARLES, surpris.

Comment? moi?... je vous ai donné un soufflet, par exemple!..

BETTMANN.

J'en suis encore rouge de colère... un page se permettre de semblables écarts!..

CHARLES, à part.

Un page?.. que dit-il?.. il y a encore ici quelque méprise... est-ce que Frédéric aurait eu l'imprudence?..

BETTMANN.

Mais je me vengerai!..

CHARLES, à part.

L'étourdi. (Haut.) Eh bien! monsieur, je suis prêt à vous rendre raison du soufflet que mon... (Se reprenant.) que je vous ai donné... Où allons-nous?

BETTMANN.

Vous venez de le dire... à Skolbau! n'avez-vous pas choisi cet endroit?

CHARLES, à part.

C'est là sans doute que doit se rendre mon frère? emmenons-le d'un autre côté... (Haut.) Tenez, je réfléchis, allons plutôt à Krombourg? c'est plus près... je suis impatient d'en finir...

BETTMANN.

A Krombourg?.. soit! je ne demande pas mieux. (A part.) Comme ça se trouve!.. il y a là 40,000 hommes sous les armes... je le fais empoigner.

Air de Roquelaure.

(A part)
Je dois ici tirer vengeance,
D'un impertinent tel que vous ;
Malheur à celui qui m'offense !
Ah ! qu'il redoute mon courroux !
Puisque vous m'avez fait injure,
De ce pas je vais vous punir ;
Aussi, de nouveau, je le jure,
Pour lui la prison va s'ouvrir.

ENSEMBLE.
BETTMANN.
Je dois ici tirer vengeance, etc.
CHARLES.
Je ris vraiment de sa vengeance ;
J'espère le rendre plus doux ;
Il croit m'effrayer, je pense,
Mais je ne crains pas son courroux. (Ils sortent par le fond.)

SCENE XIV.

FRÉDÉRIC, entrant par la gauche, un peu après, BETTMANN.

Allons ! me voilà prêt... Eh bien ! où est-il donc ? cet homme se moque de moi ! l'imbécile !.. il m'a fait manquer mon rendez-vous, je parie...

Air de Béancourt.

De ma belle inconnue,
J'attends le retour,
Dans cette entrevue,
Prouvons mon amour.
Suivant mon destin,
Je dois, sur mon âme
Aimer chaque femme,
Je suis page enfin !

Malheur au téméraire,
Dans sa folle ardeur,
Qui viendrait pour plaire
Et m' ravir son cœur.
L'épée à la main,
Je tire vengeance
De toute insolence,
Je suis page enfin !

BETTMANN, entrant le bras en écharpe, sans voir Frédéric.

J'en suis quitte pour un coup d'épée... mais au moins je le tiens... je l'ai laissé entre les mains de quatre grands diables de cosaques...

FRÉDÉRIC, à part.

Enfin, le voilà !

BETTMANN, à part.

S'il échappe cette fois, il aura du bonheur. (Apercevant Frédéric qu'il prend toujours pour Charles.) Que vois-je ! encore lui ?.. ah ça ! mais, c'est donc un serpent que ce page-là ? (Haut.) Par où avez-vous passé ?

FRÉDÉRIC.

C'est plutôt à vous qu'il faut le demander ?.. Mais qu'avez-vous ? est-ce que vous vous êtes blessé ?

BETTMANN.

C'est votre coup d'épée, maladroit, qui est cause...

FRÉDÉRIC, riant.

Mon coup d'épée ?

BETTMANN.

Ne plaisantons pas, monsieur... je suis vaincu, respect au courage malheureux !.. Mais vous, comment se fait-il que mes cosaques vous aient donné la clé des champs ?

FRÉDÉRIC.

Vous m'aviez fait arrêter ?

BETTMANN.

Certainement ! après notre combat...

FRÉDÉRIC, à part.

Allons, bon ! il se sera battu avec Charles qu'il aura rattrapé...

BETTMANN, à part.

Voilà un page qui me rendra chauve avant le temps... il m'abrutit... (Haut.) Je cours faire mon rapport, vous saurez, monsieur, ce qu'il en coûte de donner un soufflet à son supérieur.   (Il entre chez Knoutoff.)

FRÉDÉRIC.

Le voilà parti... si je pouvais aller délivrer ce pauvre Charles ! Mais quel est ce bruit? on vient de ce côté...

SCENE XV.

FRÉDÉRIC, CHARLES, escorté par quatre cosaques, ANNA.

FRÉDÉRIC, apercevant Charles.

C'est lui !

CHARLES.

Mon frère !   (Ils tombent dans les bras l'un de l'autre.)

ENSEMBLE.
Air : Par l'amitié.

Ah ! quel bonheur ! bis.
Je revois le frère que j'aime ;
Ah ! quel bonheur ! bis.
Pour nous quel moment enchanteur !

ANNA, à part.

Tiens ! il a un frère ?

CHARLES.

Ce bon Frédéric !

FRÉDÉRIC.

Embrassons-nous donc encore !

ANNA, à part.

Comme ils se ressemblent ! v'là que ne sais plus lequel que j'aime : comment faire ?.. si j'allais les aimer tous les deux... j'en suis bien capable !

CHARLES.

D'après l'aventure qui vient de m'arriver, j'ai deviné tout de suite la présence en ces lieux... (Riant.) Toujours étourdi !..

FRÉDÉRIC.

Fais donc de la morale, toi qui t'es évadé... Ah ça ! quel motif?..

CHARLES.

Est-ce que j'aurais voulu qu'on enlevât la redoute sans moi ?

FRÉDÉRIC.

Quoi ! tu étais avec nous, cette nuit ?

CHARLES.
Air : Aux temps heureux.

De loin j'entends le canon qui résonne,
Soudain ce bruit égare ma raison,
Quand on se bat il n' doit manquer personne
Et j'ai forcé les murs de ma prison.
Quand devant vous l'ennemi se retire
Je dois aussi partager c' succès-là ;
J' s'rais mort de honte, si l'on avait pu dire :
Ils sont vaincus ! Charles n'était pas là !

Oui, frère, oui, et depuis cette nuit tu ne saurais t'imaginer tout ce qui m'est arrivé de bonheur imprévu...

ANNA, à part.

Pourvu que je ne fasse pas d'erreur...

CHARLES.

D'abord, tu sauras que j'ai revu ma belle inconnue.

FRÉDÉRIC.

Vrai ?

CHARLES.

Elle est ici, dans cette auberge.

FRÉDÉRIC.

Ici, dis-tu ?

CHARLES.

C'est la fille du gouverneur !

FRÉDÉRIC.

Et tu en es amoureux ?

CHARLES.
C'est d'elle que je te parlais sans cesse...
FRÉDÉRIC.
Allons, bon! c'est justement celle que j'adore!
CHARLES.
Serait-il possible?
FRÉDÉRIC.
Eh! mon Dieu! oui! depuis une heure..
ANNA, à part.
Il en aimerait déjà une autre, le monstre!...
FRÉDÉRIC.
Notre ressemblance aura encore fait des siennes! j'avais un rendez-vous avec Olga...
CHARLES.
C'est moi qui y suis allé aussitôt que j'ai appris qu'elle était ici... nous avions tant de choses à nous dire... mais la présence de sa vieille gouvernante, me fait craindre d'avoir oublié...
FRÉDÉRIC, voyant que Charles n'a plus son aiguillette.
En effet! tu as oublié de mettre ton aiguillette.
CHARLES.
Mon aiguillette? je l'avais... ah! mon Dieu! je l'aurai laissée chez elle, si son père s'en aperçoit, je suis perdu...
ANNA, à part.
Tant mieux! ça m' servira à les distinguer...
FRÉDÉRIC.
C'est bien simple, prends la mienne.
CHARLES.
Belle avance, on te punira pour moi!
FRÉDÉRIC.
Tu n'en veux pas? eh bien! qu'il cherche, maintenant...
(Il arrache son aiguillette et la met dans sa poche.)
ANNA, à part.
Je ne pourrai donc jamais m'y reconnaître.
CHARLES.
Par exemple, je ne souffrirai pas...
FRÉDÉRIC.
Laisse-moi donc tranquille! et pendant que j'y pense! prends cette lettre, qu'Olga ma remise croyant la remettre à toi-même.
CHARLES.
Donne, donne! (Il parcourt la lettre des yeux.)
ANNA, à part.
Une idée! c'est cela! grace à ce ruban... (Elle va doucement derrière Frédéric et attache une faveur à la basque de son habit.) Ils pourront se mêler à présent tant qu'ils voudront. (Elle s'enfuit.)
CHARLES, après avoir lu.
Elle m'a conté tout cela... je saurai bien empêcher ce mariage...
FRÉDÉRIC.
Consens à me laisser passer pour coupable? j'ai déjà une mauvaise affaire sur les bras, ainsi une de plus ou de moins...
CHARLES.
Pour ce soufflet? allons donc!.. Bettmann n'aura pas porté plainte.
FRÉDÉRIC.
C'est qu'au contraire, il vient de me menacer; il va me faire passer devant un conseil de guerre...
CHARLES, avec explosion.
Un conseil de guerre! et tu restes là sans me rien dire!
FRÉDÉRIC.
Que veux-tu? c'est fait!
CHARLES.
Oh! mon Dieu! quand notre pauvre mère saura cela, elle en mourra!..
FRÉDÉRIC.
J'ai eu tort, c'est vrai, j'ai agi comme un fou.
CHARLES.
Il faut tout de suite écrire au czar, avouer ta faute, demander ta grace.
FRÉDÉRIC.
Je redoute sa colère, aussi je me résigne à mon sort... à tout événement le page est préparé. (Il va s'asseoir à la table et s'endort peu à peu.)

CHARLES, à lui-même.

Que faire ? mais j'y pense... cet anneau ! que Frédéric le rende à l'empereur, et il est sauvé ! mais non, il refusera, je le connais... tâchons toujours... que vois-je ? je crois qu'il s'endort... ah ! si je pouvais sans qu'il s'en doute lui faire accepter mon anneau...

Air de la Sentinelle.

Je l'ai reçu pour prix de ma valeur ;
A Frédéric je puis en faire hommage,
  Car il est digne de cette faveur,
Il eut aussi fait preuve de courage.
Peut-être il rêve à des succès nouveaux ?
Qu'au moins pour lui la gloir' n' soit pas un songe !
  Profitons bien de son repos ;
  Qu'à son reveil il soit héros ;
  Il peut soutenir le mensonge.

Mais j'entends le major Bettmann... il était temps.

SCÈNE XVI.
FRÉDÉRIC, endormi, CHARLES, BETTMANN.

BETTMANN, entrant sans voir Frédéric et s'adressant à Charles.

Ah ! vous êtes encore là ? c'est bien heureux. (Il se promène à grands pas.) Je me suis occupé de vous...

CHARLES.

Que de bonté !

BETTMANN.

C'est au nom de la discipline indignement outragée, que j'ai porté plainte,... frapper un major ! c'est une petitesse qui n'a pas de nom !

CHARLES, à part.

L'imbécile !

BETTMANN.

Ça me fait plaisir de voir que vous êtes repentant ; mais il est trop tard, cette leçon vous servira pour l'avenir. (Se retournant du côté de Frédéric qui est endormi.) Eh bien ! vous ne m'écoutez pas ? ma morale vous endort ?

(Il le secoue avec violence.)

FRÉDÉRIC, se réveillant.

Hein ? que le diable soit de vous !.. je dormais si bien !

BETTMANN, les examinant l'un après l'autre.

Ah ! mon Dieu ! est-ce une illusion fantastique ?.. quelle ressemblance !.. ah ! j'y suis ! vous êtes ces deux frères jumeaux dont on m'a tant parlé... c'est égal ! l'un de vous est mon coupable... mais lequel ?..

FRÉDÉRIC.

C'est...

CHARLES, mettant la main sur la bouche de son frère.

Tais-toi !

BETTMANN.

Vous ne répondez pas ? alors je vous ferai punir tous les deux, dans la crainte de me tromper.

ANNA, entrant.

M. Bettmann, M. Knoutoff voudrait vous parler à vous seul...

BETTMANN.

Messieurs, passez dans ce cabinet... on vous en fera sortir au besoin.

CHARLES, et FRÉDÉRIC.
Air Vaud. du comte Ory

Point d'effroi,
Viens suis-moi,
Faut se taire
Du mystère
Ici ne redoutons rien,
Va crois moi tout ira bien.

(Ils entrent dans le cabinet.)

SCÈNE XVII.
BETTMANN, KNOUTOFF.

KNOUTOFF, entrant à part.

Quelle singulière découverte : cette aiguillette trouvée chez ma fille... serait-ce par hasard le jeune Burlay qui l'aurait perdue... je l'ai vu ce matin rôder sous les fenêtres d'Olga... (Apercevant Bettmann.) Ah! vous voilà, mon cher Bettmann, vous me voyez dans une agitation...

BETTMANN.
Vous me faites frémir.

KNOUTOFF.
Ma fille n'est peut-être plus digne de vous...

BETTMANN.
En vérité?

KNOUTOFF.
Je viens d'apprendre qu'un jeune page s'est introduit chez elle...

BETTMANN.
Un page? je connais cette affaire-là, rassurez-vous

KNOUTOFF.
Comment cela?

BETTMANN.
Votre fille n'a pas encore fait rougir vos cheveux blancs...

KNOUTOFF.
Pourtant cette aiguillette est la preuve...

BETTMANN.
C'est étonnant! j'ai fait sentinelle à la porte... c'est qu'alors il y en avait déjà un chez elle, avant mon arrivée...

KNOUTOFF.
Et pendant que vous étiez là, n'avez-vous vu personne?

BETTMANN.
Si, pardieu! j'ai vu un des frères Burlay qui, furieux de rencontrer cet obstacle imprévu, a eu l'audace de me donner un soufflet.

KNOUTOFF.
Quoi ce jeune homme vous a frappé? quel est celui des deux?

BETTMANN.
Je l'ignore... je ne savais même pas qu'ils fussent frères jumeaux, aussi jugez de ma surprise et de mon embarras...

AIR: Partie et Revanche.

Abusé par la ressemblance,
J'ai pris l'un pour l'autre, aujourd'hui;
Hélas! dans cette circonstance,
Je fus victime, Dieu merci!
Mais cette erreur que j'ai commise,
Chacun l'eut faite à ma place, je crois,
En me battant avec eux, par méprise,
Oui, je risquais d'être tué deux fois.

KNOUTOFF.
Il fallait les faire arrêter tous les deux.

BETTMANN.
C'est ce que j'ai fait, beau-père... ils sont là, dans ce cabinet...

KNOUTOFF.
Très bien! les deux affaires marcheront de front... major, j'associe mon ressentiment au vôtre... je viens de recevoir un ordre du czar qui veut connaître le nom de son libérateur... mes démarches jusqu'ici ont été infructueuses; et voici ma réponse, dans cette même lettre je parle du page qui a oublié son aiguillette chez ma fille, et j'attends justice; major, j'ai compté sur vous pour faire parvenir cette lettre à l'empereur.

BETTMANN.
Donnez, en même temps je lui recommanderai mon soufflet... ci inclus dans ce rapport.

KNOUTOFF.
Et moi je vais questionner Olga... précisément la voici.

(Bettmann sort.)

SCENE XVIII.
KNOUTOFF, OLGA.

OLGA.
Vous m'avez fait demander, mon père?

KNOUTOFF.
Approchez, Olga, et répondez avec franchise à toutes mes questions.

OLGA.
Mon père, je vous écoute...

KNOUTOFF.
Comment appelez-vous le page qui a laissé cette aiguillette chez vous ?
OLGA, à part.
Ciel ! (Haut.) Mais mon père... (A part.) Que dire ?
KNOUTOFF.
Surtout, ne mentez pas...
OLGA.
C'est... c'est... je ne le connais pas, mon père...
KNOUTOFF.
Un prompt mariage avec cet étourdi peut seul réparer le tort fait à votre réputation, dites son nom, et je saurai bien le contraindre...
OLGA.
Oh ! il ne demandera pas mieux ! il m'aime tant !
KNOUTOFF, à part.
Je vais enfin le connaître, et un juste châtiment... (Haut.) Encore une fois, son nom ?
OLGA.
Je crois qu'il s'appelle Burlay, à ce qu'il m'a dit.
KNOUTOFF.
Burlay. (A Part.) Je m'en doutais. (Haut.) Est-ce Charles ou Frédéric ?
OLGA.
Je l'ignore, seulement je sais qu'il a des cheveux bruns bouclés...
KNOUTOFF.
Et l'autre aussi, pardieu ; ne sais-tu pas qu'ils sont deux frères, et tous deux d'une ressemblance parfaite...
OLGA.
Deux frères ! oh ! c'est égal ! mon cœur ne saurait s'y tromper...
KNOUTOFF.
C'est ce que nous verrons. (Appelant.) Oh là ! quelqu'un !

SCENE XIX.

Les Mêmes, ANNA, un peu après CHARLES, FRÉDÉRIC.

ANNA, entrant.
Monsieur le baron ?
KNOUTOFF.
Ouvrez cette porte, et dites aux deux pages qui sont dans ce cabinet, que je les attends ici...
ANNA.
Oui, monsieur le baron...
(Elle ouvre la porte du cabinet, Charles et Frédéric paraissent.)

CHARLES, FRÉDÉRIC, à part.
Air de Zoraïde.
Je tremble ici pour mon frère,
Que devenir,
Et que faire ?
Je crains tout de sa colère
Tous deux il va nous punir.

OLGA et ANNA.	KNOUTOFF.
Que veut dire ce mystère,	Que veut dire ce mystère,
Lequel choisir,	Lequel choisir,
Et que faire ?	Et que faire ?
Je crains tout de sa colère	Qu'ils redoutent ma colère !
Tous deux il va les punir.	Tous deux je dois les punir.

KNOUTOFF.
Approchez, messieurs. (A Olga.) Eh bien ! choisis, les voilà tous les deux.
OLGA.
Qu'ai-je vu ? quel embarras ! comment le reconnaître ?
ANNA, à part.
Heureusement que j'ai marqué le mien... bon ! mon ruban y est toujours !
KNOUTOFF.
Eh bien !
OLGA, à part.
Je ne sais plus vraiment ?

KNOUTOFF.
Puisqu'elle hésite, je vais aviser un dernier moyen. (Haut.) Messieurs, il me faut une éclatante réparation, songez-y; il faut que le coupable rachète sa faute en épousant ma fille, j'exige qu'il se nomme à l'instant.
OLGA, à part.
Il ne dit rien? s'il allait ne plus m'aimer?
ANNA, à part.
Pourvu que ça ne soit pas le mien qui se nomme!
CHARLES, bas à Frédéric.
Je suis sûr que c'est une ruse de sa part.
FRÉDÉRIC, bas à Charles.
Laisse-moi faire.
KNOUTOFF, sévèrement.
Allons, messieurs, j'attends votre réponse!
CHARLES et FRÉDÉRIC.
C'est moi!
KNOUTOFF.
Ne parlez pas tous à la fois... lequel des deux?
CHARLES et FRÉDÉRIC.
Moi!..
KNOUTOFF.
Voyons, Olga! choisis celui que tu aimes.
OLGA, hésitant.
Dam! mon père... je n'ose assurer... pourtant je crois que c'est celui-ci.
(Désignant Frédéric.)
ANNA, vivement.
Vous vous trompez, c'est le mien... voyez j'ai fait une marque!
FRÉDÉRIC, à part.
Que le diable l'emporte!
CHARLES.
Oui : monsieur le gouverneur, c'est moi...
OLGA, à part.
Voilà que c'est l'autre à présent...
ANNA, à part.
Sans mon petit ruban, qu'est-ce que tout cela devenait?
KNOUTOFF.
Ah! c'est vous, qui vous êtes échappé, pour venir séduire ma fille...
CHARLES.
Mes vues sont pures...
KNOUTOFF.
On ne m'en fait pas accroire... j'ai fait savoir à l'empereur votre désobéissance et votre conduite.
OLGA, suppliant.
Mon père!
KNOUTOFF.
Laissez-moi, mademoiselle, je suis inflexible...
ANNA, à part.
Maudit ruban! va! si j'avais su...
UN DOMESTIQUE, entrant.
Le major Bettmann!
KNOUTOFF.
Qu'il entre! il m'apporte sans doute la réponse du czar.

SCÈNE XX.
Les Mêmes, BETTMANN, deux Officiers.

KNOUTOFF.
Eh bien! mon cher major, vous avez vu l'empereur?
BETTMANN.
J'ai eu l'honneur d'être reçu par lui... en entrant il m'a fait asseoir au milieu de ses généraux, auxquels il donnait audience... après quelques minutes de félicitations, j'ai demandé la parole...

Air du Bouffe et le Tailleur.

Je fais la révérence,
On rit;

Je veux parler... d'avance
On rit;
Ma langue s'embarrasse
On rit;
Je retourne à ma place
On rit!

Alors j'ai profité de cet accueil flatteur, pour remettre votre lettre à Sa Majesté qui d'abord a froncé le sourcil...

OLGA, à part.

Je tremble pour Charles!

BETTMANN.

Puis, de sa main impériale, elle a daigné faire une réponse.

KNOUTOFF.

Donnez vite?

BETTMANN.

La voici! mais auparavant faites-moi le plaisir de faire signer ce rapport par le page qui m'a donné un soufflet; le général l'attend sur-le-champ.

KNOUTOFF, mettant les dépêches sur la table.

Messieurs! que celui qui a insulté le major se nomme et signe ce papier.

(Frédéric prend le rapport et s'avance pour signer.)

KNOUTOFF, à part.

Que vois-je? l'anneau du czar...

BETTMANN, bas à Knoutoff.

Qu'est-ce que c'est?

KNOUTOFF, de même.

C'est ce jeune page qui a sauvé la vie à sa majesté.

FRÉDÉRIC, à part.

Qu'est-ce qu'ils ont donc à m'examiner ainsi?

CHARLES, à part.

Ils ont vu l'anneau, voilà ce que je voulais.

KNOUTOFF.

Jeune homme, je vous félicite!

BETTMANN.

C'est une belle action que vous avez faite là.

FRÉDÉRIC, à part.

Une belle action?

CHARLES, bas à Frédéric.

Dis comme eux, je t'expliquerai...

FRÉDÉRIC, de même.

Je ne comprends pas...

BETTMANN.

Brave et modeste, qualités rares, monsieur.

(Les officiers saluent Frédéric et lui serrent la main.)

FRÉDÉRIC.

Je suis confus de tant de politesse, mais vous vous méprenez...

KNOUTOFF.

Cet anneau que vous avez au doigt a trahi votre secret.

FRÉDÉRIC, étonné.

Un anneau? comment se fait-il?

KNOUTOFF.

Il ne faut pas rougir pour cela, je vais annoncer sur-le-champ cette heureuse découverte au czar.

(Il écrit, Bettmann parle bas aux officiers.)

CHARLES, bas à Frédéric sur le devant de la scène.

Au nom du ciel, écoute-moi, (il prend le rapport des mains de Frédéric.) et lis ce qui est écrit là... tu passeras devant un conseil de guerre?

FRÉDÉRIC, tristement.

C'est vrai!

CHARLES.

As-tu pensé à notre mère?

FRÉDÉRIC.

Pauvre femme!

CHARLES.

Tu seras publiquement dégradé.

FRÉDÉRIC.

Dégradé!

CHARLES.
Elle en mourra!..
FRÉDÉRIC.
Mais que faire?
CHARLES.
Dire que cet anneau t'a été donné par le czar et tu es sauvé...
FRÉDÉRIC.
Mais quand celui auquel il appartient, saura?
CHARLES.
Il ne dira rien, car il t'aime plus que lui-même, car il donnerait pour toi son bonheur, son avenir, sa gloire, car celui-là, c'est ton frère, c'est moi.
FRÉDÉRIC, surpris.
Toi!..
CHARLES.
Silence!
KNOUTOFF, à l'un des officiers.
Messieurs, un de vous, va porter cette lettre à l'empereur... maintenant je vais jeter un coup d'œil sur les dépêches du czar. (Il les lit.) « Sa majesté » sait que le jeune Charles Burlay s'est évadé... » (A Charles.) On a remis à sa majesté ce portefeuille que vous avez perdu, lorsque vous étiez poursuivi par des cavaliers.
CHARLES, à part, épouvanté.
Grand Dieu!.. et mes lettres... je tremble pour Frédéric...
KNOUTOFF, lisant.
Ecoutez! « Je sais maintenant à quoi ce jeune page dépense son argent. » Félicitez-le de ma part, je sais aussi par les lettres contenues dans son » portefeuille que c'est à lui que je dois la vie...
TOUS.
A lui?
FRÉDÉRIC, à part.
Tout est découvert! tant mieux! ça me pesait là...
KNOUTOFF.
« Dites-lui que je le nomme capitaine... que je lui accorde un traitement » de dix mille roubles; et en outre la chose qu'il désirera le plus, quelle » qu'elle soit...
CHARLES.
Il y a cela?
KNOUTOFF.
Demandez... et la volonté du czar...
OLGA, regardant Charles avec amour.
Nous allons donc être heureux!
CHARLES, il regarde Olga et Frédéric tour à tour et dit enfin avec explosion.
Ah! monsieur la grace de mon frère!..
BETTMANN.
Aie! j'en suis pour mon soufflet, au moins, ma cousine me reste.
FRÉDÉRIC.
Mon bon frère! (Ils s'embrassent.)
KNOUTOFF.
C'est un beau trait, monsieur, et je saurai le reconnaître... puisque vous aimez ma fille, elle est à vous.
OLGA.
Mon père!
CHARLES.
Monsieur, que de bonté!
BETTMANN, regardant les dépêches.
Un instant! il y a un pos scriptum... c'est peut-être très important...
KNOUTOFF.
En effet! cela vous regarde.
BETTMANN.
C'est probablement pour mon soufflet.
KNOUTOFF, lisant
« Quant au major Bettmann... pour lui apprendre à mieux veiller sur ses prisonniers, il gardera les arrêts forcés pendant six semaines.
BETTMANN.
Vive l'empereur! pourtant cela n'est pas juste!

FRÉDÉRIC.
C'est très juste, au contraire !
BETTMANN.
Non, vous dis-je ! car enfin, c'est moi qui ai sauvé sa majesté...
FRÉDÉRIC.
Vous ?
BETTMANN.
Sans doute ! si je n'avais pas laissé évader M. Charles, M. Charles n'aurait pas sauvé les jours du czar, donc c'est moi qui ai sauvé le czar !
OLGA.
Pour ma part, mon cousin, je vous garderai une reconnaissance éternelle.
KNOUTOFF, à Bettmann.
Vous le voyez, je dois me montrer aussi généreux que l'empereur...
FRÉDÉRIC.
Quant à moi je vous conseille de vous arrêter le plus tôt possible, et de vous conduire à votre château fort.
CHARLES.
Surtout ne vous laissez pas échapper.

CHOEUR.

Air de Mazaniello.

Rendons hommage à la clémence,
Que montre ici notre empereur ;
Car la justice et l'indulgence
Sont l'apanag' d'un noble cœur.

FRÉDÉRIC, au public.
Air d'Yelva.

Depuis long-temps l'amitié nous enchaîne,
Et notre sort est à jamais lié.
CHARLES.
Toujours unis, du plaisir, de la peine
Chacun de nous doit prendre la moitié.
ENSEMBLE.
Si nous avons pu vous déplaire,
Seul je me dévoue aujourd'hui.
FRÉDÉRIC.
Messieurs, applaudissez mon frère.
CHARLES.
Que vos bravos ne s'adressent qu'à lui.

REPRISE DU CHOEUR.

FIN.

LE CORSAIRE NOIR,

DRAME EN QUATRE ACTES,

Par MM. Albert et F. Labrousse,

Représenté pour la première fois sur le théâtre de l'Ambigu-Comique, le 16 août 1837.

PERSONNAGES.	ACTEURS.	PERSONNAGES.	ACTEURS.
PERKINS (Corsaire Noir).	MM. DELAITRE.	OWEL, garde-chasse.	MM ELIE.
YORK, proscrit	ST.-ERNEST.	JEAN THOMAS.	JOSEPH.
GEORGES, jeune pêcheur.	ALBERT.	SUGG.	CHARLES.
JOHN BATTINS, constable.	ST.-FIRMIN.	PEREZ.	PROSPER.
TOM, garçon de ferme.	FRANCISQUE j^e	RINALDO.	CHAUVIN.
WILLIAMS, pêcheur.	CULLIER.	Mme MATHEWS.	Mmes ST.-FIRMIN.
UN OFFICIER du roi.	MONNET.	ALIX, sa fille.	GAUTHIER.
FELTON,	BARBIER.	JENNY, sa cousine.	ISABELLE.
MUNGO, } voleurs.	GILBERT.	Pêcheur et deux Ouvriers parlant.	
GRIFFINS,	VIGEL.	Soldats, Pêcheurs, Paysans, Paysannes, etc.	

ACTE I.

Le théâtre représente un village dont les maisons sont éloignées les unes des autres; au fond, la mer; d'un côté, des rochers escarpés; la maison de Mme Mathews, fermière, en face de celle de Georges, pêcheur.

SCÈNE I.

Au lever du rideau, Georges sort de chez lui et regarde avec anxiété les fenêtres de Mme Mathews.

GEORGES, seul, avec découragement.

Ses fenêtres sont encore fermées... faudra-t-il m'éloigner sans l'avoir vue un seul instant?.. sans lui avoir dit : Alix, mon Alix, je t'aime! je vais penser à toi!... Oh! non, la journée serait trop longue!.. quand je vois mon Alix le matin, ça me porte bonheur, et je jette mes filets avec plus de courage et de confiance, (S'asseyant.) Mais hélas! cet amour ne déplaira-t-il pas à sa mère...elle est si fière cette Mme Mathews; elle est riche, et moi je ne suis qu'un pauvre pêcheur sans protecteurs, sans parens, seul au monde, de ma famille... il ne me reste que le portrait de ma mère, dont à peine je me souviens. (Prenant le portrait et le baisant.) Ce portrait, je l'ai toujours là, sur mon cœur... Oh! ma mère chérie!.. du haut du ciel, où tu es sans doute, veille sur le pauvre Georges. (Retournant le portrait.) Et ces cheveux, ceux de mon père, mort aussi... Oh! oui... car s'il était vivant, il ne m'aurait pas abandonné, lui qui a tracé là, Jacques Oughton, à sa femme bien-aimée... (Avec abattement, essuyant ses larmes.) Cruelles idées! elles me tueraient si, pour essuyer mes larmes et adoucir mon malheur, je n'avais pas l'amour d'Alix... oh! courage, quand on a un cœur et deux bons bras, il ne faut désespérer de rien. (On entend chanter dans la coulisse.) On vient... (Remontant la scène.) Oui, les pêcheurs, mes camarades... ah! que parfois j'envie leur insouciance et leur gaîté!.. je ne veux pas qu'ils soupçonnent... tâchons de paraître joyeux, il le faut!

(Les pêcheurs entrent.)

SCÈNE II.
GEORGES, WILLIAMS, Pêcheurs.

CHOEUR.

Pour défier l'orage,
Pêcheurs et matelots,
En quittant le rivage,
Buvez, buvez à flots.
Au retour lorsqu'à terre
Vous attend le chagrin,
Buvez... peine et misère,
Ça passe avec le vin.

WILLIAMS.

Hé! pardieu! quand je vous disais que le camarade était prêt depuis long-temps. Bonjour, Georges.

GEORGES.

Bonjour, les amis... vous voilà de bon matin?

WILLIAMS.

Ah! dame! oui, la journée s'annonce mal, le temps est gros, le vent houleux; il m'est avis que nous allions lever au plus vite les filets que nous avons jetés hier au soir... et attendu que les amis sont de bons enfans, nous avons voulu passer par ici, afin de te prendre, et t'emmener avec nous, boire un verre de gin, à la taverne de la Licorne... Voyons, ça te va-t-il?

GEORGES.

Merci, les amis... vous savez bien...

WILLIAMS.

Ah! pas de refus... il faut que tu te formes à la fin; vrai, pour être un pêcheur accompli, il ne te manque qu'une chose, et cette chose, c'est de boire... Que diable!.. c'est de notre état... vois-tu ça, garçon, en pleine mer, pour sauver les malheureux qui se noient, assez souvent et malgré nous, il faut boire... sur terre, pour n'en pas perdre l'habitude, il faut boire encore. Crois-moi, te dis-je, et je le répète, tu sera alors le premier de nous tous.

GEORGES.

Ah! Williams...

WILLIAMS.

T'as beau t'en défendre, c'est la vérité; oui, le premier de nous tous... je l'avoue de bon cœur et sans jalousie aucune... je m'y connais, j'espère, moi, le plus ancien de la côte... voyons ne t'es-tu pas déjà exposé plus de cent fois, en te jetant au plus profond, pour sauver des malheureux, qui sans toi... (Mouvement de Georges.) Enfin, suffit... en est-il un qui soit plus brave, plus intrépide, toujours franc, loyal, bon garçon, prêt à obliger tout le monde... aussi, t'aimons-nous tous et de tout notre cœur... n'est-ce pas, vous autres?..

TOUS.

Oui, oui... c'est vrai!

WILLIAMS.

Tu vois?..

GEORGES.
Merci, les amis... merci! je vous le rends bien, allez..., mais mon Dieu! si parfois je refuse, pensez-vous que ce soit par manque d'amitié... oh! non, certes!

WILLIAMS.
Je ne dis pas ça, mais c'est égal, tu refuses trop souvent, et ça nous chagrine.

GEORGES.
Vous chagriner... Eh bien! plus de refus à l'avenir, et tenez, à commencer d'aujourd'hui... venez, camarades, c'est moi qui verserai et nous boirons à l'amitié et à l'union des pêcheurs des bords de la Bristol.

WILLIAMS.
Bravo! voilà qui est parler.

(Au moment de s'éloigner, on entend Mme Mathews grondant dans sa maison.)

Mme MATHEWS.
Alerte, alerte, dépêchons.

WILLIAMS.
A peine levée, v'là déjà la mère Mathews qui gronde ses gens, comme elle dit; elle est fière et revêche celle-là... oh! je ne voudrais pas être à ses ordres, pour je ne sais quoi... (Bas à Georges.) J'aimerais mieux sa fille Alix, et toi aussi, pas vrai, Georges?

GEORGES, bas à Williams.
Williams!

WILLIAMS.
Chut! c'est entre nous... (Haut.) Allons, en route. (Aux femmes.) C'est aujourd'hui jour de marché, tâchez de faire bonne vente et revenez au plus vite!

UNE FEMME.
Compte sur nous, vieux.

WILLIAMS.
Au revoir, femme. (A Georges qui reste les yeux fixés sur les fenêtres d'Alix.) Viens-tu, Georges.

GEORGES, tristement.
Je ne la verrai pas ce matin.

WILLIAMS.
Mais de la gaîté, morbleu!

REPRISE.
Pour défier l'orage, etc.

(Tous les pêcheurs sortent gaîment. La mère Mathews sort de chez elle au milieu de ses ouvriers.)

SCENE III.
Mme MATHEWS, Ouvriers.

Mme MATHEWS, parlant à ses ouvriers.
Oui, je vous le répète, vous n'êtes que des paresseux; tout le monde déjà court à l'ouvrage, et vous autres si l'on vous laissait faire, vous seriez encore là, à midi... Allons, allons, alerte... retenez bien mes ordres, tâchez d'avancer la besogne, et partez.

UN OUVRIER, bas.
Vous a-t-elle un air... hein?

UN AUTRE, de même.
Oui, un air de commandement, qui me rappelle notre vieux brigadier Jenkins.

UN AUTRE.
Chut! si elle t'entendait...

Mme MATHEWS.
Eh bien! voyons, voyons...   (Ils sortent.)

SCENE IV.
Mme MATHEWS, seule.

Que de peine, mon Dieu! que d'embarras pour faire marcher tous ces gens-là... quelle triste condition que celle de fermière; mais patience, avant peu, on verra mistriss Mathews, renonçant à faire valoir par elle-même, se donner un intendant, et vivre comme une grande dame, sans rien faire... et cela grace au mariage de ma fille... c'est le rêve de ma vie entière que je vais accomplir. Feu mon mari, ce gros Mathews, blâmait sans cesse en moi ce qu'il appelait mes idées de grandeur; c'était le sujet de nos querelles de chaque jour. Le pauvre bonhomme, il n'y entendait pas grand chose; aussi, est-il mort comme il a vécu, simple fermier de lord Howard, quand il aurait pu... il croyait avoir tout dit lorsqu'il m'avait appelé ambitieuse !.. Ambitieuse !.. eh bien ! oui, je le suis, c'est dans mon cœur, c'est dans mon sang... et n'ai-je pas mille fois raison... que dirait-il enfin, s'il voyait grace à mes soins, sa fille à la veille d'épouser le neveu d'un baronnet ; il serait bien forcé de convenir... j'espère que mon ambition a été bonne à quelque chose; oui, ce matin même, je vais me rendre chez sir Dikson, et l'affaire sera tout-à-fait conclue... Et Alix, que dira-t-elle quand elle saura quel époux je lui ai choisi? Oh! je ressens d'avance la joie de sa surprise... et ce fainéant de Tom, qui ne revient pas pour mettre le cheval à la carriole et me conduire... oh ! je me meurs d'impatience, je suis à bout, il me le paiera. (Apercevant Tom qui entre.)

SCÈNE V.
TOM, Mme MATHEWS.

Mme MATHEWS, à Tom.

Ah! te voilà enfin!

TOM.

Oui, mistriss, bien le bonjour.

Mme MATHEWS, l'arrêtant.

Il paraît décidément, que c'est un parti pris... pourquoi viens-tu si tard ?

TOM.

Mistriss, c'est que...

Mme MATHEWS.

C'est que... c'est que, ça ne me convient pas... je t'avais dit ce que nous avions à faire pourtant... paresseux que tu es.

TOM.

Paresseux ! oh ! mistriss, voilà qui n'est pas juste ; paresseux ! moi qui travaille plus que je n'ai de force, je suis sûr que dans tout le pays, et à plus de dix lieues à la ronde, vous n'en trouveriez pas un qui fasse tout ce que je fais.

Mme MATHEWS.

C'est toi qui le dis !

TOM.

Enfin, mistriss, il vous est facile d'en juger par vous-même.

Mme MATHEWS.

Par moi-même...

TOM.

Dame ! sans doute ; dès le matin, je me rends ici pour soigner vos vaches et vos ânes, je les mène aux champs jusqu'à midi, de midi à 4 heures je vends des coquillages sur le port, de 4 à 7 heures, je conduis des bateaux de promenade sur la rivière, et le reste de la nuit, je suis conducteur des individus qui se grisent à la taverne de la Licorne ; ce qui est le plus fort de mon bénéfice, attendu que j'ai la pratique de notre constable, John Battins; et c'est justement lui qui est cause que je suis un peu en faute ce matin. Et si vous saviez tout le mal qu'il m'a donné pour le ramener jusqu'à sa porte, non, vrai, j'ai cru qu'il me faudrait...

Mme MATHEWS.

Tu es un bavard, je ne te demande pas tout cela. Si tu ne voulais pas faire tant de métiers à la fois, la besogne en irait mieux, et afin de te mettre plus à ton aise, tu pourras te dispenser de revenir ici désormais, je n'ai plus besoin de toi.

TOM.

Vous me chassez, mistriss ?

Mme MATHEWS.

Oui, je te chasse ; car ce serait toujours à recommencer, et j'en ai assez.

SCENE VI.

Les Mêmes, ALIX.

ALIX, qui est entrée vers la fin de la scène.

Ma mère, ne le renvoyez pas, je vous en prie, je demande grace pour lui; vous le savez, Tom est mon protégé; il soutient sa vieille mère qui est aveugle, je vous promets qu'à l'avenir, il sera plus exact, n'est-ce pas Tom?

TOM.

Oui, miss, je vous le promets.

ALIX.

Vous entendez ma mère?

Mme MATHEWS.

Allons, passe encore pour cette fois, mais tâche de t'en souvenir; remercie ma fille, et va-t-en.

TOM.

Merci bien, miss Alix.

ALIX.

Va, mon garçon, va, et soigne toujours bien ta bonne mère.

TOM.

Pour ce qui est de ça, soyez tranquille, miss, le peu que je gagne est pour elle, oh! tout pour elle!

ALIX, lui donnant quelques schellings.

Tiens, tu y joindras cela.

TOM.

Oh miss!...

ALIX.

Ne me refuse pas, tu me chagrinerais.

TOM.

Moi, oh! jamais!

ALIX.

Va, maintenant.

Mme MATHEWS.

Et dépêche-toi, surtout, que nous nous mettions en route.

TOM, s'en allant.

Oui, mistriss, soyez tranquille.

(Tom rentre dans la ferme; vient aussitôt, John Battins qui, sans faire attention aux personnages qui sont en scène, se dirige d'un air bien pressé vers la demeure de Georges; il s'approche, et frappe à coups redoublés à sa porte.)

SCÈNE VII.

Mme MATHEWS, ALIX, J. BATTINS.

BATTINS, appelant.

M. Georges, M. Georges! déjà parti! oh! que c'est contrariant...

(Il sort d'un air tout affairé).

Mme MATHEWS, l'arrêtant.

Qu'y a-t-il, M. Battins?

BATTINS, voulant s'en aller.

Ne m'arrêtez pas madame, Mathews, ne m'arrêtez pas!

Mme MATHEWS, même jeu.

Où courez-vous? qu'y a-t-il donc?

BATTINS.

Il y a... il y a... que jamais fonctionnaire public, jamais constable, ne s'est trouvé dans une plus vive et plus embarrassante perplexité, laissez-moi partir.

(Fausse sortie.)

Mme MATHEWS, l'arrêtant toujours.

Un instant, de grace...

BATTINS, même jeu.

Non, je vous prie...

Mme MATHEWS, idem.

C'est donc un grand malheur?

BATTINS, idem.

Vous me faite perdre un temps précieux, adieu...

Mme MATHEWS.

Vous êtes tout en nage...

BATTINS.

Qu'importe !

Mme MATHEWS.

Vous allez vous donner une fluxion de poitrine.

BATTINS, s'arrêtant.

Vous croyez ?

Mme MATHEWS.

Certainement !

BATTINS.

Vous avez peut-être raison, oui, respirons un peu...

Mme MATHEWS.

Un verre de porter ?

BATTINS.

Ma foi, très-volontiers.

Mme MATHEWS, faisant un signe à Alix.

Alix...

ALIX.

Oui, ma mère. (Elle entre dans la ferme et sort presque aussitôt avec un pot et un verre. Pendant ce tems, Battins s'assied et s'évente avec son mouchoir.)

Mme MATHEWS, à part.

J'étais bien sûre de le retenir.

ALIX, donnant un verre.

Tenez, maître..

BATTINS.

A votre santé, Mme Mathews.

Mme MATHEWS.

A la vôtre, M. Battins.

BATTINS, saluant Alix.

Miss Alix...

ALIX, s'inclinant.

Maître...

BATTINS.

Il est excellent votre porter, surtout versé par une aussi jolie main...

Mme MATHEWS.

Encore un verre.

BATTINS.

Je veux bien ; merci, jolie miss. (Après avoir bu, il rend le verre à miss Alix, qui le reporte, ainsi que le pot, et rentre en scène.) Ah ! me voilà complètement remis, et je cours maintenant... au revoir, Mme Mathews...

Mme MATHEWS.

Comment ? sans nous avoir dit...

BATTINS.

Plus tard.

Mme MATHEWS.

En deux mots...

BATTINS.

Eh bien ! soit, donc... Sachez que des nouvelles arrivées de Londres, hier au soir, annoncent que lord Howard, le fils de notre ancien seigneur, en revenant des Grandes-Indes, où vous savez qu'il était resté depuis son enfance, a été attaqué sur les côtes d'Angleterre, par le fameux corsaire Perkins, et l'on ajoute qu'à la suite d'une lutte terrible, qui a duré près de six heures, lord Howard a tué ce scélérat de corsaire et coulé à fond son bâtiment, sans qu'un seul homme de l'équipage ait pu s'échapper...

Mme MATHEWS.

En vérité !..

BATTINS.

C'est un signalé service qu'il a rendu au pays, car, voyez-vous, ce Perkins était un homme d'une audace et d'une intrépidité qui n'ont pas de nom ; c'était l'effroi des mers qu'il parcourait, arrêtant, pillant, massacrant sans pitié tous les bâtimens qu'il pouvait atteindre ; il était tellement rusé et terrible, que jusqu'à ce jour il avait toujours échappé aux poursuites dirigées contre lui ; enfin, on l'avait surnommé le Corsaire

noir, parce qu'il ne laissait sur son passage que le deuil et la mort!...
Mais, grâce au ciel et à lord Howard, notre digne et respectable seigneur, que nous allons voir et connaître, on en est débarrassé pour jamais.

Mme MATHEWS.

Lord Howard vient ici?

BATTINS.

Oui, sans doute, afin de recueillir l'héritage que lui a laissé son père, qui est mort il y a deux ans; et plutôt que de se rendre à Londres, où il aurait été reçu et fêté à cause de sa victoire, lord Howard, qui n'est pas fier comme l'était son père, avec lequel il n'a jamais été très d'accord, à ce qu'on dit, a préféré revenir tout bonnement et sans façon au milieu de nous tous, ses vassaux. Et pour tout vous dire, enfin, le bâtiment que l'on signale en mer depuis hier au soir, et que les vents contraires ont empêché d'aborder... il y a tout lieu de croire que c'est le sien.

Mme MATHEWS.

Vraiment!

BATTINS.

Voilà pourquoi je suis si pressé, pourquoi je veux en avoir au plus vite la certitude, pourquoi il ne faut pas me retenir plus long-temps; car enfin, si c'est lui, songez donc, Mme Mathews, il faut une réception digne en tout point d'un seigneur venant pour la première fois dans sa seigneurie... et cela me regarde, moi, son constable. Tout le pays à prévenir, mes ordres à donner, mon discours à préparer, ouf! bon Dieu! la tête me tourne, rien que d'y songer seulement. Aussi, je vous quitte, je cours, je vole. (Fausse sortie.)

Mme MATHEWS.

Oui, oui, dépêchez-vous, alors.

BATTINS, revenant sur ses pas.

Ah! jusqu'à nouvel ordre, ne dites rien à personne... car, enfin, ce n'est encore qu'un doute, et c'est inutile de donner l'éveil mal à propos. Dès que je saurai au juste ce qu'il en est, je repasserai par ici, je vous préviendrai la première.

Mme MATHEWS.

Soyez tranquille... c'est cela, c'est convenu. (Battins sort.)

SCÈNE VIII.

Mme MATHEWS, ALIX, TOM, entrant.

TOM, à Mme Mathews.

La carriole est prête, mistriss; quand vous voudrez partir...

Mme MATHEWS.

C'est bien, me voilà, je te suis.

ALIX.

Où allez-vous donc, ma mère?

Mme MATHEWS.

Tu le sauras, je serai bientôt de retour; je te quitte pour m'occuper de ton bonheur, je ne te dis que cela, tu verras; embrasse-moi. Au revoir, ma fille, au revoir. (Elle sort avec Tom.)

SCÈNE IX.

ALIX, seule.

Mon bonheur a-t-elle dit... oh! je tremble de l'avoir trop bien devinée... Je comprends à présent le but mystérieux des visites de ce vieux baronnet qui demeure à quelques milles d'ici; hélas! dans ses désirs d'ambition, est-ce que ma mère voudrait... Hier encore, elle me parlait du neveu de sir Dickson, qu'elle me vantait, et moi, qui était loin de soupçonner ses projets, machinalement je disais comme elle; oui, sans doute, c'est cela, et puis il est de ces pressentimens qui trompent rarement le cœur, et ceux qui m'agitent en ce moment me disent assez qu'on veut me marier; me marier!... et Georges, mon pauvre Georges, que j'aime par-dessus tout au monde... oh! non, je refuserai... s'il le faut même je résisterai, car se

marier à un homme qu'on n'aime pas, c'est trop horrible!... Oh! mon Dieu! venez à mon aide! ne me faites pas si malheureuse!...
(Elle cache sa tête dans ses mains, et pleure.)

SCÈNE X.
ALIX, GEORGES.

GEORGES, aborde avec sa barque, met ses filets sur l'épaule, et se dispose à rentrer chez lui.

L'orage s'étend, il commence à gronder, la pêche est impossible, entrons. (Il aperçoit Alix, et court à elle.) Ciel! Alix! chère Alix!

ALIX, sortant de sa rêverie.

Georges, c'est vous!

(Pendant cette scène l'orage augmente progressivement.)

GEORGES.

Oui, Alix, que je suis heureux de vous voir... mais qu'avez-vous, comme vous v'là toute tremblante?..

ALIX, s'efforçant de sourire.

Rien, Georges, rien.

GEORGES.

Cependant, je vois encore des larmes dans vos yeux... vous vous taisez... est-ce que Georges ne vous inspire plus assez d'amour, assez de confiance.

ALIX.

Ah! que dites-vous, Georges, vous ne le pensez pas... si je me taisais, c'est que je ne voulais pas vous affliger; mais puisque vous doutez, puisque vous exigez...

GEORGES.

Oh! non, je n'exige pas, je vous en prie.

ALIX.

Sachez donc que ma mère vient de me quitter, me laissant entrevoir des projets que je tremble d'avoir trop bien compris.

GEORGES.

Que voulez-vous dire, parlez?

ALIX.

Elle songe à me marier...

GEORGES.

Vous marier!.. et avec qui, grand Dieu?

ALIX.

Je n'ai reçu d'elle aucune confidence, mais elle m'en a dit assez pour me faire soupçonner toute la vérité; c'est au neveu de sir Dikson qu'elle me destine, et c'est pour l'accomplissement d'un projet qui renverse nos plus chères espérances, qu'elle vient de me quitter, je crois.

GEORGES.

Que m'apprenez-vous?.. voilà ce que je redoutais; séduite par ce titre de baronnet, elle va vous sacrifier sans avoir consulté votre cœur, et que lui avez-vous dit, Alix?

ALIX.

Rien.

GEORGES.

Rien!

ALIX.

Je n'ai pas osé.

GEORGES.

Ah! je comprends, c'est que vous êtes prête à lui obéir, n'est-ce pas; c'est juste, votre mère le veut; eh bien! soyez heureuse, oubliez un malheureux qui ne vous oubliera pas, lui...Adieu, Alix, adieu!..

ALIX, le retenant.

Que vous êtes injuste, ingrat; vous oublier, est-ce que je le pourrais, ma vie n'est-elle pas attachée à la vôtre, n'en ai-je pas fait le serment; et ce serment, Georges, je le tiendrai, j'y serai fidèle.

GEORGES.

Oh! pardon, mon Alix, pardon d'avoir pu douter un seul instant, mais si vous saviez, à cette nouvelle, ma tête s'est perdue, pardon, pardon.

ALIX.
Oui, Georges, je vous pardonne, car je comprends votre douleur, moi qui la partage ; mais ne craignez rien, allez, quoique soumise et respectueuse, il y a dans ce cœur plus de force et d'énergie que vous pourriez le soupçonner, et l'avenir peut-être prouvera à quel point je vous aime.

GEORGES.
Que dites-vous ? mais, mon Dieu ! est-ce que je dois consentir à vous coûter tant de chagrins et de larmes, est-ce qu'on ne doutera pas de la délicatesse de mes sentimens, car vous êtes riche ; et moi... oh ! pourquoi n'êtes vous pas pauvre comme je le suis, ou plutôt, pourquoi n'ai-je pas un peu de cet or que je ne désire que pour vous obtenir, pour vous rendre heureuse... pour vous aimer toujours... non, non, Alix, votre dévoûment, je ne puis, je ne dois pas l'accepter.

ALIX.
Et moi, je le veux ; Georges, votre pauvreté vous rend plus cher à mon cœur... aujourd'hui, sans doute, ma mère me parlera de sir Dikson, de son neveu ; eh bien ! aujourd'hui même, je lui dirai combien je vous aime ; que m'unir à un autre que vous, ce serait faire mon malheur ; je la supplierai, et s'il elle est inflexible, quoiqu'il advienne, je vous renouvelle ici le serment que je vous ai fait déjà, Georges : A vous, à vous pour toujours !..

GEORGES.
Oh ! comment me rendre jamais digne de tant d'amour. Oh ! mon Dieu ! au prix de ma vie, offrez-moi l'occasion de m'acquitter, et que je meurs si je ne la saisis avec joie.   (Tumulte, cris dans la coulisse.)

ALIX.
Qu'est-ce que cela ?

GEORGES.
Des cris, du tumulte... (On entend dans l'éloignement des coups de canon, comme en tirent les bâtimens en danger.) Le canon d'alarme ! (Il remonte la scène.) Un navire en danger, ah ! mon Dieu !
(Le théâtre se remplit de monde accouru de tous les côtés et poussant des cris d'effroi.)

SCÈNE XI.

J. BATTINS, GEORGES, WILLIAMS, ALIX, Pêcheurs, Paysans, Femmes et Enfans.

WILLIAMS, entre en courant.
Par ici, par ici, c'est le seul point où il y ait de l'espoir.

BATTINS.
Alerte ! alerte !

WILLIAMS, à Georges.
Une rafale épouvantable du nord-est a soufflé tout à coup, et la tempête a chassé sur ses ancres le navire qui était dans la baie.

GEORGES.
Les malheureux !

ALIX.
Que faire ? mon Dieu !

BATTINS.
Soutenons leur courage par des signaux, ordonnez qu'on sonne le tocsin, allumez des torches, montez sur des falaises, tout est espoir, quand la mort est si près. (A quelques pêcheurs.) Suivez-moi.   (Ils sortent ensemble.)

WILLIAMS.
Et dire qu'il n'y a rien à faire, que nul secours humain ne peut leur être porté.

UN PÊCHEUR.
Jamais je n'ai vu semblable tempête, miséricorde !

WILLIAMS.
Ni moi non plus.

GEORGES.
Le navire va se briser contre les rochers, ils sont perdus ; allons, vite, une chaloupe à l'eau.

WILLIAMS.
Impossible, elle ne tiendrait pas, la mer est trop forte.

GEORGES.

Eh bien! à la nage, alors.

WILLIAMS.

Qui donc l'oserait?

GEORGES.

Moi!

TOUS.

Lui!

GEORGES.

Oui, moi... vite des cordages.

WILLIAMS.

Arrête malheureux! c'est l'exposer inutilement, demeure.

ALIX, allant à lui, à voix basse.

Georges, ta vie et la mienne.

(Le canon et les cris des naufragés se font entendre.)

GEORGES.

Leurs signaux redoublent, oh! ne me retenez plus! si je ne puis les sauver, je le tenterai du moins. (Violent coup de tonnerre.)

WILLIAMS.

C'est à la mort que tu cours.

GEORGES, se faisant attacher une corde au milieu des reins.

N'importe, à la mer, à la mer!

WILLIAMS.

Arrête, arrête... Eh bien! avec toi, Georges, avec toi.

UNE FEMME, le retenant.

Non, songe à moi, à ton enfant.

GEORGES, sur le haut du rocher, se jetant à la mer.

A la providence de Dieu.

(Georges se précipite dans les flots et disparait; agitation universelle, l'orage continue; on voit aller et venir en tout sens, les torches sont allumées, et jettent une clarté lugubre qui laisse voir le désespoir et l'abattement de tous les spectateurs; Williams a grimpé sur le rocher qui domine la mer, où est le fanal; toutes les physionomies sont fixés sur lui; il regarde avec anxiété; violent coup de tonnerre, la foudre tombe avec fracas.)

WILLIAMS.

Ah! c'en est fait, le navire est brisé, englouti.

TOUS.

Oh! mon Dieu!

(Désespoir général exprimé par la pantomine de tous les spectateurs).

ALIX.

Et Georges, Georges!

WILLIAMS.

Perdu, perdu dans l'obscurité.

ALIX, tombant à genoux.

Oh! Notre-Dame-de-Bon-Secours, patronne des matelots, protégez les malheureux naufragés, veillez sur Georges.

(Les éclairs se succèdent avec rapidité.)

WILLIAMS.

Attendez!.. à la lueur des éclairs, je vois... oui, c'est lui, quels efforts! ah!.. disparu, englouti!..

ALIX, avec effroi et cachant sa tête dans ses mains.

Oh! mon Dieu! mon Dieu! (Nouveaux éclairs.)

WILLIAMS.

Non, le voilà! le voilà! il gagne le rivage, par-là... Je ne distingue plus rien, à lui, mes amis, à lui, venez... courons à son aide.

(Tout le monde se précipite sur les pas de Williams).

SCÈNE XII.

ALIX, seule; puis, Mme MATHEWS, JOHN BATTINS, TOM, WILLIAMS, DEUX NAUFRAGÉS, PÊCHEURS.

ALIX, seule.

Je ne puis les suivre, la crainte, m'enchaîne ici, glacée... (Cris universels dans la coulisse.) Ces cris, qu'annoncent-ils? Oh! mon Dieu! mon Dieu!

BATTINS, *entrant vivement, suivi d'autres personnes.*

Je vous le disais bien, madame Mathews, lord Howard, c'est lord Howard !..

Mme MATHEWS.

Sauvé !..

BATTINS.

Ainsi qu'un de ses matelots, sauvés tous deux par Georges.

ALIX.

Oh ! bonheur !

BATTINS.

Et c'est chez vous qu'ils vont loger.

Mme MATHEWS.

Chez moi !.. (A Tom.) Vite, qu'on dispose tout dans la ferme.

TOM, *courant.*

Oui, mistriss...

Mme MATHEWS, *à part.*

Quel bonheur !

BATTINS.

Tenez, les voilà, ce sont eux.

(Tout le monde entre en scène.— Georges porte dans ses bras York, complètement évanoui ; lord Howard est soutenu par Williams et d'autres personnes.)

GEORGES.

Son cœur bat, il respire. (On s'empresse autour de lui.)

LORD HOWARD, *à Georges.*

Je vous dois la vie... vous êtes pauvre, je vous ferai riche...

ALIX, *à part.*

Quel bonheur ! j'épouserai Georges.

LE MATELOT, *d'une voix faible.*

Je n'ai pas d'or, mais je vous jure amitié et reconnaissance...

(Il s'évanouit.)

GEORGES.

Il s'évanouit... vite, à l'aide, du secours !

Mme MATHEWS, *indiquant sa maison.*

Qu'on le transporte, là, là, chez moi. (On transporte le matelot. — S'adressant à lord Howard avec une longue suite de révérences.) Monseigneur, daignez...

LORD HOWARD.

Oui... merci, merci !

BATTINS, *élevant son chapeau en l'air.*

Vive notre gracieux seigneur !.. vive lord Howard !.. (Tous les paysans suivent son exemple et jettent leurs chapeaux en l'air, en répétant :) Vive lord Howard ! vive lord Howard !... (Arrivé sur le seuil de la porte, lord Howard se retourne et les remercie de la main ; les acclamations redoublent ; tableau.)

FIN DU PREMIER ACTE.

ACTE II.

Au palais de Lord Howard. — Ameublement riche. — Portes en ogives qui, ouvertes, laissent voir une superbe galerie.

SCENE I.

PERKINS, YORK.

(Au lever du rideau, Perkins est assis dans un fauteuil, examinant des papiers qu'il tient à la main — Sur la table, une longue pipe, des verres et plusieurs bouteilles. — Au fond du théâtre, debout et les bras croisés, York le regarde avec étonnement et stupeur ; puis rompant tout à coup le silence il s'approche et lui dit :

YORK.

Quoi, Perkins, tu oseras ?

PERKINS, *se levant brusquement.*

Tais-toi, imprudent !... je te l'ai dit déjà, je ne suis plus Perkins, je me nomme lord Howard !..

YORK.

Lord Howard!

PERKINS, lui montrant les papiers qu'il tient à la main.

Oui, sans doute; tiens, regarde, tout est là, rien n'y manque, papiers de famille, titres de noblesse et de propriétés, renseignemens pleins d'exactitude et de détails... Oh! je suis pardieu parfaitement instruit de mon histoire, et je défie qui que ce soit de m'embarrasser!... mais de par tous les diables! il y en a d'autres qui à ta place me féliciteraient; c'est une nouvelle aventure dans notre vie aventureuse de pirates. Nous rencontrons lord Howard en pleine mer, nous lui donnons la chasse; après un combat opiniâtre, nous sautons à l'abordage, nous nous rendons maîtres de l'équipage; le vaisseau de ces bonnes gens était bien approvisionné, bien chargé de munitions de guerre; nous nous y installons par droit de conquête, tout naturellement, et comme des gens bien avisés qui préfèrent une bonne frégate à un bâtiment corsaire criblé de blessures. Pas un de nos ennemis n'échappe; ceux qui ne tombent pas dans le combat sont fusillés après la victoire, et leurs corps jetés à la mer. Tu le sais, puisque c'est toi qui as présidé à l'opération. Mais ce que tu ne sais pas, c'est qu'en visitant notre frégate, je trouve ces papiers, j'y apprends toute l'histoire de lord Howard: j'y vois qu'il n'est jamais venu ici, que son âge est le mien. Alors, sans confier mon projet à personne, je prends la résolution de me faire passer pour lui, de venir m'installer dans les immenses propriétés qu'il possède dans ce comté; je fais voile en conséquence; le ciel me favorise au-delà de mes souhaits. Arrivés au but, une bien heureuse tempête vient fondre sur nous, la frégate sombre, coule à fond, et me débarrasse d'importuns camarades; nous sommes tous les deux assez heureux pour échapper au naufrage.

YORK.

Oui, grace à ce brave pêcheur...

PERKINS.

Je me fais reconnaître à mes vassaux; ils me reçoivent avec enthousiasme; ils disent que je suis tout le portrait de mon glorieux père, lord Howard; je dis comme eux, et du même coup je fais notre fortune, et je comble de joie ces bons paysans, qui remercient le ciel de leur avoir rendu leur bien-aimé seigneur. Ah! foi de corsaire! la Providence s'est fort bien conduit en cette circonstance; depuis ces huit jours que nous sommes ici, pendant qu'une fièvre brûlante te clouait dans ton lit, moi, j'ai agi, j'ai fondé mon pouvoir, ma nouvelle fortune, c'est-à-dire la nôtre, car je t'associe à ma chance.

YORK.

Mais où nous mènera cette nouvelle entreprise, plus audacieuse et plus périlleuse que toutes les autres? Il suffit d'un mot, il suffit d'un homme, n'importe lequel, qui peut survenir tout à coup et crier aux magistrats : Punissez!..

PERKINS.

Ah! te voilà bien avec tes scrupules et tes frayeurs... il n'y a plus à hésiter, et malgré toi, il faut que tu consentes; les circonstances le veulent, nous sommes liés par les mêmes intérêts.

YORK.

Les mêmes intérêts, oh! non, certes! je ne veux plus d'une semblable existence; assez long-temps la force et la violence m'ont enchaîné sur ton bâtiment, et tu sais que plus d'une fois...

PERKINS.

Oh! je sais que si j'avais été juste, j'aurais dû mille fois te faire sauter la cervelle pour t'apprendre un peu ton métier de pirate et l'obéissance que l'on doit à un chef quel qu'il soit. Lorsque tu vins me demander asile sur mon bâtiment, après l'être évadé de je ne sais quelle prison et m'avoir raconté je ne sais encore quelle histoire de vengeance jalouse, de grand seigneur poignardé, je te fis bon accueil, et cependant je n'eus jamais à me louer de toi. Toujours je t'ai trouvé opposé à mes desseins; je n'ai jamais aimé non plus ton caractère sombre et taciturne, qui t'avait fait surnommer le Loup de l'équipage. J'exécrais encore plus tes éternelles leçons de modération et de pitié, qui n'étaient guère à leur place au milieu d'une bande de corsaires, et mille autres bizarreries qui bien des fois ont éveillé mes soupçons. Enfin, tout cela est oublié, pardonné, n'en parlons plus. Quelles que soient tes intentions, il faut que tu restes ici, car, vois-tu, si dans un de tes beaux accès de vertu, tu étais tenté de parler, je t'engage à réfléchir que la moindre indiscrétion te perdrait aussi bien que moi. C'est la flétrissure de ton nom que tu redoutes?.. Dame! le seul moyen, c'est de te taire; quant à fuir, tu ne peux y songer, car sans papiers, sans renseignemens à donner, tu serais lestement arrêté, reconnu, et renvoyé dans quelque délicieuse prison, dont tu ne t'échapperais peut-être pas aussi aisément que la première fois... Ici, au contraire, je te protége de mon haut titre, je fais ta fortune, tu vis heureux, tranquille, entouré de considération et de respect... Franchement, réponds, y a-t-il à balancer?...Quant à moi, je te le déclare, rien ne changera la résolution que j'ai prise, je veux profiter des faveurs que le hasard me donne et poursuivre cette aventure. Qu'arrivera-t-il?.. je ne sais, ça m'est bien égal... mourir de vieillesse au milieu de mes bons vassaux, si rien ne se découvre, ou bien si nous sommes reconnus, être pendus au bout d'une vergue, c'est toujours mourir... que le diable en décide dans sa sagesse !

YORK, à part.

Et toujours être enchaîné à cette existence de crime et ne pouvoir!... cette imposture est odieuse, mais je la préfère au brigandage et à l'assassinat.

PERKINS.

Eh bien! voyons... d'honneur, je ne comprends pas que tu fasses tant de façons... voyons, dépêche-toi, réponds.

YORK.

Tu connais trop bien tes avantages sur moi pour que je puisse réussir à te détourner de cette résolution; mais, cependant, écoute quelles sont mes conditions.

PERKINS.

Voyons.

(Il se dirige vers la table, prend sa pipe, qu'il bourre, et se met à fumer en écoutant York.)

YORK.

Je sais que tu ne perdras pas facilement les habitudes de domination; je sais que souvent tes passions te conseillent mal, et que pour arriver à ton but, tous les moyens te sont bons. Dieu veuille que notre présence ici, n'amène pas le malheur parmi ceux que nous trompons si indignement, et que leurs cris de joie ne se changent pas en imprécations et en mépris... car si abusant de leur crédulité, tu voulais les accabler, dussé-je me perdre mille fois, je ne te réponds pas du secret, et tu n'ignores pas que ma volonté aussi est ferme et puissante!.. Puisque tu es assez heureux pour n'avoir pas de scrupules, poursuis... mais je veux avoir la liberté de me tenir à l'écart, de rester étranger à toutes ces misérables manœuvres que tu vas être obligé d'employer... à ton tour, acceptes-tu?

PERKINS.

Je te reconnais bien là; fais ce que tu voudras, et surtout que la vertu effarouchée se rassure... Je veux être, je serai affable avec mes vassaux, avec mes vassales surtout; j'abjure la brutalité du corsaire pour faire place aux formes brillantes et polies du grand seigneur. Tu verras si je m'y entends, et la meilleure preuve de ma sagesse future, c'est que déjà je songe à me marier...

YORK.

Te marier?

PERKINS.

Sans doute; me voilà grand seigneur, je veux faire souche; je te présenterai ma femme, aujourd'hui, au banquet, tu verras, elle est charmante. Une de ces têtes mélancoliques, des yeux...(Il verse à boire dans deux verres; il en présente un à York.) Tiens, et trinquons ensemble à sa santé!

YORK.

Merci, je n'ai pas soif.

PERKINS.

A ton aise... (Après avoir bu.) Voilà du rum qui n'est pas méchant; à la bonne heure, il y a du plaisir à le boire. (Il s'en verse un second verre, qu'il boit; s'adressant à York qui va pour s'éloigner.) Eh quoi! tu me quittes?

YORK.

Oui, j'ai hâte de revoir ce brave jeune homme qui nous a sauvé la vie... triste service qu'il nous a rendu là!..

PERKINS.

Triste service, non, de par tous les diables! ah! tiens, tu m'y fais songer, tu lui remettras cette bourse; tu vois que je sais généreusement m'acquitter?

YORK.

C'est bien, donne; au revoir.

PERKINS.

Au revoir. (York sort.)

SCÈNE II.

PERKINS, seul, hochant la tête.

Cette tempête n'a fait les choses qu'à demi, j'aurais dû rester seul... ce pirate manqué ne comprend rien à mon aventure!.. surveillant incommode, sermonneur importun!.. bah! s'il tient mon secret, je tiens ce qu'il appelle son honneur entre mes mains!.. il m'appartient par des liens qu'il ne peut rompre, et je l'entraîne enchaîné à ma fortune! La fortune! que me garde-t-elle après tout ceci?.. est-ce la fin de mon roman? est-ce une nouvelle voie ouverte dans ma bizarre destinée? suis-je à l'entrée d'un précipice, ou bien mon usurpation aura-t-elle le sort de tant d'autres? le bonheur!.. les hommes sont si faciles au mensonge!.. je n'ai pas passé les quinze premières années de ma jeunesse dans le tourbillon de Londres, parmi les hasards du jeu, parmi des femmes indulgentes, pour venir après mon métier de pirate, me soumettre à une philosophie sévère et gênante!.. vivre et jouir partout à tout prix, rompre tous les obstacles, et m'en remettre si non à Dieu, du moins à Satan, voilà ma profession de foi, et ce n'est pas ici que j'y serai infidèle, et si jamais ce York fait naître en mon ame le moindre soupçon d'infidélité, je saurai bien le faire disparaître pour rester seul maître de mon avenir!.. mais loin de moi ces idées! et pensons un peu à ma charmante Alix. Dès que je la vis, moi, corsaire endurci, je tressaillis agité par un prestige inconnu... je l'ai aimée... sa mère, vieille folle pleine d'ambition et de vanité, s'est presque évanouie de joie quand je lui ai demandé la main de sa fille; pauvre petite, elle comptait sur moi cependant pour protéger son amour avec Georges... j'ai eu un instant de scrupule... car ce jeune homme m'a sauvé la vie... Ah! bast!.. je le ferai riche, ça le consolera... Pour moi, quand Alix m'aura appartenu, quand j'aurai bien usé de cette vie calme de grand seigneur, si l'ennui me gagne... eh bien! un beau soir je fais voile sans rien dire, je reprends mes habitudes de corsaire... à ces brillans habits, dont je suis couvert, succédera mon costume de pirate, la ceinture de cuir, les longs pistolets, le large poignard!.. au lieu de douces paroles d'amour... de titre de lord, de noble château... debout sur le tillac, je me complairai au mugissement des flots, au sifflement du vent, aux cris des matelots... au bruit du canon tonnant et vomissant la mort, au sanglant abordage... et Perkins, qu'on dit si bien anéanti, reparaissant plus terrible et plus fort, fera baisser devant lui plus d'un pavillon.

BATTINS, dans la coulisse.

Par ici, par ici!..

PERKINS, allant à la fenêtre.

On vient... ce sont mes vassaux, allons vite... l'air de dignité et de circonstance.

SCÈNE III.

PERKINS, Mme MATHEWS, BATTINS, TOM, Paysans et Paysannes

BATTINS, en entrant, à tous ceux qui l'entourent.

Du silence, je vous prie, et l'air respectueux... imitez l'autorité! (A Perkins.) Noble lord, nous venons vous présenter nos hommages, et nous informer de votre précieuse santé; comment daignez-vous vous porter?

PERKINS.

Fort bien, mon digne constable, mais tant de zèle, d'empressement... me touche... m'émeut...

Mme MATHEWS.

Nous n'en ferons jamais assez, noble lord...

PERKINS.

C'est avec tant de plaisir que je me trouve parmi vous.

BATTINS.

Et pour nous, milord, c'est un bonheur.

Mme MATHEWS.

Un ravissement!

BATTINS.

Monseigneur, d'après vos ordres, j'ai tout fait préparer pour la gracieuse fête que vous daignez donner aujourd'hui ; vos dévoués vassaux, pleins de reconnaissance de cette auguste bonté, et jaloux de vous témoigner tout le plaisir, toute la joie qu'ils éprouvent, vous supplient, par ma voix, de mettre le comble à tant de gracieuseté en donnant par votre présence le signal des jeux et des danses. (Après un profond salut.) J'ai dit, noble lord.

PERKINS, à part.

Voyons, les grands sentimens... c'est l'occasion. (Haut.) Certainement ce sera pour moi une joie profonde que de me mêler à vos plaisirs... (Aux paysans.) Croyez-le, mes amis, vous serez toujours les bienvenus, comptez sur ma bienveillance... Lassé du tumulte et des orages de la vie... je me consacre tout entier à votre bonheur. (A part.) Parole d'honneur, je dois être superbe !

BATTINS, s'essuyant les yeux.

Ah ! milord, nous sommes attendris jusqu'aux larmes...

Mme MATHEWS, de même.

L'expression nous manque pour vous témoigner...

PERKINS, lui prenant la main.

Mon cher constable, ma bonne Mme Mathews !..

BATTINS, d'un ton glorieux à Mme Mathews.

Son cher constable.

Mme MATHEWS, de même.

Ma bonne Mme Mathews.

BATTINS.

C'est un homme charmant !..

Mme MATHEWS.

C'est un homme divin !

PERKINS, bas à Mme Mathews.

Je ne vois pas votre charmante fille.

Mme MATHEWS.

Elle se prépare pour la fête, monseigneur... je vais la chercher.

PERKINS, l'arrêtant.

Et lui avez-vous annoncé...

Mme MATHEWS.

L'honneur que vous daignez nous faire; non, monseigneur ; je me suis conformée à vos ordres... vous me l'aviez défendu.

PERKINS.

C'est juste... eh bien ! portez-lui cette nouvelle... mais pensez-vous qu'elle consente ?

Mme MATHEWS.

Ah ! monseigneur ! pouvez-vous supposer ?

PERKINS.

Eh bien ! allez... allez vite, ma future belle-mère...

Mme MATHEWS.

Oui, monseigneur. (A part.) Sa future belle-mère !.. ah ! que de gens vont enrager dans le pays... je ne sais plus où j'en suis... la tête me tourne... si ça venait à manquer, oh ! j'en deviendrais folle !.. (Elle sort rapidement et répète.) Sa future belle-mère ! sa future belle-mère !

PERKINS, à Battins.

Veillez à ce que le banquet soit splendide, magnifique ; je vous confie ce soin, maître John Battins.

BATTINS, s'inclinant.

Vous serez satisfait, noble lord.

PERKINS, à tout le monde.

Venez, mes amis, donnez-vous de la joie tant que vous pourrez, et respectez toujours votre brave et honnête constable.

BATTINS.

Oh! noble lord, vous me voyez confus... que le ciel soit loué de nous avoir rendu un si généreux seigneur; maintenant le fardeau de l'autorité me semblera plus léger, puisque je l'exercerai cette susdite autorité, sous les yeux et avec l'appui d'un personnage qui... avec lequel... mon émotion... vive lord Howard!

TOUT LE MONDE, en sortant.

Vive lord Howard!

PERKINS, à part.

J'ai là un constable qui, j'en suis sûr, ferait pendre au besoin et sans balancer tous ceux que je lui désignerais. (Haut.) Allons!.. à la danse, mes amis... partons, partons.

TOUT LE MONDE.

Vive lord Howard! vive lord Howard!

SCÈNE IV.

BATTINS, puis TOM.

Voilà un seigneur populaire!.. certes il sera noblement satisfait de son majordome! (Tirant un papier de sa poche.) Mon discours est tout prêt. (Il le parcourt des yeux en se promenant à grands pas.) Non, jamais je ne fus plus éloquent. (A Tom qui entre.) Eh bien! mon garçon, ça va-t-il?

TOM, avec humeur en rangeant les bouteilles et les verres qui sont sur la table.

Oui, oui, ça va très bien et tout irait pour le mieux si Mme Mathews ne venait pas tout contrarier... Je suis intendante du château de monseigneur, s'écrie-t-elle à chaque instant, je veux ceci, je ne veux pas cela!... elle vous avait des caprices que le diable n'y comprenait rien... C'est bien autre chose à présent! elle m'a transformé en valet de chambre... je vous demande un peu quel air j'ai, affublé de ce grand diable d'habit.

(Il se promène grotesquement le long du théâtre, les pans de son habit lui tombent jusqu'aux talons.)

BATTINS.

Mais je te trouve fort bien.

TOM.

Vous n'êtes pas difficile, alors.

SCENE V.

LES MÊMES, JENNY.

JENNY, entrant vivement.

Ah! maître John Battins... maître John Battins... Alix... ma cousine, l'avez-vous vue?

BATTINS.

Non, petite folle, non, je ne l'ai pas vue.

JENNY.

Comment, et vous aussi, petite folle!.. petite folle parce que je suis gaie, étourdie, rieuse... mais voyons, ça m'empêche-t-il de bien conduire et bien achalander notre taverne de la Licorne, car enfin vous le savez comme moi, la Licorne c'est la première du pays... les habitués m'aiment et me craignent tout à la fois... faut-il plaisanter et rire, je suis là... faut-il se fâcher et remettre à l'ordre ceux qui vont trop loin, je suis encore là... je vaux à moi seule le guet et votre baguette de constable, dont vous êtes si fier... Mais aujourd'hui, plus d'habitués, plus de taverne... j'ai mis le blanc corset, le jupon court, et me voilà prête pour la danse. C'est Alix que je viens prendre, et puisqu'elle n'est pas ici, ma foi je m'en vais... car la musique que j'entends d'ici me fait sauter malgré moi! adieu, maître John Battins!..

BATTINS.

Miss Jenny, un mot, miss Jenny!..

JENNY, en courant.

Rien, je n'ai pas le temps, adieu.

BATTINS.

Est-elle gentille et mutine cette petite fille-là!.. (En soupirant.) Ah! si elle voulait...

TOM.

Oui, si elle voulait!... mais elle ne veut pas.

SCENE VI.

Les Mêmes, Mme MATHEWS, ALIX.

Mme MATHEWS.

Eh bien! qu'est-ce que vous faites là, maître John Battins? on vous cherche, on a besoin de vous... allez donc!...

BATTINS.

J'y vais, Mme Mathews, j'y vais. (A Tom.) Viens, Tom.

TOM, emportant les bouteilles.

Me v'là. (Ils sortent.)

SCENE VII.

Mme MATHEWS, ALIX.

Mme MATHEWS.

Eh quoi! ma fille, au milieu de toute cette joie, toi seule garderas-tu cet air triste et désolé! tu sais pourtant que quoique brusque, emportée même, cela m'afflige de te voir ainsi, car je t'aime.

ALIX.

Ah! ma mère, si vous m'aimiez...

Mme MATHEWS.

Je te comprends, c'est ton mariage avec sir Dikson qui te désole, n'est-ce pas? eh bien! écoute, n'en parlons plus, il ne se fera pas; depuis hier j'ai remercié le baronnet.

ALIX.

Il est inutile de feindre avec moi, ma mère... car ce n'est pas à moi que vous sacrifiez sir Dikson... mais à lord Howard.

Mme MATHEWS.

Comment?

ALIX.

L'entretien que vous avez eu hier avec lord Howard... je l'ai entendu, ma mère.

Mme MATHEWS.

Et tu n'es pas joyeuse, tu ne me remercies pas... tu ne m'embrasses pas de tant de bonheur!

ALIX.

Non, je souffre davantage.

Mme MATHEWS.

Ah! te voilà encore avec tes folles idées... avec ton amour ridicule pour ce Georges... voyons, voyons, jure-moi tout de suite qu'à l'avenir...

ALIX.

Non, ma mère, je ne puis.

Mme MATHEWS.

Qu'entends-je?

ALIX.

La vérité... je ne veux rien vous promettre, ce serait vous tromper, et je n'en ai ni la force, ni le courage, je vous ait ouvert mon ame tout entière... je vous ai dit que j'aimais Georges, que je l'aimerai toujours, et je vous le répète, ma mère, pour lord Howard comme je vous l'ai dit pour sir Dikson... Si je ne suis pas la femme de Georges, jamais je n'appartiendrai à un autre.

Mme MATHEWS.

Mais malheureuse enfant, réfléchis donc... lord Howard, un seigneur!.

ALIX.

Je le sais, mais je ne l'aime pas.

MME MATHEWS.

Tu l'aimeras.

ALIX.

Jamais ma mère.

MME MATHEWS.

Et tu crois que je consentirai, moi, à te donner à un homme qui n'a rien; certes, il faudrait que je fusse folle...

ALIX, se jetant à genoux.

Ma mère, je vous en supplie, je vous le demande par tout ce qu'il y a de saint et sacré pour vous, par la mémoire de mon père.

MME MATHEWS.

Ton père, s'il vivait encore, ferait ce que je fais aujourd'hui, il résisterait à tes larmes pour assurer ton bonheur, c'est mon devoir, je le remplirai, et plus tard, tu me sauras gré de ma fermeté, tu me remercîras d'avoir fait de toi la femme d'un lord, et non celle d'un misérable pêcheur

ALIX.

Ma mère, je vous en conjure.

MME MATHEWS.

Ma résolution est irrévocable, songes-y, adieu. (Elle sort.)

SCÈNE VIII.

ALIX, seule, puis JENNY.

ALIX, pleurant.

Que je suis malheureuse! plus d'avenir... plus d'espoir... plus rien... ô mon Dieu! que vous m'accablez cruellement.

JENNY, dans la coulisse.

Alix! Alix! ah! te voilà enfin.

ALIX, à Jenny, qui entre en courant et allant à elle.

Jenny... c'est toi!

JENNY.

Qu'as-tu donc, comme tu es pâle, agitée?..

ALIX.

Je puis compter sur toi, n'est-ce pas?

JENNY.

Toujours... parle, que faut-il faire?

ALIX.

Attends... (Elle se place devant une table et écrit avec la plus vive agitation.)

JENNY, à part.

Qu'y a-t-il? mon Dieu!

ALIX, après avoir écrit.

Tiens, prends cette lettre, cours la porter à Georges, ne perds pas un instant, et surtout prends bien garde qu'on ne te voie...

JENNY, prenant la lettre.

Donne... (Elle va pour sortir, et revenant.) Ta mère, lord Howard... tout le monde!..

ALIX, lui indiquant le côté opposé.

Par-là, alors, par-là, et hâte-toi.

JENNY, sort en courant.

Sois tranquille...

ALIX.

Et à présent, le sourire sur les lèvres, et quand le cœur me manque, quand je me sens mourir, ayons l'air d'être heureuse, bien heureuse!..

SCÈNE IX.

PERKINS, ALIX, MME MATHEWS, J. BATTINS, PAYSANS, PAYSANNES, PÊCHEURS et ENFANS.

(Tous les chapeaux des hommes, sont garnis de rubans, les femmes et les jeunes filles ont des bouquets de fleurs à la main; Perkins marche d'un air joyeux au milieu de ce cortége.)

CHOEUR GÉNÉRAL.

Ah! quel plaisir! ah! quel beau jour!
Quel jour heureux, quel jour de fête!

Qu'avec amour, chacun répète
Amour et gloire à monseigneur !

(Après le chœur, Tom entre en scène, et vient parler bas à Battins, qui s'avance auprès de lord Howard, après une longue suite de salutations.)

TOM.
Maître, tout est prêt.

BATTINS.
Quand vous voudrez, monseigneur, vous êtes servi.

PERKINS.
A table, donc ! que le plaisir éclate sur tous les visages, loin de nous les soucis et les regrets, ceux qui ne seraient pas joyeux ne seraient pas mes amis, venez, je veux vider ma première coupe à la santé et au bonheur de mes vassaux. (Applaudissemens et acclamations universels. — A part.) Si jamais les nobles aïeux que je représente, ont eu ma popularité, je veux bien que le diable m'emporte !

BATTINS, tirant son discours et s'approchant.
Monseigneur... c'est avec une joie profonde...

PERKINS.
Le diner nous attend, cher constable.

BATTINS.
C'est juste, ce sera pour le dessert. (S'adressant à tout le monde.) Place à lord Howard ! place à notre gracieux seigneur !

PERKINS, offrant la main à Alix.
Jolie miss... (Elle hésite un instant, puis elle la lui donne en tremblant.)

BATTINS, passant le premier et criant en élevant son chapeau en l'air.
Place ! place ! (Tout le monde suit ; reprise du chœur d'entrée ; la nuit est venue par degrés.)

SCÈNE X.

YORK, seul. A peine est-on sorti qu'il entre du côté opposé.

Une fête ! dans leur crédulité, ils le saluent de mille acclamations, quand ils devraient lui dresser un gibet... mais parmi tout ce monde empressé autour de lui, je n'ai pas aperçu ce brave Georges ; qu'il était heureux en recevant cet or ; Alix sera à moi s'écria-t-il, je suis riche à présent, sa mère se laissera fléchir ; et des larmes de joie tombaient de ses yeux... Ces deux enfans seront ici ma consolation ; il me semble qu'ils me font oublier ce que je souffre ; ma destinée est si étrange, que je suis tenté parfois de mettre fin à une vie si misérable, et toujours une voix secrète me dit, au fond de l'âme : attends et espère... ah ! maudit soit le jour où pour avoir vengé mon honneur, on dévoua mon nom à l'ignominie !.. J'avais une femme douce et belle, un séducteur voulut la ravir, je tuai cet homme ; il était riche et noble, on proscrivit ma tête, et la société me condamna ; dans mon désespoir et ma haine pour elle, je lui déclarai la guerre, je brisai mes fers, je m'armai d'une hache, et j'allai demander asile à des pirates, parce que des pirates pouvaient mieux servir ma vengeance ; mais je n'étais pas fait pour le meurtre...j'avais entrepris une tâche trop forte pour ma haine, car elle s'éteignit avant d'être assouvie, et victime de cette pensée criminelle, je restai enchaîné à la fortune de ceux qui m'avaient accueilli... Que de cruautés, que de massacres, que de sang j'ai vu répandre !.. mais grace au ciel, mes mains sont restées pures de meurtre ; plus d'une fois j'ai soustrait des infortunés à la mort affreuse qui leur était réservée... C'est qu'il est de ces hommes qui n'abjurent jamais leurs bons sentimens, dans quelque position que le sort les fasse tomber, et je le dis avec orgueil, je suis un de ces hommes-là, moi. Perkins, exécrable bourreau, ta vue était mon supplice, et ici, encore ici, il faut que je me taise, il faut que je reste près de toi. (Allant au fond du théâtre.) Georges !.. (Georges veut s'éloigner, York le retient.) Pourquoi cette agitation, qu'avez-vous ?

SCÈNE XI.

YORK, GEORGES.

GEORGES.
C'est lord Howard que je cherchais, mais puisque vous voilà vous qui êtes venu de sa part, vous devant qui je n'ai pas craint de laisser éclater ma joie, et qui ne vouliez que mon désespoir, ce que je venais lui dire

je vous le dirai : cet or que j'ai accepté, le pensant offert par la reconnaissance, je me croirais le plus lâche et le plus vil des hommes, si je le gardais maintenant. J'aime mieux faire un ingrat, dites-le bien à lord Howard ; le voilà cet or, je n'en veux pas. Adieu...
(Il va pour sortir, York l'arrête.)

YORK.

Georges, arrêtez... que signifie...

GEORGES.

Oh! il est inutile de feindre avec moi ; est-ce que vous ne voyez pas que je sais tout?..

YORK.

Quoi ?

GEORGES.

Vous me paraissiez bon... et vous ne vouliez que surprendre mes sentimens, mes pensées ; vous vous disiez sans doute en m'apportant de l'or : Oh! il sera trop heureux !.. avec de l'or, que ne fait-on pas? C'est la croyance des grands sur nous autres pauvres gens du peuple ; vous n'avez donc pas compris que c'est pour elle que je tiens à la vie, et que l'espérance m'est restée à travers ma pauvreté, et maintenant, parce que je suis seul, abandonné, un homme qui devrait me protéger, voudrait m'enlever celle que j'aime, et Alix serait perdue pour moi... Oh! mais avant d'accomplir ce projet, dites-lui donc de me tuer, me v'là, qu'il me tue.

YORK.

Sur l'honneur et devant Dieu, Georges, je ne vous comprends pas...

GEORGES.

Vous ne me comprenez pas, oh ! allons donc !... Tenez... (Lui donnant la lettre d'Alix.) Lisez, lisez.

YORK, la parcourant des yeux. — A part.

Il se pourrait... lui son époux !...

GEORGES.

Ah! vous vous taisez, maintenant.

YORK.

La surprise glace à la fois et mon sang et mes lèvres, car je vous le jure, j'ignorais tout.

GEORGES, avec ironie.

Vous ignoriez...

YORK.

Ce sourire est amer, jeune homme ; vous qui faites le bien, et qui savez vous dévouer, en êtes-vous donc réduit, parce qu'un homme vous trompe, à ne plus croire à la reconnaissance dans le cœur d'un autre?.

GEORGES.

Je crois que je suis destiné à être malheureux, toujours malheureux ; je crois que désormais, quand une bonne action se présentera à faire sur mon chemin, je la ferai, mais comptant sur Dieu seul pour me donner ma récompense, car pour l'attendre des hommes, voyez-vous, c'est autre chose.

YORK.

Je vous prouverai que vous vous trompez, moi.

GEORGES.

Vous?

YORK.

Je sais à présent à quelles inquiétudes vous êtes livré, et plus que vous peut-être, je puis porter mes regards dans votre avenir. Qui vous dit que le ciel ne vous a pas envoyé un ami, un de ces hommes qu'un événement imprévu, un seul instant, un service rendu, suffisent pour nous attacher par des liens sacrés... vous tromper, vous abuser... Georges... non, jamais !.. vos douleurs ont un écho dans mon ame, je veux vous servir vous protéger, vous défendre ; si vous ne comprenez pas cette sympathie qui m'attire, et que moi-même je ne peux définir... souvenez-vous du moins que vous m'avez sauvé la vie... songez que moi aussi j'ai mes souffrances, et que deux hommes de cœur peuvent bien se réunir pour souffrir et pour lutter ensemble, et si vous doutez encore, jeune homme, mettez votre main dans la mienne et regardez-moi... (Georges lui prend la main. York avec expression et force.) Vous haïssez lord Howard, n'est-ce pas?

GEORGES, de même.
Vous savez tout, et vous me le demandez?
YORK.
Eh bien! moi aussi, je le hais!
GEORGES.
Vous?
YORK.
J'ai mes secrets, jeune homme, des secrets de vie et de mort; que cela vous suffise... mais laissez-moi veiller sur vous, me placer à vos côtés, et je vous jure par le salut éternel, par le souvenir de deux êtres chers à mon cœur, et que j'ai perdus, de tout faire pour combler vos vœux... et fallut-il marcher sur le cadavre de lord Howard, je vous donnerai la preuve de mon amitié.
GEORGES.
Qu'entends-je? (Acclamations dans la coulisse.)
YORK.
Laissez-moi, soyez prudent, je ne tarderai pas à vous rejoindre, et vous verrez si je sais tenir ma promesse.
GEORGES.
Oh! ma reconnaissance..
YORK.
C'est bien, c'est bien, comptez sur moi.

SCENE XIII.
YORK, puis PERKINS et ALIX.
YORK, seul.
Pauvres enfans! oh! oui, je les sauverai... (Bruit dans la coulisse.) On vient! c'est lui et miss Alix, tout en larmes, oh! que le ciel t'inspire, Perkins, ou ton triomphe sera court.
ALIX, à Perkins, en entrant vivement.
Milord, je vous en conjure, ayez pitié de moi, je ne suis qu'une pauvre fille, indigne de tant d'honneur... n'abusez pas de l'aveuglement de ma mère...
PERKINS.
Non, non, miss Alix, votre mère a raison; les plaisirs, la fortune, les honneurs, voilà votre partage.
ALIX.
Mais je n'y tiens pas, monseigneur...
PERKINS.
Et vous avez tort; renoncer à vous, oh! ne l'espérez pas...
ALIX.
Mais, vous le savez, monseigneur, j'en aime un autre, et cet autre, c'est Georges, Georges qui vous a sauvé la vie... vous m'aviez promis de nous protéger, ne l'oubliez pas, monseigneur, ne l'oubliez pas...
PERKINS.
Non, je vous aime trop...
ALIX, à part.
Mon Dieu! plus d'espoir...
YORK.
Relevez-vous, miss, relevez-vous et laissez-nous.
ALIX.
Moi?
PERKINS.
Que signifie...
YORK, bas à Alix.
Allez, allez, vous dis-je, et espérez...

SCENE XIV.
PERKINS, YORK.
PERKINS.
Tu nous déranges un peu brusquement, mais la position devenait embarrassante, et ma foi, j'aurais tort de t'en vouloir... oh! respirons un peu... (Il se jette dans un fauteuil.) Où diable t'es-tu donc fourré depuis ce

matin, tu seras donc toujours le même, vieux loup, va !.. Manquer cette occasion, une fête charmante, des flots de vins exquis, et ce diable de constable versait avec une profusion .. jamais, oh ! non, jamais, je n'ai assisté à plus joyeux festin.

YORK.

Et pendant que la joie règne là-bas, à cause de toi, ici, des larmes de désespoir inondaient les yeux d'un homme que tu devais défendre et protéger...

PERKINS.

Que veux-tu dire ?

YORK.

Que je sais tout, et que Georges était ici, tout à l'heure, rapportant cet or, et pleurant devant moi, comme je viens de voir miss Alix pleurant à tes pieds... ah ! tu n'oseras pas pousser jusque-là l'audace et la perfidie...

PERKINS.

Pourquoi donc ?

YORK.

Tu sais tout l'amour de cette jeune fille pour Georges, et cela ne t'arrêtes pas ; tu oublies aussi vite ce que nous devons à ce brave pêcheur.... tout sentiment de reconnaissance est-il éteint dans ton ame ? est-ce en brisant son cœur, en lui ravissant celle qu'il aime, que tu prétends t'acquitter envers lui ? mais, non, tu ne le feras pas, c'est impossible... tu renonceras à une semblable résolution, ce serait trop odieux.

PERKINS, se levant.

Est-ce que je lui enlève miss Alix, moi ? Mme Mathews n'a-t-elle pas repoussé à tout jamais son amour pour sa fille... est-ce ma faute, et de quel droit Georges se plaindrait-il ?..

YORK.

Pas de vains subterfuges... le premier emploi que tu aurais dû faire de cette autorité que tu as usurpée si effrontément, c'était de protéger Georges... agir autrement, c'est être infâme... j'en suis sûr, si tu l'avais vu, comme moi, tout à l'heure, tu n'aurais pu résister à sa douleur si touchante... J'ai fait renaître l'espoir dans son cœur; il faut que tu le réalises... et si ce n'est pour lui, que ce soit du moins pour moi... c'est la seule chose que je te demande... comble les vœux de ces deux enfans, décide Madame Mathews à les unir, et laissons ainsi, si nous sommes jamais découverts, une trace de bonheur à opposer à notre odieuse imposture... et moi, en échange et sans partage, je t'abandonne honneurs, richesse et puissance.

PERKINS.

Ce que tu me demandes, York, est impossible...

YORK.

Impossible !

PERKINS.

Je ne renoncerai pas à miss Alix.

YORK.

Oh ! réfléchis !

PERKINS.

A quoi bon... je n'y renoncerai pas, te dis-je !

YORK.

Il le faut pourtant.

PERKINS.

Jamais !

YORK.

Eh bien ! moi, je le veux !

PERKINS.

Comment, tu le veux ?

YORK.

Oui... puisque mes prières ne peuvent rien sur toi, je te l'ordonne.

PERKINS, avec colère.

Mais en vérité, York, sais-tu que je te trouve bien téméraire d'oser exprimer ainsi une volonté en ma présence.

YORK.

Oh ! prends garde !.. réfléchis, te dis-je... car je jure Dieu que cet instant est solennel.

PERKINS.
Solennel!
YORK.
Je n'ai qu'un seul nom à prononcer, et j'y suis résolu, Perkins.
PERKINS.
Tu te livreras donc avec moi?
YORK.
Qu'importe, pourvu que tu meures...
PERKINS, courant fermer la porte au verrou.
York, songe que ma patience est lassée... songe que je n'ai qu'un signe à faire, un mot à dire, pour que tu disparaisses à jamais.
YORK.
Et toi, songe que je pourrais t'enlacer dans mes bras, t'y étreindre, et ne les entr'ouvrir que pour te laisser tomber expirant à mes pieds... mais c'est le bourreau que je chargerai de ce soin.
PERKINS.
Insensé!.. mais tu ne comprends donc pas que c'est moi qui te tiens en ma puissance... à quel tribunal pourrais-tu porter ta déposition, toi, qui n'a pas même un nom... quelle garantie, quelle preuve peux-tu donner?.. Voyons, vienne le juge, viennent mille personnes entre nous, et je te dirai ce que je te dis maintenant... Je te défie... Ne suis-je pas pour tout le monde, ici, lord Howard... reconnu tel... n'ai-je pas là tous ses papiers... J'ai si bien étudié son écriture, que je défierai le plus habile de ne pas dire : C'est bien cela... Et ce que je répondrais à tes accusations, le sais-tu?... Cet homme est fou... et chacun répéterait comme moi : Il est fou!.. Puis, je te ferais lier, garotter, et sous prétexte de soins généreux à te prodiguer, je te garderais près de moi pour te faire souffrir et te torturer. Ah! ah! tu n'avais pas songé à tout cela, n'est-ce pas?
YORK.
Eh bien! soit donc... c'est en face de tous, c'est au milieu de cette fête, que je vais te démasquer... et tu jugeras si mes preuves ne valent pas les tiennes.
PERKINS.
Tu cherches à m'effrayer, tu n'en as pas.
YORK.
Tu vas voir.
PERKINS, le retenant.
Arrête!
YORK.
Quoi! tu trembles déjà, tu as peur... toi, mon maître... allons donc, laisse, laisse-moi faire, lord Howard, tu oublies que tu n'as rien à craindre!..
PERKINS.
Malédiction!... que faire?.. que faire?..
YORK.
Tu ne réponds plus?
PERKINS.
Ecoute, York, demande-moi tout ce que tu voudras, je le ferai... veux-tu que nous quittions ces lieux... veux-tu de l'or, je suis prêt... mais ne me sépare pas d'Alix... je ne puis, je l'aime trop.
YORK, avec force.
Elle t'appartenir!.. miséricorde!.. Réfléchis donc, Perkins, allier la candeur et l'innocence au crime et à la flétrissure... n'est-ce pas une amère dérision?.. Ecoute... entends-tu?.. (Bruit dans la coulisse.) On vient... allons, décide-toi.
PERKINS, en proie à la plus violente agitation.
York!..
YORK, avec plus de force encore.
Décide-toi... Feras-tu ce que je te demande?..
PERKINS.
Ecoute, te dis-je...
YORK.
Rien... tu refuses!.. je vais parler...
(Il remonte le théâtre et va pour ouvrir la porte ; Perkins suit ses mouvemens, saisit une barre de fer qui est dans la cheminée et se précipite sur lui.)

PERKINS.

Tu ne parleras pas!...

(Il le frappe à la tête; le sang jaillit, et York tombe en poussant un sourd gémissement.)

YORK, en tombant.

Ah!...

PERKINS, dans le plus grand désordre.

Il l'a voulu!...

CRIS, dans la coulisse.

Vive lord Howard!..

PERKINS.

On vient... et ce cadavre... comment le faire disparaître... Ah! la mer baigne ces murs... (Il va ouvrir la fenêtre.) La nuit est sombre!.. c'est cela, oui,... (Il le porte jusqu'à la fenêtre et le précipite. Après avoir entendu le bruit du corps tombant dans l'eau, il s'écrie :) Accuse-moi, maintenant... (Refermant la fenêtre.) M'en voilà débarrassé... plus rien à craindre... (Musique et cris dans la coulisse. — S'examinant.) Rien qui dénonce... pas de sang, pas de trace... n'est-ce pas?... non... je ne vois rien!... (Ouvrant.) Ils peuvent venir...

CRIS, dans la coulisse.

Vive lord Howard!.. vive lord Howard!..

SCÈNE XV.

PERKINS, J. BATTINS, Mme MATHEWS, JENNY, ALIX, TOM, GEORGES, WILLIAMS, Pêcheurs, Paysans, Paysannes, etc.

PERKINS.

Eh bien! que faites-vous? où allez-vous?

BATTINS, s'approchant de Perkins.

L'heure est avancée, monseigneur; nous nous retirons, pénétrés de vos bontés.

PERKINS.

Vous retirer! et pourquoi? non, non, restez... ma félicité est au comble, et je veux que vous la partagiez. (Prenant la main d'Alix.) Mes amis, je vous présente à tous lady Howard, ma femme.

TOUS.

Sa femme!..

Mme MATHEWS, à part.

Quelle gloire!

ALIX, chancelant.

Je me sens mourir.

JENNY, à part.

Pauvre Alix, comme elle souffre!..

PERKINS, à part.

Ce désespoir... encore un obstacle... Oui, Georges, j'y songerai. (Haut.) Eh bien! allons, mes amis, que tout ici respire la joie et le bonheur!...

BATTINS.

Vive milady! vive lord Howard!..

(Reprise du chœur. — Tableau.)

FIN DU DEUXIÈME ACTE.

ACTE III.

La même décoration qu'au premier acte.

SCENE I.
TOM, JOHN BATTINS.
(Au lever du rideau, John Battins entre appuyé sur le bras de Tom.)

TOM.
Vous avez beau dire, maître John Battins, mais tout monseigneur qu'il soit, ce n'est pas bien d'agir comme ça.

BATTINS.
Chut!...

TOM.
Après ce que Georges a fait pour lui encore, lui enlever miss Alix.

BATTINS.
Puisque tu veux du bien à miss Alix, il me semble que tu devrais être enchanté pour elle, car enfin, elle va devenir milady.

TOM.
Ah! laissez-donc... Mme Mathews n'est qu'une ambitieuse, une vaniteuse, et monseigneur...

BATTINS.
Veux-tu bien te taire... si l'on t'entendait ça pourrait te compromettre et moi aussi... ta langue t'a déjà joué un mauvais tour, cependant... Madame Mathews vient de te mettre à la porte pour t'apprendre à garder tes réflexions pour toi.

TOM.
Ça m'est ben égal, par exemple... je suis enchanté, c'est la fin de mon purgatoire... et franchement, je préfère le service de la taverne à celui de l'antichambre... oui, au diable Mme Mathews et le château de monseigneur!.. Je vais me mettre tout au service du père Simpson, à la taverne de la Licorne... je ne regrette que miss Alix, si bonne, si gentille... Ah! dame! que voulez-vous, chacun son goût... c'est comme vous, qui préférez le porter à tout autre boisson.

BATTINS.
Ah! c'est que le porter, vois-tu, Tom, c'est la boisson par excellence... boisson divine, enchanteresse, celle du buveur national... Tieus, quand je me vois au milieu de flacons toujours pleins, quand je les engloutis à longs traits et à flots, alors des vapeurs célestes enveloppent mon cerveau, comme les brouillards de la Tamise enveloppent Londres. Les misères humaines s'effacent, mes yeux voient un monde nouveau... alors, je suis roi, potentat, presque dieu... Le porter! non-seulement il guérit l'âme, mais semblable aux pilules écossaises, il assainit le corps, qu'il rend frais, souple et rond, comme tu vois. (Il se frappe sur le ventre.) Oui, mon garçon, crois-moi, bois-en souvent, à grands coups, largement, et après tu diras comme moi : Vive le porter! c'est un bienfait, c'est le nectar des dieux!

TOM.
Bravo!.. vous en parlez aussi bien que vous le buvez.

BATTINS.
N'est-ce pas?.. eh bien! partons, et allons-en boire.

TOM.
Maître... voilà miss Jenny qui vient.

BATTINS.
Elle et sa cousine Alix, ce sont bien les deux jeunes filles les plus avenantes du comté.

SCENE II.
LES MÊMES, JENNY.

JENNY.
Ah! c'est vous, maître John Battins?.. bonjour.

TOM, saluant.

Miss Jenny...

JENNY.

Bonjour, Tom!..

BATTINS, passant à Jenny.

Salut, mignonnette, bel ange, mes amours...toujours fraîche et joliette!..

JENNY.

Et vous chaque jour plus galant.

BATTINS.

Jamais trop, bel astre de mes pensées... je me rendais à votre taverne de la Licorne, je ne puis jamais vous voir ni assez tôt, ni assez long-temps.

JENNY.

Là, là, maître John Battins.

BATTINS.

Non, mais demandez à Tom; n'est-ce pas que chaque jour je te répète que miss Jenny...

TOM.

Oui, oui, après sa baguette de constable. (A part.) Et le porter. (Haut.) Ce que maître John Battins aime le plus, c'est vous, miss Jenny, c'est connu dans tout le comté. (A part.) On s'en moque assez, Dieu merci!..

BATTINS.

Vous entendez, et si vous le vouliez, je serais trop heureux de mettre à vos pieds mon cœur et cette baguette de constable, qui a bien son mérite. je puis m'en flatter, car elle a peut-être arrêté plus de vingt révolutions.

TOM, à part.

En voilà une bonne par exemple.

BATTINS, se mettant à genoux.

Dites un mot, miss, et tout est à vous, et je suis le plus fortuné des mortels.

TOM, à part.

Est-il permis, mon Dieu, à son âge.

JENNY.

C'est trop flatteur pour moi, maître, je vous remercie.

BATTINS.

Vous refusez donc toujours?

JENNY, riant.

Ce n'est pas ma faute.   (On entend des cris dans la coulisse.)

BATTINS.

Qu'est-ce que cela?

JENNY.

C'est peut-être une révolution qui attend votre baguette!...

BATTINS, se retirant.

Pardon, enchanteresse... mille fois pardon, je vous quitte à regret... mais je suis magistrat, le devoir m'appelle, il faut que je m'arrache d'auprès de vous.

JENNY.

Allez, maître John Battins... allez... je n'ai garde de vous retenir...

BATTINS, à Tom.

Viens, viens, avec moi...

TOM.

C'est ça, et comme l'autre jour, si c'est encore quelque boxe... les coups seront pour moi, n'est-ce pas? c'est amusant!...

BATTINS.

Ne crains rien, je te protégerai de ma baguette... au revoir, jolie miss. pensez un peu à moi!   (Il entraîne Tom et sort vivement.)

SCÈNE III.

JENNY, seule.

Mon Dieu! est-il étonnant ce gros constable, est-il étonnant, m'amuse-t-il avec ses prétentions!.. Moi, m'appeler jamais mistriss John Battins... oh! par exemple, non!..

SCÈNE IV.

JENNY, GEORGES, sortant de chez lui; puis **ALIX**.

GEORGES, apercevant Jenny.

Ah! c'est vous, miss Jenny... que je suis heureux de vous voir... eh bien! Alix! que fait-elle, que dit-elle? oh! parlez, parlez...

JENNY.

Je ne l'ai pas encore vue et j'allais...

ALIX, chez elle.

Non, jamais... jamais...

GEORGES.

C'est elle!

JENNY.

Oui.

GEORGES, courant à Alix, qui sort de chez elle avec la plus vive agitation.

Alix!

ALIX, se jetant dans ses bras.

Georges! (Apercevant Jenny.) Toi aussi, Jenny, c'est Dieu qui vous envoie.

GEORGES.

Cette émotion? ce trouble?

JENNY.

Parle.

ALIX.

Attendez. (Elle va ouvrir la porte de chez elle, qu'elle referme après avoir regardé.) Non, ma mère n'est plus là...

GEORGES.

Eh bien!..

ALIX.

Sauve-moi, Georges... sauve-moi.

GEORGES.

Te sauver.. de qui?

ALIX.

De lord Howard... de ma mère!

GEORGES.

De ta mère?..

ALIX.

Plus que jamais, elle exige... elle veut... demain nous quittons cette demeure .. demain, nous allons habiter le château de lord Howard... et dans quelques jours...

GEORGES.

Oh! n'achève pas.

JENNY.

Oh! mon Dieu!

GEORGES.

Fou que j'étais, d'avoir pu croire un seul instant, mais les paroles de ce York m'avaient parues si franches, si loyales... et voilà que tout à coup il nous abandonne; à qui se fier, ô mon Dieu! si la perfidie et le mensonge peuvent prendre cet air de vérité... York, York..... je ne l'aurais jamais cru!.. non, jamais.

ALIX.

Et ma mère... à quel fatal vertige est-elle donc livrée?.. et cet homme qui l'éblouit par son rang, par son titre, par sa fortune... cet homme, lord Howard, il me fait trembler... je ne puis m'expliquer l'impression qu'il a produite sur moi, quand même je ne t'aurais pas donné tout mon amour; Georges, plutôt que d'appartenir à lord Howard... eh bien! vois-tu, je me tuerais, je crois...

GEORGES.

Toi, mourir!

JENNY.

Alix...

ALIX.

Oui... car sa présence est un supplice pour moi, son regard me fait frémir... ah! Georges, Georges! c'est en vain que je me suis traînée aux genoux de ma mère... elle a détourné de moi son regard, autrefois plein de tendresse, et s'est éloignée en me disant : JE LE VEUX!

GEORGES.
Toujours inflexible!...

ALIX.
Mais les devoirs d'une fille n'ont-ils pas des bornes, Georges?.. la malheureuse qu'on veut sacrifier, n'a-t-elle donc pas le droit de s'affranchir du supplice cruel d'être unie à un homme qu'elle hait?

GEORGES.
Qu'entends-je!

ALIX, avec exaltation.
Oh! Georges, depuis trop long-temps je souffre sans savoir à quelle pensée m'arrêter... mais, aujourd'hui, ce n'est plus de l'incertitude, des larmes, du désespoir qu'il faut, mais une résolution prompte, audacieuse, comme l'amour que je ressens pour toi, et cette résolution, je l'ai prise.

GEORGES.
Que veux-tu dire?

ALIX.
C'est un pas énorme, sans doute, que je vais franchir, et l'excès de mon malheur peut seul me servir d'excuse... Georges, il faut fuir...

JENNY.
Fuir...

GEORGES.
Ensemble, n'est-ce pas?

ALIX.
Oui, Georges, ensemble; partout, partout, nous trouverons un autel pour nous unir... Dieu, pour nous pardonner! ici, seulement, nous trouverons des cœurs capables de nous séparer.

GEORGES.
Merci, mon Alix, merci; oui, je suis digne de tant d'amour et de confiance, tu seras ma femme, nous fuirons, nous serons heureux, et je mourrai mille fois avant de te coûter un regret, une larme, un soupir!...

ALIX.
Je te crois, Georges, eh bien! écoute : ce soir, à neuf heures, Jenny et moi. (A Jenny.) Car tu m'accompagneras, n'est-ce pas?

JENNY.
Ne l'ai-je pas dit : A toi pour toujours!...

ALIX, lui serrant la main.
Merci!.. (A Georges.) Nous irons t'attendre à la sortie du village, ou plutôt, non, tiens, c'est plus sûr, chez ma bonne vieille nourrice, la mère d'Owel, le garde-chasse.

GEORGES.
Oui, c'est cela, Owel est mon ami, leur maison est isolée, nous trouverons là un asile, jusqu'à ce que nous puissions fuir bien loin.

(Bruit et cris dans la coulisse.)

JENNY.
On vient! vite, vite, séparons-nous.

GEORGES.
A ce soir.

ALIX.
A ce soir.

(Jenny entraîne Alix; elles rentrent dans la ferme; Georges entre chez lui.)

SCÈNE V.

JOHN BATTINS, TOM, WILLIAMS, Pêcheur; JEAN, THOMAS, Matelots français; SUGG, Matelot danois; FORSTER, Matelot anglais; PERES, Matelot espagnol; RINALDO, Matelot génois; MATELOTS.

BATTINS, entrant au milieu des matelots qui se disputent.
Eh bien! eh bien!

WILLIAMS.
Je soutiens que c'est le mien.

TOUS.
Non, le mien... le mien... le mien!..

BATTINS, cherchant à faire faire silence.
Doucement... doucement!...

TOM.
Si ça continue... on ne tardera pas à se boxer...
BATTINS.
Si vous voulez que je puisse juger le différend, ne parlez pas tous à la fois. (A Williams.) Voyons, conte-moi l'affaire, toi.
WILLIAMS.
Je ne demande pas mieux; je disais, moi, que l'Angleterre...
THOMAS.
Que la France...
SUGG.
Que le Danemarck...
FORSTER.
Moi, l'Angleterre...
PERES.
Moi, l'Espagne...
RINALDO.
Moi, l'Italie...
BATTINS, se bouchant les oreilles.
Allons!.. si vous recommencez... voyons, au fait.
WILLIAMS.
Eh bien! supposons, maître John Battins, que vous soyez une frégate.
BATTINS.
Moi, une frégate...
TOM, à part.
S'il disait un mât de perroquet, je ne dis pas.
WILLIAMS.
Ou bien un brick, un bâtiment quelconque enfin; dans quel pays seriez-vous flatté d'aborder?
BATTINS.
Dame! ma foi!..
WILLIAMS.
En Angleterre, n'est-ce pas?
THOMAS, interrompant Williams.
Non pas... En France! le vin y est bon, et les femmes gentilles.
BATTINS.
Oui, ce n'est pas à dédaigner...
SUGG.
Non, en Danemarck, maître.
WILLIAMS.
On y gèle en plein été
PERES.
Croyez-moi, seigneur alcade, venez en Espagne, vous folâtrerez avec les belles Andalouses, et vous boirez du fameux vin d'Alicante et de Malaga.
BATTINS, avec feu.
Connu! les Andalouses, le vin d'Alicante et de Malaga!..
RINALDO, frappant sur l'épaule de Battins, pendant que celui-ci gesticule vivement.
Du tout! du tout, signor podesta! l'Italie, où il y a aussi du bon vin et de jolies femmes!
BATTINS.
Ah! oui, le beau ciel de l'Italie, comme disent les romanciers... les brunes Italiennes!..
WILLIAMS.
Ah! ouiche! allez-y voir! un soleil à vous brûler la cervelle! des troupes de moines qui courent les rues comme des corbeaux dans les bruyères! des femmes qui vous caressent avec un stylet, et des maris qui vous servent de l'arsenic dans le macaroni!
BATTINS, hochant la tête.
Oh! merci, merci!...
RINALDO.
Ce sont des contes de gaillard d'arrière.
WILLIAMS.
C'est de l'histoire que j'ai vue, matelot de cardinal!
RINALDO.
Le matelot de cardinal se moque de toi, entends-tu, godam!...

WILLIAMS.

C'est ce que nous allons voir...
(Rinaldo se jette sur lui, on veut les empêcher; ils boxent ceux qui les approchent, la mêlée devient générale.

TOM.

J'étais bien sûr que ça finirait par là, du diable si je m'en mêle.

BATTINS, levant sa baguette en s'écriant.

Au nom du roi, arrêtez! (Plus fortement.) Ceci vous représente la loi !
(Il reçoit un coup de poing qui lui enfonce son chapeau jusqu'au menton; ne voyant plus et gesticulant toujours, il finit par tomber à terre. Il pousse des cris, en agitant toujours sa baguette; enfin le tumulte cesse. Williams oublie sa querelle pour s'empresser autour de John Battins; tous le relèvent avec peine.)

WILLIAMS.

Ah! pardon, mille fois pardon, maître, mais pour en revenir à notre affaire de tout à l'heure...

BATTINS.

Non, non, en voilà assez... et si vous voulez me croire, tenez, nous allons nous rendre tous à la taverne de la Licorne, où il y a du vin de tous les pays, nous en ferons venir quelques flacons, et c'est le verre en main que nous déciderons la question.

WILLIAMS.

Bravo!.. bonne idée.

TOUS.

Accepté!.. accepté!..

BATTINS.

Ça me remettra peut-être un peu...(A Tom.) Viens, et soutiens-moi...

TOM.

Me voilà. (A part.) J'en aurai plus d'un à reconduire ce soir.

WILLIAMS.

En avant les joyeux refrains.
(La nuit est venue. — On reprend le chœur du premier acte. — Sortie.)

SCENE VI.

PERKINS, entrant par le côté opposé.

Enfin, ils se sont éloignés...(Se penchant d'un côté et appelant.) Felton! Griffins! Mungo! pas de réponse! n'importe! ils ne peuvent tarder à venir... leur fidélité m'est assurée... et pour un peu d'or, que ne feraient-ils pas? Attendons... Alix! je ne puis contenir la passion que cette jeune fille m'a inspirée! je suis las de ses dédains, de ses éternelles rigueurs... il faut qu'elle soit à moi, et je n'y réussirai jamais, tant que Georges sera près d'elle, tant que l'espoir leur restera.. aussi plus d'hésitation! ma vie n'est-elle pas un torrent qui doit entraîner tout ce qui lui fait obstacle. (Écoutant.) Je ne me trompe pas... le bruit d'une barque! par là... oui, ce sont eux, sans doute... voyons !
(Il sort.)

SCENE VII.

JENNY, ALIX.

(Elles sortent silencieusement; neuf heures sonnent.)

ALIX, s'appuyant sur Jenny.

Jenny... Jenny... les forces me manquent... toute injuste qu'elle soit, je l'aime, ma mère, et je souffre de la quitter.

JENNY.

Allons, du courage... du courage, Alix... peut-être Georges nous attend-il déjà.

ALIX.

Non, regarde... une lumière brille à sa fenêtre... il est encore là, si nous l'attendions ici?

JENNY.

On pourrait nous voir, et la prudence exige... viens.

ALIX.

Mon cœur est déchiré... une force invincible me retient au seuil de cette porte... et si Georges était là, près de nous... si j'entendais sa voix, ma résolution serait puissante et forte comme tout à l'heure.

JENNY.

N'y suis-je pas, moi?.. nous ne pouvons rester ici, partons.

ALIX.

Oui!.. Mon Dieu! faites que l'amour de ma mère se réveille quand elle ne me verra plus; faites qu'elle me pardonne et me rappelle bien vite dans ses bras!..

JENNY.

J'entends du bruit!.. on approche... si c'était lord Howard...

ALIX, se relevant avec effroi.

Lord Hovard!.. quel nom as-tu prononcé... adieu ma mère!.. Georges, ne tarde pas!.. (Elles s'éloignent rapidement.)

SCENE VIII.

PERKINS, FELTON, MUNGO, GRIFFINS.

PERKINS.

Par ici... venez...

FELTON.

Nous voilà... (Aux deux autres.) Avancez donc, vous autres.

MUNGO.

Nous v'là... nous v'là...

PERKINS.

Vous êtes prêts à obéir... à exécuter tout ce que je désire.

MUNGO.

Tout... c'est selon... faut voir le prix d'abord... n'est-ce pas, Griffins?...

GRIFFINS.

Un peu... j' travaille pas sans ça, moi.

FELTON.

Mais, paix donc... c'est convenu... voilà qu'il y vient.

MUNGO.

A la bonne heure.

PERKINS, lui jetant une bourse.

J'ai promis de payer d'avance... tenez, c'est de l'or, et la bourse est pleine.

FELTON.

Merci, monseigneur.

MUNGO.

Et ma part?

FELTON.

Tu l'auras.

MUNGO.

Je te connais... non, tout de suite.

FELTON.

N'approche pas, ou sinon... (Il tire son poignard.)

MUNGO, de même.

Tu vas voir.

PERKINS.

Silence donc, misérables!..

FELTON.

Oui, monseigneur. (A Mungo.) Nous nous reverrons.

MUNGO.

Quand tu voudras.

GRIFFINS, à part..

S'il pouvaient se tuer tous les deux, j'aurais tout pour moi.

PERKINS.

Écoutez... il y a là... (Indiquant la maison de Georges.) un homme qui me gêne... je veux qu'il disparaisse.

FELTON, tirant son poignard.

C'est facile... je m'en charge.

PERKINS, l'arrêtant.

Non... ce n'est pas sa mort que je veux... vous ne vous servirez du poignard qu'à la dernière extrémité.

FELTON.

Ah!..

PERKINS.

Vous allez pénétrer dans cette maison... et après vous être emparés de celui qui s'y trouve... après l'avoir lié, garotté, en prenant soin de bien étouffer ses cris... vous le transporterez dans la barque.

FELTON.

Elle est amarrée ici près.

PERKINS.

Vous gagnerez le fond de la rade. Un bâtiment y est à l'ancre... il met à la voile, ce matin... de la part de lord Howard, vous livrerez cet homme au capitaine... il a déjà reçu mes instructions.

FELTON, à Mungo.

C'est un moyen comme un autre... dis donc, il s'y entend, monseigneur.

MUNGO.

Ma foi, oui.

PERKINS, à part.

La mort d'York a fondé ma puissance; la disparition de Georges assurera mon bonheur... (Aux hommes.) Agissons, maintenant, et surtout de la prudence.

FELTON.

Soyez tranquille... Allons. (Comme ils se dirigent vers la demeure de Georges, la porte s'ouvre.) Malédiction!.. le coup est manqué...

PERKINS, les entraînant au fond.

Silence... attendez.

(Pendant le monologue de Georges, Perkins parle à voix basse aux trois hommes.)

SCÈNE IX.

Les Mêmes, GEORGES.

GEORGES.

Hâtons-nous... l'heure est sonnée... chère Alix, que d'amour!... mon Dieu, si vous lui réservez quelques douleurs, faites-les retomber sur moi!..

PERKINS, à Griffins.

Fais le guet. (A Mungo,) Prends les cordes. (A Felton.) Etouffe ses cris...

FELTON.

C'est çà...

(Pendant que Georges s'éloigne, ils passent derrière lui, et quand il est au milieu du théâtre, à un signal de Perkins, tous trois se précipitent sur lui; une lutte s'engage, Georges veut crier, on étouffe ses cris.)

PERKINS.

A nous!...

GEORGES.

Assassins!...   (On entend chanter dans la coulisse.)

MUNGO.

Alerte! alerte! quelqu'un.

PERKINS.

Entraînez-le!...

(Georges lutte avec force et finit par terrasser Felton. Celui-ci tire son poignard et en frappe Georges, qui tombe en poussant un cri douloureux.)

GEORGES.

Ah!...

PERKINS.

Tu l'as frappé... imbécile!...

FELTON.

Nous étions perdus...

PERKINS.

Eh bien! vite, emportez le cadavre... (Aux autres.) Aidez-le.

MUNGO.

Le constable!.. sauve qui peut!....

FELTON.

Le constable!... (Abandonnant le corps.) Au diable!...

(Les trois hommes se sauvent.)

PERKINS, avec rage.

Les misérables!... (Il s'éloigne d'un autre côté.)

SCÈNE X.
TOM, J. BATTINS, GEORGES.

TOM, une lanterne à la main et soutenant Battins.

J'ai beau chanter pour le tenir éveillé, Dieu me pardonne, je crois qu'il dort en marchant! ou plutôt en trébuchant... (Il le secoue et le fait avancer jusqu'au milieu du théâtre.) Allons, allons, maître constable, tâchez de vous tenir encore sur vos jambes, nous finirons par arriver... non, jamais il n'arrivera, c'est sûr, et moi, j'en ai assez... mais aussi, il y a conscience, il a bu à faire frémir!..

BATTINS.

L'autorité se soutient... oui... place à l'autorité!.. à John Battins, constable, ami de lord Howard!.. halte-là! (Tirant sa baguette) Je vous arrête.

TOM, à part.

Je tombe de sommeil...

BATTINS.

Silence!... chut!... vous n'avez pas la parole! j'ai soif.

TOM.

S'il a encore soif... merci... excusez....

BATTINS.

Oui, vive la France! vive l'Angleterre! vive l'Espagne!.. vivent tous les pays du monde.

TOM.

V'là qu'ça recommence.

BATTINS.

Tom!... Tom!... je crois mon garçon que tu as bu considérablement; tu ne peux plus te soutenir... fi, tu sens le vin!..

TOM.

Par exemple!... c'est vous qui...

BATTINS.

Retirez-vous, vous ne pouvez rester en face de l'autorité.

TOM.

Que je me retire... et vous reconduire donc?...

BATTINS.

Est-ce que j'ai besoin qu'on me reconduise... (Le repoussant.) Je connais mon chemin... je sais marcher tout seul... va-t-en. (Il veut marcher, trébuche et tombe à terre.

TOM, se débattant.

Lâchez donc... lâchez donc... vous me faites mal. Ah! c'est comme ça que vous y allez, ce soir. Eh bien! oui, je m'en vas.

BATTINS, se plaçant comme pour dormir.

C'est ça, va-t-en...

TOM.

Je suis vraiment bien bête de me donner tant de peine... qu'il s'arrange après tout... le temps est superbe... l'air le rafraîchira, oui, c'est cela. (Posant la lanterne à côté de lui.) Si quelqu'un passe on le verra, j'espère... et là-dessus je vas me coucher aussi, moi... bonsoir. (Il sort).

BATTINS.

C'est ça... Tom, vois-tu, mon garçon...

SCÈNE XI.
GEORGES, JOHN BATTINS.

BATTINS, qui est resté tout-à-fait calme pendant les dernières phrases, de Tom, se débat tout à coup, et cherche à se relever.

Eh bien! qu'est-ce donc? holà... c'est un homme... répondez! répondez! qui êtes-vous?..(Tirant sa baguette.) Au nom de la loi, je vous arrête... (En secouant Georges, sa main se teint de sang.) Grand Dieu! que vois-je! (S'approchant de la lanterne.) Du sang!.. du sang!... (Il se redresse en frémissant, son ivresse se dissipe progressivement. Moment de silence.) Un homme!... un homme assassiné !.. oui, un cadavre... ah ! c'est affreux ! horreur... horreur !... (Égaré et tremblant, il se sauve en criant d'une voix étouffée.) Au secours ! au secours !...

SCÈNE XII.

GEORGES, toujours évanoui ; YORK.

(On voit paraître York nageant péniblement auprès des rochers.)

YORK.

Ah ! la terre enfin !... la terre !... je suis sauvé ! merci, mon Dieu, merci, car mes forces épuisées trahissaient mon courage... j'allais succomber !... (Il s'assied sur un rocher.) Que j'ai souffert, mon Dieu, en me débattant contre la mort ! épuisé, vaincu, pour prendre un peu de repos ; je voulais en vain me suspendre aux pointes des rescifs. Mes bras, gonflés par la douleur, laissaient une empreinte sinistre et des lambeaux ensanglantés !.. Je succombais en blasphêmant, lorsque par un effort désespéré, j'atteignis la cime d'un rocher... là quelques coquillages trompèrent la faim qui me dévorait, ma bouche brûlante aspira l'eau du ciel tombée dans la pierre fendue... enfin, après une journée d'attente et d'espoir en Dieu, la mer vint me chasser de mon asile... luttant de nouveau contre les flots, mon regard affaibli cherchait vainement la terre, quand les vagues m'ont jeté sur le rivage ! j'accomplirai tes décrets, ô mon Dieu !.. ta volonté sera sainte pour moi ; car si tu m'as sauvé, c'est pour la punition de l'infâme, c'est pour la mort de l'assassin !.. (Il retombe accablé.)

GEORGES, poussant un gémissement.

Ah ! ah !

YORK.

Un gémissement !

GEORGES, faisant un effort et retombant.

Ah !

YORK.

Là, c'est là... je crois... oui, un homme ! (Il aperçoit la lanterne, la prend et l'approche de Georges.) Ciel ! Georges... Georges, évanoui... ensanglanté !.. oh ! mon Dieu ! il respire ; son cœur bat, secourons-le. (Ecartant la chemise de Georges pour voir sa blessure.) Un coup dans la poitrine... (York déchire la chemise pour étancher le sang qui coule, en même temps il aperçoit un portrait.) Un portrait !... (Le regardant.) O Dieu !... ce n'est pas une vision, un rêve... je ne me trompe pas... ce portrait, c'est celui de ma femme. (Avec un cri déchirant.) Ah ! Georges !.. mon fils... mon fils ! ! ! (Il se jette sur lui et l'embrasse.) C'est mon fils ! (Prenant la tête de Georges dans ses mains.) Réponds-moi, réponds-moi... un regard à ton père... (Avec désespoir.) Mais rien, rien... ah ! mon cœur ne me trompait pas lorsque je me sentais entraîné vers lui ! Georges !.. toujours immobile !.. mais c'est horrible ! mes embrassemens devraient le ranimer. (Avec force.) Il ne mourra pas... je ne veux pas qu'il meure ! il vivra, il vivra pour m'appeler son père... (On entend un bruit de voix et de personnes dans la coulisse.) On vient... pour me l'enlever, peut-être... et moi, proscrit... sous un faux nom... ah ! ils ne l'auront pas, il est à moi... fuyons... fuyons... Mon Dieu ! mon Dieu !.. un peu de force encore, guidez-moi... sauvez, sauvez mon fils !..

(Il emporte Georges dans ses bras.)

SCENE XIII.

J. BATTINS, TOM, PERKINS, Paysans, Pêcheurs, Femmes, Enfans.

(Les uns sont armés, d'autres portent des flambeaux.)

BATTINS.

Oui, là, là, un homme assassiné... (N'apercevant plus personne à l'endroit qu'il désigne.) Personne... oh ! je l'ai vu pourtant, je l'ai vu...

PERKINS, aux trois hommes,

Que signifie ?

TOM, à tous les personnages.

Je vous le disais bien, c'est l'effet du porter.

Mme MATHEWS, sortant de chez elle dans le plus grand désordre.

Alix, ma fille... ah ! monseigneur, partie... enlevée !..

PERKINS.

Malédiction! qu'on la cherche, qu'on se répande sur tous les chemins deux cents pièces d'or à qui ramènera miss Alix à sa mère!..
(On court en tout sens, Mme Mathews indique la porte de Georges, qu'on enfonce.)

PERKINS, aux trois hommes.

Vous, suivez-moi.
(Ils gravissent la montagne du côté où York s'est enfui. — Tableau.

FIN DU TROISIÈME ACTE.

ACTE IV.

Une maison isolée. Le théâtre représente une chambre assez vaste, mais pauvrement meublée... Portes à droite et à gauche. — Porte au fond. — Divers objets servant à un garde-chasse. Un fusil est placé au-dessus de la cheminée, sur deux traverses de bois. Le théâtre n'est éclairé que par une lampe qui jette une faible clarté.

SCÈNE I.
ALIX, JENNY, OWELL.

(Au lever du rideau, Alix est assise et parle à Owell qui est devant elle. Jenny est appuyée sur le dos du fauteuil d'Alix.)

ALIX, à Owell, en lui tendant la main.

Je vous remercie, mon bon Owell, de l'accueil que vous m'avez fait; je n'attendais pas moins de votre dévoûment, mais hélas! j'étais loin de croire, en venant demander asile à votre mère... ma bonne nourrice... que je vous trouverais pleurant sa perte... pauvre femme, j'ignorais même qu'elle fût malade... pourquoi ne nous avoir rien fait dire? vous savez pourtant combien je lui étais attachée.

OWELL.

Hélas! miss, rien n'annonçait ce funeste événement, elle s'est éteinte subitement dans mes bras... sans douleur... et trois jours à peine se sont écoulés depuis que j'ai reçu son dernier soupir.

ALIX.

Et c'est dans un semblable moment... quand vous êtes déjà brisé par la douleur, que je viens...

OWELL.

Votre présence, miss, fera du bien à mon cœur... Le refuge que vous veniez demander à ma pauvre mère, si vous daignez l'accepter, vous le trouverez ici, auprès de moi, comme vous l'auriez trouvé auprès d'elle.

ALIX.

Brave Owell!

OWELL.

Je ne suis qu'un malheureux garde-chasse... mais je vous suis tout dévoué... pour l'instant, il faut que je vous quitte, permettez-moi de m'éloigner, car mon devoir m'appelle.

ALIX.

Oui, Owell, allez... que nous ne dérangions en rien l'accomplissement de vos devoirs...

OWELL.

Au point du jour, dans quelques heures, je serai ici, et j'attendrai vos ordres.

ALIX.

Merci, Owell, et n'oubliez pas, je vous en prie, que notre présence ici doit être un secret pour tout le monde.

OWELL.

Comptez sur moi, miss.

ALIX et JENNY.

Au revoir, Owell... (Il sort.)

SCENE II.
ALIX, JENNY.

ALIX.

Tu le vois, Jenny... une malheureuse fatalité semble déjà s'attacher à moi... quel triste présage! A peine arrivées, à peine avons-nous franchi le seuil de cette porte, que le premier mot qui vient frapper notre oreille... c'est une parole de mort et de désolation!... elle s'est endormie du sommeil éternel, cette bonne vieille nourrice... elle a cessé de souffrir, du moins... Ah! Jenny, je commence à croire maintenant que la vie est un bien lourd fardeau pour mes faibles forces...

JENNY.

Alix... peux-tu bien parler ainsi? quoi! l'espérance et la force t'abandonnent déjà... eh bien! ce sera moi, plus jeune et plus faible que toi, qui ranimerai ton courage, allons, plus de ces tristes idées... plus de regrets... souris-moi... je t'en prie...

ALIX.

Que j'ai souffert, mon Dieu! pendant ce long trajet... à la moindre feuille qu'agitait le vent, je croyais toujours entendre derrière nous le bruit des pas de ceux qui nous poursuivaient... mon cœur battait avec tant de violence, que j'ai cru qu'il allait se briser... des voix murmuraient à mon oreille des paroles de malédiction, mes jambes affaiblies ne pouvaient plus me soutenir, et je serais tombée sur la route... si tu n'avais été là, pour me guider... Depuis plus de quatre heures déjà nous sommes ici, et Georges, Georges... n'est pas encore venu...

JENNY.

Tu vois que nous avons bien fait de ne pas l'attendre... quelques instans de plus et nous étions surprises... j'ai aperçu des gens qui venaient... ce retard, j'en suis sûre, n'est qu'un excès de prudence de la part de Georges. Notre fuite aura été découverte plutôt que nous ne pensions... et il sera resté pour écarter tout soupçon... Tranquillise-toi... il nous rejoindra bientôt comme c'est convenu... j'en suis sûre.

ALIX.

Les heures sont si longues quand on attend!... et puis, vois-tu Jenny, tu as beau dire... mais des pressentimens étranges... que je ne puis définir, me tourmentent, m'affligent et me font pleurer malgré moi... seules ici... dans cette chambre, le souvenir de ma mère... le retard de Georges... enfin, que veux-tu? je souffre, j'ai peur!... ah! pourquoi ne m'as-tu pas détournée de cette fatale résolution?

JENNY.

Des reproches?... ainsi tu ne m'aimes pas assez pour que ma présence ici te console un peu!...

ALIX.

Oh! pardonne... pardonne... je suis insensée... toi, si bonne, si dévouée... tu m'as vue souffrir et tu as pleuré... J'ai voulu fuir et tu m'as suivie... tu as pris ta part dans ma triste destinée... toi, hier encore, si heureuse, si paisible... ah! comme la douleur aigrit l'ame!... comme elle rend injuste... ah! Jenny, encore une fois, pardonne... (Elle tressaille, on entend le vent gémir dans les arbres.) Jenny!... n'as-tu pas entendu?

JENNY.

C'est le bruit du vent dans les arbres.

ALIX.

Que la nuit est sombre!... mais écoute encore... on dirait comme un bruit de pas... entends-tu, on marche.

JENNY.

Oui, en effet... on approche, Georges sans doute!..

ALIX.

Que le ciel t'entende!

SCÈNE III.
LES MÊMES, YORK, GEORGES.
(La porte s'ouvre, York paraît, portant Georges dans ses bras.)

YORK.

Oh! à l'aide... du secours... un asile...

JENNY.

Ciel !

ALIX.

York !

YORK.

Miss Alix!.. ah ! c'est ici...

ALIX, apercevant Georges, et jetant un cri déchirant.

Georges !..

JENNY.

Mon Dieu ! mon Dieu !

YORK.

Silence, taisez-vous... taisez-vous... (Il dépose Georges, les deux filles s'empressent autour de lui, le soutiennent, pendant qu'York écoute comme s'il craignait d'avoir été suivi.) Non, personne... ils ont perdu mes traces.

JENNY.

Dans quel état!..

ALIX, avec désespoir.

Georges... Georges... il ne m'entend plus, c'en est fait, mort, mort!..

YORK.

Non, rassurez-vous; sa blessure est légère, je l'ai sondée, et ma main exercée a pris d'utiles précautions... de l'eau, un peu d'eau...

JENNY, en donne.

En voilà, en voilà.

YORK, lui en fait boire.

Il respire déjà plus à l'aise, le calme fera le reste...

ALIX.

Mais que lui est-il arrivé, mon Dieu ?

JENNY.

Oh ! parlez !.. parlez.

YORK.

Echappé moi-même par miracle à la mort qu'on m'avait réservée, je venais demander un asile à Georges, quand au seuil de sa porte, je l'ai trouvé immobile et baigné dans son sang ; je l'ai pris dans mes bras, après m'être égaré plus de mille fois dans l'obscurité, car je n'avais pu obtenir de lui que de faibles indices, tout à coup, j'ai vu briller une lumière dans l'éloignement, je me suis dirigé de son côté ; en approchant, j'ai cru reconnaître la cabane qu'il m'avait désignée, je suis entré, et je bénis le ciel de m'avoir si bien guidé... car maintenant le voilà près de vous, le voilà sauvé !..

JENNY.

Homme généreux !

ALIX.

Tant de dévoûment, comment reconnaître jamais...

YORK.

Ah ! qu'il vive, et je serai payé !..

ALIX.

Le ciel vous exauce... voyez il rouvre les yeux, il reprend ses sens. (L'appelant.) Georges, Georges !..

GEORGES, se ranimant, et regardant d'un œil fixe tous ceux qui l'entourent.

Où suis-je ? qui m'appelle ?

ALIX.

Moi, ton Alix...

GEORGES, d'une voix faible.

Toi, c'est toi, Alix, Jenny, York ! oui, mes idées renaissent. je me souviens. (Tendant la main à York.) Mon ami, merci, merci...

YORK, à part.

Comme mon cœur bat... mon fils, c'est mon fils !..

GEORGES, délirant.

Oh ! les infâmes, les assassins, ah !   (Il s'évanouit.)

ALIX.

Ses yeux se referment... la force l'abandonne, le voilà immobile et froid comme tout à l'heure...

YORK.

Je vous l'ai dit, le repos seul...

ALIX.
Eh bien! là, dans la chambre d'Owell.
YORK.
Oui, c'est cela. (Jenny ouvre la porte, York prend Georges dans ses bras et le transporte dans la chambre.) Pauvre enfant, dans quel état devais-je te retrouver!..
ALIX.
Doucement... oh! bien doucement.
YORK.
Ne craignez rien, laissez-moi faire. (Il l'embrasse à la dérobée et entre dans la chambre avec Jenny, la porte reste entr'ouverte.)
ALIX, seule, et tombant à genoux.
Mon Dieu, ne l'abandonnez pas, ma voix vous supplie... entendez ma prière... s'il faut que votre colère s'appesantisse, frappez-moi, je suis prête, me voilà!... mais mon Dieu! sauvez, sauvez mon pauvre Georges. (Elle se relève, et va pour entrer dans la chambre, lorsque York et Jenny en sortent.)
YORK, l'arrêtant.
Il est revenu à lui, et déjà il s'est assoupi, n'entrez pas...
ALIX, regardant dans la chambre.
Pauvre Georges, comme il est pâle.
YORK.
Cela ne sera rien, vous dis-je, fiez-vous à moi.
ALIX.
Mais mon Dieu! qui l'a frappé!.. l'assassin?
YORK.
Vous demandez son nom? oh! je n'ai pas besoin de preuves pour élever une terrible accusation contre l'auteur de ce lâche attentat... celui qui l'a frappé, c'est...
ALIX.
Le nom que vous allez prononcer, je le devine à présent, il retentit au fond de ma pensée... et cependant, je ne puis croire que lui, lord Howard.
YORK.
Ne l'appelez donc pas lord Howard, appelez-le infâme, vil meurtrier, nommez-le Perkins!
ALIX.
Perkins!
JENNY.
Lui!
YORK.
Oui, Perkins, l'assassin de Georges, comme il est le mien. Il est temps que je déchire le voile qui le cachait à vos yeux; il est temps que je brise ce mystère d'iniquité qui m'attache à lui... une heure me suffit pour l'accomplissement de mon projet, et je cours...
ALIX
Mais vous êtes tout sanglant... épuisé de fatigue... blessé aussi...
YORK.
Oh! moi, j'ai traîné ma vie à travers les périls et les fatigues, mon corps s'est fait aux souffrances... je tomberai à côté du misérable que ma vengeance va poursuivre sans pitié et que la justice des hommes frappera... Mais qu'importe! c'est pour assurer votre bonheur, c'est pour vous affranchir à jamais de son odieuse présence. Tout ce que je vous demande, en plaignant la fatalité de ma vie, c'est de me donner parfois un souvenir, quelques larmes, c'est de ne pas me croire indigne de pitié et d'intérêt!..
ALIX.
Que voulez-vous dire?
YORK, se reprenant.
Oh! rien, plus tard; je vais agir maintenant, je ne tarderai pas à être de retour, vous dis-je : en attendant, ne sortez pas d'ici, ne quittez pas cette retraite... si vous parlez, parlez bas... si l'on vient, ne répondez pas; cachez Georges à tous les yeux, prodiguez-lui vos soins, veillez bien sur son existence, car je l'aime autant, plus que vous peut-être, lui seul peut me faire oublier tous mes malheurs, chérir encore la vie, c'est la joie de mon âme, mon bonheur, mon bien le plus précieux, enfin c'est mon... (S'interrompant et à part.) Malheureux! j'allais le nommer, quand la flétris-

sure d'une condamnation pèse sur moi, oh! non, jamais, jamais il ne saura qu'il est mon fils!.. Au revoir, enfans, au revoir, à bientôt...
(Il va pour sortir par le fond.)

ALIX.
Mais ceux qui vous poursuivaient...

YORK.
C'est vrai...

ALIX.
Tenez, par là... de ce côté... (Elle indique la porte de droite.)

YORK.
Merci, merci... (A part.) A nous deux, Perkins, à nous deux!.. (Il sort.)

SCÈNE IV.
ALIX, JENNY. Jenny ferme la porte au verrou.

ALIX.
Cette émotion, ce zèle ardent à nous servir... je ne sais, mais cet homme m'inspire, à présent, une sorte d'affection, de respect.. je me reproche comme un remord, d'avoir pu douter de lui.

JENNY.
Je suis encore toute émue... tremblante....

ALIX.
Quelle révélation il nous a faite, ce n'est pas lord Howard! c'est Perkins! cet infâme corsaire, quelle audace!.. ah! je frémis en pensant que ma mère voulait me contraindre... mais, au lieu de m'abattre, cette nouvelle me donne plus de force, plus de résolution...

JENNY.
Et moi, je commence à avoir peur.

ALIX.
Rassure-toi. (Allant à la chambre de Georges.) Il repose toujours... ah! qu'il repose en paix; d'ici nous veillerons, Jenny, sur son sommeil...puisse le calme le sauver et le rendre à mon amour... (S'asseyant lentement.) Tu le vois, mes pressentimens ne me trompaient pas.
(Le temps est devenu très sombre; le vent souffle avec force; on entend la pluie tomber; la porte, qui est mal jointe, et qui ne ferme que par un loquet en bois, est fortement agitée.)

JENNY.
Que temps affreux!

ALIX.
C'est peut-être le présage de nouveaux malheurs... si les misérables qui ont frappé Georges, avaient suivi ce brave York... s'ils allaient venir?

JENNY.
Pourquoi cette pensée?

ALIX, avec force.
Oh! ils n'arriveraient pas jusqu'à lui, sais-tu! (Après une pause.) Non, York veille pour nous, et s'il nous a quittées, c'est qu'ailleurs il peut mieux nous servir, c'est qu'il n'y a rien à craindre.
(Pendant cette scène, on a vu paraître à travers le vitrage de la croisée, à une ou deux reprises, la tête d'un homme regardant dans l'intérieur de la maison. Jenny, qui est venue s'asseoir auprès d'Alix se retourne, et apercevant cette figure, ne peut retenir un cri d'effroi qui fait tressaillir Alix.)

JENNY.
Ah! (La figure disparaît.)

ALIX.
Qu'as-tu, Jenny?

JENNY, regardant et n'apercevant plus rien.
Ah! mon Dieu! j'ai cru voir... j'ai vu là, à cette croisée une figure...

ALIX, regardant.
Là! mais non... non, personne, tu te trompes...

JENNY.
J'en suis sûre.
(On frappe à la porte, Alix et Jenny restent immobile, Jenny va pour crier, Alix lui met la main sur la bouche.)

ALIX, à voix basse.

Tais-toi, tais-toi... (La figure reparaît devant la croisée.)

JENNY, tombant à genoux de saisissement.

Tiens, vois-tu? vois-tu?

ALIX, s'efforçant de sourire pour donner du courage à Jenny.

Oui, mais du courage, c'est peut-être un ami d'Owel, ou York, déjà de retour, attends. (Examinant plus fixement elle s'écrie.) Oh! ciel! est-il possible! j'ai cru reconnaître!.. (La figure disparaît.)

JENNY.

Qui donc?

ALIX.

Perkins!

JENNY.

Perkins!

(Alix va fermer la porte de la chambre où est Georges, et revient près de Jenny. On entend le loquet de bois agité avec force se lever et retomber.)

ALIX.

Qui est là?

(On ne répond rien; Jenny, toute émue, a saisi la main d'Alix; elle veut parler, mais elle ne peut. Le loquet de la porte est agité plus fortement.)

ALIX, d'une voix ferme.

Qui est là? (Même silence.) Plus de doute, c'est Perkins... mon Dieu! donnez-moi la force dont j'ai besoin.

(Elle aperçoit le fusil de chasse qui est accroché à la muraille, et s'en empare.)

JENNY.

Alix... eh bien!..

ALIX.

Aide-moi... (Elle est dans une vive agitation.) Plusieurs fois, en venant ici chez ma vieille nourrice, j'ai remarqué, j'ai vu Owell... là, là, il y a tout ce qu'il faut. (Elle ouvre le tiroir de la table.) Vois-tu? tiens, de la poudre, des balles, merci, mon Dieu!.. quoi d'abord... je ne sais plus... (Se rappelant.) Ah! si fait... c'est cela, oui, je me rappelle...

(Elle charge le fusil, la porte est toujours agitée.)

JENNY.

Que vas-tu faire?

ALIX.

Tuer cet homme, si cet homme entre ici...

JENNY.

Tu l'oserais?..

ALIX.

Oui... toi, veille sur Georges.

JENNY.

Te quitter!...

ALIX.

Je t'en conjure... hâte-toi... ne le quitte pas... reste auprès de lui... (La poussant dans la chambre.) Va, mais va donc...

(La porte semble devoir céder bientôt aux efforts que l'on fait pour l'enfoncer.)

SCÈNE V.

ALIX, seule.

La porte va céder... oh! malheur à lui... mais que dis-je, si ma main tremblante, mal exercée, ne l'atteignait pas, le bruit de cette arme réveillerait Georges, et si Perkins le voit, il le tuera sans pitié!... oh! je ne puis, je ne dois pas... (Elle pose le fusil sur la table. — Une secousse plus violente fait sauter le verrou de la porte, Perkins paraît.)

SCENE VI.

PERKINS, ALIX.

ALIX, à part.

C'est lui!

PERKINS.
Ah! le ciel soit loué, je vous retrouve enfin!
ALIX, à part.
Que faire... hélas! que faire?
PERKINS.
Allons, quittez cet air effrayé, ce regard inquiet, ne craignez rien, remettez-vous, Alix... et puisque me voici, puisque mon cœur vous a retrouvée...vous allez me suivre.
ALIX.
Jamais! jamais! c'est à ma mère que je dois obéissance, et ma mère n'est pas ici.
PERKINS.
Oh! votre mère m'approuverait, et d'ailleurs, ne devez-vous pas m'appartenir... j'ai pu, pendant quelque temps, ménager un caprice qui vous rendait aveugle, rebelle à mon amour, mais aujourd'hui, il le faut... venez, je le veux.
ALIX, à part.
Est-ce que York ou Owel ne viendront pas.
PERKINS, voulant l'entraîner.
Eh bien! Alix...
(Il la prend par la main, Alix se dégage vivement et recule.)
ALIX.
Oh! ne m'approchez pas... laissez-moi, éloignez-vous!..
PERKINS.
N'essayez pas de résister, vous ignorez ce que peut une passion comme celle que vous m'avez inspirée; à défaut de votre bon vouloir, j'ai la force et l'autorité qui maîtrisent... croyez-moi, venez.
ALIX, à part.
Oh! mon Dieu! mon Dieu! (Haut et avec force.) Non, jamais... jamais...
PERKINS.
Alix!
ALIX.
Jamais, vous dis-je!
PERKINS, avec colère.
C'est vous qui l'aurez voulu, mais fallût-il vous disputer à l'enfer, vous viendrez, je l'ai résolu. (Il la saisit avec fureur et veut l'entraîner.)
ALIX, le repoussant.
Et moi je ne le veux pas, Perkins!
PERKINS.
Perkins!
ALIX.
Oui!..
PERKINS.
Eh bien! qu'importe! Perkins ou lord Howard, tu seras à moi.
(Il la saisit dans ses bras, Alix se débat avec force, s'échappe et saisit le fusil qui est sur la table.)
ALIX.
Meurs donc, infâme!..
PERKINS, qui a deviné l'intention d'Alix, lui arrache l'arme d'une main, la jette loin de lui, et renverse Alix à ses pieds.
Pas encore!.. tu m'appartiens, maintenant.
(Alix se débat encore et crie au secours.)
ALIX.
Au secours!...
PERKINS.
Et qui donc pourrait te défendre?...

SCÈNE VII.
Les Mêmes, YORK, GEORGES, JENNY.

GEORGES, sortant de la chambre, soutenu par Jenny, et se traînant avec effort.
Moi!...

YORK, *venant de l'autre côté, une hache à la main.*

Et moi!...

PERKINS, *reculant d'effroi en apercevant Georges et York et abandonnant Alix.*

Georges!... York!... oh! non, c'est impossible!.. c'est un rêve, une vision de l'enfer!..

YORK.

Non pas... c'est bien Georges... c'est bien moi... ton attente a été trompée, assassin... et ta mort va nous venger.

PERKINS.

Oh! mais avant ma mort, la vôtre... (Appelant.) A moi, Felton! mes amis, à moi!

YORK, *lui barrant le passage; bruit dans la coulisse; voix confuses.*

Peine inutile, ils t'attendent pour le gibet, regarde!..

(Il ouvre la porte du fond, on aperçoit les trois hommes qu'on pousse pour les faire entrer.)

SCENE VIII.

PERKINS, YORK, GEORGES, TOM, UN OFFICIER DU ROI, J. BATTINS, OWEL, ALIX, JENNY, Mme MATTHEWS, PAYSANS, GARDES, PÊCHEURS ET FEMMES.

Mme MATHEWS.

Alix, où est-elle?...

ALIX, *se jetant dans les bras de sa mère.*

Ma mère! ma mère!...

BATTINS, *à l'officier.*

Perkins, dites-vous, miséricorde!

L'OFFICIER, *indiquant Perkins.*

Oui, Perkins!..

YORK.

Coupable aux yeux de la loi, je vous appartiens aussi, je me remets entre vos mains; pour lui, comme pour moi, que justice se fasse.

L'OFFICIER.

Instruit de tout, et touché de tes malheurs, le roi t'accorde ta grace! Jacques Oughton, la voilà...

YORK.

Ma grace!...

GEORGES.

Jacques Oughton!.. (Tirant le protrait de son sein, il le montre à York.) Vous, Jacques Oughton!...

YORK, *avec délire.*

Oui, mon fils... mon fils!...

GEORGES, *se jetant dans ses bras.*

Mon père!...

TOUS.

Son père!...

L'OFFICIER.

Et maintenant, après un acte de clémence, un acte de justice!... (Montrant Perkins.) Qu'on entraîne cet homme, et qu'à l'instant même il soit pendu... c'est l'ordre du roi...

PERKINS.

Pendu!.. eh bien, soit!.. Il paraît que le diable s'est décidé pour la potence!..

BATTINS.

Vive la justice du roi!

TOUS.

Vive la justice du roi!

FIN.

J.-R. MEVREL, pass. du Caire, 54.

SCÈNE XVII.

L'ÉDUCATION D'ACHILLE,

COMÉDIE-VAUDEVILLE EN UN ACTE.

Par MM. Théaulon et G. de Lurieu.

Représentée pour la première fois, à Paris, sur le théâtre de l'Ambigu-Comique,
le 28 août 1837.

Mme ROBERT, sous-maîtresse.   Mlle STÉPHANIE.
ACHILLE, sous le nom de LODOISKA.   M. FRANCISQUE jᵉ
GABRIELLE, } pensionnaires.   Mlle FIERVILLE.
HELOISE,   }   Mlle HÉLOISE.
CHAMOUILLET, maître de chant et de danse.   M. SAINT-FIRMIN.
MARTIAL, sergent recruteur.   M. CULLIER.
PENSIONNAIRES.

Un jardin. — Mur avec petite porte au fond; pavillon à droite; arbre au milieu;
bancs à gauche et à droite.

SCÈNE I.
GABRIELLE, HÉLOISE, PENSIONNAIRES*.
(On entend le tambour. — Les pensionnaires se livrent à divers jeux.)

Air de la Fiancée.

Entendez-vous, c'est le tambour !
Que ce bruit pour nous a de charmes...
Voyez, voyez briller ces armes;
La guerre vient en ce séjour.
(Pendant ce chœur, Gabrielle est montée sur le cerisier.)

GABRIELLE, sur l'arbre.

Mesdemoiselles, c'est un régiment de quinze hommes qui passe... Oh !
mesdemoiselles, les beaux fantassins !..

HÉLOISE.

Y a-t-il un tambour-major ?

* Les indications sont prises de la gauche du spectateur.

GABRIELLE.
Je n'ai pas pu le voir... les voilà passés, je vais descendre.
HÉLOISE.
Puisque tu es sur l'arbre, cueille-nous quelques cerises.
GABRIELLE.
Faites bien le guet!
HÉLOISE.
Sois tranquille!
GABRIELLE.
Air d'Azémia.

Ne voit-on rien ?
LE CHOEUR.
Non rien,
GABRIELLE.
Regardez bien !
LE CHOEUR.
Oui, bien.
Un peu d'adresse,
Tout ira bien.
HÉLOISE.
Tandis que notre sous-maîtresse
Dans la maison parle sans cesse,
Avec sagesse,
N'épargnons rien.
GABRIELLE.
Ne voit-on rien ?
LE CHOEUR.
Non, rien.

GABRIELLE, descendant de l'arbre.
Je peux descendre, n'est-ce pas? Avouez que vous avez en moi une courageuse camarade... hardie comme un garçon... Vous en ai-je rendu de ces services!..
TOUTES.
Vive Gabrielle!..
GABRIELLE.
Heureusement, la sournoise de Lodoïska n'a pas pu me voir. Il paraît qu'elle n'est pas dans son pavillon.
HÉLOISE.
Elle est là-bas, qui étudie sa leçon d'histoire sous le grand berceau.
GABRIELLE.
Oui, à la voir, on croirait qu'elle étudie toujours... mais, moi, qui la regarde quelquefois à son insu... comme ça... en faisant un petit œil de côté, je la trouve les bras croisés et plongée dans une profonde rêverie.
HÉLOISE.
Oh! toi, tu es toujours avec elle, et tu dis que tu ne peux pas la souffrir... c'est peut-être par jalousie?
GABRIELLE.
Moi! jalouse de Lodoïska!.. et pourquoi? je suis plus jolie qu'elle... et j'ai eu le prix d'honneur... alors...
HÉLOISE.
Elle sait mieux l'Histoire que toi... tu ne lis que les bulletins de la grande armée.
GABRIELLE.
Et toi, qui ne lis que des romans!
TOUTES.
Attrape!
GABRIELLE.
Moi, si je lis des bulletins, c'est pour avoir des nouvelles de mon frère, qui est officier de l'empereur... et d'ailleurs, ma petite...

Air : Un jeune Grec.

Je le vois bien, non, tu ne connais pas
Les bulletins de notre grande armée ;
Le merveilleux a pour toi des appas ;

Par eux, ton ame, alors, serait charmée,
Car en lisant tant de faits éclatans,
Tant de succès et tant de gloire,
Oui, tant de gloire acquise en peu de temps,
Tu croirais lire encore des romans,
Et cependant c'est de l'histoire!

HÉLOISE.

Voici Mme Robert... silence!

SCÈNE II.

GABRIELLE, Mme ROBERT, HÉLOISE, PENSIONNAIRES.

Mme ROBERT.

Toujours dans cette partie du jardin... malgré ma défense... Je gage que c'est encore Mlle Gabrielle qui vous y a entraînées.

GABRIELLE.

Moi, madame!.. Si l'on peut dire cela... moi, qui ne leur donne que de bons exemples.

Mme ROBERT.

Qu'avez-vous donc là?..(Elle découvre les cerises que Gabrielle cache dans son tablier.) Voilà les bons exemples que vous leur donnez!

GABRIELLE.

Je leur ai donné des cerises, d'abord...

Mme ROBERT.

Mlle Gabrielle, je ne suis pas contente de vous... vous savez qu'en l'absence de Mme Anatole Marsay, la directrice de ce pensionnat, je suis revêtue de ses pouvoirs illimités... songez à vous bien conduire, car sans cela, je serais forcée... (Les pensionnaires lui font des grimaces par derrière.) Mais où est donc Lodoïska?

GABRIELLE.

Elle est là-bas, qui étudie sa leçon.

Mme ROBERT.

Voilà un bon exemple à suivre, mesdemoiselles... quelle modestie! quelle exactitude!

GABRIELLE, à part.

Une vraie cafarde. (Haut.) Mesdemoiselles, l'heure de la récréation se passe... allons jouer à la souris.

TOUTES.

Adopté! adopté!

GABRIELLE, à Mme Robert.

Voulez-vous être le chat, ma bonne amie?

LES PENSIONNAIRES.

Ah! ah! ah!

Mme ROBERT.

Point de ces mauvaises plaisanteries, Mlle Gabrielle, ou je vous mettrai en pénitence.   (On entend un roulement de tambour.)

GABRIELLE.

En avant, marche!

CHOEUR.

Air de Guillaume Tell.

En avant! (bis.)
Brave régiment,
Suivons / Suivez en défilant,
Notre / Votre commandant,
Rataplan! le tambour
Nous / Vous guide en ce jour...
Vrais soldats,
Marquez / Marquons bien le pas.

(Elles sortent en rang, par la gauche, Gabrielle en tête.)

SCENE III.
Mme ROBERT, puis MARTIAL.

Les voilà parties, je puis ouvrir!..
(Elle va ouvrir la petite porte du fond, Martial paraît.)

MARTIAL.

Pardon, excuse à la beauté!..

Mme ROBERT.

Que tous ces militaires sont aimables!

MARTIAL.

Un peu, que nous le sommes... c'est dans l'uniforme et dans le cœur... L'AIMABILITÉ est le compagnon de voyage de la valeur française... une et indivisible... comme on disait de la république... mais, tout ça, c'est bon pour le discours... histoire de se faire connaître... il faut en venir à l'ordre... avec nous, ça finit toujours comme ça...

Mme ROBERT.

Qu'avez-vous à me dire?.. Quand vous êtes venu, je ne pouvais vous recevoir... le moindre uniforme fait révolution dans notre pensionnat.

MARTIAL.

Je le crois bien, saperlote!.. le guerrier français, est le conquérant des cœurs!.. de l'univers et de mille autres lieux.

Mme ROBERT.

J'ai pensé qu'ici nous serions plus tranquilles; qu'est-ce qui vous amène?

MARTIAL.

Madame... la préceptrice!.. l'empereur a perdu un conscrit, il faut qu'il se retrouve!..

Mme ROBERT.

Un conscrit! et vous venez le chercher dans un pensionnat de demoiselles?..

MARTIAL.

Si vous voulez bien le permettre... beauté respectable!.. je viens faire ici ma visite domiciliaire...

Mme ROBERT.

Comment, chez nous!..où il n'y a que des demoiselles... elles ne sont pas de la conscription, je suppose...

MARTIAL.

Pas encore... mais ça viendra, et l'on aura raison, saperlote! des régimens de femmes, voyez-vous? ça ferait bien dans une armée...

Air : Vaud. de l'Apothicaire.

On devrait, je le dis tout bas,
En enrôler sous notr' bannière,
Ça donn'rait du goût aux soldats
Tout l' mond' voudrait êtr' militaire...
Plus de loi de recrutement,
Avec un semblable système;
Tous les ans chaque régiment
Se recruterait de lui-même...

Mme ROBERT.

Au fait, sergent, au fait....

MARTIAL.

Le fait, le voici! la consommation sera bonne cette année... Il y aura bien des grades et des schakos à remplir... et M. le sous-préfet de l'arrondissement, qui est pour la chose de l'empereur et qui ne veut pas qu'on le frustre d'un conscrit... a intercepté la lettre que voici, et qui s'adresse à vous.

Mme ROBERT.

A moi! (Elle lit.) « A Mme Anatole Marsay... » Eh! non, c'est à la directrice de la maison, que ses intérêts retiennent à Paris depuis un mois... mais n'importe! je tiens sa place en son absence... je suis la première sous-maîtresse...

MARTIAL.

Comprends!.. c'est comme qui dirait sous-lieutenant... Alors, lisez!

Mme ROBERT, lisant.

« Combien j'ai tremblé pour vous, ma chère amie, en lisant dans le

» journal de notre département, qu'un conscrit réfractaire avait été dé-
» couvert caché sous des habits de fille dans un pensionnat de demoiselles. »
» Ah! grand Dieu! « Heureusement le nom de l'institutrice était cité à la fin de
» l'article, et j'ai vu que ce n'était pas vous... mais puisque vous êtes dans
» la même situation, que cet avis vous fasse redoubler de prévoyance, car
» votre qualité de femme et d'institutrice ne serait pas une excuse devant
» la loi et devant l'empereur. »

MARTIAL.

Le particulier ou la particulière qui a écrit cette lettre, connaît son code civique et militaire... ça lui fait honneur!..

Mme ROBERT.

Mme Anatole! cacher chez elle un garçon parmi ses demoiselles! et un garçon qui est de la conscription, impossible!..

MARTIAL.

C'est ce que je vais vérifier... avec l'impartialité du guerrier français.

Mme ROBERT.

Vous ne vérifierez rien du tout... non, certainement non!.. je ne le permettrai pas...

MARTIAL.

Je parle au nom de l'empereur!

Mme ROBERT.

Où est votre ordre?

MARTIAL.

Il est verbal; le sous-préfet m'a dit: Sergent Martial, vous êtes un homme sûr. — Oui, magistrat. — C'est vous que je charge d'aller questionner adroitement la directrice de la pension, et si elle ne veut rien vous dire... vous finirez par lui montrer cette lettre, j'ai commencé par là, vu que je ne sais pas aller par quatre chemins, et que je vais toujours devant moi, tout droit, au pas accéléré... mais quand on résiste aux volontés de mon empereur... pour lui ravir un héros encore!.. Mort de ma vie!..

Mme ROBERT.

Oh! de grace... ne jurez pas ici!

MARTIAL.

C'est juste! je suis dans la caserne de la candeur. (A part.) Mords ta langue, l'ancien! (Haut.) Mais pour en revenir à l'ordre... exhibez-moi votre escouade, plus vite que ça... je suis héroïquement pressé.

Mme ROBERT.

Non, non! mille fois non!.. vous ne verrez pas ces demoiselles sans un ordre écrit du sous-préfet.

MARTIAL.

Est-ce que vous ne croyez pas à ma parole de sergent, mille millions!

Mme ROBERT.

Si fait!.. mais mon devoir... ma consigne...

MARTIAL.

Oh! la consigne, c'est juste... vous êtes une brave femme, la consigne... sur ce mot, je me retire, et je vais chercher la force armée...

Mme ROBERT.

La force armée!.. miséricorde!..

MARTIAL.

Soyez tranquille, quatorze soldats de l'empereur, aussi doux et aussi déçus que vous et moi; nous viendrons, avec un ordre supérieur. Faites mettre votre compagnie sous les armes, s'il y a un homme à l'empereur, nous l'emmènerons au quartier... Au revoir, mon brave... je veux dire au revoir l'ancienne, non!.. non... enfin, c'est dit. (Il sort par la porte du fond.)

SCÈNE IV.

Mme ROBERT, dans la plus grande agitation.

Un homme sous des habits de femme dans ce pensionnat!.. dont les demoiselles sont toutes si sages, si douces, si modestes... A moins pourtant que ce ne soit ce petit dragon de Gabrielle, qui est toujours grimpée sur les arbres, sur les murs, et qui dès qu'elle entend le tambour... eh mais! cette réflexion qui me vient... et pourtant ses traits si délicats, ses yeux si doux, sa voix plus douce encore, oh! non, non. (Musique : l'orchestre joue piano l'air : Femmes, voulez-vous éprouver.) Ah ! c'est notre rêveuse Lodoïska, par exemple je suis bien sûre que celle-là n'est pas un conscrit, c'est l'ingénuité, la candeur, la simplicité même.

SCENE V.
LODOISKA, Mme ROBERT.

LODOISKA, elle tient une rose.

Air : Haine aux Femmes.

Reine de ces jardins
Emblème du jeune âge
Dis-moi, si les destins
M'ont faite à ton image !

Mme ROBERT.

Toujours triste, ma chère Lodoïska !..

LODOISKA.

Toujours, ma bonne amie.

Mme ROBERT.

Vous vous ennuyez donc parmi nous?

LODOISKA.

Oui... et non.

Mme ROBERT.

Mais, que vous manque-t-il donc ici ?

LODOISKA.

Rien... et tout.

Mme ROBERT.

Tout ?..

LODOISKA.

Tout... et rien, comme je vous disais. J'ai du vide dans l'ame, j'ai des tas de bêtises dans la cervelle, l'ennui me consume, je dépéris comme les simples fleurs de ce jardin !.. comme celle-ci.

Mme ROBERT.

Pauvre petite !.. allons, mon enfant, prenez courage !.. j'ai écrit à votre maman et à votre papa, ils vont arriver.

LODOISKA.

Ce n'est pas papa et maman qui me manquent...

Mme ROBERT.

Et quoi donc?

LODOISKA.

C'est rien, je vous l'ai dit... ou c'est tout, je vous l'ai dit encore... rien !.. c'est le vague de ma pensée; tout !.. c'est l'espace... ce jardin est trop petit pour moi.

Mme ROBERT.

Que n'allez-vous dans le parc?..

LODOISKA.

Il est trop grand !.. (Elle pleure.)

Mme ROBERT, à part.

Cette pauvre fille est bien malade !.. (Haut.) Allons, allons, mon enfant, revenez à vous, votre mère viendra; vous lui direz vos chagrins.

LODOISKA.

Je n'en ai pas.

Mme ROBERT.

Mais, que désirez-vous?

LODOISKA.

Je ne désire pas.

Mme ROBERT.

Il faut vous distraire, vous amuser comme les autres, venez avec moi.

LODOISKA.

Non, je veux rester ici...

Mme ROBERT.

Eh bien ! restez, je vais vous envoyer Gabrielle.

LODOISKA.

Gabrielle... Gabrielle, Ah ! oui, oui, Gabrielle ! j'y consens !

Mme ROBERT, à part.

Certainement il y a de la folie dans cette tête-là, quel dommage!.. elle est si jolie!.. (Elle sort par la gauche.)

SCENE VI.
LODOISKA, sur le banc.

Gabrielle! Gabrielle!.. à ce seul nom, j'éprouve je ne sais quoi... Gabrielle!.. oh! pourquoi suis-je une innocente jeune fille!.. ou pourquoi n'est-elle pas un garçon!.. (Elle se lève.) Mais est-ce bien vrai que je suis une jeune fille?.. cette précaution que madame la directrice a prise de me séparer ainsi des autres pensionnaires... et puis quand je lis l'histoire des héros... le seul mot de bataille me fait tressaillir... quand je suis au milieu de ces demoiselles, et surtout près de Gabrielle... je sens dans mon être un enthousiasme... mon cœur bondit... comme une balle élastique...

Air : Ce que j'éprouve en vous voyant.

Jouant à des jeux innocens,
En folâtrant dans la campagne,
Le seul aspect de ma compagne,
Met la tempête dans mes sens,
Je suis absurde, je le sens.
Et Gabrielle, si naïve,
Quel est donc le pouvoir qu'elle a?..
Ça me fait mal quand elle arrive,
Ça me fait mal quand ell' s'en va!

Dieu! la voici... je rougis déjà.

SCENE VII.
GABRIELLE, LODOISKA.

GABRIELLE, accourant.

Tu me demandes?..

LODOISKA.

Moi, moi... du tout!.. du tout...

GABRIELLE.

Alors, je m'en vais.

LODOISKA.

Non, non... reste, chère amie!..

GABRIELLE.

On ne te voit presque plus, depuis qu'on t'a logée dans ce petit pavillon, et qu'on t'a donné pour maître universel cet imbécile de M. Chamouillet, qui croit tout savoir et qui ne sait rien... un pékin.

LODOISKA.

Gabrielle, tu me fais rougir avec tes expressions soldatesques.

GABRIELLE.

Pékin... c'est un mot de mon frère!..

LODOISKA.

C'est égal... il est immoral.

GABRIELLE.

Tu crois, chère amie.

LODOISKA.

Oui, chère amie.

GABRIELLE.

Comme tu deviens drôle, Lodoïska.

LODOISKA.

Tu trouves, chère amie?

GABRIELLE.

Certainement; autrefois nous rêvions ensemble, nous nous promenions bras dessus bras dessous... comme deux camarades... à présent, quand je m'approche de vous, vous faites toujours un mouvement comme si j'étais du feu et que vous eussiez peur de vous brûler...

LODOISKA.

Tu trouves, chère amie...

GABRIELLE.
Savez-vous ce que c'est que ça? c'est de l'antipathie, de la haine...
LODOISKA.
Oh! oui, tu as raison... il faut que ce soit quelque chose comme ça!.. le bandeau que j'avais sur les yeux est tombé tout à coup... c'est de la haine que j'ai pour toi... tu as trouvé le mot... comme il est heureux qu'elle ait trouvé le mot.

GABRIELLE.
Air : Elle est française.

J'en suis certaine,
C'est de la haine;
Je tremble quand j'entends ta voix.
Quand tu me fuis, j'ai de la peine;
Dans tous mes rêves je te vois,
C'est de la haine. (bis.)

LODOISKA.
Oui, cette flamme
Qui rend mon ame
Chaude et brûlante comme un four,
Et ce sentiment qui m'entraîne,
A t'embrasser cent fois par jour,
C'est de la haine. (bis.) (Elle l'embrasse.)

Tiens, en voilà de la haine... en veux-tu... en voilà encore... comme ça vous phosphorise.

GABRIELLE.
Tiens! veux-tu que je te parle franchement. nous nous haïssons trop... ce n'est pas naturel! il y a quelque chose là-dessous..
LODOISKA.
Tu trouves, chère amie!

SCENE VIII.
GABRIELLE, CHAMOUILLET, LODOISKA.

CHAMOUILLET.
Bonjour, petite espiègle! hommage à mon adorable écolière!..
LODOISKA, à part.
M. Chamouillet, quel changement de température!
CHAMOUILLET.
Allons, Mlle Gabrielle, il faut nous laisser; vous nous donnez des distractions...
GABRIELLE.
Je vous quitte... bon courage, Lodoïska! adieu, mon ennemie intime... adieu, monsieur Chamouillet...
CHAMOUILLET.
Adieu, lutin!

GABRIELLE.
Air : Dans ma philosophie.

Vraiment d'un aussi galant maître,
Ici je dois le dire sans façons,
Il serait dangereux peut-être
D'écouter souvent les leçons.

CHAMOUILLET.
Mais à quoi bon nous faire attendre ?..
De grace...

GABRIELLE.
Monsieur, je conçois
Qu'une beauté se laisse prendre
Par un filet... de votre voix.

ENSEMBLE.
Vraiment d'un aussi galant maître, etc. (Gabrielle sort.)

SCENE IX.
CHAMOUILLET, LODOISKA.
LODOISKA, à part.
Je ne peux pas souffrir ce vieux stupide, il m'embête... ah !
CHAMOUILLET.
Enfin, nous voilà seuls, sommes-nous en voix, ma toute belle?..
LODOISKA.
La, sol, fa, la, si...
CHAMOUILLET.
Oh! admirable!.. des sons gutturaux et pleins, le ré d'en bas!.. il y a dans cette voix quelque chose de mâle... que l'on chercherait vainement chez nos élèves du Conservatoire impérial; sans que ça paraisse, vous avez vingt cinq mille livres de rentes dans le gosier, peut-être même trente; ah çà! petite, avons-nous étudié le morceau en ré majeur?.. voyons, donnez-moi votre la...
LODOISKA, vocalisant.
La, la, la...
CHAMOUILLET.
La, la, la, bon, bon!.. nous voilà d'accord... Commençons par la romance à la mode...
LODOISKA, chantant.
Partant pour la Syrie,
Le jeune et beau Dunois
CHAMOUILLET.
Dites avec un accent plus doux :
Le jeune et beau Dunois...
Enveloppez vos lèvres avec du velours...
LODOISKA.
Le jeune et beau Dunois
CHAMOUILLET.
Bien, bémolisons.... très bien.... bécarisons, figurez-vous que je suis le beau Dunois...
LODOISKA.
Vous avez bien l'air... Dunois.
CHAMOUILLET.
Flatteuse!..
LODOISKA.
Vous n'êtes pas beau, voilà tout...
CHAMOUILLET.
Comment, comment, je ne suis pas beau, moi qui ai dansé les amours et les zéphirs à l'Opéra, avant la révolution...
LODOISKA.
Il y a eu révolution en vous, je le vois...
CHAMOUILLET.
Oh! je vois ce que c'est, la malice de mademoiselle Gabrielle vous gagne... c'est bien, c'est très bien... continuons.
CHAMOUILLET.
Vous êtes la plus belle...
Remarquez comme je dis cette phrase-là...
Vous êtes la plus belle,
Et moi le plus vaillant.
Oui, oui, vous êtes la plus belle, charmante écolière, délicieuse créature...   (Il veut lui prendre la main.)
LODOISKA, le repoussant vivement.
Monsieur, je le dirai à maman.
CHAMOUILLET.
Oh!.. elle a un coup de poing très remarquable... maintenant, séduisante sylphide, passons à la leçon de danse, nous en sommes à la valse...
LODOISKA, minaudant.
Maman m'a dit que la valse n'était pas la danse des demoiselles.
CHAMOUILLET.
Il y a des choses qu'on apprend et qui ne servent que plus tard. (A part.) quel port magnifique! comme elle est faite, cette créature-là!.. Elle ne tiendrait pas là-dedans; à la bonne heure, voilà une femme, une forte femme, une femme bien établie. (Haut.) Voyons et partons en mesure.

Air : Valse du petit François (d'Amédée Beauplan.)
Les pieds en dehors,
Effacez le corps,
Allons, petite badine,
Marquez bien le pas,
Et ne tenez pas
Vos bras à la crapaudine ;
Rentrez-moi cette poitrine.
Quand je valsais, de tous côtés
On disait : Dieux ! quelle tournure !
J'avais, pour plaire à nos beautés,
Des grâces et de la figure.
Mettez votre pied là,
Trin, trin, trin, trin,
Serrez moi mieux que ça
Trin, trin, trin, etc.
Marquez bien la mesure ;
Que votre tête est dure !
Gracioso !
Amoroso !

Au Grand-Opéra
Lorsque l'on donna
La Caravane du Caire,
Votre serviteur,
Rempli de vigueur,
D'un énorme dromadaire
Faisait les pieds de derrière.
Là-haut notre sort est écrit :
L'un a la bosse militaire,
L'autre a la bosse de l'esprit,
J'ai la bosse...

LODOISKA
Du dromadaire !

CHAMOUILLET.
Prenez l'air gracieux,
Trin, trin, etc.
Faites-moi les doux yeux,
Trin, trin, etc.
Bravo ! c'est en mesure,
Très bien, je vous assure,
Gracioso !
Amoroso !

Je n'y tiens plus, fille céleste !.. je dépose à tes pieds mon cœur et mes 800 francs d'appointemens... (Il se précipite aux genoux de Lodoïska.)

SCÈNE X.
LODOISKA, CHAMOUILLET, GABRIELLE, PENSIONNAIRES.
(Les pensionnaires sont entrées à la fin de la valse et ont suivi tous les mouvemens.)

LES PENSIONNAIRES.
Ah ! ah ! ah ! ah !

GABRIELLE.
M. Chamouillet aux genoux de Lodoïska !

CHAMOUILLET.
Diables de petites filles ! elles sont toujours à vous épier... eh bien ! c'est ce qui vous trompait ! je n'étais pas aux genoux de Mlle Lodoïska... je ramassais cette fleur... qu'elle a laissé tomber...

LODOÏSKA.
Ce n'est pas vrai !..

CHAMOUILLET, bas à Lodoïska.
Taisez-vous donc ! (Haut.) je ne sais comment ça s'est fait... je veux battre un entrechat, et au lieu de tomber sur la pointe de mes pieds, je suis tombé sur la pointe...

LODOISKA.
Des miens.

CHAMOUILLET.
Vous croyez?
LODOISKA.
J'ai le pied écrasé... quel zéphir!
CHAMOUILLET.
Pauvre petit peton... croyez bien que c'est sans le vouloir.
GABRIELLE.
Il faut le dire à Mme Robert...
TOUTES LES PENSIONNAIRES.
Oui... oui... la voilà! la voilà!..
CHAMOUILLET, à Gabrielle.
Petite scélérate!

SCENE XI.
HÉLOISE, Mme ROBERT, GABRIELLE, PENSIONNAIRES, CHAMOUILLET.

TOUTES LES PENSIONNAIRES, entourant Mme Robert.
Madame, il faut que vous sachiez...
Mme ROBERT.
C'est bien, c'est bien... vous me direz cela plus tard... rentrez vite, rentrez... (A part.) Voilà le militaire qui revient.
TOUTES, même jeu.
Mais, madame, M. Chamouillet.
Mme ROBERT.
Allez-vous-en... ou je vous mets toutes au pain et à l'eau...
TOUTES.
Oh! oh!
GABRIELLE.
Il y a du nouveau, je le saurai... (Elle grimpe sur l'arbre sans être vue.)

LES PENSIONNAIRES, en sortant à voix basse.
Air : Sortons-nous (MONTEREAU)

Sauvons-nous !
Elle est en courroux
Parlons bas ,
Ne résistons pas
Oui loin d'elle,
A l'instant
Le jeu nous attend ;
Le plaisir
Nous appelle
Il faut le saisir.   (Elles sortent par la droite.)

SCENE XII.
GABRIELLE, sur l'arbre, Mme ROBERT, CHAMOUILLET.

CHAMOUILLET, à part.
Je respire...
GABRIELLE, à part.
D'ici, j'entendrai tout...
Mme ROBERT.
Je suis bien aise de vous trouver, M. Chamouillet, car je vois venir ce militaire dont je vous ai parlé, vous devenez le protecteur du pensionnat, le défenseur de l'innocence.
CHAMOUILLET.
Je n'ai qu'une chose à vous dire :
(Chantant.) Régnez en paix sur ce rivage
Et reposez-vous sur ma foi. (bis.)
Je vais lui parler à ce sergent, et nous verrons...
(Madame Robert va ouvrir la petite porte du fond.)

SCENE XIII.
GABRIELLE, sur l'arbre, Mme ROBERT, MARTIAL, CHAMOUILLET.

GABRIELLE, à part.
Tiens, c'est un militaire : est-ce qu'il vient se mettre en pension ? écou-

MARTIAL.
Beauté vénérable, voici l'ordre!..
CHAMOUILLET.
Donnez, sergent.
MARTIAL.
Major... civil!.. major, si ça vous est respectif. (A part.) Il paraît que c'est le quartier-maître du couvent.
CHAMOUILLET, lisant.
« Le nommé Martial, sergent-major, est autorisé à visiter le pension-
» nat de madame Anatole Marsay, pour s'assurer qu'il n'y a pas de cons-
» crit caché parmi ses élèves. »
GABRIELLE, à part.
Un conscrit sous des habits de femme, ici!..
CHAMOUILLET.
Monsieur, l'ordre est en règle; mais je vous ferai observer que la supposition de M. le sous-préfet est au moins extravagante.
MARTIAL.
Homme civil!.. soyez plus honnête à l'égard des autorités dont je fais partie, vu les sardines ci-jointes. Le civil, on le sait, veut mettre dedans le gouvernement de S. M. Napoléon Ier empereur des Français, roi d'Italie, protecteur de la confédération du Rhin... etc., etc...
GABRIELLE, à part.
Grand homme!
MARTIAL, à Chamouillet.
Comme vous dites, grand homme!
CHAMOUILLET.
Je ne dis rien du tout.
Mme ROBERT.
Ni moi.
MARTIAL.
C'est égal; grand homme! homme colossal!.. mais pour grandir encore, le petit caporal veut beaucoup de héros et de beaux héros, sa France en est remplie, et pourtant, à croire ces farceurs de conscrits, la plus belle nation de toute la terre ne serait composée que de bancals... comme monsieur, et d'aveugles, de sourds et autres industriels aussi détériorés... que monsieur; mais ce n'est pas tout, voilà qu'à présent avec des hommes, on veut nous faire des femmes... sacrebleu!
GABRIELLE, très haut et en se cachant dans l'arbre.
Sacrebleu!
MARTIAL, à Chamouillet.
Bien! (Mouvement d'impatience de Chamouillet.) A quoi que ça sert, des femmes? à semer de roses et de soucis l'existence de la vie... histoire de rire et voilà... mettre nos héros en perspective dans des couvens de demoiselles, brigands!
GABRIELLE, à part.
Voyez-vous la ruse...
MARTIAL.
Mais nous ne le souffrirons pas... saperlotte!
GABRIELLE, très haut et se cachant dans l'arbre.
Saperlotte!
MARTIAL, frappant sur l'épaule de Chamouillet.
Très bien...
CHAMOUILLET.
Mais ce n'est pas moi... sergent, ces expressions fantassines...
MARTIAL.
Pardon, excuse... fin finale... nous enrégimenterions cinq cents demoiselles plutôt que de laisser échapper un seul individu du sexe masculin...
GABRIELLE, à part.
Il a raison.
MARTIAL.
Faites donc venir vos demoiselles, il me suffira de les regarder pour reconnaître mon bien, c'est-à-dire celui du grand petit caporal, que je représente ici, au naturel... voilà...
Mme ROBERT.
Mais songez, sergent.

MARTIAL.
Soyez tranquille, je mettrai ma parole au niveau de la localité... je respecte le sexe en général... (Bas à Chamouillet.) Mais pas en particulier.
Mme ROBERT.
Je vais les chercher... attendez là.
MARTIAL.
Faites battre le rappel...
CHAMOUILLET.
C'est-à-dire sonnez la cloche.
Mme ROBERT.
O mon Dieu! mon Dieu! quelle aventure! et Mme Marsay qui n'est pas ici. (Elle sort à droite.)

SCENE XIV.

GABRIELLE, sur l'arbre, CHAMOUILLET, MARTIAL.
MARTIAL, à Chamouillet qui suit Mme Robert.
Civil, je vous arrête..
CHAMOUILLET, effrayé.
Plaît-il?
MARTIAL.
N'ayez pas peur, je ne suis ici qu'un pacificateur... parlez-moi franchement, n'avez-vous pas quelque soupçon sur une de vos pensionnaires?
CHAMOUILLET.
Eh bien! si... si... puisqu'il faut vous le dire... nous en avons une que je soupçonne être le conscrit que vous cherchez...
MARTIAL.
Vous l'appelez?
CHAMOUILLET.
Gabrielle!..
GABRIELLE, à part.
Moi! je m'en doutais.
MARTIAL.
C'est bien! je saurai tout, et puis, civil à roulades, M. le sous-préfet m'a indiqué un moyen... que je vous prie de m'aider à mettre à exécution, si la première vue ne réussit pas.
CHAMOUILLET.
Un moyen! lequel?
MARTIAL.
Je vais vous l'expliquer... (Montrant le pavillon.) Peut-on entrer là-dedans?
CHAMOUILLET.
Je n'y vois pas d'inconvénient, c'est l'asile de l'innocence.., mais l'innocence n'y est pas pour le quart-d'heure.
MARTIAL.
Attendez..
(Il ouvre la porte du fond et fait entrer deux soldats avec des corbeilles couvertes.)
GABRIELLE, à part.
Encore des soldats!
MARTIAL, aux soldats.
Entrez là-dedans. (Les soldats entrent dans le pavillon et sortent aussitôt.)
CHAMOUILLET.
Mais...
MARTIAL.
Au nom de l'empereur et du sous-préfet, si on résiste, je fais venir le régiment avec armes et bagages.
CHAMOUILLET.
C'est juste. (A part.) Un régiment de ligne dans un pensionnat de demoiselles... quelle cacophonie!
MARTIAL.
Air du ballet de Cendrillon.

Pour assurer en ces lieux nos projets,
Formons soudain une noble alliance,
Et bientôt, j'en ai l'assurance,
Ils seront couronnés de succès.

CHAMOUILLET.
Vous ressemblez, je vais vous le prouver,
A Diogène, qu'on renomme,
Car comme lui, sans le trouver,
Aujourd'hui vous cherchez un homme.

CHAMOUILLET, MARTIAL.
Pour assurer en ces lieux nos projets, etc.

(Ils entrent dans le pavillon.)

SCÈNE XV.
GABRIELLE, seule.

Et moi, descendons bien vite ! (Elle descend.) Oh! quelle nouvelle! on cherche un jeune homme, et ce jeune homme c'est moi, j'en étais sûre... quel bonheur! j'irai à la guerre... moi, qui aime tant la gloire et qui portait envie à mon frère... comme Arthur va être jaloux, quand il me verra avec mon beau plumet... et Lodoïska que je hais tant... elle en mourra de dépit.

SCÈNE XVI.
LODOISKA, GABRIELLE.
LODOISKA, entrant vivement.

Oh! Gabrielle, te voilà... je te cherchais... je suis toute pâle, je n'ai plus de fraîcheur, n'est-ce pas? on dit qu'on cherche un conscrit... caché dans la maison...

GABRIELLE.

Il est trouvé...

LODOISKA.

Trouvé!

GABRIELLE.

C'est moi...

LODOISKA.

Toi! ah! tu me fais peur.

GABRIELLE.

Approche... ne crains rien...

LODOISKA.

Comment... tu es un conscrit!

GABRIELLE.

Réfractaire...

LODOISKA.

Qu'est-ce que ça veut dire?

GABRIELLE.

Ça veut dire que je n'ai pas rejoint mon régiment, et que l'on va m'y conduire de brigade en brigade...

LODOISKA.

Il y a donc des régimens de demoiselles?

GABRIELLE.

Puisque je suis un homme...

LODOISKA.

Un homme, toi!!! (Elle s'éloigne vivement de Gabrielle.) Ah! mon Dieu!

GABRIELLE.

On va me donner un uniforme, un sabre, un fusil... et l'an prochain, j'aurai des moustaches... quel bonheur!

LODOISKA.

Des moustaches, elle aura des moustaches!.. un homme! comment, Gabrielle, tu es un homme! le voilà cet exécrable doute... mon être est sorti du chaos enfin... tu t'appelles Gabrielle, un nom AD LIBITUM... un nom qui n'a pas de sexe... tu es un homme! donc je suis une faible femme, j'appartiens au sexe enchanteur... je suis au nombre de la plus belle partie du genre humain... je t'aime... car je suis une femme, et une femme bien dangereuse...

GABRIELLE.

Oh! je n'ai pas peur de toi... et pour te le prouver, je vais te faire une déclaration... Mademoiselle, je vous adore. (Elle l'embrasse.)

LODOISKA.

Monsieur... ne me faites pas de mal... je n'ose plus le regarder... ma foi je risque un œil... je dévisage le danger face à face, c'est qu'il est très gentil... fuis, je t'en supplie... fuis une jeune fille, qui n'est forte que de sa faiblesse... pitié!.. pitié!..

Air : Rendez-moi ma patrie. (Pré-aux-Clercs.)

Cède à ma voix plaintive :
Veux-tu faire mourir
La faible sensitive
Qu'un souffle peut flétrir.
Faut-il que je succombe
Sous les traits de l'amour,
Dieu! sauvez la colombe
Des serres du vautour ;
Moi, je suis la colombe,
Et voilà le vautour.

GABRIELLE.
Lodoïska! Lodoïska!..

LODOISKA.
Oh! c'est trop, laisse-moi... j'ai une attaque de nerfs... mais c'est de mon sexe... n'y fais pas attention... (Elle va s'asseoir sur le banc à gauche.)

GABRIELLE.
Lodoïska, sois tranquille, quand je reviendrai de la guerre, je t'épouserai.

LODOISKA.
Gabrielle, Gabrielle!.. n'abuse pas... d'une pauvre fille... qui t'aime!..
(Gabrielle, à ses genoux, lui baise les mains.)

SCENE XVII.
LODOISKA, CHAMOUILLET, GABRIELLE.

CHAMOUILLET.
Ah!.. (Au cri de Chamouillet, Lodoïska se sauve.) Mais c'est une infamie, une horreur, une profonde immoralité... entendez-vous, monsieur?..

GABRIELLE.
Ah! ah! ah!..

CHAMOUILLET.
Il rit!.. insolent!.. savez-vous que mademoiselle Lodoïska est fiancée à un honnête homme... (A part.) Je dois parler à la maman.

GABRIELLE.
Est-il grotesque... est-il cocasse!..

CHAMOUILLET.
Comment, petit drôle?.. il se moque de moi... monsieur, ça ne se passera pas ainsi...

GABRIELLE, très sérieusement le ramenant sur le devant de la scène.
Je vous comprends... ce soir, à huit heures, derrière le mur du jardin... vos armes?..

CHAMOUILLET, mettant son chapeau.
Mes armes?.. ah! monsieur si je ne respectais votre sexe...

GABRIELLE.
Ah! il cagne!.. il cagne!..
(Elle lui enfonce son chapeau à trois cornes sur les yeux et se sauve en riant.)

CHAMOUILLET.
Oui, oui, va... la conscription me fera justice de toi.

SCENE XVIII.
CHAMOUILLET, MARTIAL.

MARTIAL, sortant vivement du pavillon.
Est-ce que vous avez trouvé notre homme?

CHAMOUILLET.
Certainement, il était là!.. aux genoux de ma fiancée!..

MARTIAL.
Vous avez une fiancée, vous, civil? c'est périlleux à votre âge et avec cette tête... au fait... la chance!.. enfin... tout est prêt dans le pavillon... M. le sous-préfet dit que c'est le moyen le plus sûr et le plus décent... je le veux bien...

CHAMOUILLET.
Ce que vous allez faire là, sergent, me rappelle le ballet d'Achille à Scyros...

MARTIAL.

Il en avait six, M. Achille; diable, notre commandant n'en a qu'une...

CHAMOUILLET.

Non, vous ne comprenez pas... Scyros est une ville d'Italie où l'on avait caché Achille... un jeune Romain, sous des habits de femme... c'était moi qui jouais Achille, j'étais charmant en fille, seulement j'étais forcé de faire ma barbe à chaque entr'acte... j'entrais en scène par un pas de si sol... le perfide Ulysse me poursuivait par une bourrée... je me sauvais par un échappé à deux temps... Vlan! Vlan! je faisais une pirouette et je retombais en attitude.

MARTIAL, le faisant pirouetter.

Qu'est-ce que ça me fait, tout ça!.. pourvu que mon conscrit se retrouve!

CHAMOUILLET.

Puisque je vous dis que c'est mademoiselle Gabrielle.

MARTIAL.

Nous verrons; d'abord, je suis un dur à cuire, quand il s'agit du service de l'empereur...

SCENE XIX.

Mme ROBERT, GABRIELLE, LODOISKA, HÉLOISE, PENSIONNAIRES, CHAMOUILLET, MARTIAL.

Mme ROBERT.

Par ici, mesdemoiselles, par ici.

MARTIAL.

Voici tout le monde.

CHAMOUILLET, à part.

Je vais être vengé.

Air : Travaillez, etc. (Fiancée.)

Allons, venez, mesdemoiselles,
La classe vient de finir;
A nos jeux soyons fidèles,
Voici l'heure du plaisir.

HÉLOISE.

Tiens, qu'est-ce que c'est que ça? des militaires?

TOUTES LES PENSIONNAIRES.

Des militaires!

LODOISKA.

Des militaires! comme ça fait plaisir à voir!

CHAMOUILLET.

N'ayez pas peur!.. approchez mes petites brebis... (Bas au sergent.) Suis-je loup... hein! suis-je loup!.. êtes-vous toutes là...

LES PENSIONNAIRES.

Toutes!..

CHAMOUILLET, bas avec intention au sergent.

Vous allez voir. (Haut.) Et Mlle Gabrielle ?

GABRIELLE, saluant militairement.

Présent!..

CHAMOUILLET, bas au sergent.

Le mot est militaire.

MARTIAL.

Mais l'organe ne l'est pas du tout. (Haut.) Mes petites poules, vous êtes jolies à croquer... mais il y a, dit-on, un coq parmi vous... qu'est-ce qui est le coq, par ici?

GABRIELLE.

Coquerico!

LES PENSIONNAIRES.

Ah! ah!

CHAMOUILLET.

J'en étais sûr... c'est elle qui est lui!

MARTIAL.

Ça... c'est une voix de poule, et même de poule mouillée... (A Chamouillet.) En avant la grande épreuve... (Haut.) Mesdemoiselles, entrez dans ce pavillon... M. le sous-préfet y a fait mettre des présens au goût de tout le monde... choisissez...

LES PENSIONNAIRES.

Des présens ! des présens !

Air : C'est charmant. (Fille de Dominique.)

C'est charmant ! (bis.)
La bonne aventure
Nous avons, je le jure
Un sous-préfet fort galant.

(La musique continue jusqu'au morceau suivant. Elles entrent dans le pavillon, on les entend se disputer, Mme Robert veut les suivre.)

SCÈNE XX.

CHAMOUILLET, Mme ROBERT, MARTIAL.

MARTIAL, l'arrêtant.

N'entrez pas, mon sous-lieutenant, il ne faut pas influencer la chose.

Mme ROBERT.

Mais je dois examiner..

CHAMOUILLET.

Laissez faire... c'est une épreuve purement anacréontique et mythologique.

MARTIAL.

C'est fait... voici l'escouade de Cypris.

SCÈNE XXI.

CHAMOUILLET, Mme ROBERT, HÉLOÏSE, GABRIELLE, PENSIONNAIRES.

HÉLOÏSE.

Air du Comte Ory (Vaudeville.)

Moi, je prends cette dentelle.

PREMIÈRE PENSIONNAIRE.

Moi, je prends ce beau mouchoir.

DEUXIÈME PENSIONNAIRE.

Moi, cette écharpe si belle,

TROISIÈME PENSIONNAIRE.

Moi, ces fleurs...

GABRIELLE.

Moi, ce miroir.

MARTIAL.

Un miroir ! ce n'est pas elle,
Le beau sexe se trahit !

GABRIELLE.

Ah ! comme l'on paraît belle !

CHAMOUILLET.

Moi, je suis tout interdit !
Ce conscrit, qu'on appelle,
Ce n'est pas Gabrielle !

SCÈNE XXII.

CHAMOUILLET, MARTIAL, Mme ROBERT, LODOISKA, GABRIELLE, HÉLOÏSE, PENSIONNAIRES, UN SOLDAT, dans le fond.

LODOISKA, toujours en femme et sortant du pavillon, avec sabre, giberne et schako.

Le voilà !
C'est Lodoïska !

CHŒUR.

Le voilà !
C'est Lodoïska !

CHAMOUILLET.

J'allais, ah ! quel affreux destin !
Prendre pour femme un fantassin.

TOUS.

Le voilà !
C'est Lodoïska !

LODOISKA.

Non... Achille... la nature et la gloire ont parlé... au diable les fichus, les bonnets et l'aiguille!.. à moi le sabre et le schako!

Mme ROBERT.

Mais, mademoiselle...

LODOISKA.

Ma bonne amie, voici une lettre de ma mère, qui m'apprend ce que je suis... vive l'empereur!

LES PENSIONNAIRES.

Vive l'empereur!

MARTIAL, s'approchant de Lodoïska.

Ça, c'est mon homme! il y a tout ce qu'il faut là-dedans... taille de voltigeur, mais c'est égal, tous les hommes sont égaux devant...... le canon..... partons...

GABRIELLE tristement.

Je ne suis donc qu'une femme?..

ACHILLE.

Et tu seras la mienne... Gabriel...le, quand je reviendrai de la guerre; sois-moi fidèle... en attendant.

GABRIELLE.

Oui... mais reviens vite.

ACHILLE.

Partons, sergent.

MARTIAL.

Diable... quel luron!

Mme ROBERT.

Mais, je ne peux pas permettre...

MARTIAL.

Le héros n'est pas sous votre juridiction... l'empereur prend son bien où il le trouve; seulement, conscrit, prenez cette capote d'uniforme, à l'effet de cacher vos jupons. Et vous, jeunesse charmante, mariez-vous bien vite, l'empereur a besoin de héros.

CHOEUR.

Air du Triolet bleu.

Ah! pour nous quel honneur,
Et pour lui quel bonheur;
Aux champs de la valeur
Il suivra l'empereur.
Ah! pour nous quel honneur,
Et pour lui quel bonheur;
Et chantons de tout cœur,
Vive notre empereur!

ACHILLE, au public

Air des Frères de lait.

De son destin, bien loin qu'elle se vexe
Lodoïska, messieurs, doit le bénir,
N'oubliez pas qu'elle fut du beau sexe,
Soyez galans du moins par souvenir;
Pour son début dans une ère nouvelle,
D'Achille, ici, mesdam's soyez l'appui.

(Faisant la révérence.) Messieurs, applaudissez pour elle,
(Saluant.) Mesdam's, applaudissez pour lui.

TOUS.

Messieurs, applaudissez pour elle,
Mesdam's, applaudissez pour lui.

FIN.

J.-R. MEYREL, imp., pass. du Caire, 54.

PART. V, SC. VIII.

LE PETIT CHAPEAU,
OU
LE RÊVE D'UN SOLDAT,

DRAME FANTASTIQUE EN SIX PARTIES,

Par M. Charles Desnoyer.

Représenté pour la première fois, sur le théâtre de la Gaîté, le 9 septembre 1837.

PERSONNAGES.	ACTEURS.	PERSONNAGES.	ACTEURS.
JACQUES.	MM. MONTIGNY.	NAPOLÉON.	MM. GOBERT.
JEAN.	CHÉRI.	FRANÇOIS, officier d'artillerie.	AUGUSTE.
ETIENNE.	FOSSE.	UN GÉNÉRAL.	TIÉBAULT.
UN OFFICIER DE MARINE.	EDOUARD.	UN PAYSAN.	DARCOURT.
MARIE.	Mlle FIERVILLE.	PAYSANS et PAYSANNES.	

PREMIÈRE PARTIE.

La Saint-Napoléon, prologue-vaudeville.

Une chambre rustique.

SCÈNE I.
JEAN, MARIE, PAYSANS et PAYSANNES.

Au lever du rideau, ils sont attablés et trinquent ensemble. Jean est en blouse et en bonnet de police, pantalon militaire. Ceux qui l'entourent portent le costume pittoresque des paysans du département du Finistère, en Basse-Bretagne.

CHŒUR.
Air : Les Glouglou. (DOCHE.)

Verre en main,
Jusqu'à d'main ;
Bons camarades
Entre nous
Trinquons tous,
Amis, enivrons-nous ;

Allons, vite en train,
Jusqu'à d'main,
Et buyons rasades,
Le verre à la main,
Jusqu'à d'main
Au diable le chagrin.

JEAN, debout et élevant son verre.

Je demande la parole... Pour lors, voilà la chose. Vous, jeunes gens, qui avez eu l'inconvénient de ne connaître jusqu'à ce jour que les douceurs de la paix, qui avez ignoré le bonheur d'être soldat, et de devenir manchot, jambe de bois, ou autres choses avantageuses sous les drapeaux du petit caporal; vous, les filles et les épouses, qui ne comprenez pas tout le plaisir d'avoir à l'armée un père, ou un fils, ou une connaissance quelconque, et de se dire : A l'heure qu'il est, il mange peut-être de la vache enragée, il est peut-être emporté par un boulet... mais il se couvre de gloire, et il gagnera la croix d'honneur, et un galon de sergent... s'il n'est pas tué; vous tous enfin qui m'écoutez, femmes, enfans, vieillards et moutards de tout âge et de tout sexe, aujourd'hui, 15 août 1837, nous v'là réunis pour célébrer une grande fête, un grand souvenir !.. à la mémoire de Napoléon !

TOUS.

A la mémoire de Napoléon !

REPRISE.

Verre en main, etc.

UN PAYSAN.

Mais, dites-moi donc, M. Jean, est-ce que nous ne verrons pas aujourd'hui votre ami, votre ancien camarade de la grande armée?

JEAN.

Ah ! Jacques...

TOUS.

Oui, oui, M. Jacques.

JEAN.

C'est vrai, il y a long-temps qu'il devrait être ici...

LE PAYSAN.

Et il ne vient pas, pourquoi ça?

JEAN.

Ah ! pourquoi? pourquoi? est-ce que j'en sais quelque chose, moi ? est-ce que je peux rien comprendre à mon ami Jacques ?.. c'est bien le plus drôle de corps... j'ai fait sa connaissance pendant la campagne de Russie, il était volontaire dans la jeune garde, et moi, grognard dans la vieille... Nous avons manqué d'être gelés tous les deux à la Bérésina, nous nous sommes retrouvés à Champaubert, à Montmirail, à Waterloo... et quand tout a été fini, nous sommes venus nous caserner ensemble dans ce petit village; enfin finale, mon ami Jacques et moi, nous ne nous sommes pas quittés qui dirait... eh bien ! du diable si je peux deviner ce que ce gaillard-là a dans la tête... lui qui parle si bien quand il veut... il reste quelquefois des journées entières sans vous dire un seul mot... Il fume, et il songe... à quoi ?.. on le lui demande ? bernique ! il continue de se taire et de fumer... puis, de temps en temps, il lève de grands yeux au ciel, il soupire... puis, il s'écrie que l'existence est monotone, ennuyeuse, insupportable... et puis il vous prend la main comme s'il voulait vous expliquer sa tristesse... vous dire quelque chose enfin et quand vous êtes tout prêt à l'entendre... il reprend sa pipe et vous tourne le dos... est-ce agréable ? je ne sais comment nous sommes amis, moi, presque toujours de bonne humeur, et lui toujours triste sans savoir pourquoi; lui, qui a l'air de voir tout en noir, et moi qui vois tout couleur de rose; enfin, moi, qu'on appelle Jean qui rit, et lui, à qui vous avez donné le sobriquet de Jacques qui pleure, eh bien ! c'est égal... malgré tout ça, je lui pardonne... je l'aime, je l'aime comme un frère, et c'te chienne d'amitié-là est une vieille maladie dont je ne peux pas me guérir... Sacrée section, est-on bête !..

MARIE.

Mon père... il m'est arrivé bien souvent de faire attention aux chagrins et à la mauvaise humeur de M. Jacques, j'ai été bien long-temps, comme

vous sans y rien comprendre ; mais, enfin, à force de chercher et d'observer... car je suis très curieuse, je crois bien que j'ai fini par deviner ce
qui le tourmente... du moins depuis quelques jours, et surtout depuis ce
matin.
JEAN.
Ah ! bah ! conte-moi donc ça, ma fille.
LE PAYSAN.
Oui, oui, contez-nous ça, Mlle Marie.
(Tous les paysans prêtent une grande attention.)
MARIE.
Figurez-vous que dernièrement, mon père, lorsqu'il était là, à fumer sa
pipe, et que vous lui avez demandé des nouvelles de son fils, de M. Etienne,
qui est allé, il y a deux ans, chercher fortune à Paris, et que depuis ce
temps-là nous n'avons pas revu au village, il m'a semblé que M. Jacques
devenait plus triste qu'à l'ordinaire... alors...   (On frappe à la porte.)
JEAN.
Ah ! c'est lui sans doute, c'est mon ami Jacques !
TOUS.
M. Jacques !   (On va ouvrir.)

SCÈNE II.
LES MÊMES, JACQUES.
(Entrée de Jacques, la pipe à la bouche, et l'air triste et rêveur, tel que vient de le dépeindre le récit de Jean. Jacques est habillé dans le même style que les autres paysans ; seulement, un choix
de couleurs plus sombres doit donner à son costume un caractère particulier en rapport avec
celui du personnage Tout le monde s'empresse autour de lui, il leur serre la main sans dire un
seul mot, et va s'asseoir dans un coin du théâtre.)
JEAN.
Pardieu ! camarade, tu arrives bien... nous parlions de toi... (Jacques lui
serre la main comme aux autres, et ne répond rien.) Pourquoi viens-tu si tard ?
(Jacques garde toujours le silence, ainsi que pendant les phrases suivantes.) Est-ce
que tu vas nous faire cette mine-là toute la soirée ?.. oublies-tu que c'est
fête aujourd'hui ? allons, réponds-moi donc... (Jacques fait un geste d'impatience, lui tourne le dos, et fume.) Au moins, tu ne refuseras pas de boire un
verre de vin avec nous... (Des paysans se sont empressés de remplir des verres ;
on en offre un à Jacques, qui ne fait pas attention à eux. Jean, impatienté à son tour,
lui met le verre sous le nez, Jacques le prend machinalement, et l'avale d'un trait,
toujours sans dire un seul mot.) J'espère que ça va lui délier la langue... Eh
bien ! Jacques, dis-moi... (Jacques le regarde, lui serre la main, soupire, puis
lève les yeux au ciel, avec un air d'ennui et de tristesse, et de nouveau tourne le
dos à Jean et aux autres, reprend sa pipe, et se remet à fumer tranquillement, sans
faire attention à personne.) Ah ! ma foi ! que le diable t'emporte ! (Jean va s'asseoir à son tour de l'autre côté du théâtre, d'un air de mauvaise humeur. Il prend
aussi sa pipe, et fume.)
MARIE, aux paysans qui tiennent avec elle le milieu de la scène.
Ecoutez-moi, mes amis... moi seule, je sais quelque chose qui dissipera
bientôt le chagrin de M. Jacques... venez, je vais tout vous dire.
CHOEUR GÉNÉRAL, chanté à voix basse.
Air : Final de Paul et Jean

Allons, partons, plus d'espérance,
Suivez-moi tous, et sur-le-champ ;
Mais, pour apaiser sa souffrance,
Nous reviendrons dans un instant,
Bientôt, pour lui, plus de tourment.

(Sortie de Marie et des paysans ; Jacques et Jean restent seuls en scène, se tournant le dos et fumant
aux deux extrémités du théâtre, Jean furieux, et Jacques insouciant et calme.)

SCÈNE III.
JACQUES, JEAN.
JEAN.
Ayez donc des amis comme celui-là !.. c'est amusant... (Il fume.) C'est
qu'il n'y a pas à dire, j'ai beau vouloir suivre son exemple et ne pas faire
attention à lui, et fumer tout seul dans mon coin, comme un hibou,
comme un égoïste, comme lui enfin, je ne peux pas ; malgré moi, je pense
à c't être-là, et je me fais trop de mauvais sang pour que la pipe me fasse

plaisir... (Se relevant avec colère, et retournant auprès de Jacques.) Jacques! Jacques! veux-tu me répondre à la fin... qu'est-ce que je t'ai fait pour que tu sois comme ça avec moi? est-ce que tu me dédaignes? est-ce que je ne suis plus ton ami?.. (Ici Jacques se lève vivement et lui serre la main comme pour lui demander pardon.) Ah! enfin, c'est heureux... si je suis ton ami, il faut que tu renonces pour aujourd'hui à tes humeurs noires, il faut que tu sois gai comme je le suis, quand tu ne me boudes pas... enfin, il faut que tu me dise ce que tu as, ce que tu éprouves, ce qui te chagrine.

JACQUES.

Ce que j'ai? je m'ennuie.

JEAN.

Pourquoi ça?

JACQUES.

Ce que j'éprouve?.. un dégoût mortel de moi-même et de tous ceux qui m'entourent.

JEAN.

Merci!

JACQUES.

Un désir invincible, continuel, de changer d'existence... ou du moins d'en finir avec la mienne.

JEAN.

Allons, bon! encore ses idées de suicide! ah! c'est affreux! toi, Jacques, un père de famille!

JACQUES.

Mon fils m'a quitté depuis deux ans... mon fils est à Paris, plus heureux que moi... il est artiste, il aime ses pinceaux avec passion, et ses pinceaux feront un jour sa fortune, à ce qu'il dit; enfin grace au ciel, si moi, je peux bien avoir besoin de mon fils, lui, n'aura jamais besoin des secours de son père... Il est écrit là-haut, depuis que j'ai cessé d'être au service... il est écrit que je ne puis être bon à rien, à rien sur la terre.

JEAN.

Bon à rien!.. et moi, ton vieil ami, je ne peux pas me passer de toi... et tu me quitterais sans regret... c'est impossible, d'ailleurs, tu es un homme de cœur, un ancien soldat, et tu ne peux pas oublier ce que notre empereur fit mettre un jour à l'ordre de la garde, écrit et signé de sa main, parce qu'un de nos camarades, le grenadier Boniface Gobain, las de la vie, comme toi, venait d'en finir comme tu veux le faire, par un suicide... Oh! je ne l'ai pas oublié, moi, l'ordre du jour du petit caporal : Un soldat, qu'il disait, doit savoir vaincre toutes les douleurs; il y a autant de vrai courage à supporter avec constance les peines de l'ame, qu'à rester fixe sous la mitraille d'une batterie. S'abandonner au chagrin sans résister, se tuer pour s'y soustraire, c'est déserter le champ de bataille, avant d'avoir combattu; entends-tu, Jacques... déserter... et tu ne le feras pas, j'en suis sûr, mon vieux camarade?

JACQUES.

Eh bien... eh bien! non, je ne le ferai pas.... puisque je ne l'ai pas fait jusqu'à présent; c'est que malgré tout, il me venait toujours à l'esprit des pensées semblables aux tiennes... c'est qu'avec mon air d'indifférence et d'égoïsme, je songeais que j'avais en toi un ami, un ami véritable, que ma mort serait un chagrin, une désolation pour toi, et pour lui... lui aussi, mon fils, mon pauvre Etienne... va, cette idée-là m'a retenu plus d'une fois, à l'instant où j'allais me faire sauter la cervelle.

JEAN.

A la bonne heure! j'espère bien qu'en pareil cas, ça te retiendra toujours, sacrée section!

JACQUES.

Mais, il faut que je t'ouvre enfin toute mon ame...

JEAN.

Je ne demande pas mieux.

JACQUES.

Car j'ai voulu trop long-temps renfermer dans ma poitrine toutes ces idées qui m'oppressent, qui me désespèrent, et qui feraient rire sans doute un autre que toi, un autre qui ne m'aimerait pas comme tu m'aimes. J'étais né pour être soldat, moi; c'était pour moi le seul état possible, mon seul goût, ma seule vocation; ce n'est pas étonnant, je suis un enfant de l'empire, j'ai été bercé avec des récits de batailles et de conquêtes; nous ne parlions que de cela, nous ne rêvions pas autre chose, au Lycée Napoléon, où j'avais une bourse, comme fils d'un vieux militaire mort au champ d'honneur... et quand j'eus la force de porter un fusil, je voulus prendre sur-le-champ la profession de mon père, je m'engageai ; c'était en 1811, l'empereur méditait alors la campagne de Russie, qui devait être si belle, qui nous a été si funeste, je partis... impatient de courir le monde, rêvant aussi pour moi une part dans tous ces triomphes, dans toutes ces gloires, je devais parvenir... car alors la carrière s'ouvrait large et belle pour tous, et je me sentais au cœur tout ce qu'il fallait d'énergie pour la bien parcourir... pour devenir un jour ce que tant d'autres étaient devenus avant moi, tant d'autres partis d'une mansarde, d'une chaumière, et arrivés si loin... pourquoi ? tout bonnement parce qu'ils l'avaient suivi, lui, Napoléon, lui, qui marchait si vite.

JEAN.

A qui le dis-tu ? moi qui suis ton ancien d'une quinzaine d'années... je l'ai suivi presque partout, le fusil sur l'épaule, à pied, et quelquefois nu-pieds...oh ! certainement qu'il marchait vite, le gaillard...ça nous fatiguait un peu... mais bah ! on ne s'en plaignait pas...

Et puis, c'est vrai que tout le monde arrivait aux grades supérieurs... on partait grenadier... au bout de quelques années, on était maréchal d'empire, il n'y a pas à dire...tout le monde, excepté moi...et quelques milliers d'autres qui ont été oubliés dans les rangs, et qui sont restés soldats toute leur vie... ah ! c'est égal, c'était le bon temps...

JACQUES.

N'est-ce pas ? oh ! oui, sacrée section, c'était le bon temps.

JEAN.

Et il n'y avait pas d'affront à être soldat de Bonaparte, lorsque lui-même se faisait gloire d'être appelé caporal.

JACQUES.

Et puis... même en ne gagnant pas un galon, un grade, une croix pour prix de ses fatigues... cette existence belliqueuse, ces aventures, ces dangers, ces victoires... et ces voyages, cette marche continuelle, l'arme au bras et au retentissement du canon, dans toutes les contrées de l'Europe, n'était-ce pas encore ce qu'il me fallait à moi ?... n'était-ce pas du mouvement, du bruit enfin ?.. enfin, la vie telle que je la désirais depuis mon enfance... oh ! oui, camarade, c'était le bon temps... mais pour moi il a duré si peu ! et pendant mes deux ans de service, je n'ai pu m'approcher de lui, m'en faire remarquer... je n'ai pu, lorsque les revers sont arrivés, le suivre dans son exil, et qui sait ? mourir peut-être en essayant de lui rendre la liberté... c'était encore un de mes rêves, il a été détruit, comme tous les autres !..

SCÈNE IV.

LES MÊMES, MARIE. Elle entre doucement, et écoute sans être vue.

JACQUES, continuant d'un air mélancolique.

Et revenu ici, depuis 1815, enseveli dans ce coin de terre, au fond de la Bretagne, cloué sans cesse à la même place, sans plaisir, sans espoir, sans occupation, puisque je ne sais rien faire que me battre, et que décidément on ne se bat plus en Europe... j'existe, mais je ne vis pas... je végète... Tu parles de constance à supporter des chagrins... eh ! j'en aurais.. c'est quelque chose que des chagrins, des souffrances, ça fait mal, oui, mais ça occupe... on sait alors pourquoi on est malheureux, et l'on travaille pour cesser de l'être... mais l'ennui, l'ennui... quand une fois il vous a choisi pour victime, qu'il s'est acharné après vous...et ne veut plus vous quitter, quand il est devenu votre compagnon inséparable !.. Ah ! crois-moi, c'est là un mal contre lequel vient échouer tout le courage... c'est un supplice de damné... Oui, s'il est vrai qu'après la mort il y ait un châtiment infligé aux méchans... sois-en bien sûr, Jean, cette torture infernale, ce n'est ni le feu ni le fer... c'est l'ennui !.. et cette torture, elle est la mienne, elle me ronge, elle me dévore depuis 1815, depuis que je ne suis plus soldat !

MARIE, à elle-même.

Pauvre M. Jacques !

(Elle descend la scène et vient peu à peu se placer entre les deux amis.)

JEAN.

Mon cher ami, tout ce que tu dis là est superbe, mais moi, qui n'ai pas été élevé comme toi dans un lycée impérial... je ne peux pas te répondre d'aussi belles phrases que les tiennes, d'ailleurs, je suis un peu de ton avis, car ainsi que toi, j'étais né pour la guerre, exprès pour la guerre... eh bien! malgré ça, je trouve encore moyen de m'amuser un peu pendant la paix... c'est drôle, mais je suis comme ça... d'abord, depuis mon enfance, j'ai l'habitude de rire de tout... je ne vois pas pourquoi ça me serait plus difficile ici, à table, le verre à la main et au son du violon et de la cornemuse, en voyant danser autour de moi les jeunesses du village, qu'en Russie ou en Autriche, au bruit de la fusillade et en voyant tomber à mes côtés les Kinserlicks et les Cosaques, ensuite, j'ai ma fille (Ici Marie se trouve tout près de lui, et sans être vue.) que je ne verrais pas si j'étais en campagne, ma fille qui m'embrasse le matin, le soir, qui met de l'ordre dans mon petit bivouac, qui me tient compagnie à table... et ça me fait un camarade de gamelle tout aussi agréable qu'un grenadier ou un sapeur.

JACQUES.

Eh! certainement, tu es heureux... Ton enfant est auprès de toi, toujours auprès de toi.

MARIE, s'avançant.

Eh bien! M. Jacques...

JACQUES.

Ah! Marie!

JEAN.

Tu étais là, toi! tu nous écoutais?

MARIE.

Non, mon père, non; mais sans le vouloir, je vous ai entendu... Je vous disais donc, M. Jacques, que vous aussi bientôt vous allez avoir votre enfant auprès de vous.

JACQUES.

Hein! plaît-il? mon fils? est-ce possible?

JEAN.

Qu'est-ce qui t'a dit ça?

MARIE.

Qui? (Elle tire une lettre de son sein.)

JACQUES.

Une lettre! (Elle lui montre l'écriture.) d'Etienne...

JEAN.

A toi, Marie?

MARIE.

A moi.

JEAN.

Comment! tu as une correspondance secrète avec un jeune homme?

MARIE.

Mon père, écoutez, je vous en prie.

JACQUES.

Eh! sans doute, écoute donc... tu ne vois pas que je meurs d'impatience!

MARIE, lisant.

« Ma chère Marie... cette lettre sera la dernière que je t'adresserai à
» l'insu de ton père et du mien. »

JEAN.

Ah! la dernière... il paraît qu'il y en a eu quelques autres.

MARIE, lisant.

« Cet amour, que je leur ai caché jusqu'à présent, parce que je ne pou-
» vais encore donner à ma femme une existence honorable, maintenant,
» enfin, je n'ai plus de motif pour le taire; mon enthousiasme pour l'art
» que j'ai embrassé n'était pas une illusion trompeuse; mes travaux ont
» été couronnés par le succès : je retourne auprès de mon père, le prier
» de demander, pour moi, ta main à son vieux camarade, et l'un et l'autre
» seront à jamais heureux de notre bonheur. »

JACQUES, prenant la lettre et l'embrassant.

Ah! mon enfant! mon cher Etienne! (Il relit avec avidité.)

JEAN.

Ta main! Il t'aimait! il t'écrivait... il avait le projet d'être ton mari...

et nous n'en savions rien ni l'un ni l'autre... qu'en dis-tu, Jacques? nous avons du coup d'œil, et de la pénétration.

JACQUES, qui a toujours la lettre sous les yeux.

Mais, tais-toi donc, je suis avec mon fils! est-ce que je peux t'entendre?.. Son tableau a été admis à l'exposition de cette année! il a remporté le grand prix!.. et bientôt je l'embrasserai... oui, bientôt... écoute, écoute encore, Jean : « Pauvre père! il est toujours triste et ennuyé, tu me l'as » dit, ma chère Marie, eh bien! tous mes efforts désormais seront consa- » crés à lui faire oublier sa tristesse; à lui faire aimer la vie...»

JEAN.

Ne pleure donc pas comme ça, toi, t'es bête.   (Il pleure aussi.)

JACQUES, continuant de lire.

« D'abord, à mon retour, je lui ménage une surprise, une joie aussi » grande peut-être que la sienne quand je la presserai dans mes bras... » je serai près de lui, le 15 août, jour de la Saint-Napoléon... Aujourd'hui !

MARIE.

Oui, dans un instant peut-être... eh bien! M. Jacques a-t-il deviné juste? serez-vous heureux en me voyant la femme de votre fils?

JACQUES.

Heureux, Marie!.. oh! oui, je le crois, bien heureux!

JEAN.

Sacrée section! comme je vais rire et boire à cette noce-là, comme je commanderai l'exercice à tous mes soldats.

JACQUES.

Tes soldats?

MARIE.

Certainement, mon père apprend l'exercice à tous les garçons du village.

JACQUES.

Vraiment! tu as fait des élèves, Jean?

JEAN.

Et de fameux encore... à la première occasion, je te les ferai passer en revue, tu verras comme ils manœuvrent.

JACQUES.

Mais je ne savais pas tout cela, je m'en serais mêlé, pardieu!

JEAN.

Quand tu voudras, tu les commanderas à ton tour, tu seras général, et moi ton aide-de-camp.

JACQUES.

Volontiers... Jean, ce sera du moins un souvenir de mon ancienne existence... ô la guerre! la guerre! pourquoi n'a-t-elle pas continué jusqu'à présent? mon Etienne ne serait pas le seul homme distingué de ma famille... comme son père, et avec son père, il aurait suivi la carrière des armes, et tous les deux affrontant la mitraille!..

MARIE.

O mon Dieu! que dites-vous?

JEAN.

Allons! encore un accès!

JACQUES.

C'est vrai... je suis un fou, un insensé, j'en reviens toujours à mes pensées, à mes rêves... toujours je regarde en arrière, et je regrette, quand je ne devrais songer qu'au bonheur de cette journée, au retour de mon enfant, à la gloire, à la couronne qu'il vient de remporter... sa couronne! il me la donnera, et c'est là sans doute cette grande surprise qu'il réserve à son père... mon Dieu! mon Dieu! est-ce que je tarderai long-temps encore à le revoir? à l'embrasser?..

MARIE.

Non, sans doute, nos paysans, que j'ai prévenus, sont allés à sa rencontre, eh tenez, écoutez!

(On exécute à l'orchestre la ritournelle d'un air vif et joyeux, celui de : ASSEZ DORMIR, MA BELLE, HYPPOLYTE MONPOU.) Les trois personnages courent précipitamment vers la porte.)

MARIE.

Ah! le voilà au milieu d'eux.

JEAN.

Étienne !

JACQUES.

C'est lui ! c'est lui !

SCÈNE V.
LES MÊMES, ÉTIENNE.

ETIENNE, entrant suivi de tous les paysans, et se jetant d'abord dans les bras de Jacques.

Mon père !

CHOEUR GÉNÉRAL.
Air : Assez dormir, ma belle.

Amis, quel jour prospère !..
A tous il doit nous plaire,
Oui, le ciel, heureux père,
Le rend à ton amour.
Jacques, plus de souffrance,
Des chagrins de l'absence,
Non, plus de souvenance,
Ton fils est de retour.

ÉTIENNE.

M. Jean, et toi, Marie, toi, ma femme, n'est-ce pas ?.. tous les deux vous me donnerez votre consentement.

JEAN.

Tous les deux.

JACQUES.

Mais laisse-moi te regarder, t'embrasser encore, monsieur l'artiste... tu oublies donc que je ne t'ai pas vu depuis deux ans... dis donc, Jean, n'est-ce pas qu'il est bien, mon Etienne, mon fils...

JEAN.

Dame ! il faut bien que je sois de c't' avis-là, j'ai l'habitude de penser toujours comme ma fille.

ÉTIENNE.

Mais c'est aujourd'hui la Saint-Napoléon, mon père... et je vous ai promis une surprise... (S'adressant à deux ou trois paysans, et leur parlant à l'oreille.) Camarades... allez, et faites ce que je vous ai dit ; dépêchez-vous.

(Ils sortent, et tous les autres personnages se groupent autour d'Etienne.)

JACQUES.

Qu'est-ce que c'est ? de quoi s'agit-il ?

ÉTIENNE.

Dans une vente publique, on exposait, il y a quinze jours, un vieux chapeau, d'une forme très-mesquine, avec une petite gance noire et une petite cocarde, le tout sans aucun ornement, et cependant, selon toute apparence, ce vieux chapeau devait coûter bien cher... car il avait appartenu à l'empereur Napoléon.

JACQUES et JEAN.

Ah ! le petit chapeau !

ÉTIENNE.

L'idée me vint de vous en faire cadeau, mon père, à vous qui m'en avez tant parlé... mais, comment faire pour qu'on me l'adjugeât, à moi qui, pour avoir remporté le grand prix de peinture, ne suis pas encore millionnaire ? heureusement, je ne vis autour de moi pas un des concurrens que je pouvais croire redoutables.

JEAN.

Ah ! c'est juste... ça devait être... les gros bonnets avaient oublié le petit chapeau.

ÉTIENNE.

Et comme il n'y avait pour mettre à l'enchère que des ouvriers, des soldats, des hommes du peuple et des artistes, je me suis trouvé un peu plus riche que tous les autres, et le chapeau de l'empereur... (Ici les trois ou quatre paysans qui sont sortis rentrent, l'un tient à sa main le petit chapeau, les autres des paniers de vin de Champagne, Etienne prend le chapeau des mains des paysans et le donne à son père.) Tenez, mon père.

TOUS LES PAYSANS.

Le voilà ! le voilà !

(Jean prend le chapeau et l'accroche dans le fond au-dessus de la porte.)

ÉTIENNE, le contemplant avec enthousiasme.
Air : Simple Soldat, etc.

Regardez, amis, le voilà !
De le revoir mon ame est fière :
Vingt ans ce petit chapeau-là
A dominé l'Europe entière.
Aucun rubis aucun joyau,
Pour l'illustrer ne l'environne ;
Mais il est encore assez beau,
Tel qu'il est, ce petit chapeau
Brillait bien plus qu'une couronne.

JACQUES.

De loin, dans un jour de combat,
Je l'ai vu, vous pouvez m'en croire ;
De loin, pour le pauvre soldat,
C'était comme un fanal de gloire ;
Au souvenir d'un jour si beau,
Je rajeunis... mon sang bouillonne ;
Pour les rois c'était un fléau...
Celui qui porta ce chapeau
A brisé plus d'une couronne.

JEAN.

Quand au monde, il donnait des lois,
Le héros s'égara peut-être ;
Faisant et défaisant les rois,
Lui-même un jour il voulut l'être.
Ah ! son destin était plus beau,
Si jamais... que Dieu lui pardonne !
Mettant les rois à son niveau,
Il n'eût déposé ce chapeau,
Pour se coiffer d'une couronne.

ÉTIENNE.

Comme il avait, dans tous pays,
Porté sa gloire, et sa puissance,
Il dut avoir des ennemis
En tout pays, et même en France.
Mais le grand homme est au tombeau,
A sa gloire, enfin, l'on pardonne ;
Plus de haine sur son tombeau,
Même aux yeux des rois, ce chapeau
Doit justifier sa couronne.

JEAN.

C'est que c'est ça... c'est bien ça... il me semble que je vois là-dessous, une petite redingote grise, une épée, et une tabatière, sacrée section ! vive l'empereur !

TOUS LES PAYSANS.

Vive l'empereur !

ÉTIENNE.

Et pour célébrer sa fête, au diable le cidre et la piquette... du champagne !..

TOUS, avec étonnement.

Du champagne !

ÉTIENNE.

Oui, oui... du champagne ; vous en trouverez dans la voiture qui vient de m'amener jusqu'ici. (Fausse sortie.) Et ce n'est pas tout, vous y trouverez un magasin de vieux uniformes de l'empire, que je n'ai pas voulu laisser à d'autres, je les ai eus presque pour rien...

JEAN.

Sois tranquille, mon garçon, nous aurons bientôt débarrassé ta voiture... enfin, les soldats que je commande ne seront plus en blouse et en jaquette... En avant, conscrits, suivez-moi tous... Et toi aussi, Jacques, viens avec nous...

ÉTIENNE.

Allez, prenez tout, il y en a pour tous, il y en a pour tous les âges, et

pour toutes les tailles... aujourd'hui, il faut que nous soyons tous militaires, et pour commencer, tenez mon père...
(Il ôte une grande redingote dont il était enveloppé, et paraît en volontaire de la garde.

JACQUES.

Ah! l'habit que je portais en 1812, à la Bérésina... celui de volontaire de la jeune garde... oh! mais mon fils, mon cher Etienne, tu viens de rendre à ton père toutes les illusions, toute la vigueur de sa jeunesse. En avant, camarades!

TOUS.

En avant! (Sortie générale.)

REPRISE DU CHOEUR.

Verre en main, etc.

SCENE VI.
ÉTIENNE, seul.

Mon pauvre père !... ah ! je savais bien que je parviendrais à le guérir de cette sombre tristesse, de ce découragement profond qui pèse sur son existence... que je suis heureux d'avoir réussi.

Air : Enfans de la Livonie. (de M. Béchem.)

Pour le bonheur de mon père,
Dieu! seconde mes projets!
Je viens lui parler de guerre,
Moi qui n'aime que la paix.
Pour apaiser ses regrets,
Oui, je me fais militaire,
Moi qui n'aime que la paix.
Mais bientôt, j'espère,
Je saurai me faire
A l'habit de guerre ;
Le goût m'en viendra.
Quel trouble m'agite...
Ah! mon cœur palpite
Déjà bien plus vite
Sous cet habit-là.
Courage! la victoire est là !
Elle est toujours là !
Courage! la voilà !

(Regardant au dehors.) A merveille ! ils ont pillé mon magasin de costumes... dans un instant, une armée improvisée viendra se ranger autour de mon père. Chaque paysan va se trouver transformé en un soldat de l'empire, et chacun d'eux va prendre ainsi à l'avance, et en cas de besoin, l'habitude de l'uniforme et des armes.

Et, sur le champ de bataille,
Lorsque l'ennemi viendra,
Cette armée à la mitraille
Comme une autre marchera,
Déjà je crois être là.
L'artiste, un jour de bataille,
Sabre en main se montrera.
Bientôt, je l'espère,
Je saurai me faire
A l'habit de guerre,
Il me plait déjà ;
Oui, c'est une égide,
Et le plus timide
Devient intrépide
Sous cet habit-là.
Courage! la victoire est là ! etc.

(Tous les paysans rentrent en répétant :)

Courage! la victoire est là ! etc.

(Ici entrent en scène tous les paysans en habits de soldats de la garde. Jean est à leur tête. Les femmes elles-mêmes ont endossé l'uniforme, mais en gardant leurs jupons. Marie est en vivandière ; une autre, en fifre ; une troisième, en tambour, etc.

SCENE VII.

Les Mêmes, JEAN, suivi de MARIE, et tous les Paysans.

JEAN.

Soldats, à vos rangs... voici le général... présentez armes!..

(Entrée de Jacques, revêtu d'un uniforme vieux et râpé comme celui de Jean, puisque ces habits doivent rappeler ceux qu'ils portaient pendant la campagne de Russie. Les paysans présentent les armes. Jacques salue militairement, et va s'asseoir, pendant que Jean commande l'exercice. Il y a deux pelotons de soldats. D'un côté, les hommes ; de l'autre, les femmes ; les hommes en grenadiers, les femmes en voltigeurs ; sauf le jupon de paysanne. Une d'elles bat la caisse, une autre joue du fifre. Marie est à la gauche du public, versant de temps en temps à boire à Jacques, qui regarde les exercices. On doit voir que sa tête se monte, et qu'il se grise peu à peu sans s'en apercevoir. Tout ce mouvement a lieu pendant les couplets suivans.)

ÉTIENNE.

Air : Vive le vin, le rum et le tabac. (LE CHALET.)

Voici l'heure de la revue,
Viens, prends ton rang, brave recrue,
Vite, en avant!
Obéis et fais ton service,
Sans hésiter, troupier novice,
Marche gaîment!
En temps de paix, l'image de la guerre,
Charme toujours... et ça ne coûte guère ;
S'il le faut même, ensemble on se battra,
Mais sans un seul blessé bientôt la guerre finira.

CHOEUR.

Oui, s'il le faut, ensemble on se battra,
Et sans un seul blessé bientôt la guerre finira!
Allons, marchons... et la paix reviendra,
Et sans blessés la guerre finira.

ÉTIENNE.

Et vous aussi, mesdemoiselles,
Vite, formez, mes toutes belles,
Vos bataillons ;
A vous, dangers et renommée !
La belle chose qu'une armée
En cotillons!
Pour nous, amis, craignons une défaite,
S'il faut combattre un soldat en cornette ;
Mais patience! et la paix reviendra.
Par un baiser, je crois, bientôt la guerre finira.
Mais patience! et la paix reviendra,
Par un baiser la guerre finira.

CHOEUR.

Mais patience et la paix reviendra,
Par un baiser, je crois, bientôt la guerre finira,
Allons, marchons... mais la paix reviendra,
Par un baiser la guerre finira!

JACQUES, s'adressant à un des paysans qui fait gauchement la manœuvre.

Eh! ce n'est pas cela, n° 4, ce n'est pas cela, tu es le plus gauche et le plus maladroit de tout le peloton, et si tu continues, tu te feras mettre à la salle de police. Tiens! regarde-moi... (Il recommence la manœuvre manquée par le paysan, en se commandant lui-même tous les mouvemens, puis il lui rend son fusil en lui disant :) Ce n'est pas plus difficile que cela!.. allons! allons, courage, camarades! plus de fermeté, plus de vigueur... Attention au commandement... par le flanc gauche, marche! (Fin de l'exercice, commandé par Jean, et très vivement exécuté par tous les autres sur l'air : AH! QUEL PLAISIR D'ÊTRE SOLDAT! Puis, quand tout est fini, et sur le mot: ROMPEZ LES RANGS! dit à la fois par Jacques et Jean, on court auprès de Marie qui fait sauter les bouchons et distribue du champagne à tout le monde.)

CHOEUR GÉNÉRAL.
Ah! quel plaisir d'être soldat!
ÉTIENNE.
Lorsqu'à la fin de la campagne
Ou bien à l'instant du combat,
A discrétion on peut boir' du champagne,
Ah! vraiment, c'est un bel état!
CHOEUR.
Ah! quel plaisir! d'être soldat! etc.

(Ici, Jacques et Jean se trouvent attablés, et tous les autres personnages sont diversement groupés autour d'eux.)

JEAN.
Eh bien! Jacques, es-tu content de mes conscrits?
JACQUES.
Enchanté, mon vieux; et dire que toute la jeunesse de France aurait pu faire de si bons soldats, et qu'au lieu de cela... ah! c'est désespérant... A boire!
JEAN.
Oui, à boire!

(Tous deux, sur la fin de la scène, boivent coup sur coup et avec une sorte de rage.)

JACQUES.
Sans cette malheureuse campagne de Russie, sans cette neige, cette glace, qui nous tuait nos meilleurs, nos plus intrépides camarades... nous étions les maîtres du monde.
JEAN.
Oui, les maîtres du monde.

(Ils trinquent avec tous les autres personnages... puis la scène, de vive et animée, devient lente et mélancolique; les paysans gardent le plus profond silence, écoutent avec avidité les paroles des deux soldats, et peu à peu s'émeuvent et pleurent avec eux.)

JACQUES.
Cet uniforme, en réveillant en moi des pensées de gloire et de conquêtes, m'a rappelé aussi toutes nos infortunes.
JEAN.
Ah! bah! le passé est passé, n'en parlons plus Jacques, et buvons.
JACQUES.
Oui, buvons! un toast à la mémoire de nos camarades, tombés morts à la Bérésina... ah! tiens, ces souvenirs-là... Jean, je n'ai plus soif.
JEAN.
Ni moi non plus. (Tous deux déposent leurs verres, et ce mouvement est imité par tous les paysans.) La Bérésina! que le diable t'emporte d'avoir des idées pareilles!
JACQUES.
Il me semble que j'y suis encore...
JEAN.
Et moi aussi...
JACQUES.
J'étais près de toi, Jean... à quelques pas du rivage...
JEAN.
Tiens! le fleuve était... un supposé, là-bas... et nous, ici... appuyés sur l'affût d'un canon... nous soutenant encore seuls au milieu de nos pauvres compagnons... qui mouraient tous... non par une balle ou un boulet... mais de faim et de froid.
JACQUES.
Et nous deux, nous deux ensemble... car dès-lors nos destinées devaient être inséparables... te rappelle-tu nos craintes, notre désespoir... quand nous sentîmes nos membres glacés, et le sang qui coulait de nos blessures, arrêté tout à coup, et glacé aussi...
JEAN.
Oui, je m'en souviens... je tombai le premier...
JACQUES.
Moi, le plus jeune, je résistai quelques minutes de plus... puis à mon tour, je tombai auprès de toi, et quand je revins à la vie, j'étais au milieu des cadavres, et je parvins avec peine à me traîner jusqu'à une ambulance.

JEAN.
De cette journée datent tous nos malheurs.
JACQUES.
La campagne de France.
JEAN.
La trahison.
JACQUES.
Waterloo!.. et Sainte-Hélène!
TOUS LES PERSONNAGES, avec une profonde tristesse.
Sainte-Hélène!
JACQUES.
Il est mort! lui... lorsqu'il était encore dans toute la force de son génie, lorsqu'il lui restait encore à faire de si belles choses.
JEAN.
Oh! oui... nous savons tout ce qu'il a fait... mais Dieu sait ce qu'il aurait pu faire...
JACQUES.
Seulement sans ces maudites neiges qui ont fait toute la force des Russes contre notre armée...
JEAN.
Tenez, encore un supposé, les enfans... nous y v'là encore, toi et moi, Jacques! et vous tous, camarades; jusqu'à présent vous êtes militaires, comme nous, suivez-moi bien; nous sommes tous à la Bérésina... engloutis, évanouis, à moitié morts; tout à coup, la neige est enfoncée, il fait une chaleur atroce... à boire... qui nous pousse au combat comme des enragés. (Ils se relèvent tous et boivent.)
JACQUES.
Et nous sommes vainqueurs?
TOUS.
Oui, vainqueurs... à boire!..
JEAN.
Maintenant, qu'est-ce que nous faisons? qu'est-ce que nous devenons? où allons-nous?
ÉTIENNE.
Où allez-vous nous conduire, M. Jean?
JEAN.
Où vas-tu nous conduire, M. Jacques?
JACQUES.
C'est lui... lui, Napoléon, dont nous devons attendre les ordres, dont la moindre volonté doit être sacrée pour nous...
JEAN.
A boire!
TOUS.
A boire! (Tous deux se sont rassis tout-à-fait ivres, et la scène se termine un peu plus lentement.)
JACQUES.
Il va prendre toute l'Europe.
JEAN.
Ah! bah! l'Afrique! l'Asie! l'Amérique!
JACQUES.
La terre... oui la terre est à lui, et à la France... toute la terre!
JEAN.
Ah bah! bien autre chose! (Il s'endort peu à peu ainsi que Jacques.)
JACQUES.
D'abord, Alexandre, l'empereur de Russie...
JEAN.
Qu'est-ce qu'il veut? qu'est-ce qu'il réclame, l'empereur de Russie?
(Pendant ces dernières phrases, Jacques et Jean se sont profondément endormis.)
TOUS LES PAYSANS.
Eh bien!.. l'empereur de Russie...
ÉTIENNE.
Silence... leur sommeil va les ramener tout-à-fait, sans doute, à cette époque qu'ils regrettent... ils vont se croire encore, comme autrefois, des grenadiers de Napoléon.

JEAN, rêvant.
Ah! quel plaisir d'être soldat!
JACQUES.
Ah! quel plaisir d'être soldat!
ÉTIENNE.
Si leur sommeil, ô mon Dieu! se prolonge,
Qu'ils soient encor vainqueurs dans un combat.
Et montre-leur, seulement, dans leur songe,
Le bon côté de leur ancien état.
JEAN.
Ah! quel plaisir d'être soldat.
CHOEUR chanté à demi-voix, par tous les personnages.
Ah! quel plaisir d'être soldat!

(Une toile de manœuvre tombe sur ce tableau, puis se relève presque aussitôt.)

DEUXIÈME PARTIE.

La Bérésina.

La scène se passe à la Bérésina. Effet de nuit et de neige. Les soldats français sont couchés çà et là, morts ou engourdis. Au fond, le fleuve. Sur le devant de la scène, auprès d'un affût de canon, sont étendus Jacques et Jean près de leurs camarades. Peu à peu le décor change d'aspect; le jour vient, puis le soleil. Les arbres, d'abord couverts de neiges, apparaissent bientôt aussi verts et chargés de feuilles qu'aux plus beaux jours de l'été; en même temps, les hommes reviennent à la vie.

SCENE I.

JACQUES, JEAN, DES SOLDATS.

JACQUES, soulevant sa tête le premier, et s'asseyant sur l'affût du canon.

Ah!.. quelle chaleur bienfaisante vient me rappeler à la vie... ces neiges, ces glaces qui ont décimé nos soldats, elles disparaissent enfin... et déjà de toutes parts... nous relevons la tête pour combattre, pour vaincre encore... toute la grande armée sort de sa tombe pour écraser ses ennemis! (Pendant qu'il a dit ces mots, tous les soldats se sont relevés, et Jean est auprès de son ami.) Ah! c'est toi, Jean, près de moi! toujours près de moi... La mort seule pourrait nous séparer.

JEAN.
Maintenant que le dégel est venu, sacrée section! nous n'avons plus peur des Cosaques... Aux armes, camarades!

TOUS.
Aux armes!

(Roulement de tambour; bruit de trompette; l'armée se range en bataille.)

JACQUES.
Et tenez, regardez par-là, il vient à nous... c'est lui... nous sommes sauvés, nous sommes vainqueurs... saint Nicolas est le patron de la Russie... mais il est aussi celui de Napoléon... courage, amis! courage! voici le petit chapeau!.. à nous la victoire!

SCENE II.

LES MÊMES, NAPOLÉON.

NAPOLÉON, paraissant à cheval.
Oui, à nous la victoire... le ciel ne m'abandonne pas encore... voyez plutôt le soleil... Toujours, toujours le soleil d'Austerlitz!.. Soldats, à Saint-Pétersbourg!..

TOUS.
A Saint-Pétersbourg!.. (La toile tombe.)

TROISIÈME PARTIE.
Saint-Pétersbourg.

Pendant l'introduction de ce tableau, on entend derrière la toile le bruit de l'artillerie et de la fusillade. Au lever du rideau, le théâtre représente l'intérieur de la forteresse de Saint-Pétersbourg. Des soldats de la garde impériale sont en scène, le fusil en arrêt, et comme prêts à repousser une attaque. Jacques est au fond, sur un balcon, regardant au dehors et tenant à la main un drapeau tricolore. On entend encore dans le lointain le bruit de la canonnade, pendant que l'orchestre exécute militairement et avec accompagnement de fifre et de tambour l'air du PAS REDOUBLÉ; puis le bruit et la musique cessent tout-à-fait.

SCÈNE X.
JACQUES, DES SOLDATS.

JACQUES, sur le balcon.

Enfin !.. je n'entends plus le bruit du canon... Les Russes ont renoncé à une résistance inutile... Notre armée vient d'entrer victorieuse dans leur capitale..... et c'est nous, camarades, nous, de simples soldats, qui lui avons ouvert la route, et depuis une heure, grace à nous, notre drapeau national est arboré dans la forteresse de Saint-Pétersbourg. L'aigle de Napoléon s'est réveillé menaçant et terrible... il a écrasé, couché sur la poussière l'aigle noir de la Russie. Camarades, gloire à Dieu, qui a fait pour nous un miracle, qui n'a pas voulu que la grande armée cessât d'être invincible, et que tant de gloire demeurât ensevelie sous les glaces de la Bérésina... Gloire à Dieu !

(Jacques et tous les soldats sont à genoux; on entend au dehors la voix de Jean.)

JEAN.

Jacques !.. mon ami ! mon cher Jacques ! où est-il ? où est-il donc ?

(Tout le monde se lève, et Jacques va se jeter dans les bras de Jean qui entre.)

SCÈNE II.
LES MÊMES, JEAN.

JACQUES.

Me voilà, camarade !

JEAN.

Ah !.. ce n'est pas malheureux ! je commençais à avoir peur de ne pas te revoir... je me suis séparé de toi au milieu de la mêlée... tu as été en avant, toi, toujours en avant... et moi, je suis resté là-bas, sous les murailles... et à deux pas de l'empereur... Oh ! il faisait chaud, je t'en réponds, à deux pas de l'empereur... car du haut des remparts, on le reconnaissait. Il a la manie de se mettre en évidence quand il y a du danger... et c'était lui que visaient toutes les balles... Oh ! je n'ai jamais tremblé pour moi, tu le sais, Jacques; mais pour lui, j'avais la chair de poule ! j'aurais donné dix ans de ma paie pour qu'il me prêtât rien qu'un instant, un seul, son petit chapeau et sa vieille redingote... oui, dix ans de ma paie, pour être tué à sa place... Je te demande un peu qu'est-ce que ma vie auprès de la sienne ?..

JACQUES.

Mais si tu étais mort, pourtant, mon pauvre Jean... Oh ! jamais je n'avais pensé à cela, que je pouvais te voir tomber à mes côtés, et te survivre.

JEAN.

Dame ! c'est notre état... et pour qu'un sous-lieutenant monte en grade, il faut qu'il y ait au moins un lieutenant de tué.

JACQUES.

Ah ! ne parlons pas de ça, tiens ! j'espère bien que tous les deux nous serons frappés en même temps et du même boulet.

JEAN.

Et moi aussi, je l'espère bien... sacrée section ! Pour en revenir à Napoléon, je lui ai dit juste le mot que je te dis là... Sacrée section, sire !.. ôtez-vous de là que je m'y mette... Il m'a ri au nez, et il a continué de s'exposer... Heureusement il n'a rien attrapé, ni moi non plus... Il y a un Dieu pour les grands hommes et pour les bons enfans... Et maintenant, tout est fini... La Russie est à nous; l'empereur Alexandre est mort en défendant bravement son empire, et toute sa famille a suivi ce noble exemple... La paix est signée. Le gouvernement provisoire de Saint-Pétersbourg vient de faire une proclamation, au peuple russe rassemblé sur la grande place. Il a engagé les habitans à recevoir les Français comme des frères... et, tiens! entends-tu leurs acclamations... (Musique vive et joyeuse au dehors. Cris de HOURRA et de VIVE LA FRANCE! Tous les soldats se portent vers le balcon. Jean continue en s'adressant à Jacques:) Entends-tu les Russes qui crient : Vive la France! c'est comme un rêve, ma parole d'honneur! Ah! dis-donc, Jacques... (Il l'attire à lui, à quelque distance des autres soldats.) Ça va bien, ça va très bien pour toi... Lorsque tu t'es élancé en avant avec les camarades, l'empereur t'a remarqué.

JACQUES.

Ah! tu crois que Napoléon?..

JEAN.

Oui, il a demandé ton nom au général... Tu es en bon chemin pour arriver, mon garçon, et bientôt, j'en suis sûr... (Tambour et musique militaire) Ah! c'est le général! il va t'en dire plus que moi là-dessus, sois tranquille.

JACQUES, à part.

Remarqué par Napoléon... enfin!

SCÈNE III.

LES MÊMES, UN GÉNÉRAL, suivi de son état-major.

LE GÉNÉRAL, entrant.

Le grenadier Jacques Durand?

JACQUES.

Présent, général.

LE GÉNÉRAL.

Tu as marché sans ordres en avant de l'armée, et tu as entraîné à ta suite un grand nombre de soldats comme toi.

JACQUES.

C'est vrai.

LE GÉNÉRAL.

Tu ne dois pas ignorer qu'en te conduisant ainsi, tu oubliais et tu faisais oublier à d'autres toutes les lois de la discipline militaire.

JEAN, à part.

O ciel! qu'est-ce qu'il dit?

LE GÉNÉRAL.

Au nom de l'empereur, tu es prisonnier dans cette forteresse.

JACQUES et JEAN, ensemble.

Prisonnier!..

LE GÉNÉRAL.

Dans la journée, on décidera de ton sort. Capitaine, vous placerez des sentinelles à toutes les issues... et d'abord, une à cette porte. (Montrant Jean.) Tenez, ce soldat...

JEAN.

Moi!

LE GÉNÉRAL.

Je le reconnais... Il n'a pas suivi l'exemple de Jacques, il sait ce que c'est que la discipline; il est resté pendant toute l'action fidèle au poste que je lui avais donné, et il a combattu bravement sous les yeux de l'empereur... On peut compter sur lui. Suivez-moi.

(On ôte à Jacques son fusil et son sabre. Jean a été mis en faction à la porte du fond. Sortie du général, de l'état-major et des autres soldats.)

SCENE IV.

JACQUES, JEAN.

(Moment de silence. — Jacques assis, sans armes, sur le devant de la scène; Jean au fond, le fusil au bras, se regardent expressivement, et sans dire un mot.)

JACQUES, rompant le premier le silence.

Eh bien?

JEAN.

Eh bien?

JACQUES.
Tu avais raison, mon ami, j'ai été remarqué par l'empereur!
JEAN.
Oh mais! je ne puis en revenir encore... prisonnier, toi!
JACQUES.
Et dans un instant, fusillé par mes camarades?
JEAN, qui peu à peu a descendu la scène.
Pas par moi toujours.
JACQUES, se levant.
Comment? et que feras-tu? si l'on te commande, Jean, ne faudra-il pas que tu obéisses? te rendras-tu coupable comme moi? tu l'as dit tout à l'heure... c'est notre état.
JEAN.
Chien de métier que le nôtre, moi! je te tuerais, Jacques... oh! il n'y a pas de discipline qui tienne.... ou plutôt, ne crains rien... je ne désobéirai pas... je serai là, attentif à chaque commandement, l'arme au bras, le fusil chargé, et quand on ordonnera de faire feu, je ferai feu sur moi... sur moi seul.
JACQUES.
Que dis-tu malheureux? oh! je te le défends, entends-tu bien, je te le défends; et si la voix de Jacques a jamais eu sur toi quelque empire...
NAPOLÉON, au dehors.
Qu'à l'instant même on assemble le conseil de guerre... obéissez.
TOUS DEUX.
L'empereur!
JACQUES.
Allons, à ton poste. Je suis décidé, camarade.
JEAN.
Et moi aussi! (Il se remet en faction. Napoléon entre; Jean lui présente les armes.)

SCÈNE V.
NAPOLÉON, JACQUES, JEAN.
NAPOLÉON, s'arrêtant devant la sentinelle et la regardant attentivement.
Ah! c'est toi qui es de faction?
JEAN.
Oui, mon empereur!
NAPOLÉON.
C'est bien... j'aurai à te parler.
JEAN.
Et moi aussi, mon empereur.
(Sur un signe de Napoléon, Jean va faire sa faction dans la galerie extérieure; de temps en temps il reparaît pendant la scène suivante et semble observer ce qui se passe.)

SCÈNE VI.
NAPOLÉON, JACQUES.
(Napoléon s'approche de Jacques, le regarde comme s'il voulait lire sa pensée dans ses yeux. Jacques semble fort ému en sa présence; il le regarde aussi, fixement, jusqu'à impatienter l'empereur.)
NAPOLÉON.
Jacques Durand, tu es le premier homme dont les regards ne se soient pas baissés devant les miens...
JACQUES.
Pardon, pardon... sire... et ne voyez pas dans mes yeux un orgueil que je n'ai pas; mais je vais vous surprendre... c'est de la joie, c'est du bonheur que j'éprouve.
NAPOLÉON.
Du bonheur à me voir! et dans ce moment.
JACQUES.
Oui, dans ce moment même où vous êtes irrité contre moi, où vous venez me foudroyer de votre colère; mais depuis mon enfance, depuis que j'ai appris à me connaître, j'aspirais à l'instant où je me trouverais face à face avec vous; à l'instant où vous-même, sire, feriez attention à moi; moi, si peu de chose auprès de votre majesté, où vos yeux s'arrêteraient sur moi, comme pour deviner, pour lire dans les miens tout ce qui se passe dans mon ame... si je puis vous occuper de la sorte pendant une seule minute, c'est que je vaux déjà quelque chose.
NAPOLÉON.
A un homme qui s'exprime comme toi, Jacques Durand, une faute est impardonnable. Connais-tu le code militaire?
JACQUES.
Oui, sire.

NAPOLÉON.
Quel est le sort du soldat qui abandonne le poste où ses chefs l'ont placé?
JACQUES.
La mort.
NAPOLÉON.
Y pensais-tu, quand tu as quitté le tien; quand de soldat tu t'es fais chef toi-même, criant à tes camarades : En avant! lorsque leur devoir et le tien était de rester en place... y pensais-tu?
JACQUES.
Non, sire.
NAPOLÉON.
Je le crois... car, alors, tu n'aurais pas agi de la sorte.
JACQUES.
Peut-être, sire!
NAPOLÉON.
Téméraire!
JACQUES.
Parce qu'après tout, je ne risquais toujours que ce qui va m'arriver tout à l'heure... être condamné à mort par un conseil de guerre, par votre majesté... cela est cruel sans doute, mais je ne l'eusse pas mis en balance avec la gloire de livrer entre les mains de Napoléon la forteresse de Saint-Pétersbourg.
NAPOLÉON.
Mais ce mouvement qui t'a fait marcher sans ordre, au lieu de réussir, pouvait contrarier, renverser tous mes projets, tous mes calculs pour la victoire, pour le salut même de mon armée... Ces plans, dont tu prétendais avancer l'exécution, avaient été longuement et mûrement médités dans cette tête... et l'imprudence, la bravoure folle et aventureuse d'un de mes soldats pouvait tout détruire... l'armée, toute l'armée pouvait périr à cause de lui.
JACQUES.
C'est vrai, je suis un insensé, un misérable... mais je ne pensais pas à tout cela... on entend le feu... et l'on va en avant! on est porté malgré soi!.. on veut être le premier à crier victoire, à planter un drapeau sur un rempart! sire, vous avez peut-être éprouvé cela, même quand vous n'étiez pas encore ce que vous êtes, quand vous n'aviez pas le droit de marcher toujours en avant.
NAPOLÉON, à part.
Il a raison! cela m'est arrivé. (Haut.) A ce compte, tu es un héros?
JACQUES.
Non; mais peut-être, si je n'avais pas mérité la mort aujourd'hui, je le serais devenu... grace à vous, sire, tous vos soldats sont du bois dont on fait les grands hommes.
NAPOLÉON.
Donc... ce n'est pas un châtiment, c'est une récompense que je te dois?
JACQUES.
L'un et l'autre, sire.
NAPOLÉON.
Comment?
JACQUES.
Oh! veuillez m'entendre, je vous en conjure. S'il y a au fond de votre ame un peu d'estime encore pour le soldat qui a bien servi son pays, tout en manquant à la discipline, sire, qu'il soit puni cet homme, et frappé par des balles françaises... mais en même temps, qu'il soit récompensé, par vous dans ses amis, dans sa famille.
NAPOLÉON.
Parle donc, que veux-tu?
JACQUES.
J'ai un fils... que j'ai laissé à Paris, enfant encore, lorsque je me suis fait volontaire de votre garde... un fils que je ne reverrai jamais...
NAPOLÉON, à part.
Et moi, le mien!.. le reverrai-je?
JACQUES.
Je demande à votre majesté que mon pauvre Étienne soit élevé aux frais de l'état à l'Ecole-Militaire, ou bien encore comme je l'ai été, moi, dans un de vos lycées...
NAPOLÉON.
Ah! tu es un ancien élève?..
JACQUES.
Du lycée Napoléon, sire! cette éducation était le prix de la mort de mon père emporté par un boulet à Marengo.
NAPOLÉON.
Ton père était soldat de la république?
JACQUES.
Oui, sire... et plus heureux que moi, ce ne sont pas des camarades, ce sont des Autrichiens qui l'ont tué.

NAPOLÉON.
Continue, continue, que veux-tu encore?
JACQUES.
Un grade pour un ami, un vieux troupier qui vous a suivi dans toutes vos campagnes, et qui, placé toujours en première ligne pour se battre et recevoir des blessures, restait toujours derrière les autres lorsqu'il s'agissait de récompense ou d'avancement, cet ami... (Montrant Jean qui est toujours de faction dans la galerie extérieure, et qui vient de s'arrêter.) Le voilà!
NAPOLÉON.
Ah! c'est lui! Approche! (Jean s'approche en hésitant, et présentant les armes.)

SCENE VII.
LES MÊMES, JEAN.
NAPOLÉON.
Je te reconnais... aujourd'hui même, ne t'ai-je pas vu sous les murs de Saint-Pétersbourg?
JEAN.
Oui, mon empereur, c'est moi qui vous ai dit : Sacrée section! sire, ôtez-vous de là, que je m'y mette?
NAPOLÉON.
Jacques Durand, n'as-tu rien de plus à me demander?
JACQUES.
Sire, réalisez pour lui, comme pour mon fils, une espérance que nous formions ensemble, et qui pour moi va être détruite, aujourd'hui, par l'arrêt du conseil de guerre.
JEAN.
Ça n' se peut pas... jamais l'empereur ne souffrira..
NAPOLÉON.
Tais-toi!
JEAN.
Oui, mon empereur.
JACQUES.
Que, protégés par vous, mon vieux camarade et mon fils arrivent peu à peu, comme tant d'autres, aux grades supérieurs.
JEAN.
Je n'en veux pas... si tu dois être fusillé aujourd'hui, Jacques, je veux mourir avec toi.
JACQUES.
Mourir, malheureux! et ta fille! faut-il donc que le même jour nos deux enfans soient orphelins?
JEAN.
Orphelins! ton fils et Marie! ma pauvre Marie!.. ah! mon empereur! vous êtes ému!.. une larme dans vos yeux! vous vous rappelez que vous aussi vous avez laissé un enfant, au berceau, dans le palais de l'Elysée.
NAPOLÉON, très ému.
Tais-toi! tais-toi! et retourne à ton poste... je te l'ordonne.
JEAN, pleurant.
Oui, oui, mon empereur! chien de métier! chien de métier!
JACQUES. (Roulement de tambour.)
Ah! c'est le conseil qui s'assemble! (Se rapprochant de l'empereur, et lui parlant très bas.) Sire, un mot encore... que ce grenadier ne soit pas au nombre de ceux qu'on va commander pour mon supplice; puis, que toute cette journée, on lui ôte ses armes, qu'on ne le perde pas de vue un seul instant, jusqu'à ce qu'il ait pu s'habituer à l'idée de la mort de son ami... et alors, sire, oh! je vous le demande à genoux, et vous exaucerez, n'est-ce pas, la dernière prière d'un mourant, (Il tombe à genoux.) alors, ce fusil, ce sabre qu'on va lui prendre, remplacez-les par une épée.
(Jean, toujours au fond, est tombé aussi à genoux, son fusil à la main.)
JEAN, pleurant et d'une voix affaiblie.
Grace! grace! mon empereur!

SCÈNE VIII.
LES MÊMES, LE GÉNÉRAL, ÉTAT-MAJOR, SOLDATS.
LE GÉNÉRAL.
Sire, d'après vos ordres, le conseil va entrer en séance pour juger le soldat Jacques Durand.
NAPOLÉON.
Messieurs, le soldat Jacques Durand a cessé d'être... (S'adressant à Jacques. Capitaine de grenadiers, au 1er bataillon du 2e régiment de ma garde... (A Jean.) Et vous, lieutenant porte-étendard dans la même compagnie; tous les deux officiers de la Légion-d'Honneur; relevez-vous, ce n'est pas aux genoux de Napoléon que l'armée doit vous voir, c'est dans ses bras.

JEAN.

Ah ! est-ce possible !.. dans les bras de mon empereur... sacrée section !

JACQUES.

Nos enfans ne seront pas orphelins.

NAPOLÉON, aux officiers.

Messieurs, avant de retourner en France, il nous reste encore des batailles à livrer et des royaumes à conquérir... Il me reste, à moi, des couronnes à placer sur la tête de mes généraux... Et lorsqu'ils vont devenir rois par ma volonté... courage donc ! courage aux officiers qui viennent après eux, et qui peuvent devenir généraux à leur tour... (Se replaçant entre Jacques et Jean.) Tous les deux, n'est-ce pas ? tous les deux vous serez du nombre ?

JACQUES.

Je l'espère, sire, avant peu, même, s'il plaît à Dieu...

JEAN.

Et à vous aussi, mon empereur.

NAPOLÉON, leur parlant plus bas, comme pour s'isoler des autres personnages.

Et puis, de temps en temps, nous nous reverrons, nous parlerons ensemble...

JEAN, bas.

De nos anciennes campagnes, des guerres d'Italie...

NAPOLÉON.

Eh ! non, non, ce n'est pas cela ; ne me comprenez-vous pas... tout à l'heure, n'avez-vous pas surpris mon émotion, mes larmes ?.. et ne devinez-vous pas, mes amis, que nous parlerons ensemble...

Ah ! sire, de votre fils !

JACQUES.

(Musique militaire ; roulement de tambour ; Jacques a pris une épée ; on a remis dans les mains de Jean un drapeau tricolore.)

JACQUES.

Eh bien ! lieutenant ?

JEAN.

Eh bien ! capitaine ? sacrée section ! c'est comme un rêve !

(Acclamations. — La toile tombe.)

QUATRIÈME PARTIE.
Le Champ de bataille.

Une vaste plaine, surmontée de rochers et de collines. Sur le devant de la scène, d'une part un peloton de jeunes artilleurs à la tête desquels est Étienne ; de l'autre, un peloton de femmes, avec de petits uniformes et des jupons (Costumes d'après les lithographies qui ont paru il y a cinq ou six ans). Les femmes sont commandées par Marie. Des troupes, en mouvement, garnissent tout le reste de la scène.

SCÈNE I.

ÉTIENNE, MARIE, et LES FEMMES commandées par elle, OFFICIERS, SOLDATS.

ÉTIENNE.

Air espagnol.

Aujourd'hui, j'espère,
Auprès de son père,
Le fils combattra,
Il triomphera.

CHŒUR GÉNÉRAL.

Aujourd'hui, j'espère, etc.

ÉTIENNE

Une part de votre gloire,
Nous la voulons tous ;
Nous saurons de vous,
Comment on obtient la victoire.

CHŒUR DES JEUNES GENS.

Une part de votre gloire, etc.

CHŒUR DES AUTRES SOLDATS.

ENSEMBLE. { Oui, partagez notre gloire !
Vous le voulez tous ;
Vous saurez de nous, etc.

ÉTIENNE.

Et de vos leçons,
Nous profiterons ;

Nous nous instruirons
Au bruit des canons.
CHOEUR DES JEUNES GENS.
Oui, de vos leçons, etc.
CHOEUR DES SOLDATS.
Nous vous formerons,
Suivez nos leçons ;
Nous vous instruirons, etc.

ENSEMBLE.

ÉTIENNE.
Oui, cette espérance
Loin de notre France,
Amis, jusqu'à vous
Nous a conduits tous.
CHOEUR DES JEUNES GENS.
Oui, cette espérance, etc.
LES SOLDATS.
Quoi ! cette espérance,
Loin de notre France !
Enfans, jusqu'à nous,
Vous a conduits tous !

ENSEMBLE.

ÉTIENNE.
Pour affronter les alarmes,
Nous voilà tous,
Femmes, enfans, ainsi que nous,
Ont pris les armes.
CHOEUR.
Pour affronter les alarmes, etc.
ÉTIENNE.
Ah ! pour nous, la mort
Est un noble sort,
Trépas glorieux,
Tu conduis aux cieux.
CHOEUR GÉNÉRAL.
Ah ! pour nous la mort, etc.

(A la fin de ces deux couplets, entrée de Jacques et de Jean, l'un est maréchal de France, l'autre, général de division. Toutes les armes se posent en faisceau.)

SCÈNE II.
LES MÊMES, JACQUES et JEAN.
ÉTIENNE et MARIE, ensemble.

Ah ! mon père !   (Ils vont au-devant d'eux et les embrassent.)
JEAN.
Eh bien ! qu'en dis-tu, mon ami Jacques ? pendant que tu as été envoyé par l'empereur pour faire une reconnaissance sous les murs de Constantinople, et pour sommer le Grand-Turc de nous ouvrir les portes... de la Sublime-Porte, tu vois, il nous est arrivé du renfort en ton absence. Ah ! dame ! il fallait bien remplacer les camarades que nous avons perdus pendant nos conquêtes nouvelles... quinze cent mille hommes de tués, rien que ça... cent mille par année... il fallait bien ça pour affermir à tout jamais le pouvoir de Napoléon et pour nous faire obtenir, à moi, le grade de général, à toi, le bâton de maréchal d'empire !
JACQUES.
Oh ! tais-toi, Jean, et ne va pas jeter au travers de ma joie ces idées cruelles qui te reviennent sans cesse depuis quelque temps, à toi qui m'égayais toujours autrefois lorsque j'étais triste. Oui, c'est vrai, nous ne sommes plus les mêmes à présent ; toi, tu vois tout en noir, et moi, je n'envisage l'avenir que sous de riantes couleurs.
JEAN.
C'est que tu es un fou, un enragé.
JACQUES.
Non ; c'est que je suis heureux, bien heureux !... Absent depuis deux jours, je viens de proclamer, au nom de l'empereur, l'abaissement du Croissant, et la liberté de la Grèce ; j'ai vu tous les Hellènes, enfans dégénérés de Miltiade et de Léonidas, rougir à ma voix de leur indolence, et se mêler, le cimeterre à la main, dans les rangs de notre armée ; et lorsque j'apporte au camp cette heureuse nouvelle, je trouve ici, je trouve ce qui manquait à notre gloire, nos enfans. Pendant quinze ans, éloigné

de mon fils, je revois aujourd'hui, militaire comme moi, officier de l'armée française, l'enfant que j'avais laissé au berceau le jour de mon départ pour la Russie... nos enfans! ils ont pensé à nous, nous ne pouvions encore les rejoindre, ce sont eux qui ont franchi l'espace, pour arriver jusqu'à leurs pères, et les voilà! Étienne, mon ami... mon fils!

ÉTIENNE.

Comme toi, père, j'avais grandi au bruit des victoires et des conquêtes; je ne voyais plus d'autre existence possible pour moi, que le métier des armes... et tous les fils de vos camarades brûlaient aussi de cet amour, de cette passion pour la guerre, qui vous animait autrefois, lorsque vous avez quitté, pour suivre l'empereur, le berceau de vos enfans...

MARIE.

Et vos filles, vos femmes elles-mêmes, ont voulu partager tous les périls de leurs pères, de leurs époux, de leurs frères... auprès d'eux nous avons combattu, nous avons eu notre part de la dernière victoire.

ÉTIENNE.

Et nous voulons encore partager l'honneur de celle d'aujourd'hui; mais nous vous laissons, mon père, nous allons visiter tous les avant-postes de notre camp, c'est l'ordre de l'empereur, et vous nous verrez reparaître quand les Turcs approcheront, quand il donnera le signal de la bataille. à bientôt.   JACQUES et JEAN.

À bientôt...   REPRISE DU CHOEUR.

Oui, de vos leçons, etc.

(Sortie des jeunes gens et des femmes; Jacques et Jean les regardent sortir avec enthousiasme.)

SCÈNE III.
JACQUES, JEAN.

JEAN.

Hein! sacrée section! comme ça marche! comme nous devons être fiers de la génération nouvelle! elle ira encore mieux et plus vite que nous, mon ami; Marie, Etienne! les voilà tous les deux où nous en étions, après la prise de Pétersbourg! ton fils est capitaine, et ma fille lieutenant... et l'empereur doit marier ensemble ces deux officiers quand nous aurons pris Constantinople.   JACQUES.

Est-il vrai?... Cette union tant désirée! un jour de victoire! et dans une ville conquise!   JEAN.

Et puis, je l'espère, après cela nous reviendrons en France... car je te l'avoue, cher ami, je ne suis pas aussi insatiable que toi, et j'ai assez de gloire et de merveille... eh! que diable! nous avons fait notre tems, et notre tâche doit être remplie: l'Europe est à nous, la Russie, l'Espagne, l'Autriche, la Prusse, la Pologne, et cætera, ne sont plus que des préfectures de la France... nous avons le département de la Newa, le département du Tage, le département du Mançanarès, un millier de départemens qui sont administrés par nos anciens camarades; que de grenadiers, de chasseurs, de voltigeurs, devenus, de par Napoléon, gouverneurs, préfets de tous les pays conquis, c'est-à-dire, rois, empereurs, pachas, à trois ou quatre queues, ou tout au moins petits princes de la confédération du Rhin! toi et moi, Jacques, pendant que tous les amis ramassaient des couronnes, nous avons préféré suivre partout et toujours Napoléon, mais parce que nous espérions rentrer un jour avec lui dans notre patrie, revoir la France; la France, si glorieuse, si belle à présent... et Paris, la capitale de cet immense empire! Paris, aujourd'hui un vrai pays de Cocagne, où les bornes-fontaines versent à grands flots le champagne, le xérès, le vin du Rhin... et le cognac première qualité; Paris, dont tous les monumens sont en marbre, en porphyre, en albâtre, incrustés d'or et de pierres précieuses.   JACQUES.

Tous... excepté un seul, pourtant, auquel on s'est bien gardé de porter une main profane en cherchant à l'embellir, la colonne... elle demeure au milieu de tous ces palais de marbre, d'or et de diamans, mille fois plus noble et plus brillante... grace au ciel, ami, nous la reverrons toujours la même... en bronze! de celui que nous avons pris aux Autrichiens.

JEAN.

Eh! sans doute... nous la reverrons bientôt... que n'est-ce aujourd'hui? Oui, je n'y tiens plus, Jacques, j'ai le mal du pays... je crève dans ma peau... Paris! Paris!.. rien que huit jours! huit jours, et je suis content... sacrée section! quand nous sommes les maîtres du monde, Napoléon peut bien nous accorder huit jours de congé...

LE PETIT CHAPEAU

SCENE IV.
Les Mêmes, un jeune officier d'artillerie
(Un jeune homme, en officier d'artillerie, sort de la tente de l'empereur.)

JACQUES.
Quel est donc ce jeune homme?

JEAN.
Je ne sais pas... il n'a pas de nom, pas de famille... ou du moins, on ne lui en connaît pas. Il est arrivé avec nos enfans, et il s'est montré à ce qu'il paraît, dans la dernière affaire, plus brave et plus intrépide que pas un des soldats de l'armée... et déjà, l'empereur l'honore d'une confiance toute particulière. De temps en temps, il l'appelle auprès de lui et cause avec lui pendant des heures entières... Parfois, il le charge de transmettre des ordres importans aux différentes divisions de l'armée... (Quelques officiers, parmi lesquels est Etienne, traversent la scène et s'approchent du jeune homme qui leur parle bas.) Tiens! maintenant sans doute, il donne aux sentinelles une consigne utile pour le gain de la bataille... et tout à l'heure, il viendra prendre place à quelques pas de l'empereur.

JACQUES, considérant attentivement le jeune homme.
Voilà qui est étrange, et je ne puis comprendre...

JEAN.   (Ici le tambour bat aux champs.)
Ah! l'empereur!   (Au dehors, un bruit de trompettes.)

JACQUES.
Et le signal du combat, enfin!
(En un instant la scène est remplie d'officiers et de soldats sous les armes. Le peloton de Marie rentre aussi et occupe le devant du théâtre; le jeune lieutenant d'artillerie a été se mettre à peu de distance d'Etienne. Napoléon entre lorsque toute l'armée est rangée en bataille. Il s'arrête avec une sorte de plaisir devant les jeunes gens.)

SCENE V.
Les Mêmes, ETIENNE, MARIE, NAPOLÉON, Soldats, femmes.

NAPOLÉON.
(Serrant la main d'Étienne, et lui parlant, tout en regardant fixement le jeune officier d'artillerie comme s'il voulait ne s'adresser qu'à lui.)
Capitaine, je suis content de vous, continuez de me servir comme vous le faites, et comptez toujours sur la protection de Napoléon.

JEAN, bas à son ami.
Vois-tu, Jacques... ses yeux sont fixés sur ceux du lieutenant... c'est pour la forme qu'il parle à ton fils... mais il ne s'occupe que de l'autre.

JACQUES.
Oh! je le vois bien.

NAPOLÉON, apercevant Jacques.
Ah!.. Jacques! mon fidèle compagnon! vous voilà... j'y comptais, je m'attendais à vous voir de retour à l'heure de la bataille... Tous les deux amis, vous êtes heureux, n'est-ce pas, bien heureux maintenant; vos enfans sont auprès de vous... Et moi! moi! entraîné loin de ma patrie, nouveau Charles XII, je n'ai revu depuis quinze années, et ne reverrai peut-être jamais ni ma famille, ni le ciel de la France! Elle est si grande la distance qui me sépare de Paris! de l'Elysée! Mon fils, ah! je ne l'ai pas embrassé, moi, et toi, Jacques, tu as embrassé le tien.

CRIS au dehors :
Allah! Allah!   (Musique militaire.)

JACQUES.
Sire, l'ennemi approche, c'est le dernier sans doute que nous aurons à combattre, à renverser, et alors, nous vous ramènerons en triomphe dans les bras de votre enfant.

NAPOLÉON.
Non, pas encore... la guerre ne sera pas encore terminée par l'affranchissement de la Grèce... Il faudra se battre, il faudra vaincre encore... nous écraserons à jamais une puissance qui parvient toujours à relever la tête, quand nous avons soumis le reste de l'Europe.

JACQUES.
Ah! l'Angleterre!

NAPOLÉON.
Elle est fière de sa marine, mais nous lui opposerons la nôtre, c'est sur mer que nous irons la combattre. Puis après notre expédition navale... le bombardement de Londres! c'est le ciel qui le veut. (Les cris de Allah! Mort aux Chrétiens! retentissent avec fureur. Coups de feu.)

NAPOLÉON.
Au combat!
(Napoléon monte à cheval. — Entrée des Turcs, le cimeterre et le pistolet à la main; on fait feu sur eux, puis on les poursuit de la gauche à la droite du public, au pas

de charge et en croisant la baïonnette. Les femmes sont échelonnées sur les hauteurs, et font sentinelle ; des Turcs paraissent au sommet des montagnes à gauche; les sentinelles font feu, puis toutes les femmes redescendent en désordre jusque sur le devant de la scène.)

MARIE.

Courage, camarades! et sachons défendre le poste où l'empereur nous a placées. La mort ou la victoire!

TOUTES.

La mort ou la victoire!

(Elles font feu sur les Turcs qui occupent maintenant les montagnes. Ils descendent après avoir supporté le feu. Les femmes, toujours obéissant aux ordres de Marie, se forment alors sur une seule ligne qui tient toute la longueur du théâtre, croisent la baïonnette, et aux cris de : VIVE L'EMPEREUR! VIVE LA FRANCE! repoussent les ennemis jusque sur les montagnes. Dans ce moment arrivent, de droite et de gauche sur les hauteurs, les troupes françaises; et les Turcs sont cernés de toutes parts. On les emmène, et tous les combattans disparaissent. Jacques, qui est arrivé vers la fin de la scène, et a dirigé ce dernier mouvement, va suivre ses soldats, lorsque Jean, blessé mortellement, entre par la droite, l'appelle et se traîne jusqu'auprès de lui.)

SCÈNE VI.
JACQUES, JEAN.

JEAN.

Jacques... mon ami... j'ai voulu te revoir avant de mourir.

JACQUES, le tenant dans ses bras.

Mourir! toi, mon vieux camarade!...

JEAN.

Oh! c'est fini, la balle a frappé là, droit au cœur...

JACQUES.

Oh! mon Dieu! mon Dieu! n'est-il donc aucun moyen de le sauver?

JEAN.

Aucun, ça devait être, j'en ai tué tant d'autres, moi, c'était mon tour... mais te quitter, toi, mon vieux camarade! ne plus te revoir... oh! pardonne-moi, Jacques, si je meurs comme un lâche, en pleurant... adieu!

JACQUES, le regardant avec stupeur.

Mort! (Il pleure.) Mon ami!.. mon pauvre Jean!.. perdu pour moi, perdu! et mes sanglots, et mes larmes ne te rappelleront pas à la vie.

SCÈNE VII.

LES MÊMES, NAPOLÉON, L'OFFICIER D'ARTILLERIE, ETIENNE, MARIE, et les femmes de sa suite, Soldats et Officiers, Turcs prisonniers.

CRI GÉNÉRAL.

Victoire! victoire! vive l'empereur!

(Napoléon est à gauche ; Etienne et Marie sont sur le second plan ; Jacques sur le premier, en face de l'empereur ; il est toujours à genoux et masque le cadavre de Jean.)

NAPOLÉON, s'approchant de Jacques.

Eh bien? que fais-tu, là, Jacques? pourquoi baisser ainsi le front vers la terre? tu peux, devant tous, lever la tête avec orgueil, toi qui partageras avec moi le titre de libérateur des Hellènes ; toi, grand-amiral de la flotte française, qui va mettre à la voile pour combattre l'Angleterre... relève-toi, eh bien! tu ne me réponds pas? tu demeures insensible à cette nouvelle preuve de ma confiance?

JACQUES, pleurant.

Ah! sire, que ne suis-je simple soldat, encore, mais... avec lui!

(Il découvre le cadavre, mouvement général de consternation et de chagrin.)

MARIE, jetant un cri.

Ah! mon père! (Sur un signe de Napoléon, un général placé auprès de lui, fait agenouiller tous les soldats. Musique lente et funèbre. — La toile tombe.)

CINQUIÈME PARTIE.
Le Grand-Amiral.

La scène se passe sur le pont d'un vaisseau.

SCÈNE I.

ÉTIENNE, en capitaine de vaisseau ; d'autres Officiers et des Aspirans de marine, des Matelots et des Mousses, un Contre-maître.

Au lever du rideau, un officier supérieur de marine (le même qui était général aux parties précédentes), commande dans les termes techniques, toutes les manœuvres pour jeter l'ancre. Chacun de ses commandemens est répété par le contre-maître, et exécuté par les matelots et les mousses.)

ÉTIENNE, aux officiers après que les manœuvres sont finies.

C'est bien ; nous voilà, messieurs à quelques lieues des côtes d'Angleterre... et vainement la flotte ennemie voudrait encore s'opposer à notre marche, vainement elle a réuni toutes ses forces pour une dernière lutte, elle succombera ; demain nous serons à Londres, car l'empereur l'a voulu, et ce que veut Napoléon, Dieu le veut.

Air : D'une marche si rapide (Missolonghi).

Il l'a dit : Que l'Angleterre
Arbore nos pavillons...

CHOEUR.

Oui, demain que l'Angleterre, etc.

ÉTIENNE.

C'est le terme de la guerre,
Et puis le retour...

CHOEUR. Chantons !

A nos exploits Dieu préside.
C'est lui qui nous sert de guide ;
Mais hélas ! il peut encor
Nous frapper, et sur nos têtes
Faire éclater les tempêtes,
Et nous chasser loin du bord.
O toi qui tempères,
Les vents et les flots,
Entends les prières
Des matelots.

CHOEUR.

O toi qui tempères, etc.

ÉTIENNE.

Sur le sol de l'Angleterre,
Oui, demain, nous règnerons

CHOEUR.

Sur le sol de l'Angleterre, etc.

ÉTIENNE.

Voyez, voyez cette terre,
Elle est à nous... ah ! chantons !
Dieu, protecteur de l'empire,
Nous t'implorons... ce navire
Porte sous son pavillon,
Avec la fin de la guerre,
Le sort de toute la terre ;
Il porte Napoléon.

CHOEUR.

O toi qui tempères ; etc.

ÉTIENNE.

Allez, Messieurs, allez... que chacun demeure à son poste, attentif au premier signal qui nous annoncerait la flotte anglaise.

SCENE II.

ÉTIENNE, seul un instant, puis MARIE.

ÉTIENNE.

Oh ! cette expédition navale, plus glorieuse pour la France que toutes nos autres campagnes, a commencé pour moi sous de bien tristes présages. (Ici Marie, en habits de deuil, paraît sur le pont, et s'approche d'Étienne.) Marie ! ma pauvre Marie!

MARIE.

Etienne, une journée sanglante se prépare... et j'ai voulu vous voir, puisque ma destinée m'enchaîne sur ce navire, poursuivie par mille pressentimens funestes... Je suis si malheureuse ! depuis le jour où Napoléon a proclamé l'indépendance des Grecs, depuis ce lendemain qui devait être si beau pour nous, qui n'a été que le prélude de nos jours de deuil et de misère... ce lendemain...

ÉTIENNE.

Oui... je crois y être, Marie... Au lieu de cet hymen, que j'avais appelé de tous mes vœux, promis à mon amour par l'empereur lui-même... j'assistais avec toi, avec tous nos soldats, aux funérailles ton de père.

MARIE.

Oh! de ce jour, comme j'ai abjuré avec horreur cette exaltation d'un moment, cette passion aveugle pour la guerre, qui s'était emparée de toutes les âmes, même de la mienne, à moi, pauvre femme.. J'ai jeté loin de moi, pour toujours, ces armes meurtrières, et toutes mes compagnes ont suivi mon exemple, et toutes ont demandé à genoux d'être ramenées en France... mais en vain... cette flotte mettait à la voile, et pas un bâtiment ne retournait au pays... et, depuis lors, condamnées à entendre sans cesse, malgré nous, et le bruit des orages et celui des combats... nous avons retrouvé dans nos cœurs toute la faiblesse, toutes les terreurs de notre sexe... Au milieu de ce tumulte, de cette désolation continuelle, de ces cris des mourans, que ne pouvaient couvrir les chants de la victoire, je croyais toujours voir m'apparaître le spectre de mon père, et je n'avais plus la force de pleurer, ni de prier... je ne sentais plus rien, je n'existais plus, j'étais morte... Puis, quand je revenais à moi, je ne retrouvais de forces et de courage que pour secourir vos malheureux frères d'armes, pour étancher le sang de leurs blessures... Oh! nous devons encore bénir le ciel jusque dans sa colère, puisqu'en nous condamnant à être les témoins de tant d'infortunes, il nous place près de vous pour remplir les devoirs les plus sacrés de notre sexe, prier, consoler, et secourir.

ÉTIENNE.

Bonne Marie !.. Mais voilà donc à quelles pensées nous en sommes venus tous, après ce qui nous a paru si long-temps une incroyable prospérité... Rassasiés, enivrés de gloire, las de sang et de carnage, et malheureux même un jour de triomphe! Tiens! regarde; vois, à l'horizon, comme le ciel est sombre, comme tous ces nuages amoncelés reflètent jusqu'ici une teinture lugubre et triste... Eh bien! c'est l'image de ce qui se passe au fond de nos cœurs... Au moment où je te parle, sur ce vaisseau amiral, comme sur tous les bâtimens de notre flotte, pas une voix joyeuse ne se fait entendre, et qu'on puisse pénétrer et lire dans toutes ces âmes, pas un seul être qui soit heureux! Napoléon, roi du monde et presque dieu, semble gémir de sa grandeur. Mon père, grand-amiral, est sans cesse en proie à des accès de colère et de fureur, qui vont jusqu'au délire; lui si bon, si humain, on le croirait cruel à présent; car il fait souffrir tous ceux qui l'environnent... il me parle avec dureté à moi-même... Enfin, ce n'est qu'avec toi, Marie, qu'il revient parfois encore à son ancien caractère : à ta vue, il est plus calme, mais aussi plus triste, et des larmes qu'il cherche vainement à retenir...

JACQUES, au-dessous du pont.

Je le veux! je le veux! entendez-vous? Qu'on jette ce matelot à fond de cale, et les fers aux pieds.

ÉTIENNE.

C'est lui! que te disais-je?

(Jacques, en uniforme de grand-amiral, paraît sur le pont, suivi du contre-maître.)

SCÈNE XII.
Les Mêmes, Jacques, le Contre-Maitre.

ÉTIENNE.

Qu'est-ce donc? qu'avez-vous, mon père?

JACQUES.

Rien... que t'importe? un misérable matelot que j'ai trouvé endormi à son poste... (Au contre-maître.) Allez, qu'on exécute mes ordres...

LE CONTRE-MAITRE.

Mon amiral, c'est un des marins les plus braves, les plus actifs de tout l'équipage; l'excès de la fatigue a pu seule...

JACQUES.

Taisez-vous!.. obéissez...

ÉTIENNE.

Mon père...

JACQUES.

Eh! tais-toi... je n'ai de conseils ici à recevoir de personne... (Au contre-maître, avec fureur.) Vous êtes encore là, contre-maître!.. allez, allez! à fond de cale, vous dis-je, et les fers aux pieds.

(Il va s'asseoir, toujours d'un air sombre et colère, dans un coin du vaisseau. Le contre-maitre s'empresse de se retirer. Marie lui fait signe de s'arrêter, et s'approche de Jacques.)

MARIE.

M. Jacques... je vous en conjure, pardonnez à ce pauvre matelot.

(A la voix de Marie, Jacques a tressailli. Il paraît visiblement ému en la regardant.)

JACQUES.

Ah! Marie!.. tu étais là!.. Marie! malheureuse enfant! (Il lui prend la main, et des larmes roulent dans ses yeux ; puis il fait un effort sur lui-même, et dit en se retournant vers le contre-maître, mais sans cesser de regarder Marie.) Je lui pardonne. Allez. (Le contre-maitre sort.)

SCENE IV.
JACQUES, ÉTIENNE, MARIE.

MARIE.
(Jacques tient toujours une de ses mains dans les siennes, de l'autre, elle s'appuie doucement sur son épaule, et lui dit:) M. Jacques... il vous en coûterait si peu d'être toujours bon et indulgent, comme vous étiez autrefois.

JACQUES.
Ah! oui, autrefois... (A part.) Je ne l'avais pas perdu, lui!

MARIE.
Et puis, cela vous fait tant de mal, la colère!

JACQUES.
Oui, c'est vrai!.. le sang me brûle, me brise la tête... oh! oui, Marie, bien du mal.

MARIE.
Je sais, qu'à bord d'un vaisseau, c'est l'usage de s'emporter ainsi, cela tient, dit-on, à l'air qu'on y respire... et pourtant, là, plus qu'ailleurs, ne devrait-on pas être patient et résigné... car là, on a sans cesse la mort qui plane sur sa tête... on doit être prêt à chaque instant à paraître devant Dieu... et surtout, lorsqu'on va livrer une bataille... oh! pas de colère aujourd'hui... qui sait? cela vous porterait malheur, peut-être... ou bien, à lui. (Elle montre Étienne.)

JACQUES, se levant avec un mouvement d'inquiétude.
Mon fils!

MARIE.
Ainsi... vous serez calme, vous ne vous emporterez contre personne... je vous le demande, au nom de votre fils, et en souvenir de votre ami qui n'est plus. JACQUES, retombant assis.
Jean, mon pauvre Jean!..

MARIE.
Vous me le promettez, n'est-ce pas? adieu! adieu! (Elle sort.)

SCENE V.
JACQUES, ÉTIENNE.

JACQUES.
Elle a raison... cet ami... son père... c'est depuis son trépas que, moi, je ne suis plus le même... C'est que tu ne sais pas encore, toi, combien est puissante et durable cette amitié qui commence sous les drapeaux, en face de l'ennemi et qui augmente, qui prend de nouvelles forces à chaque bataille où l'on a combattu ensemble... deux soldats ont vécu sans cesse depuis vingt-cinq ans l'un auprès de l'autre, partageant la gloire et le danger, le bonheur et la misère, ayant au cœur les mêmes sentimens, les mêmes passions, quoique l'un fût souvent triste et morose, et que l'autre prît tout en souriant dans la vie... si bien que sa gaîté semblait lui avoir été donnée par le ciel moins pour le rendre heureux lui-même que pour adoucir les chagrins de son ami... et son ami l'a vu tomber à ses côtés, pleurer en le quittant, chercher à se débattre contre la mort, lui si brave, et à se rattacher à la vie pour dire encore un adieu... à son compagnon d'armes... oh! c'est affreux, c'est horrible! et ce souvenir a changé tout mon caractère, brisé toute mon existence!.. oui, mon bonheur passé, les conquêtes de Napoléon, l'honneur même du pavillon tricolore, tout cela n'est plus rien pour moi, rien... et si je trouve encore un cruel plaisir à me battre, à braver le trépas et à le donner à d'autres... ah! ce n'est plus l'amour de la gloire qui m'inspire, qui me lance impitoyable au milieu des combats, c'est le désespoir, la rage... c'est le désir de le venger, lui, ou de le suivre... oh! tu me pardonnerais, tu me plaindrais, si tu pouvais concevoir ce qu'était pour ton père l'amitié de son vieux camarade.

ÉTIENNE.
Je le comprends, car moi-même je me suis fait un ami dans l'armée, et mon cœur lui sera dévoué, comme l'était le vôtre au père de Marie.

JACQUES.
Un ami! qui donc?

ÉTIENNE.
Ce jeune homme, naguère encore simple officier d'artillerie.

JACQUES, reprenant toute sa colère.
Ah! cet inconnu, à l'avancement duquel j'ai applaudi d'abord plus qu'un autre, et dont la vue est désormais pour moi un nouveau motif de chagrin et de colère, car il tient auprès de l'empereur la place de celui dont je déplore la perte.

ÉTIENNE.
Mais ne vous l'ai-je pas entendu dire à vous-même? Il a mérité sa haute fortune, il a gagné noblement tous ses grades... certes, on peut

envier un avancement si rapide ; mais on est bien forcé d'en convenir, cet avancement est légitime.   JACQUES.
Peut-être ; oubliant pour lui les plus anciens services, Napoléon honore cet enfant d'une confiance sans bornes ; il est admis dans tous ses secrets.
ÉTIENNE.
Mais s'il est digne de les comprendre, de les partager.
JACQUES.
Peut-être, te dis-je, peut-être.
ÉTIENNE.
Expliquez-vous... vous me cachez quelque chose, mon père.
JACQUES.
Eh bien! apprends donc que ce jeune homme, si généreux, si brave... car c'est vrai, et j'en conviens malgré moi, il est brave autant que pas un d'entre nous ; mais il y a dans toute sa conduite un mystère inexplicable et que je tremble d'approfondir ; je tremble d'avoir à mépriser, à dénoncer, peut-être, celui qui est estimé par l'empereur, enfin.... ce jeune homme... (Ici l'officier d'artillerie entre par le dôme.) Le voici!.. c'est à lui, à lui seul que je veux en parler d'abord...
(Le jeune homme porte au bras une écharpe rouge comme aide-de-camp de Napoléon.)

SCÈNE VI.
LES MÊMES, L'AIDE-DE-CAMP.
Mais, mon père...   ÉTIENNE.
JACQUES.
Va-t'en, laisse-nous, je te l'ordonne.
(L'aide-de-camp s'approche d'Étienne, et lui tend amicalement la main. Étienne hésite un instant, regarde tour à tour son père et son ami ; puis, comme entraîné malgré lui, finit par serrer cordialement la main qui lui est offerte. Jacques sort.)

SCÈNE VII.
JACQUES, L'AIDE-DE-CAMP.
L'AIDE-DE-CAMP.
Je vous cherchais, M. l'amiral.
JACQUES.
Ah! vraiment? vous me cherchiez... pourquoi?
L'AIDE-DE-CAMP.
Je vois, à mon aspect, vos yeux s'enflammer de colère ; lorsque l'empereur voudrait nous rapprocher l'un de l'autre, faire de nous deux amis, lorsque cette amitié me serait si douce, à moi, vous la repoussez sans cesse. Au fond de l'ame, vous me détestez, monsieur
JACQUES.
Eh bien!.. eh bien! oui, monsieur, cela est vrai, je vous déteste.
L'AIDE-DE-CAMP.
Pourquoi?.. Je réclame de vous, une explication franche et loyale.
JACQUES.
Franche et loyale!(A part en le regardant.)A ces paroles, à cette énergie qui anime son visage, ne le prendrai-je pas encore pour le plus noble, pour le plus généreux de tous les hommes?
L'AIDE-DE-CAMP.
Vous ne répondez pas!.. j'attends.
JACQUES.
Il le faut donc... enfin, je percerai ce mystère! et malheur à vous, monsieur, malheur! si je ne vous ai pas injustement soupçonné...
L'AIDE-DE-CAMP.
Soupçonné, moi!
JACQUES.
Oh! d'une chose horrible, infâme, et qui me ferait douter de tous les prodiges de valeur que je vous ai vu faire. Vous êtes arrivé au camp sans être connu d'aucun de vos camarades...vous avez dit qu'on vous nommait François, que vous n'aviez pas d'autre nom, mais que peut-être vous parviendriez un jour à illustrer celui-là...
L'AIDE-DE-CAMP.
Sans doute... n'avez-vous pas illustré celui de Jacques?
JACQUES.
A la bonne heure...et ce n'est pas moi, soldat parvenu, qui viendrai vous demander quelle est votre famille, lorsque je vous verrai noble de cœur et honorable par vous-même ; confondu dans les derniers rangs de l'armée, vous êtes arrivé, en deux mois, aux premiers grades ; vous voilà aide-de-

camp de l'empereur, revêtu de toute sa confiance chargé de recevoir les messages qui viennent de France, d'ouvrir les lettres et de lui en rendre compte. L'AIDE-DE-CAMP, à part.
Ciel! aurait-il surpris?.. je tremble.
JACQUES.
Long-temps les orages déchaînés sur nos têtes avaient empêché d'arriver jusqu'à nous aucune dépêche... mais il y a une heure, ce brick au pavillon national, dont les signaux depuis plusieurs jours, répondaient de loin à ceux de notre flotte, a jeté en mer une chaloupe qui contenait des lettres datées de Paris et des Tuileries, j'ai cru vous voir, Monsieur, en lisant une de ces dépêches, faire un mouvement d'effroi, et la cacher précipitamment dans votre sein... l'empereur était à deux pas de vous, et vous interceptiez ainsi ce message qu'on lui adressait.
L'AIDE-DE-CAMP.
Monsieur, cela n'est pas, vos yeux vous ont abusé sans doute.
JACQUES.
Oui, j'ai douté d'abord, tant je trouvais cette audace incroyable; mais j'ai continué de vous observer encore, et j'en suis sûr, bien sûr, une seconde lettre a eu le même sort que la première.
L'AIDE-DE-CAMP.
Mais je vous dis, Monsieur, que cela n'est pas.
JACQUES.
Mais je vous dis, Monsieur, que cela est... et puisque mon accusation vous fait frémir, puisque vous niez ce que mes yeux ont vu, je vous déclare, moi, que mes pressentimens, mes soupçons étaient justes, je vous déclare que vous êtes un misérable, un traître, un espion.
L'AIDE-DE-CAMP.
Ah! cette insulte... tout votre sang ne suffira pas pour la réparer.
JACQUES.
Oh! peu m'importe votre colère, et je ne répondrai pas à une provocation de duel lorsqu'il y va des destinées de la France... Ces deux lettres, elles sont là, sur votre poitrine, je les vois et je m'en empare...
(Il les lui arrache, le jeune homme tire son épée, puis il s'arrête, fait un effort sur lui-même, rejette son épée, et dit à Jacques en le regardant avec fierté.)
L'AIDE-DE-CAMP.
Lisez donc... ces deux messages annoncent la même nouvelle à l'empereur... lisez! mais vous seul, songez-y bien, vous seul ici devez la connaître... à cette condition, Monsieur, je puis vous pardonner encore et vos soupçons et vos outrages.
(Jacques paraît dominé malgré lui par la voix et le regard de l'aide-de-camp; hésite encore et se décide à lire. — En achevant il pousse un grand cri, regarde avec émotion le jeune homme, comme s'il cherchait à reconnaître ses traits, pleure, tombe à genoux, ramasse son épée et la lui présente; l'aide-de-camp le relève et l'embrasse.)
JACQUES.
Et vous avez eu le courage de vous contraindre devant les tourmens, les inquiétudes de l'empereur... oh! mais le voilà... il vient à nous et je vais tout lui dire.
FRANÇOIS.
Non, oh! non, mon ami, pas encore, pas avant le combat... mais bientôt, quand l'Angleterre abaissera enfin son pavillon devant le nôtre, alors j'irai me placer à ses côtés et lui dire... (Ici Napoléon sort de la chambre du capitaine, placée au fond du vaisseau, à gauche du mât d'artimon; il regarde en souriant les deux personnages placés sur le devant de la scène. — François continue bas:) Jusque-là tu garderas mon secret; Jacques, je t'en supplie, je le veux.
JACQUES.
J'obéirai. (L'aide-de-camp lui serre affectueusement la main.)

SCÈNE VIII.
Les Mêmes, NAPOLÉON.
NAPOLÉON, avec joie.
Ah! je vous surprends enfin, tous deux, réconciliés comme je l'avais voulu.... et vous serrant la main... c'est bien!.. je vous sais gré de votre obéissance... mais vraiment, on a plus de peine à vous accorder ensemble qu'à terminer à coups de canon les démêlés de la France et de l'Angleterre.
JACQUES.
Oh! sire, j'avais tort... je le méconnaissais... et vous lui rendiez justice!
NAPOLÉON.
N'est-ce pas? oh! je n'ai pas l'habitude de me tromper dans le choix de

mes amis... (Prenant la main de François.) C'est un brave jeune homme... et ton fils aussi, Jacques... Pour lui, il y a de l'avenir... nous avons fait de grandes choses, et nos enfans peut-être nous surpasseront un jour... Nos enfans! (Les deux autres personnages le suivent des yeux avec intérêt.) Ah! mes amis! lorsqu'entraîné par ma destinée, je fais couler le sang autour de moi, lorsque tant de familles ont à regretter un père, un fils, et qu'on m'accuse sans doute de tous ces trépas, de toutes ces misères dont malgré moi je suis la cause, je n'ai rien pour me distraire, pour me consoler de ces funestes images... rien que l'admiration froide de l'univers, admiration mêlée de crainte et de haine peut-être... mais ce contentement de l'ame, cette joie de la famille que j'envie au plus obscur de mes sujets, je ne puis le goûter un instant... je sens qu'il y a là-haut quelqu'un de plus fort, de plus puissant que moi qui me jette la gloire, me refuse le bonheur! (Napoléon a quitté la main des deux autres personnages : Jacques fait signe au jeune homme de se jeter dans ses bras, celui-ci hésite, mais paraît vivement ému en écoutant Napoléon.) Mon fils! mon pauvre François Napoléon! que fait-il à cette heure? pense-t-il à moi? oui, sans doute, mais pour me maudire peut-être! car, il est gardé à vue comme un esclave... je l'ai ordonné, je le devais... mais comme il doit souffrir!.. et moi! moi!.. ah! s'il était là, dans ce moment, comme je serais heureux de le presser dans mes bras!..

JACQUES, à part.

Oh! c'en est trop et je vais parler!

FRANÇOIS, de même.

Ah! je n'y résiste plus!

(Tous deux ensemble s'approchent de l'empereur comme décidés à lui tout avouer.— On entend un coup de canon, Étienne paraît sur le pont.)

SCÈNE IX.
LES MÊMES, ETIENNE.
ÉTIENNE.

Sire, la flotte anglaise...

NAPOLÉON.

Ah! le combat! je te remercie, mon Dieu, si je n'ai pas mon enfant auprès de moi, car il ne faut pas que le fils et le père soient exposés à mourir ensemble dans la même bataille!

JACQUES, regardant Étienne.

Le fils et le père ensemble, oh! quelle affreuse pensée... non, moi seul, mon Dieu! moi seul, si l'un des deux doit tomber aujourd'hui.

L'AIDE-DE-CAMP, bas à Jacques.

Tu vois bien que je dois encore me taire.

(Deuxième coup de canon. En un instant tout l'équipage est sur le pont.)

SCÈNE X.
LES MÊMES, TOUT L'ÉQUIPAGE.
NAPOLÉON.

Amis, qu'on vise surtout à prendre le vaisseau amiral des ennemis; Jacques, demeures avec moi. C'est d'ici que doivent partir les commandemens de toutes les manœuvres. (On entend gronder le tonnerre.) C'est en notre faveur, camarades! c'est contre les Anglais que gronde le tonnerre... car le dieu des batailles est toujours le dieu de Napoléon... à genoux... à genoux... avant de marcher à l'abordage! (Tout l'équipage est à genoux.)

Reprise du chœur chanté au lever du rideau.

O toi qui tempères,

Bruit de la canonnade au dehors, tout le monde se relève, et Jacques, placé sous le grand mât auprès de Napoléon, commande le combat.

JACQUES, commandant le combat.

Branle-bas de combat, partout! (Ces commandemens sont répétés par deux officiers, l'un à babord, à la droite du public, l'autre à tribord.) Babord, feu! tribord, feu! (Canonnade sur le vaisseau où se passe l'action, et au dehors. Jacques, après avoir consulté Napoléon, reprend son porte-voix, et crie :) A l'abordage! (Une partie de l'équipage, à babord et à tribord, s'élance hors du vaisseau, tenant à la main des pistolets et des haches. Jacques les suit des yeux, les excite du geste pendant qu'il s'éloigne, et répète avec force :) A l'abordage! hardi, garçons! jetez les grapins! à l'abordage! et vive la France!

ÉTIENNE, rentrant avec François.

Sire, les Anglais demandent à capituler... déjà, ils abandonnent tout le vaisseau amiral, et leurs envoyés attendent vos ordres pour vous supplier de leur accorder la paix.

NAPOLÉON.
Qu'ils viennent! qu'ils viennent!.. et vous, amis, vous tous... allez arborer le drapeau tricolore sur tous les mâts de leur vaisseau amiral.
(Sortie d'un grand nombre d'officiers et de matelots, Etienne et François à leur tête.)

SCÈNE XI.
NAPOLÉON, JACQUES, les Artilleurs auprès de leurs pièces.
NAPOLÉON.
Rien ne manque donc plus à la gloire de la France.
JACQUES.
Oh! mon pauvre vieux camarade, pourquoi faut-il que tu ne sois pas là pour prendre part au bonheur de cette journée.
(On entend retentir au dehors une violente détonation, et dans un instant l'horizon est en feu. Des officiers de marine et des matelots reparaissent sur le pont; Marie paraît aussi, pâle, et les cheveux épars.)

SCÈNE XII.
LES MÊMES, OFFICIERS ET MATELOTS, MARIE.
MARIE.
Ah! ne parlez plus de gloire, ne parlez plus de bonheur... les Anglais, en fuyant, en abandonnant leur navire...
MARIE.
Ils l'ont incendié... et nos marins qui viennent de s'en rendre maîtres... et votre fils qui les conduisait... Etienne, mon fiancé... mort! mort comme mon père...
(Elle tombe renversée, en achevant son récit.)
JACQUES, avec désespoir.
Ah! maudite soit la victoire qui devait être acquise au prix du sang de mon enfant... Eh! que me fait à moi que l'Angleterre, que le monde appartienne à la France... que me fait tout cela quand j'ai perdu mon fils?
NAPOLÉON.
Allons, Jacques, reviens à toi... c'est à supporter les grandes infortunes qu'il faut surtout appliquer son courage... tu dois à ces officiers, à ces matelots qui te contemplent, l'exemple de la fermeté de la résignation.
JACQUES, se relevant lentement, et regardant avec effroi l'empereur.
Mais vous-même, sire... O ciel! je m'en souviens à présent... tout à l'heure, auprès de mon pauvre Etienne, ce jeune homme... François... votre aide-de-camp...
NAPOLÉON.
Eh bien! lui aussi, mort, n'est-ce pas... (Jacques tire de son sein la lettre que François a laissée entre ses mains, et la lui présente en détournant les yeux. Napoléon parcourt rapidement le papier.) « L'héritier de la couronne, François Na-
» poléon, est disparu du palais de l'Elysée depuis plusieurs jours; après
» les plus exactes recherches, on est parvenu à découvrir qu'il était parti
» pour l'expédition en Grèce; on assure qu'il est entré comme simple vo-
» lontaire dans le 4ᵉ régiment d'artillerie... sous le nom seul de François...
(Il laisse tomber le papier et pousse un grand cri.) Ah! mon fils!..
(Il tombe anéanti au pied du grand mât. Jacques est debout auprès de lui et le soutient dans ses bras en pleurant. L'orage éclate. — La toile tombe.)

SIXIÈME PARTIE.
Le réveil.

(On se retrouve dans le décor du prologue, la chambre rustique. Le petit chapeau accroché à la muraille domine toujours la scène; Jacques et Jean, avec leurs habits râpés de grenadiers de l'empire, sont toujours endormis auprès de la table où sont encore les bouteilles, dont la plupart sont vides. — Autour d'eux, Marie en vivandière, Etienne en volontaire de la jeune garde, et tous les paysans en militaires, semblent attendre avec attention et inquiétude la fin de leur sommeil.

ÉTIENNE.
Oh! mon Dieu! comme il paraît agité...
MARIE.
Et lui aussi, mon père... je l'ai vu porter convulsivement sa main à sa poitrine... puis il a laissé retomber sa tête en murmurant : Adieu!.. et depuis cet instant... immobile!
ÉTIENNE.
Eveillé il a voulu se donner la mort, et le ciel le fait encore souffrir en songe!..

Air du Contrebandier
Ah! je désespère;
Un songe effrayant
Cause son tourment.
Mais que faut-il faire?
Pourrai-je d'un père
Calmer le tourment
En le réveillant?

JACQUES, rêvant.

Oh! la gloire!.. la guerre!.. ah! (Il pleure.)

ÉTIENNE, reprenant l'air.
Il parle encor et de guerre et de gloire,
Mais en pleurant... ô Dieu! que dois-je croire?
Brûlant toujours de marcher au combat...
Un seul regret peut causer ses alarmes
Dans son sommeil, puisqu'il verse des larmes,
Il pleure, hélas! de n'être plus soldat,
Il pleure encor de n'être plus soldat!

JACQUES.

Mon ami!.. mon fils!.. je ne les verrai plus... morts! morts!..

ÉTIENNE.

Ah! mon père... mon père... (Il lui prend le bras et le réveille, Marie de son côté réveille l'autre soldat.) Revenez à vous, je vous en conjure...
(Jacques et Jean se sont réveillés; et regardent partout autour d'eux avec stupeur, puis se jettent dans les bras l'un de l'autre à la fin des petits mots qui suivent.)

JACQUES.

Jean... et toi, Etienne... c'est bien vous... vous existez encore.

JEAN.

Oui, sacrée section, j'existe... et j'aime mieux ça.

JACQUES.

Mon vieil ami... mon fils! oui! grace au ciel, ce n'était qu'un rêve.

JEAN.

Un horrible cauchemar! (Ils s'embrassent.)

CHOEUR GÉNÉRAL.
Long-temps, pauvre père
Un songe effrayant
Causa son tourment!
Mais plus de misère,
Le ciel tutélaire
Calme son tourment
En le réveillant.

JACQUES.

Enfin, je ne suis plus un général, un héros, un grand homme!

JEAN.

Ni moi non plus.

JACQUES.

Désormais, je ne regretterai plus la guerre... oh! non, j'ai fait mon temps pendant mon sommeil...

JEAN.

Et moi, j'ai fait beaucoup plus que mon temps.

JACQUES.

Mais si jamais l'étranger reparaissait en France, les armes à la main... oh! alors, n'est-ce pas? camarades, alors, chacun de nous reprendrait encore les armes pour la défense du pays... et tous, nous répéterions ensemble ce refrain... tu sais, Etienne...
Ah! quel plaisir d'être soldat!

CHOEUR.

Ah! quel plaisir d'être soldat!

ÉTIENNE.

Tous les enfans, alors, race chérie
S'écriront : c'est un noble état,
Pour repousser du sol de la patrie
L'étranger dans un seul combat,
Ah! quel plaisir d'être soldat,

CHOEUR GÉNÉRAL.

Ah! quel plaisir d'être soldat.

FIN.

Imp. J.-R. MEVREL, pass. du Caire, 54.

(SCÈNE XI.)

L'ÉCOLE DES SERVANTES,

COMÉDIE-VAUDEVILLE EN UN ACTE,

Par MM. P. Tournemine et G. Devieu,

Représentée pour la première fois, à Paris, sur le théâtre de l'Ambigu-Comique, le 10 septembre 1837.

Personnages.		Acteurs.
M. PATOCHARD, ancien employé.	MM.	SAINT-FIRMIN.
LAPEYROUSE, jeune lunetier.		MUNIER.
HECTOR, mauvais sujet de profession.		CULLIER.
UN CAPORAL DE GARDE NATIONALE.		
Mme PATOCHARD.	Mmes	SAINT-FIRMIN.
CHARLOTTE, sa fille.		BEAUBÉ.
MARIANNE, cuisinière.		DUPUIS.
QUATRE GARDES NATIONAUX.		

(La scène se passe à Paris, chez M. Patochard, dans le quartier du Jardin des Plantes.)

(Le théâtre représente une salle à manger. A droite du spectateur, deux portes conduisant aux chambres de Mme Patochard et de sa fille. A gauche, celles d'entrée et et de la cuisine, au fond, une large fenêtre donnant sur la rue.)

SCÈNE I.

CHARLOTTE, MARIANNE, Mme PATOCHARD.

(Au lever du rideau, Mme Patochard est assise près de la table, à droite du spectateur, et s'occupe à terminer une calotte en tapisserie. Charlotte, de l'autre côté de la scène, et le dos tourné, a quitté une broderie qu'elle tenait pour lire en cachette un billet sur papier rose ; et Marianne, dont l'impatience est visible, va et vient autour de la table pour s'assurer s'il ne manque rien au couvert qu'elle a préparé.)

MARIANNE.

Diable de M. Patochard, va !.. a-t-on jamais vu venir dîner si tard !.. v'là plus de vingt fois que je remets mes plats d'sus le feu ; et puis, comme il est aussi difficile que gourmand, il viendra dire que ça sent le réchauffé... oh ! quel ennui ! quel ennui !..

Mme PATOCHARD.
Çà, il faut bien certainement qu'il lui soit arrivé quelque chose.
CHARLOTTE, à part.
Pauvre jeune homme! comme il m'aime, et quel style passionné!
Mme PATOCHARD, continuant.
Moi qui me réjouissais qu'il fût de garde aujourd'hui, parce que son absence me donnait le temps d'achever cette calotte, que je veux lui donner après-demain pour sa fête, me voilà maintenant dans une inquiétude!..
MARIANNE, à part.
Et moi donc qui, comptant que nous ne l'aurions pas de la soirée sus le dos, ai fait venir mon Hector, qu'est là, dans ma cuisine.
CHARLOTTE, de même.
Dire que mon père n'a pas même voulu le voir!.. s'il savait qu'il ne se passe pas un jour sans qu'il m'écrive, et que tous les soirs, de onze heures à minuit, il est là, sous cette fenêtre.
Mme PATOCHARD, écoutant sonner une pendule.
Neuf heures! s'il y a du bon sens! pour un rien, je crois que j'irais moi-même voir au poste...
CHARLOTTE.
Qu'est-ce que vous avez donc, maman?
Mme PATOCHARD.
Ce que j'ai? quand ton père est en retard de plus de quatre heures! pourvu qu'il n'ait pas monté avec le lieutenant Folichon, et qu'une querelle...
CHARLOTTE.
Une querelle!.. quel motif vous fait croire?..
Mme PATOCHARD.
Ah! parce que M. Folichon qui est dans la garde nationale, à cheval sur la discipline et les ordonnances, lui a plusieurs fois, et très vivement, reproché de monter en biset; parce que M. Patochard, qui n'est pas des plus endurans, s'est piqué de ce propos, qu'ils ont eu des raisons à ce sujet, et qu'il serait possible...
CHARLOTTE.
Eh bien! maman, tout ça c'est votre faute; car j'ai entendu dire à papa qu'il pouvait très bien s'exempter cette corvée, et vous l'avez tant tourmenté, vous avez tant fait...
Mme PATOCHARD.
Oui, certes, parce que c'est le devoir d'un bon citoyen, et que dans sa position de pensionnaire de l'état, il était utile qu'il se montrât dévoué à l'ordre public. Il fallait entendre les propos que l'on faisait dans le quartier! ne croyait-on pas aussi qu'il était hors d'âge!.. j'ai dû tenir à ce qu'il prouvât qu'il était encore capable de faire son service... Marianne, donnez-moi mon chapeau, mon châle; vous viendrez avec moi, je veux absolument m'assurer...
CHARLOTTE.
Comment, maman, vous oserez entrer dans un corps-de-garde; un endroit où il n'y a que tous hommes?
Mme PATOCHARD.
Air : Soldat français, né d'obscurs laboureurs.
Certes, j' n'y vais, qu' pour calmer mon souci,
Car d' les charmer, je ne suis pas jalouse,
CHARLOTTE.
Mais qu' diront-ils?
Mme PATOCHARD.
Je cherche mon mari,
Et j'ai pour moi, mes droits sacrés d'épouse.
MARIANNE, à Charlotte.
N' craignez donc rien, pas seul'ment l' moindre mot,
J' vous en réponds, ne lui s'ra dit en face ;
De l'insulter, nul ne sera si sot,
Et si c'était, j' s'rais capable plutôt
De m'faire insulter à sa place.
Mme PATOCHARD, s'arrangeant.
Bien! très bien, Marianne; toi Charlotte, n'ouvre à personne en notre absence.

L'ÉCOLE DES SERVANTES.

(Comme elles vont sortir, on entend le bruit d'une sonnette qu'on agite fortement.)

MARIANNE, allant ouvrir.

Oh! dites donc, madame, si c'était lui... (A part.) Quelle bonne corvée de moins!

CHARLOTTE, le voyant entrer.

Juste, j'avais reconnu sa sonnette.

MARIANNE.

Eh ben! mamzelle, c'est comme moi, l'âne du marchand d'encre, j'm'y trompe jamais.

SCÈNE II.

LES MÊMES, M. PATOCHARD, en bisct.

Mme PATOCHARD.

Enfin, vous voilà! c'est bien heureux!

M. PATOCHARD.

Pauvre bobonne, tu t'impatientais... (A Charlotte.) Et toi aussi, n'est-ce pas chère enfant?.. et moi donc, avec cela que j'ai une faim!

Mme PATOCHARD.

Voyons, Marianne, servez-nous vite.

M. PATOCHARD.

C'est ça, Marianne, sers nous vite, ça me remettra peut-être. (Otant ses buffleteries et se jetant sur une chaise près de la table.) Ah! quelle garde! je suis gelé, éreinté...

Mme PATOCHARD.

Vous descendez donc de faction?

M. PATOCHARD.

Pas du tout, je ne suis que de dix à douze.

Mme PATOCHARD.

Alors, d'où vient ce retard? qu'avez-vous fait? que vous est-il arrivé?

M. PATOCHARD.

Ce qui m'est arrivé? oh! une histoire!.. (Versant du vin dans un bouillon que lui apporte Marianne et après avoir bu.) Enfin c'est passé... ah! ce n'est pas pour dire, mais un bouillon de plus et des buffleteries de moins sur l'estomac, ça fait du bien tout de même.

Mme PATOCHARD.

Voyons, expliquez-nous maintenant...

M. PATOCHARD.

M'y voici :

Air : Je pars, déjà de toutes parts.

A huit heur's, selon mon billet,
Malgré le temps qu'il fait,
Je pars pour la mairie,
Et crotté, trempé par la pluie,
J'arrive cependant
Au premier roulement.
D'accord avec le caporal
Et d'un air magistral
Qui glace la riposte,
Chaque garde présent
Écoute du lieut'nant,
L'ordre qui lui défend
De s'absenter du poste.
Mais tandis que je me résigne,
A rester là, complaisamment,
Levant le premier la consigne
Je vois décamper le sergent.
Puis en suite,
A sa suite,
Leste et vite,
En un instant
En serr' file,
A la file
Chacun file
Lestement;
Pourtant,

Voulant d'un ordre urgent,
Respecter l' commandement,
Dans mon zéle
Fidèle,
Je reste courageusement
Et sur le lit de camp
Je m'endors bravement
Déjà, je ronflais comme il faut,
Tout à coup, en sursaut,
Un grand bruit me réveille,
Je me lève, j'accours,
On criait au secours,
Et voilà que je cours
Sur les pas d'une vieille.
Assez près, et sans nul obstacle,
Je la suis, vers un cabaret,
Nous entrons... grand Dieu! quel spectacle!
Devinez c' dont il s'agissait?
Des commères,
Des mégères,
S'égorgeaient... quel effroi!..
Je m'en mêle,
Mais pêl' mêle,
La séquelle
Fond sur moi;
Battu,
Dévêtu,
Courbattu,
Abattu,
Rebattu,
Je m'esquive
Et j'arrive,
Faire ma plainte au caporal
De c' qu'on traite aussi mal
Un gard' national.

CHARLOTTE.

Pauvre père! et vous n'avez pu vous défendre?

M. PATOCHARD.

Impossible, elles étaient au moins une vingtaine; et pour courir plus vite sur le lieu du désordre, j'avais même oublié de prendre mon sabre et ma giberne.

Mme PATOCHARD.

Et vous venez vous plaindre? mais ce qui vous est arrivé est tout naturel; je voudrais même que ces malheureuses vous eussent arraché les yeux; cela vous ferait peut-être voir plus clairement que mes remontrances, et que dans de pareilles bagarres, l'homme le mieux intentionné est toujours sans force et sans caractère, s'il n'est en uniforme.

M. PATOCHARD.

Je ne dis pas; il y a peut-être quelque chose de vrai, de juste dans ta remarque; mais, cependant...

Mme PATOCHARD.

Mais, mais!.. cette leçon doit vous servir; et je veux que non-seulement vous vous équipiez au plus tôt, mais oncore que vous changiez d'arme. Vous avez de la taille, de la prestance, il faut entrer dans les grenadiers; c'est beaucoup mieux tenu que les chasseurs.

M. PATOCHARD.

Quelle idée! et comment veux-tu que je les quitte?

Mme PATOCHARD.

Parbleu! vous leur direz... vous leur direz que vous vous ennuyez dans leur compagnie.

M. PATOCHARD.

Comme ça serait honnête! Eh puis, vois donc, bobonne, c'est une dépense de plus de 200 francs.

Mme PATOCHARD.

Eh bien! 200 francs, n'en mourrez-vous pas? d'ailleurs vous ne voulez pas, j'espère, lutter contre le gouvernement?

Air du Baiser au porteur.

De la garde nationale
Le besoin n'est pas contesté;
Mais, d'un' mesure impartiale,
Malgré tout c' qu'on a débité
Depuis long-temps, on sent l'utilité.
Je dirai plus, c'était une exigence,
Que la morale ell' même a conseillé;
Car, ce doit être un' loi que la décence,
Et la décenc' veut qu'on soit habillé,
Ne fût-ce donc, alors, que par décence
Il faut qu'un homm' soit habillé.

M. PATOCHARD.

La loi! la loi!... quand on peut y échapper...

Mme PATOCHARD.

Vous auriez ce projet?

M. PATOCHARD.

Écoute donc, comme dans le temps j'ai eu le bras cassé, et que je puis m'en servir...

Mme PATOCHARD, l'interrompant.

Raison de plus pour que vous montiez, alors.

M. PATOCHARD.

Raison de plus pour que je ne monte pas, au contraire, puisque je puis m'en servir... comme d'un moyen d'exemption.

Mme PATOCHARD.

C'est cela, pour qu'on vous croie opposé au système actuel, et qu'on vous range parmi les mécontens ou les perturbateurs.

M. PATOCHARD.

Un perturbateur, moi! Eh! mon Dieu, chère amie, mon antipathie pour la garde nationale atteste au contraire la pureté de mes opinions politiques.

Mme PATOCHARD.

Voilà qui est fort, par exemple!

M. PATOCHARD.

Sans doute; si je ne veux plus monter la garde, c'est parce que j'ai en horreur les factions.

Mme PATOCHARD.

Ah! je vous conseille de faire de l'esprit, des jeux de mots!.. Croyez-moi, à propos de faction, allez plutôt faire la vôtre, car vous pourriez encore vous faire citer au conseil de discipline, malgré votre action héroïque de ce matin.

M. PATOCHARD.

Bon! bon! j'ai du temps devant moi.

Mme PATOCHARD.

Eh! ma foi! pas déjà plus qu'il ne faut; vous avez fini de dîner, allez, allez, M. Patochard, le devoir avant tout.

M. PATOCHARD, à part.

Diable! ma femme met bien de l'empressement à me voir partir; aurait-elle intérêt à m'éloigner?

MARIANNE, lui donnant son sabre et sa giberne.

Dites-donc, m'sieur Patochard, vous savez comme ils sont sévères! gare l'hôtel des haricots, d'abord... Ah! Dieu! y a dans ce mot-là quéque chose que je ne peux pas digérer, moi!

M. PATOCHARD, à part.

Oh! oh! ma domestique s'en mêle...Ah ça! mais, ça ressemble terriblement à un complot!

CHARLOTTE.

Tenez, papa, voilà votre chapeau, vos gants...

M. PATOCHARD, à part.

Comment! ma fille aussi?.. qu'est-ce que cela signifie?.. Ah! il y a là-dessous un secret que j'éclaircirai.

Mme PATOCHARD.

Vous n'oubliez rien ?

M. PATOCHARD.

Non, je ne crois pas.

Mme PATOCHARD.

En ce cas, bonne garde, mon ami.

MARIANNE.

Bonsoir, M. Patochard.

CHARLOTTE.

Bonne nuit, papa.

M. PATOCHARD.

Merci, merci. (A part.) J'ai des soupçons qui m'empêcheront bien de dormir! mais je saurai de quoi il retourne, et malheur à elles, s'il se passe quelque chose d'inconvenant dans le domicile conjugal.

Air : Accourez tous venez m'entendre. (Charlatan, opéra.)

Sans qu'ici plus rien me retarde,
Il faut que je parte : au revoir ;
L'honneur m'appelle au corps-de-garde,
Et je vais remplir mon devoir.
(A part.) De savoir qui m' trompe, je grille,
Et j' n'ose croir' ce que je vois ;
Est-c' ma bonn', ma femme, ou ma fille,
Ou bien, sont-ce toutes les trois ?

M. PATOCHARD.

Sans qu'ici plus rien me retarde, etc.

Mme PATOCHARD, CHARLOTTE, MARIANNE.

ENSEMBLE.
Lorsqu'un citoyen est de garde,
Il faut qu'il fasse son devoir,
Ou vous attend au corps-de-garde ;
Séparons-nous, adieu, bonsoir.   (M. Patochard sort.)

SCÈNE III.

LES MÊMES, excepté M. PATOCHARD.

Mme PATOCHARD.

Ah! le voilà parti. (A Marianne.) Tout ici est rangé ?.. donnez-moi la clé, que je ferme cette porte.

MARIANNE.

Pardine, madame, on ne veut pas venir nous enlever, allez!

Mme PATOCHARD.

Je l'espère parbleu bien! mais il y a tant de mauvais sujets! et notre rue Censier est si déserte !… d'ailleurs, n'est-ce pas mon habitude de tous les jours? méfiance est mère de sûreté, comme dit le proverbe. (Marianne lui donnant la clé, elle ferme la porte d'entrée.) Maintenant, où est celle de la cuisine ?

MARIANNE, hésitant.

Celle de la cuisine? mais dame, après la porte d'entrée, madame. (A part.) Eh bien! et mon Hector, par où s'en ira-t-y donc? (Mme Patochard se dirige vers la cuisine.) Ah! mon Dieu! mais elle va le voir. (Se mettant à tousser près de la porte et avec intention de prévenir le personnage qu'on ne voit pas.) Hum! hum !

Mme PATOCHARD.

Eh! vous êtes bien enrhumée !

MARIANNE, toussant plus fort.

Hum! hum!

Mme PATOCHARD, prête à entrer dans la cuisine.

Il ne faut pas négliger ça; vous vous ferez de la tisane, entendez-vous?

MARIANNE, toussant toujours.

Bah! bah !.. c'est rien allez, madame, c'est quéque échauffure de poitrine. (Laissant tomber la lumière qu'elle tenait à sa main.) Allons, bon ! je travaille bien, moi, à c't'heure !..

Mme PATOCHARD, entrant dans la cuisine.

Maladroite !

CHARLOTTE, à part.

Voici bientôt l'heure ; pourvu que ma mère ne me retienne pas près d'elle.

MARIANNE, à madame Patochard.

La trouvez-vous, hein ? madame ?

Mme PATOCHARD, reparaissant.

Certainement, je l'ai trouvée... mais vous êtes cause que j'ai failli me casser le cou, sotte que vous êtes ; pourquoi n'y a-t-il pas de lumière dans cette chambre ?

MARIANNE.

Eh ben ! madame, puisque j'étais t'ici... c'est toujours une économie de bouts de chandelles. (A part.) C'est égal, elle ne l'a pas vu tout de même.

Mme PATOCHARD, à sa fille.

Maintenant, Charlotte, va te reposer, mon enfant ; et vous, Marianne, suivez-moi : vous coucherez dans ma chambre.

MARIANNE, vivement.

Dans vot' chambre, madame ?..

Mme PATOCHARD.

Eh bien ! oui... vous savez que je suis très peureuse, vous ferez votre lit près du mien.

MARIANNE, à part.

Diable de lubie, va !.. Et ce pauvre Hector qu'est là depuis plus de trois heures, et qui s'ennuie, je suis sûre, à s'en ronger les ongles jusqu'aux coudes.

Mme PATOCHARD, à sa fille.

Bonsoir, mon enfant, et tâche de reposer. Je t'entends de ma chambre, quelquefois tu te relèves, tu te promènes...

CHARLOTTE, vivement

Comment, ma mère ?

Mme PATOCHARD, continuant.

Et tout cela parce que tu rêves encore à ce beau blond, ce M. Lapeyrouse, dont ton père a repoussé la demande... Console-toi, quand on est gentille comme tu l'es, et qu'on a en dot une trentaine de mille francs, que le papa tient tout prêts, cachés dans un coin de son secrétaire, on ne manque pas d'épouseurs, et on peut choisir mieux qu'un lunetier du quai des Morfondus.

CHARLOTTE.

Mais, maman, vous vous trompez ; je ne pense pas du tout à ce jeune homme ; j'avoue que je l'aurais préféré à tout autre, parce que je le trouvais spirituel, aimable, joli garçon ; parce qu'il plaisait à mon oncle, à ma tante, à mon parrain, à vous-même aussi, avant que mon père se fût prononcé comme il l'a fait ; mais je ne m'en occupe pas, je l'ai totalement oublié.

Mme PATOCHARD.

A la bonne heure, et je te crois, parce que je te sais incapable de manquer de confiance envers moi ; ainsi...

Air : Ah! quel plaisir ! (POLETAIS).

N'songeons plus à ça,
Il se présentera
Un autr' mariage
Prends courage,
Pour attendre un peu, tu n'en chôm'ras pas plus :
Maint'nant va t'coucher, et dors bien là-d'sus.

CHARLOTTE, à part.

Bonne mèr', lorsque je pense
Que j'la trompe en ce moment,
Je m'en veux vraiment...

MARIANNE, de même.

Est-ce contrariant,
N'pouvoir librement
Voir son amant !

Mme PATOCHARD.

Allons, dépêchons, la nuit avance.

MARIANNE, à part.

C'pauvre Hector, a-t-y d'la patience !

ENSEMBLE.
Mais j' lui garde en récompense
Un tendre dédommag'ment.
CHARLOTTE, de même.
Je l' sens : aimer en silence,
C'est un bien cruel tourment!
ENSEMBLE.
Mme PATOCHARD.
N' songeons plus à ça, etc.
CHARLOTTE, à part
Bientôt, il viendra
Sous ma fenêtre, là,
M'offrir, comm' d'usage,
Son hommage :
J' f'rais pour n' plus l'aimer des efforts superflus,
Et j' veux êtr' sa femm', faut qu'on compt' là-dessus.
MARIANNE, de même.
L'beau plaisir que v'là,
De l' planter là comm' ça !..
Je l' connais, et j' gage
Qu'il enrage.
Pauvre Hector, ce soir ses vœux s'ront superflus :
Faut qu' je r'nonce à l'voir, et que j' dorme là-d'ssus

(Elles sortent toutes trois : Charlotte, par la première porte à droite, Mme Patochard et Marianne par la seconde.)

SCENE IV.

HECTOR, seul, sortant de la cuisine, et ne s'avançant qu'avec précaution.

Je n'entends plus rien... (Regardant partout avec une lanterne dont il s'est muni.) Quelle aubaine! le père au corps-de-garde, la demoiselle enfermée dans sa chambre, et l'innocente Marianne, dont la tendresse aurait pu me gêner horriblement, forcée de rester auprès de sa craintive maîtresse, et très probablement bientôt endormie comme elle dans une pièce attenant à celle dont voici l'entrée, et où se trouve le meuble, véritable objet de ma visite. C'est cela une chance !.. il faut convenir aussi que j'ai mené bien habilement ma barque! Il y a environ trois semaines, trouvant en note, sur mon album, que M. Patochard, ancien employé à la loterie, est un rentier fort aisé, dont l'intérieur se compose seulement de sa femme, sa fille et une jeune servante, assez récemment débarquée d'Auxerre, il me prend envie de pousser une reconnaissance rue Censier. Une position superbe !.. A droite et à gauche, des jardins pour tout voisinage : en face, un terrain en construction ; pas le moindre chien dans la cour, et, sur la rue, des fenêtres sans volets, à moins de douze pieds du sol. Certes, avec de tels élémens, mille autres à ma place auraient immédiatement entamé la besogne ; moi qui ai la prétention de travailler en expert, voici comment je dresse mes batteries : grace à la fruitière du coin de la rue Buffon, j'apprends que Mlle Marianne consacre à Terpsychore la soirée du, chaque dimanche, le bon M. Patochard veut bien lui laisser libre. Je guette ma Bourguignonne, je la suis, j'entre avec elle à la fameuse Chaumière... Là, une contredanse me fournit bientôt le moyen de lier conversation. Mon amabilité la séduit ; mes promesses l'éblouissent, une valse l'échauffe, un galop la transporte, un demi au rum achève de lui monter la tête ; enfin, en la quittant, je savais que son maître a dans son secrétaire un portefeuille contenant trente mille francs, qu'il destine en dot à sa fille. Trente mille francs ! une fortune !.. Dès-lors, je change mon jeu pour mieux tromper la payse : d'un caprice, je fais une passion honnête et véritable. Abuser de son innocence, fi donc!.. c'est à sa main seule que j'aspire... comment résister à l'amant qui promet le mariage ! La novice Marianne était éprise, elle fut subjuguée. J'ai obtenu l'entrée de sa cuisine, et, profitant de chaque visite nocturne pour prendre une ample connaissance des êtres, c'est abreuvé d'amour et du bouillon de rigueur, que j'arrive enfin à l'heureuse occasion dont je profite aujourd'hui. (Après avoir attentivement écouté.) Tout est tranquille... à l'œuvre.

(Avcignant une espèce de trousse dans laquelle sont serrés plusieurs petits instrumens appelés rossignols.)

Air : Musique nouvelle de M. H.
Moi,
Qui suis ta loi,
Et qui, dans toute la nature,
N'adore que toi,
Mercure !
Protége-moi.
Fais,
Que le succès,
Ici, contente
Mon attente,
C'est en toi, ce soir
Que je place mon seul espoir.

(Choisissant un des outils.) Procédons avec assurance,
Prenons mon temps, tout ira bien ;
Heureux augure ! ce silence
Me répond que je ne crains rien...
Je ne crains rien,
Je ne crains rien.
(Crochetant la serrure.) Quelle industrie !
Quelle magie !
Le pêne crie
Et bientôt cédera ;
Heureux présage
Allons courage !
Ach'vons l'ouvrage
Et j'ai l'or du papa.
(S'arrêtant tout à coup.) Mais quel bruit frappe mon oreille,
Suis-je surpris... écoutons bien ..
Est-ce l'un' d'elles qui s'éveille,
Grand Dieu ! mais non... non, ce n'est rien,
Je n'entends rien !
Plus rien, plus rien...

Moi,
Qui suis ta loi,
Et qui', dans toute la nature
N'adore que toi,
O Mercure
Protége-moi.

(Avec inquiétude et s'éloignant de la porte qu'il n'a pas encore ouverte.) Oh ! oh ! cette fois je ne me trompe pas... on marche dans cette chambre. (Se dirigeant rapidement vers la cuisine.) Si je pouvais... (Voyant paraître Marianne et demeurant au fond près du rideau de la fenêtre.) Il n'est plus temps.

SCENE V.
MARIANNE, HECTOR.

MARIANNE, entrant.

C'est drôle, il m'a semblé entendre à c'te porte, une espèce de ramage...

HECTOR, à part.

C'est le chant du rossignol.

MARIANNE, continuant.

J'ai si peur que mon Hector ne fasse quelque imprudence ! et puis, c'est qu'après tout, il ne peut pas coucher là, ce garçon.

HECTOR, qui l'examine et la reconnaît.

Marianne !

MARIANNE.

Chut... madame ne dort pas, et j'ai usé d'un SUPERFUGE pour venir un moment te consoler, et te dire que n'importe comment, faut que tu t'en ailles d'abord.

HECTOR.

Comment, Marianne, vous voulez me mettre à la porte ?

MARIANNE.

Eh non ! pas à la porte, puisque madame les a toutes fermées ; mais en-

fin, écoute, monsieur peut rentrer, y a des fois que ça y arrive, et si tu m'aimes...
HECTOR, vivement.
Si je t'aime ! moi, qui ce soir encore te pressais d'écrire à ton pays, afin qu'on t'envoie les papiers qu'il te faut pour que je te conduise à l'autel !... Si je t'aime, enfin, lorsque pour prévoir tout événement je me suis muni de cette échelle de soie, décidé à passer plutôt pour un voleur, que de compromettre ta réputation qui m'est si chère !.. ah ! ah ! Marianne, si malgré toutes ces preuves tu peux douter de ton Hector, c'est que ton cœur n'est pas digne d'apprécier tout ce qu'il y a d'amour et de délicatesse dans le sien !
MARIANNE, vivement.
Moi, douter ! ah ! Dieu !.. non, non, je ne doute de rien ; et si je me doutais même que tu aies le moindre doute que je doute...
HECTOR, tendrement.
A la bonne heure, cette assurance me verse du baume dans l'ame !
MARIANNE, à part.
Du baume !.. hein ? a-t-il un langage séducteur, c't'être là ?.. et des manières ! et des idées !.. s'en aller par la fenêtre au moyen d'une échelle de soie, comme dans les mélodrames... c'est ça qu'est ROMANIQUE !
HECTOR.
Comme tu es entrée, j'allais tout préparer pour ma fuite ; maintenant, à demain, dans le Jardin des Plantes, comme à l'ordinaire, au Labyrinthe... (A part.) Si elle m'y trouve, elle aura le fil, par exemple !
MARIANNE.
Convenu. (Ils s'embrassent.)
Mme PATOCHARD, appelant dans la coulisse.
Marianne !.. à quoi vous occupez-vous là, donc ?
MARIANNE, répondant sur la porte.
Moi, madame ? je me fais une tasse de tisane pour mon rhume, avec un brin de braise qu'il y a encore dans le poêle. (Bas à Hector.) Hein ? quelle scie patriotique ! et comme nous nous dédommagerons quand nous serons dans not' petit ménage !
Mme PATOCHARD, appelant de nouveau.
Marianne !.. eh bien !.. viendrez-vous, enfin ?..
MARIANNE.
Tout d' suite, madame, tout d' suite. (Bas à Hector.)
Air : Allons il faut partir.

Cher amant, cher époux,
Éloigne-toi, sans plus attendre ;
On pourrait te surprendre,
Vite, séparons-nous.

ENSEMBLE.
HECTOR.

Crainte des regards jaloux,
Je m'éloigne, sans plus attendre,
On pourrait nous surprendre,
Vite, séparons-nous.

MARIANNE.

Cher amant, cher époux, etc.
(Ils s'embrassent une dernière fois, et Marianne rentre dans la chambre de Mme Patochard)

SCENE VI
HECTOR, seul.

Peste soit du contre-temps !.. comment me remettre à la besogne avant de leur avoir laissé le temps de s'endormir... ah ! plaçons cette échelle, ce sera toujours autant de fait. (Il ouvre la fenêtre et fixant l'échelle au balcon.) La belle nuit !.. il pleut, il vente, et il fait un tel brouillard, qu'on ne voit pas même de l'autre côté du ruisseau... (Avec surprise.) Hein, qu'est-ce que c'est que ça ? il me semble avoir senti... oui, quelqu'un était là, en bas, un concurrent, peut-être ?.. et c'est moi... il monte... si je pouvais en décrochant... impossible, le poids de son corps a tellement serré les nœuds... malédiction !.. oh ! mais je n'abandonne pas ainsi ma proie, et je saurai quels sont les desseins de ce nouveau venu.

(Il prend sa lanterne et rentre dans la cuisine, dont il ferme la porte sur lui.)

SCENE VII.
CHARLOTTE, puis LAPEYROUSE.

CHARLOTTE, sortant de la chambre, avec précaution et se dirigeant vers la fenêtre.
Ma mère et Marianne doivent reposer maintenant, voyons si mon petit Lapeyrouse... (Apercevant celui-ci sur la fenêtre.) O ciel! vous ici, monsieur? par quel hasard?..

LAPEYROUSE, descendant en scène.
Ce n'est pas par hasard, c'est par l'échelle.

CHARLOTTE, vivement.
Une échelle! comment vous avez osé?..

LAPEYROUSE.
J'ai gravi, il est vrai, une foule d'escaliers plus commodes, mais ceux-là, belle Charlotte, ne conduisaient pas à vos pieds; et pour jouir d'un pareil bonheur, qu'est-ce que c'est qu'un étage!..

Air : C'est toujours moi. (Victorine.)
Sans balancer, sans balancier,
Si cela vous prouvait ma flamme,
Mieux qu' l'ascension d'un premier
J'tent'rais cell' des tours Notre-Dame
Sans balancer, sans balancier.

CHARLOTTE.
Mais c'est une imprudence extrême, et si vous étiez aperçu... à cette heure... seul avec moi... un étranger...

LAPEYROUSE, avec feu.
Étranger?.. ah! il ne l'est pas à vos yeux, celui qui, pour un quart-d'heure d'entretien avec vous, brave chaque nuit, depuis deux mois, la pluie, la boue, les voleurs, les fluxions de poitrine et les rondes de sûreté... Étranger! moi, Lapeyrouse, né rue Coquenard, et ingénieur lunetier, de père en fils, depuis quarante-neuf ans, quai des Morfondus, n° 13 bis! moi qui me suis vu sur le point d'obtenir votre main; car vous ne l'avez point oublié, chère Charlotte, notre mariage n'a tenu qu'à un fil.

CHARLOTTE.
C'est peut-être bien pour cela qu'il a été si facilement rompu!

LAPEYROUSE.
Et pourtant vous savez quels encouragemens j'avais reçu de votre famille!

Air : Ah! si madame le savait.
Votre oncle, sous-chef aux octrois,
Votre parrain, de la régie,
Votre cousin, dont la partie
Est le sel, et l'tabac, à la fois,
Agréaient, ma recherche tous trois.
Déjà, de madam' votre mère,
L'aveu m'était aussi promis,
Ce qui prouve que pour vous plaire
J'avais tous les droits réunis.

Et dire que l'auteur de vos jours est venu tout casser, tout rompre!... oh! brise-ménage, va!.. mais, qu'il y prenne garde, exaspéré par son refus, soutenu par votre amour, et, fort de la preuve que j'en reçois en ce moment...

CHARLOTTE, vivement surprise.
Que dites-vous?... une preuve? et quelle preuve donc?

LAPEYROUSE.
Dame, il me semble que ma présence ici...

CHARLOTTE, avec inquiétude.
Votre présence?.. je ne l'ai pas autorisée, je ne l'autorise pas, et je me repens même de vous avoir ainsi écouté.

LAPEYROUSE.
Il n'y a pourtant pas de quoi fouetter un chat... ne dois-je pas être votre époux, et croyez-vous assez peu à la pureté de ma passion, pour me supposer capable de profiter de mon avantage?

CHARLOTTE, avec effroi.
Un piége! ah! mon Dieu! dans quel piége suis-je tombée!

LAPEYROUSE.
Un piége ! (A part.) Voilà qui est fort !
CHARLOTTE.
Quelle horreur! employer la ruse, et feindre ensuite de croire...
LAPEYROUSE, vivement.
Moi?.. mais je ne crois rien, rien qui puisse surtout effrayer votre pudeur, céleste Charlotte.

Air : J'ai fait si souvent le contraire (Petites Danaïdes).

Vous êt' bonn', vous êt' faite au tour,
Vous avez mill' graces parfaites ;
Moi, je n'possèd' que mon amour
Et mon commerce de lunettes,
Vous sentiez que j'avais l' dessous,
Et pour tâcher que tout s' balance,
Vous m'avez él'vé jusqu'à vous
Afin d'r'approcher la distance.

CHARLOTTE, s'emportant.
Encore !... ah ! c'est combler la mesure; retirez-vous, monsieur... ou plutôt, c'est moi qui vous cède la place et qui jure bien de ne vous revoir jamais.
LAPEYROUSE, surpris.
De grace, Charlotte.
CHARLOTTE.
Ah ! laissez-moi; je vous déteste, maintenant.
(Elle rentre dans sa chambre dont la porte se referme sur elle.)

SCENE VIII.
LAPEYROUSE, seul, puis bientôt HECTOR.
LAPEYROUSE, seul.
Ah ça ! suis-je bien éveillé !.. ai-je le cauchemar, suis-je devenu fou, somnambule ou imbécile?... je pencherais assez pour la dernière supposition ; la laisser partir, et partir furieuse contre moi ; moi, l'amant le plus débonnaire, le plus candide !... ô femmes !.. ô êtres aussi aimables qu'éminemment trop amphibologiques, quel est le mortel assez présomptueux pour affirmer qu'il expliquera tes caprices !
HECTOR, se montrant avec précaution sur la porte de la cuisine.
Niais que je suis, ne m'étais-je pas enfermé moi-même.
LAPEYROUSE, continuant sans le voir.
Enfin, je prends celle-ci pour exemple : elle m'ouvre sa fenêtre et elle me ferme sa porte... elle me fournit une échelle, et elle se fâche parce que je monte... je ne sache pourtant pas qu'une échelle puisse servir à autre chose qu'à monter... si ce n'est pour descendre... et encore pour descendre, il est tout naturel qu'il faut d'abord...
HECTOR, l'observant à part.
On dirait qu'il se consulte...
LAPEYROUSE, toujours à lui-même.
Me chasser !... et je ne profiterais pas... je sais bien que le moindre bruit peut la compromettre, réveiller sa mère, sa bonne... eh bien ! ça m'est égal... d'ailleurs une esclandre ne nuira peut-être pas à mes affaires; le trésor que je convoite est là...
HECTOR, frappé de ces derniers mots.
C'est un confrère !
LAPEYROUSE, continuant.
Une porte seule m'en sépare, ce n'est pas un obstacle que je ne puisse briser, et je...
HECTOR, lui barrant le passage.
Doucement, l'ami, nous sommes deux, et je suis le premier en date,
LAPEYROUSE, stupéfait et à part.
Un autre individu que moi !..ah ! je devine à présent, perfide Charlotte !
HECTOR.
Tais-toi...
LAPEYROUSE.
Comment, tais-toi ? (A part.) Eh bien ! il est sans façon le rival !.. (Haut.) Dites donc, inconnu, apprenez que moi aussi, je...

HECTOR.
Silence, te dis-je... nous avons eu la même pensée, nous sommes ici dans le même but; plutôt que de nous quereller, ce qui ne serait profitable ni à l'un ni à l'autre, entendons-nous... enlevons d'abord la grenouille...
LAPEYROUSE, se formalisant.
La grenouille!
HECTOR.
Et ensuite nous la partagerons.
LAPEYROUSE, de plus en plus surpris.
La partager? ah!... ah!... ah!
HECTOR.
Je sais bien que ça n'est pas agréable, mais il vaut encore mieux l'avoir à deux, que de ne pas l'avoir du tout.
LAPEYROUSE, à part.
Comment, il ose me proposer... ah! mais cet homme est ignoble! et dire que c'est pour un être aussi abject...
HECTOR.
Tu es décidé?.. à l'œuvre... je vais te montrer comment on travaille...
LAPEYROUSE.
Plaît-il?..
HECTOR, crochetant la serrure.
Je t'entendais dire tout à l'heure, en parlant de cette porte : Ce n'est pas un obstacle que je ne puisse briser... tu n'es pas très au fait, à ce que je vois; on ne brise jamais rien... parce que ça fait du bruit...
LAPEYROUSE, à lui-même.
Je ne reviens pas de ma surprise, et je serais terriblement curieux d'avoir la clé.,.
HECTOR.
Bon! c'est bien inutile, va!.. (Lui montrant la porte qu'il vient d'ouvrir.) Tiens, regarde.
LAPEYROUSE.
Peste! quel talent! (A part.) C'est un mécanicien.
HECTOR, rapidement.
Maintenant, même opération au secrétaire, et dans quelques secondes le tour est fait. Toi, veilles à ce qu'on ne nous surprenne pas, et pour que rien n'embarrasse notre retraite.
(Il entre dans la chambre de Mme Patochard.)

SCENE IX.

LAPEYROUSE, seul et dans la plus grande inquiétude.

Hein? qu'est-ce qu'il a dit?.. même opération au secrétaire... ah ça! ce n'est donc pas à ma Charlotte qu'il en veut? elle n'est donc pour rien... mais cette échelle... oh! une idée!.. c'est un voleur... et moi, qui... ah! mon Dieu! mais c'est la dot de ma future qu'il va prendre... et le joli rôle que le scélérat me fait jouer!

Air de la Sentinelle.
Quel embarras! ciel! si quelqu'un venait,
Quoiqu'innocent, ma démarch' serait louche ;
Pris avec lui, bien sûr, on me croirait,
Le complic' de c'moderne Cartouche.
A ma mémoir', ce tour rappelle un peu,
Un' fable qui n'est pas nouvelle :
Seulement, nous changeons de jeu,
Il tire les marrons du feu,
Et c'est moi qui fais sentinelle.

Oh! si j'étais aussi fort que je suis rageur!.. mais ce gueux doit être armé, et je serais indubitablement sa victime; cependant, je ne puis prêter les mains... oh! une seconde idée!.. je vais chercher du secours, je fais arrêter mon brigand, et je sauve ainsi les écus du beau-père qui, me devant une récompense honnête, ne peut plus me refuser.

SCÈNE X.

LAPEYROUSE, sur le devant de la scène, **M. PATOCHARD** paraissant à la fenêtre.

ENSEMBLE et à demi-voix.

Air : Vite il faut partir.

Mon projet m'sourit,
Grace à la nuit,
Sans répit,
Quittons c'réduit;
Mettons à profit
Le temps qui fuit,
Et décampons sans bruit.

M. PATOCHARD descendant doucement et sans voir Lapeyrouse.

Un soupçon m'poursuit,
Sans plus d'répit,
Dans c'réduit,
Grace à la nuit ;
Mettons à profit,
Le temps qui fuit,
Visitons tout, sans bruit.

(Lapeyrouse, qui a gagné le fond, va escalader la fenêtre, lorsqu'il se heurte avec le père de Charlotte : étonné de cette rencontre inattendue, il jette un cri d'effroi et disparait, laissant M. Patochard terrifié de sa présence.)

SCÈNE XI.

M. PATOCHARD, puis **HECTOR**.

M. PATOCHARD, seul.

Un homme!.. un homme chez moi... en mon absence... à une heure indue!..oh! je n'avais que de vagues soupçons, lorsque je suis parti ce soir; cette échelle accusatrice, et la présence de ce... il ne m'est plus permis de douter maintenant... mais laquelle des trois est coupable?.. le moyen de le savoir était de retenir, d'interroger ce visiteur nocturne, et je ne sais où j'avais l'esprit, je n'ai pas même songé à lui plonger mon sabre dans le corps; je suis resté là, muet de surprise, et cloué à cette place, comme un voyageur frappé par la foudre, ou qui vient de recevoir un pot quelconque sur la tête. Heureusement, il ne peut aller loin, car la patrouille dont je fais partie, et qui est stationnée à deux pas... (Apercevant Hector sortir de la chambre de Mme Patochard.) Que vois-je?.. un autre!.. et il sort de la chambre de ma femme encore!.. oh! parbleu, celui-ci...

(Il l'arrête.)

HECTOR, qui ayant regardé à l'aide de sa lanterne, s'est convaincu que l'homme qui lui parle n'est pas le même qu'il a vu tout à l'heure. A part.

C'est le bourgeois!

M. PATOCHARD, faisant de visibles efforts pour se contenir.

Malheureux!... parle... réponds... je ne te demande pas pourquoi tu es ici, je ne m'en doute que trop!.. mais, dis, dis, mon indigne épouse...

HECTOR, à part.

Oh! quel moyen!... (Haut.) Monsieur... la position dans laquelle je me trouve est tellement embarrassante...

M. PATOCHARD, tragiquement.

Et la mienne, crois-tu qu'elle soit plus agréable, vil séducteur que tu es?

HECTOR, de même.

Assez, M. Patochard... je vous ai offensé, j'en conviens; mais je ne vous refuse pas la satisfaction que vous avez droit d'exiger, et entre gens d'honneur...

M. PATOCHARD.

C'est cela!.. un duel, n'est-ce pas!.. tu as séduit ma femme, tu me tuerais peut-être encore par-dessus le marché, et tu appelles cela une satisfaction... oh! il m'en faut d'un autre genre!.. je vais te faire arrêter avec ton infâme complice, et ce sont les tribunaux qui se chargeront du soin de me venger.

HECTOR, l'arrêtant.

Ah! cette action serait celle d'un lâche... soldat-citoyen, tu ne la commettras pas.

M. PATOCHARD.

Tu crois?... et cela, parce que?..

HECTOR.

Parce que... parce que ce serait te cribler de ridicule, et jeter à la face de ta fille innocente le déshonneur de sa mère.

M. PATOCHARD, réfléchissant à part.

C'est vrai... (Haut et en se montant.) Eh bien! alors, j'accepte ton cartel... quelles armes?

HECTOR.

Ce qui vous plaira.

M. PATOCHARD.

Ton heure?

HECTOR.

La vôtre.

M. PATOCHARD.

En quels lieux?

HECTOR.

N'importe.

M. PATOCHARD, lui prenant la main.

Cela suffit, j'y serai...

HECTOR.

Voici ma carte. (Riant à part.) Ma carte, quelle adresse!

M. PATOCHARD, lui montrant la cuisine.

Maintenant, sors par cette pièce, dont un escalier dérobé conduit sous la porte-cochère, là...

HECTOR, faisant un mouvement pour sortir.

Connu, connu... (A part.) Et d'ailleurs, avec mes outils...

M. PATOCHARD.

Connu?.. (Avec colère concentrée.) Ah! oui, je devine, sans doute ma bonne était du complot, et c'est par là que toi et cet autre, qui vient de prendre la fuite... misérables!..

HECTOR.

M. Patochard!..

M. PATOCHARD se contenant.

C'est juste, des gens qui se respectent et ont échangé leurs paroles n'ont plus rien à se dire que sur le champ de bataille.

(Ils se prennent la main avec expression et Hector disparaît.)

SCENE XII.

M. PATOCHARD seul, tombant sur une chaise.

Je suis abasourdi!.. je ne m'étonne plus si la scélérate tenait tant à ce que je montasse la garde! c'est parce qu'alors mon remplaçant... dévouez-vous donc à l'ordre public, confiez donc votre honneur à une femme qui après trente-trois ans de ménage, vous fait... un tour pareil... ah! c'est abominable!..

Air des Trois couleurs.

On vous assure contre l'incendie,
Contre l'orag', la dévastation,
On assur' mêm' qu'on assure la vie
Comme on assure à la conscription.
Puisqu'à présent on a tant d'assurance,
Et qu'on assur' tant d'chos' en ce pays,
On devrait bien créer une assurance
Pour assurer le repos des maris.

(Se levant, et dans la plus grande agitation.) Et je me couperais la gorge avec son indigne amant? j'irais risquer de leur donner le plaisir d'assister à mes funérailles?.. eh bien! non, je ne me battrai pas... (Déchirant la carte qu'Hector vient de lui remettre.) Je ne veux même connaître ni le nom ni l'adresse du polisson qui me déshonore, je le mépriserai, ce sera ma seule vengeance... mais je ne reverrai pas la perfide; je m'expatrie, j'irai au bout du monde, plus loin même si c'est possible... je me retirerai à Picpus... ou à Versailles ; je vivrai en sauvage, en ours, en misanthrope; j'abandonne ma maison, ma femme, ma fille, toute la ménagerie du Jardin des Plantes!.. le chagrin m'irrite, m'exaspère; il faut que je fuie d'ici; je commettrais peut-être un crime.

(Il est dans le plus grand désordre, il jette son sabre, sa giberne, et disparaît par la fenêtre.)

SCENE XIII.

Mme PATOCHARD, CHARLOTTE, dans leurs chambres, MARIANNE, puis LAPEYROUSE, UN CAPORAL ET UN GARDE NATIONAL.

(A peine M. Patochard est-il dehors, qu'un grand bruit, accompagné de coups de crosse, se fait entendre à la porte d'entrée.)

Mme PATOCHARD, dans la coulisse.

Marianne?..

MARIANNE, de même.

De quoi, madame?

Mme PATOCHARD.

Vous n'entendez pas? voyons, voyons, levez-vous, et allez savoir ce que c'est.

MARIANNE, entrant en déshabillé et une lumière à la main.

Eh! madame!.. c'est peut-être monsieur qu'est en patrouille, et qu'à fait monter ses camarades, pour qui se chauffent et se rafraîchissent.

CHARLOTTE, de même.

Dites donc, maman, qu'est-ce qui fait donc ce train-là?

Mme PATOCHARD.

Marianne va nous le dire; ne sors pas de ta chambre, entends-tu, Charlotte.

MARIANNE.

Pourvu que mon Hector soit parti!.. (Elle va jeter un coup d'œil dans la cuisine.) Tout juste... Ah! Dieu soit loué!.. (Le bruit continue au dehors.) Sont-ils pressés donc! (Allant à la porte et tout en s'arrangeant.) Qu'est-ce qu'est là?

LE CAPORAL.

Ouvrez, au nom de la loi.

MARIANNE, effrayée.

Ah! mon Dieu! (Courant à la chambre de Mme Patochard.) Madame, c'est une descente de justice, faut-y que j'ouvre?

Mme PATOCHARD.

Eh! oui sans doute il le faut... ne voulez-vous pas qu'ils enfoncent la porte?.. je m'habille, j'y vais.

(Marianne a ouvert, le caporal et le garde qui le suit, paraissent tenant Lapeyrouse qui se débat.)

LE CAPORAL ET LE GARDE.

Air du Pantalon des Huguenots.

EMSEMBLE.
{ Allons marche et qu'on fasse silence,
A la garde point de résistance ;
Soumets-toi, surtout pas d'insolence,
Car, vois-tu bien,
Vrai, tu n'y gagnerais rien.
LAPEYROUSE.
En vain, vous m'imposerez silence,
Je réclam' contr' votre violence,
Je proteste de mon innocence ;
Car sachez l' bien,
Je ne me reproche rien. }

(Se débattant.) Mais je vous dis que vous commettez une erreur atroce.

LE CAPORAL.

Tais-toi coquin, ou sinon...

MARIANNE, vivement.

Ah! c'est un voleur!.. (Courant à la chambre de sa maîtresse.) Madame, ce n'est pas la justice, c'est un voleur que la garde amène.

(Elle sort vivement en emportant la lumière.)

LE CAPORAL.
Eh bien! que fait-elle donc?.. eh! la fille?
(La scène reste dans une obscurité complète.)

SCENE XIV.
Les Mêmes, excepté MARIANNE, puis M. PATOCHARD, et un troisième Garde National.

(Nouveau bruit au fond, M. Patochard, surpris comme il allait atteindre l'extrémité de l'échelle, reparaît à la fenêtre, poursuivi par un homme de la patrouille.)

LE GARDE.
Arrêtez!.. arrêtez!.. (Le joignant et le saisissant au collet.) Ah! gueux, je te tiens... vol avec escalade, ton affaire est bonne, va!

M. PATOCHARD, résistant et se faisant bousculer.
Mais, malheureux, vous vous trompez, regardez-moi donc... ils n'y voient pas clair, et ils ont chacun un briquet!

SCENE XV.
Les Mêmes, MARIANNE, rapportant de la lumière.

MARIANNE, reconnaissant son maître.
Tiens, v'là monsieur Patochard!.. ah ben! vous arrivez joliment à propos; figurez-vous...

TOUS, excepté Marianne.
M. Patochard!

M. PATOCHARD, avec humeur.
Ah! vous me reconnaissez enfin?.. c'est bien heureux!
(Marianne sort pour aller prévenir sa maîtresse.)

LE GARDE.
Où diable aussi quittez-vous votre fourniment!.. un bizet sans ses buffleteries, ça ressemble à tout le monde.

M. PATOCHARD.
Ce n'est pas une raison...

LE CAPORAL.
Parbleu! je vous conseille de vous plaindre, quand c'est à notre vigilance que vous devez l'arrestation...

M. PATOCHARD, vivement.
Vous avez arrêté quelqu'un?

LE CAPORAL, désignant Lapeyrouse.
Oui, ce gaillard-là, que nous avons surpris comme il venait aussi de descendre par cette fenêtre, et qui nous a fait courir, je vous en réponds!..

M. PATOCHARD, à part.
Plus de doutes, c'est lui... (Haut.) Souffrez que je lui dise un seul mot, caporal? (Bas à Lapeyrouse, qu'il amène sur le devant de la scène.) J'espère, beau séducteur, j'espère que vous aurez assez de délicatesse pour ne pas avouer devant tout ce monde...

LAPEYROUSE, de même.
Rassurez-vous...

M. PATOCHARD, avec étonnement et à part.
Il déguise sa voix le misérable!

LAPEYROUSE, continuant.
Elle n'a rien à craindre de celui qui aspire à sa main.

M. PATOCHARD, de plus en plus surpris.
A sa main!.. voilà qui est fort par exemple!.. et c'est à moi que vous venez dire...

LAPEYROUSE.
Parbleu! cela vous regarde plus qu'un autre, je crois.

M. PATOCHARD, avec colère concentrée.
Oui, oui, je comprends, vous croyez déjà m'avoir tué, à ce qu'il paraît! mais il s'en faut qu'elle soit veuve, entendez-vous, monsieur.

LAPEYROUSE, étonné.
Veuve!.. votre fille?

M. PATOCHARD, vivement.
Hein?.. comment, ma fille aussi... ah! ça, qui êtes-vous donc?

LAPEYROUSE.
Vous ne le devinez pas ? Lapeyrouse, le gendre que vous avez refusé.
M. PATOCHARD.
Le lunetier du quai des Morfondus !.. elles avaient chacune le leur !
LE CAPORAL, à M. Patochard.
Eh bien ! voisin, ce fripon vous a-t-il avoué ?..
M. PATOCHARD.
Oui messieurs, et je déclare...
LAPEYROUSE, l'interrompant.
Silence ; songez que pour me justifier il faut la compromettre.
M. PATOCHARD, lui pressant la main.
Bien !.. bien, jeune homme, voilà une conduite...

SCÈNE XVI.

Les Mêmes, Mme PATOCHARD et CHARLOTTE, sortant presqu'en même temps de leurs chambres.

Mme PATOCHARD, entrant vivement.,
Est-il vrai, mon mari...
CHARLOTTE, surprise et à part.
M. Lapeyrouse !.. comment se fait-il...
Mme PATOCHARD, à son mari.
Voyons, cher ami, expliquez-nous...
M. PATOCHARD, à part.
Elle a dit cher ami ?.. ah ! son aplomb réveille toute ma fureur !.. (Haut.) Vous osez m'appeler votre cher ami, femme coupable que vous êtes ?
TOUS, avec étonnement.
Que dit-il ?
Mme PATOCHARD, de même.
Qu'est-ce qui lui passe donc par la tête ?
M. PATOCHARD, s'exaltant.
Ce qui me passe par la tête ?.. vous le savez bien... je voulais éviter une esclandre, nous sauver à tous la honte d'une ignoble révélation, mais puisque la fatalité m'a ramené ici, puisque vous joignez l'effronterie au crime, avant de vous fuir pour jamais...
Mme PATOCHARD, chancelant dans les bras de sa fille.
Je vais me trouver mal...
M. PATOCHARD.
Bon ! bon ! singeries que tout cela !.. mais vous serez démasquée, car je dirai devant tous que cette nuit, un homme qui n'était pas moi, est sorti de votre chambre...
TOUS.
Est-il possible !
M. PATOCHARD, continuant.
Et que...
LAPEYROUSE, l'interrompant.
Arrêtez, M. Patochard, je devine ce qui a fait naître vos soupçons, mais ils sont injustes, car l'honneur de votre épouse est intact, je le jure.
M. PATOCHARD.
Qu'entends-je ?
LAPEYROUSE.
La vérité ; celui que vous avez pris pour un rival, n'est autre qu'un voleur.
M. PATOCHARD, avec élan.
Un voleur !.. ah ! que le ciel le bénisse, vous m'ôtez là un poids...
TOUS.
Comment, vous êtes sûr...
LAPEYROUSE, continuant, et à M. Patochard.
Je rôdais sous vos fenêtres, heureux de respirer le même air que respirait votre adorable fille, cette échelle a éveillé mes craintes, je suis monté, et ce nouveau Macaire, me prenant pour un second Bertrand, n'a pas rougi de me proposer le partage de son infamie.
LE CAPORAL.
Mais, alors, pourquoi fuyiez-vous ?

LAPEYROUSE.
Pour aller chercher du secours.
LE CAPORAL.
Il fallait donc nous le dire.
LAPEYROUSE.
Vous m'avez arrêté et n'avez voulu rien entendre; aussi, maintenant, si mon coquin court toujours...
MARIANNE, l'interrompant.
Coquin? ah! mais un moment, un moment... celui dont vous parlez est un honnête homme, entendez-vous; et j'en réponds, moi, Marianne-Cadiche Gorju, ah! mais...
TOUS.
Elle le connaît?
MARIANNE.
Je crois bien, c'est mon futur.
Mme PATOCHARD.
Et vous avez osé le recevoir, ici, à mon insu?
MARIANNE.
Ça, c'est vrai que j'ai peut-être eu tort, mais c'était pour le bon motif, et quand je vois qu'on l'accuse... ah! Dieu! un garçon si aimable, et qui danse si bien la galoppe!...
LAPEYROUSE.
Je vous répète que ce que j'avance est vrai, le drôle avait comploté le pillage de votre secrétaire.
Mme PATOCHARD, vivement.
O ciel!... et la dot de ma fille! (Elle court à sa chambre et rentrant presque aussitôt dans le plus grand désordre.) Dévalisée!
M. PATOCHARD.
Vraiment?... eh bien! tant mieux, voilà une preuve positive, au moins. (A part.) Pauvre bobonne! moi, qui l'accusais, et elle était la seule innocente!
MARIANNE, se désolant.
C'est pas possible! c'est une calomnie, une invasion pour lui faire du tort.
VOIX, en dehors.
Le voilà! le voilà!

SCENE XVII.

Les Mêmes, HECTOR, ramené par deux gardes nationaux.

HECTOR.
Ne poussez donc pas, vous voyez bien que je ne fais pas de résistance, je vous suis comme un mouton qu'on mène paître.
UN GARDE, le menaçant.
Je te vais envoyer paître, moi!...
LAPEYROUSE et Mme PATOCHARD, le reconnaissant.
C'est lui...
MARIANNE, de même.
Mon Hector!... ah ben! nous allons voir; viens, viens, leur dire que tu es innocent.
LE GARDE.
Ils se connaissent!... en ce cas, caporal, cette fille aura aussi à répondre à la justice; car l'homme que vous voyez a tout avoué; il vient de dérober ce portefeuille dans le secrétaire de M. Patochard, et voici les outils qui lui ont servi à commettre le crime.
MARIANNE, vivement étonnée.
Qu'entends-je?
Mme PATOCHARD, de même.
Ah! grand Dieu! et les trente mille francs qu'il contenait...
M. PATOCHARD.
Ne courent heureusement aucun risque, car ils sont depuis vingt-quatre heures entre les mains de mon notaire.
HECTOR.
Le portefeuille était vide?... cré coquin, c'est moi qui suis volé!
MARIANNE, douloureusement.
Il est donc vrai... il a tout avoué!

HECTOR.

Que veux-tu, ce sera peut-être une circonstance atténuante; tu ne connais pas l'article 386 du Code pénal, toi; il faut faire cinq ans, et on a beau dire que ça se tire, c'est furieusement dur à arracher!

M. PATOCHARD.

Et j'avais accepté une affaire d'honneur avec ce misérable, j'avais même protégé sa fuite... quelle boulette!

MARIANNE, se dépitant.

C'est une horreur! il m'avait promis le mariage, l'indélicat qu'il est, et je vois bien que c'était seulement pour s'introduire... abuser de ma bonne foi!... moi, qui ne me doutais de rien!... ah! tous les hommes sont des gueux.

M. PATOCHARD.

Tous, non pas; mais ceci doit vous éclairer sur les dangers qui résultent, pour une servante coquette et libertine, d'ouvrir au premier venu la maison de ses maîtres. Dès ce moment vous n'êtes plus à mon service.

MARIANNE.

Ah! mon Dieu! vous me chassez?

M. PATOCHARD.

Je pourrais vous soupçonner... mais je ne vous crois qu'imprudente, et je vous promets de faire tous mes efforts pour qu'on ne vous envoie pas expier votre faute aux Madelonnettes.

MARIANNE, vivement.

Comment, aux mariounettes?

M. PATOCHARD, après avoir parlé bas à Charlotte, qui mettra bientôt sur la table des verres, un bol et une bouteille.

(A Mme Patochard.) Quant à toi, chère amie, tu dois me pardonner mes inquiétudes conjugales?.. Tu sais qu'on n'est jaloux que de ce qu'on aime. Dès demain, je commande habit et fourniment; je serai au grand complet, tu vois que je veux te plaire... (Plus bas à Lapeyrouse.) M. Lapeyrouse, j'autorise vos prétentions à la main de ma fille, et pour qu'à l'avenir vous ne risquiez plus de vous casser le cou en entrant par la fenêtre, la porte de ma maison vous sera toujours ouverte... (Aux gardes nationaux.) Vous, mes amis, vous ne refuserez pas, je l'espère, de prendre votre part d'une bonne bouteille de rum à laquelle nous allons mettre le feu? cela nous donnera des jambes pour retourner au poste.

LES GARDES.

Très volontiers; vive M. Patochard!

M. PATOCHARD.

Vive la garde nationale!

LE CAPORAL, portant un toast à Mme Patochard et à sa fille.

Et son aimable famille!

CHOEUR.

Air : Ah! quel plaisir (bis.) (De Samson et Dalila.)

Remplissons (bis) chacun notre verre,
Savourons (bis) c' punch délicieux!
Réchauffons (bis) notre ardeur guerrière,
Et l' service (bis) n'en ira que mieux.

PATOCHARD, au public.

Air du Procès

La morale est bonne dans tout,
Elle désarme la critique;
Mais elle est urgente, surtout,
Dans un ouvrage dramatique;
Je n' dis pas qu' l'œuvre que voilà,
De tout reproche, soit exempte,
Mais j'crois que l'maître en permettra
Le spectacle à sa servante.

CHOEUR.

Remplissons (bis) chacun notre verre, etc.

FIN.

L'OMBRE DE NICOLET,

OU

DE PLUS FORT EN PLUS FORT!

VAUDEVILLE ÉPISODIQUE EN UN ACTE,

Par MM. Charles Désnoyer et Labie.

Représenté pour la réouverture du Théâtre de la Gaîté, le 9 Septembre 1837.

Personnages.	Acteurs.
LE DIRECTEUR	MM. Delaistre.
Feu NICOLET	Chéri.
Un Jeune GANT JAUNE	Anatole.
Un Jeune TITI,	} Mlle Léontine.
Un DIABLOTIN	
La FÉERIE	} Mme Mélanie.
La BELLE ÉCAILLÈRE	
GIAFFAR, des *Ruines de Babylone*	MM. Danguin.
LOUPY, (Dans *Il y a seize ans*)	Raymond.
UN POMPIER	Armand.
LE CHIEN DE MONTARGIS	
UNE VIEILLE PORTIÈRE	Mme. Chéza.
ANTOINE, garçon de théâtre	M. Charlet.

La scène se passe dans le cabinet du nouveau directeur. Au fond, une grande porte au milieu, et deux latérales. Au-dessus de celle du milieu, on lit ces mots: Archives du Théâtre de la Gaîté. *Sur le premier plan, à la gauche du public, une autre porte.*

SCÈNE PREMIÈRE.

LE DIRECTEUR, *seul.*

Il lit un journal : « On parle toujours de la réouverture prochaine
» du Théâtre de la Gaîté. C'est le sujet de toutes les conversations
» sur la ligne du boulevard Saint-Martin et celle du boulevard du
» Temple. On ne s'accoste que pour dire : Quand ouvrent-ils? Ou
» bien : Ils n'ouvriront pas, c'est impossible !.... Non, ils n'ouvri-
» ront pas. Un habitué du café Vincent a gagé hier 25 louis que le
» nouveau directeur serait forcé de rendre son privilége...... »
(*S'interrompant.*) Oh! pardieu, je lui ferai perdre la gageure, à
monsieur l'habitué du café Vincent. Je tiendrai tête à tous les en-

L'Ombre de Nicolet. 1

nemis, à tous les mauvais plaisans qui prédisent ma ruine...... Je résisterai aux conseils de ceux qui veulent me faire abandonner la partie, ou plutôt je ne veux plus prendre de conseils que de moi-même. Et d'abord, je vais faire condamner la porte de mon cabinet..... car hier, toute la journée, j'ai été assassiné de visiteurs. Joseph! Joseph! Je n'y suis pour personne.

(*Entre un jeune dandy, avec lorgnon et gants jaunes.*)

SCÈNE II.
LE DIRECTEUR, LE GANT JAUNE.

LE GANT JAUNE. Excepté pour moi, je l'espère.

LE DIRECTEUR. Pardon, Monsieur..... Certainement....

LE GANT JAUNE. C'est à monsieur le directeur que j'ai l'honneur de parler?

LE DIRECTEUR. Oui, Monsieur, c'est moi-même; que puis-je faire pour votre service? Vous faut-il des coupons de loges?

LE GANT JAUNE. Il m'en faudra beaucoup, si, comme je l'espère, les pièces sont de notre goût; vos actrices jeunes et jolies; si vos musiciens ont de l'oreille, et si votre public est assez peu turbulent pour qu'il nous soit permis de l'être beaucoup...... Car nous tenons, nous autres, à faire beaucoup de bruit pendant le spectacle.

LE DIRECTEUR. Mais, Monsieur, cette prétention....

LE GANT JAUNE. Ne vous paraîtra que juste et raisonnable, lorsque je vous aurai décliné mes noms et qualités..... Je me nomme Anacharsis de Saint-Valery; j'appartiens à cette classe suprême et policée, à cette nation exquise et de bon ton, type de l'élégance, enfin, à la fashion parisienne qui meuble vos balcons et embellit vos loges d'avant-scène..... Je suis ce que le beau monde désigne par le mot de dandy; ce que la foule appelle un gant jaune.

LE DIRECTEUR. Ah!..... Et vous ne vous offensez pas de cette dénomination?

LE GANT JAUNE. Du tout, elle m'honore! Cela prouve que je porte l'élégance jusqu'au bout des ongles.

LE DIRECTEUR. Monsieur, pour contenter vos goûts, pour répondre à vos désirs, il faut au moins que je connaisse vos habitudes, votre caractère......

LE GANT JAUNE. Sans doute, et je vais me dévoiler à vous tout entier.

AIR : *Voilà le maréchal-ferrant.*

Drapé dans sa robe de chambre,
Se regarder à son miroir,
Se parfumer de musc et d'ambre,
Sortir enfin pour ne rien voir.
Être aux avant-scènes le soir;

Courtiser toutes les actrices,
Leur faire des yeux en coulisses;
Pour elles, aux jours de succès,
Jeter couronnes et bouquets.
Voilà, voilà, voilà, voilà, le Gant-Jaune français!

Il nous faut donc de beaux drames, et de temps en temps des pièces grivoises; du chant, de la danse, des robes courtes et des jambes bien faites, si c'est possible.

LE DIRECTEUR. Allons, Monsieur, nous ferons nos efforts pour vous satisfaire, vous et tout le monde.

LE GANT JAUNE. Adieu donc, mon cher directeur; mais, prenez-y garde, si nous sommes des alliés fidèles, nous sommes aussi des ennemis redoutables.

AIR PRÉCÉDENT.

Sans l'écouter nous jugeons un ouvrage;
Dès le berceau nous sommes connaisseurs.
Et nous voulons ici, c'est notre usage,
Parler plus haut que les acteurs,
Beaucoup plus haut que les acteurs.
A cela près, comptez d'avance
Sur notre appui, notre indulgence.
Par grace détester les sifflets;
Par bon ton n'en user jamais.
Voilà, voilà le Gant-Jaune français!

LE DIRECTEUR. (*Il reconduit le dandy, et reste seul en scène.*) Allons, je crois qu'il sera facile de m'entendre avec ce jeune homme...... Il a un excellent principe: il déteste les sifflets. (*On entend une voix au-dehors*): De quoi?..... de quoi?..... Oh! ce moderne!..... Attends, attends..... je vas te donner un billet de parterre..... Monsieur, vous êtes servi.)

LE DIRECTEUR. Quel est ce bruit? (*Entre en scène un jeune gamin.*)

SCÈNE III.

LE DIRECTEUR, LE TITI.

LE TITI, *entrant*. N'faites pas attention, c'est un monsieur à qui je viens d'offrir un billet de parterre.....

LE DIRECTEUR. Comment! vous avez osé?

LE TITI. Eh ben! fallait prendre des gants, peut-être; c'est pas mon genre..... Y voulait m'barrer le chemin, je lui ai passé la jambe; une, deux; sur le dos! Monsieur demande un potage........ Voilà le potage demandé.

AIR : *Heureux habitans.*

Enfant du hasard
Gai moutard
De la capitale,
Sur le boulevard
Je me donne un p'tit air chiquard,

Si quelque flambard
M'lance un regard
J'fais du scandale,
Il est aplati
Et démoli
Par le Titi.
J'garnis mon bocal
Avec du flan et d'la galette ;
J'habite un local
Qui n'a pas d'meubl', ça m'est égal.
Le soir
Faut me voir
Quand j'vais augmenter la recette
Chez madame Saqui
Ou chez le Petit Lazari.
C'est d'la volupté,
C'est de la gaîté
N'vous en déplaise :
Là j'suis à mon aise;
Je quitte ma vest' pendant l'été.
Si j'n'ai pas d'argent
Pour cas urgent,
Je change de thèse,
Et j'vois sur le boulevard,
Gratis, le Festin d' Balthazard.
Cré mil' noms de nom !
J'aime le canon ;
J'aim' les grands hommes.
Loin d'êtr' louangeur,
Je suis rageur
Et tapageur.
Abonné
Panné
J'suis né
Pour les trognons de pommes,
C'est mon élément,
Mon agrément,
Mon fourniment !
Enfant du hasard, etc.

LE DIRECTEUR. C'est bien, mon ami; mon théâtre vous sera toujours ouvert.

LE TITI. Gratis ? comme chez M. Julien, à l'entrée du jardin Turc ?

LE DIRECTEUR. Non, pas tout-à-fait; mais j'ai des places pour toutes les fortunes.

LE TITI. Alors, on verra..... Donnez-nous des mélodrames, des pièces à spectacle, à tremblement; des pantomimes dans le genre du Petit homme Rouge et des Quatre Élémens. Et des Ondines..... Oh! dieu! les Ondines... des créatures qu'étaient pas habillées du tout, ça me va!

LE DIRECTEUR. C'est bon, c'est bon... Je verrai, je réfléchirai...

LE TITI. Suffit. Dites donc, avez-vous encore Léontine? cette petite boulotte qui rit toujours, et qui dit des bêtises *..... Nous la réclamons tous au paradis..... Moi je l'aime, c'te femme..... Je lui ai jamais fait la cour, ça n'y fait rien, je l'aime tout de même; d'abord si elle s'en va, je m'éclipse!

LE DIRECTEUR. Je sais ce qui me reste à faire, et les actrices que je dois conserver.

LE TITI. Allons, je vois que je vous embête en partie liée, et que je vous rends la première manche.....

LE DIRECTEUR. Je ne dis pas cela, mais mes occupations....

LE TITI. Bien! très-bien! On sait vivre, tirer sa casquette et tourner les talons..... Salut!

(*Il sort en sautant et en chantant.*)

SCÈNE IV.

LE DIRECTEUR, *puis* ANTOINE.

LE DIRECTEUR. Enfin!.... (*Il ferme la porte, et met les deux verroux.*) Cette fois, je suis bien sûr que personne n'entrera. (*On entend chanter le chœur suivant au fond du théâtre, derrière la porte où sont inscrits ces mots :* Archives du Théâtre de la Gaîté.)

AIR de *Robert-le-Diable.*
Les ténèbres
Funèbres
S'éloignent de ces lieux ;
Notre œil s'ouvre
Et découvre
Les cieux
Radieux.

ANTOINE, *accourant.* Au secours! au secours!

LE DIRECTEUR. Antoine, réviens à toi, mon ami... Qu'as-tu donc? d'où vient tout ce bruit?

SUITE DE L'AIR.
A l'effroi mon esprit succombe,
Je vous le dis, en vérité !
Car j'ai vu sortir de leur tombe
Les archives de la Gaîté.

LE DIRECTEUR. Quel conte me fais-tu là ?

ANTOINE. Un conte! dites plutôt une histoire funeste! une histoire de revenans! Écoutez : *(Reprise de l'ensemble.)*

LE DIRECTEUR. Quels sont ces chanteurs? pourquoi cette infernale musique? Quelqu'un s'est introduit dans les archives, et je vais...

ANTOINE. Arrêtez... vous saurez tout, et vous tremblerez, vous frémirez comme moi...

LE DIRECTEUR. Poltron!

ANTOINE. Ne faisons pas l'esprit-fort, s'il vous plaît ..Tout à l'heure

* Ce rôle de *Gamin* est joué par l'actrice même dont on parle dans la scène.

je dormais... c'est-à-dire je méditais... un léger bruit, semblable à celui que ferait la grêle en frappant contre des vitraux, me réveille et attire mon attention... J'entends comme un murmure de voix sourdes, et des cris étouffés...

LE DIRECTEUR. Antoine!

ANTOINE. Patience! M. le directeur... Peu à peu je recueille des mots, puis des phrases entières : « Le directeur, le directeur, nous voulons le voir, lui parler... » Je tremblais de tous mes membres ; il me semblait que la terre tournait sous moi... Vous savez, ces cartons remplis de vieilleries dramatiques et recouverts de poussière...

LE DIRECTEUR. Eh bien?

ANTOINE. Eh bien! je les vis s'agiter... les couvercles se soulevèrent...

LE DIRECTEUR. Imbécile! et tu penses que des voix s'en échappaient?

ANTOINE. Oui, monsieur; c'étaient les mélodrames, les vaudevilles, les pantomimes, les ballets qui causaient, qui jacassaient entre eux... bientôt ils sortirent en personnes vivantes et animées!

LE DIRECTEUR. Les mélodrames?

ANTOINE. Oui, monsieur, les mélodrames... bras-dessus, bras-dessous, comme de simples particuliers... La Vierge du Monastère donnait une poignée de main au Marquis de Carabas, et l'Homme de la Forêt-Noire offrait un morceau de sucre au Chien de Montargis et une prise de tabac à la Fille de l'Exilé... Je l'ai vu, je l'ai vu! à preuve qu'elle a éternué.

LE DIRECTEUR. Il est fou!

ANTOINE.
AIR de *la Cataçoua*.
Figurez-vous donc chaque ouvrage
Rejetant son linceul poudreux,
Chantant ou criant avec rage,
Dansant, sautant à qui mieux mieux.
Si vous n'appelez les gendarmes,
Moi, je ne réponds plus de rien.
  Quel entretien !
  Chacun le sien.....
C'est un tel bruit, et qui grandit si bien,
Que le diable en prendrait les armes,
Si c'était un bon citoyen.

LE DIRECTEUR. En vérité! tu abuses de la complaisance que je mets à t'écouter...

ANTOINE. Merci, c'est peut-être pour m'amuser que je vous conte toutes ces choses... ça me donne une fièvre de cheval... Tout-à-coup un grand scélérat qu'il me semble avoir vu quelque part dans ma jeunesse, s'approche de moi et m'interpelle avec une voix qui ne serait pas déplacée dans la bouche d'un éléphant : « Antoine, s'écrie-t-il, va dire à ton maître que le ciel nous accorde une heure d'existence... s'il veut réussir, qu'il écoute les bons conseils des vieux succès de son théâtre, et surtout qu'il sache en profiter... » Le fantôme me fit entendre mille autres choses encore que je n'écoutai pas, car je pris la fuite, et me voilà !

LE DIRECTEUR. Antoine, tu sais que je ne partage ni ta poltronnerie ni tes superstitions; mais pour mener à bien ce que j'ai osé entreprendre, je causerais avec le diable !

(*Deux coups de tam-tam. Giaffar paraît tenant à la main un oriflamme sur lequel on lit : Les ruines de Babylone.*)

ANTOINE. Le voilà ! je me sauve...

SCÈNE V.
LE DIRECTEUR, GIAFFAR.

LE DIRECTEUR. Que me veux-tu ? qui es-tu ?

GIAFFAR. Je suis Giaffar, le dernier des Barmécides... le type le plus pur, le plus complet de l'ancien mélodrame... tout bardé de phrases ronflantes et d'énormes tirades, des costumes éblouissans, un niais, un traître, du bruit, du tapage, du comique, du burlesque, un peu... mais de l'intérêt, des larmes... beaucoup, toujours, toujours des larmes...... Ainsi l'a voulu mon auteur.... un gaillard qui en vaut bien un autre, un solitaire (*) retiré maintenant à Fontenay-sous-Bois, près Vincennes, et qui m'a permis de venir en omnibus te présenter mes services...

LE DIRECTEUR. Eh bien, parle, je suis prêt à t'entendre.

GIAFFAR. Tel que tu me vois, j'ai été marié à la sœur du calife de Bagdad, le célèbre Aroun Alraschid... mais tout en faisant de moi son beau-frère, il a eu la singulière fantaisie de me défendre d'être le mari de ma femme... comprends-tu cela ? — J'avais le titre sans avoir les honoraires... toujours une épée suspendue sur ma tête, lorsque j'allais embrasser ma chère Zaïda; toujours une voix terrible qui venait me bourdonner aux oreilles : regardez ! mais n'y touchez pas... « Ah ! maudit soit le despote cruel, dont le caprice inhumain en bouleversant les lois éternelles de la raison et de la nature, ravit à un infortuné tout le charme attaché aux titres sacrés d'époux et de père, et le livre au sein de l'union la plus légitime à toutes les craintes, et pour ainsi dire aux remords qui suivent et accompagnent le crime et la séduction ! »

LE DIRECTEUR. Avez-vous fini ?

GIAFFAR. Tu en verras bien d'autres, je suis capable de dire quarante lignes de suite sans reprendre haleine. Où en étais-je ? ah ! à ma consigne auprès de mon épouse... Un jour.... non, je me trompe, un

(*) M. Guilbert de Pixérécourt, auteur *des Ruines de Babylone*, de *la Femme à deux Maris*, du *Chien de Montargis*, de *Tékéli*, *Cœlina*, *Polder*, *Latude*, et vingt autres ouvrages qui ont obtenu et obtiendraient encore aujourd'hui des succès de vogue.

soir, j'eus le malheur de l'oublier... pas mon épouse, ma consigne...

LE DIRECTEUR. Je comprends.

GIAFFAR. Et neuf mois après...

LE DIRECTEUR. Je comprends.

GIAFFAR. C'est alors que vint se dérouler une longue et interminable suite de malheurs sur ma tête, et celle de ma femme et de mon fils.

LE DIRECTEUR. Ah! c'était un garçon?

GIAFFAR. Superbe... son rôle était joué par une petite fille charmante. Malheureux enfant! malheureux père! je voulus le transporter à la Mecque pour le mettre sous la protection de Mahomet; mon cimeterre d'une main et mon fils de l'autre, j'immole sans pitié tout ce qui s'oppose à mon passage, et je m'échappe... je presse les flancs de mon arabe dans l'espoir de découvrir un toit hospitalier; nous courons, nous trottons, nous galopons, lorsque ce compagnon fidèle tombe lui-même exténué de faim et de fatigue... alors, je prends mon fils dans mes bras... en le serrant contre mon cœur je cherche à lui communiquer le peu de forces qui me restaient, et je me traîne ainsi pendant toute la nuit. Mais une soif dévorante avait desséché les sources de notre vie, étendus sur le sable, nous allions périr... quand j'aperçois à mes pieds le fruit d'un palmiste; je le saisis avec transport, j'en exprime le suc que je laisse tomber goutte à goutte sur les lèvres de mon cher Naïr. Il était mourant... cette liqueur bienfaisante le ranime; il ouvre les yeux, me reconnaît, m'adresse un léger sourire... il est sauvé!... je l'emporte... et j'atteins heureusement le but de ce périlleux voyage. Le calife, qui est un rare assemblage de cruauté, de barbarie, et de qualités excellentes, cède enfin à la voix de la nature à l'avant-dernière scène du dernier acte... il nous embrasse, il nous pardonne. La toile tombe au bruit des applaudissemens de toute la salle... Et la morale, c'est que le ciel protège toujours l'innocence, que le crime doit toujours être enfoncé à 11 heures précises du soir; que si l'on savait combien il en coûte pour cesser d'être vertueux, il n'y aurait pas un seul méchant sur la terre; et qu'enfin, si le cœur des mortels se montrait à découvert, on ne ferait peut-être pas un pas dans la société sans rencontrer un cœur pervers ou un homme immoral! Adieu, directeur, si tu veux réussir, je te prêterai mon cimeterre, mes ruines, mon enfant, et mon épouse... Adieu! adieu! *(Nouveau coup de tam-tam, et sortie de Giaffar.)*

SCÈNE VI.

LE DIRECTEUR seul, puis LA FÉERIE.

LE DIRECTEUR. Grace au ciel, il a disparu! mais le bruit continue toujours de ce côté... Maintenant, je suis préparé à tout... *(Ra-*

gardant.) Une femme... fort jolie, ma foi! allons, ceci n'a rien d'effrayant... Qui êtes-vous, Madame?

LA FÉERIE. Une des puissances qui ont régné dans ce séjour avec le plus d'éclat et de succès... J'ai fait plus de bruit, obtenu plus de bravos, amassé dans la caisse plus de recettes que le mélodrame et le vaudeville... ou plutôt, vaudeville, mélodrame, pantomime, danse et chant, le rire et la terreur, je réunis tout, je me sers de tout... Tous les genres viennent se grouper autour de moi par la puissance de ma baguette... en un mot, je suis la Féerie.

LE DIRECTEUR. Ah! pardon, Madame, pardon... j'aurais dû vous reconnaître.

LA FÉERIE. L'éclat de ma parure a pu éblouir tes yeux; les faibles humains n'osent fixer les rayons du soleil, je te pardonne, à une condition pourtant...

LE DIRECTEUR. Quelle est-elle?

LA FÉERIE. C'est que tu t'empresseras de me faire sortir de ce cachot dans lequel j'étais enfermée... là, enfouie, confondue avec un amas de je ne sais quels manuscrits. Ouf! l'air me manquait... ma respiration était haletante... un jour de plus et je succombais honteusement, sans gloire, sans puissance.

LE DIRECTEUR. Vous, la Féerie!

LA FÉERIE. Hélas! dans l'incendie de la Gaîté, j'avais perdu cette baguette; mais je la retrouve enfin, toujours merveilleuse et puissante, féconde en riches décors, en illusions et en prestiges de toute espèce... je la retrouve! —A moi ta direction! à moi ce théâtre!

LE DIRECTEUR. Un instant, permettez...

LA FÉERIE. Oui. Je prétends régner en despote!

Air de *la Sylphide.*

Lorsque par la magie
L'existence est régie,
La vie assurément
Est un enchantement.
Accours, douce féerie,
Folle sorcellerie,
Seule, sachez toujours
Poétiser nos jours.

Les rêves du jeune âge,
Comme un brillant mirage,
D'un voile de nuage
Recouvrent l'avenir.
Dans la magique glace
Où l'espoir se retrace,
Presque toujours s'efface
Le malheur à venir.
Lorsque, etc.

L'ame n'est pas flétrie;
On aime la patrie

Avec idolâtrie ;
On veille sur son sort ;
Pour doter son histoire
D'une seule victoire,
Pour obtenir la gloire
On peut braver la mort !
Lorsque par la magie, etc.

LE DIRECTEUR. En vérité, belle dame, si la féerie peut faire tout ce que vous dites, il doit lui être facile de remplir à son gré une salle de spectacle. Toutefois, vous me permettrez de ne pas ajouter une entière croyance à vos paroles...

LA FÉERIE. Impie ! te faut-il des faits pour convaincre ton incrédulité ; veux-tu que je rassemble autour de toi une partie de mes sujets ? (*Elle appelle.*) Colibri ! Colibri !

(*Une trappe s'ouvre. Flammes rouges ; un diablotin sort de dessous terre.*)

SCÈNE VII.

LES MÊMES, un DIABLOTIN aux ordres de LA FÉERIE ; BARBE BLEUE, LE PETIT HOMME ROUGE, ONDINE, etc.

LE DIABLOTIN.
AIR : *Me voilà.*

Me voilà (*bis*),
En esclave fidèle,
Quand ma reine m'appelle,
Me voilà (*bis*).

LE DIRECTEUR, *parlant.* Qu'est-ce que c'est que ce petit bonhomme ? Il est assez gentil... pour un diable.

LA FÉERIE, *reprenant le chant :*
C'est le démon qui fit tant de miracles,
Et qui préside aux transformations.

LE DIABLOTIN.
Par moi Guzman ne connaît plus d'obstacles :
En avez-vous ? nous en triompherons.
Parlez, mon maître ; ici faut-il encore
Reprendre ma profession,
Et tirer un Pied de Mouton
A ce bon public que j'honore,
Mon pied pourra lui plaire encore.

(*Parlant.*) Que voulez-vous ? que demandez-vous ? vous pouvez choisir.

(*Les principaux personnages des pièces féeries indiquées dans le dialogue suivant, entrent à-la-fois, les uns par des trapes, les autres, par des ouvertures qui se font subitement et disparaissent de même dans la muraille.*)

CHOEUR GÉNÉRAL.
Me voilà (*bis*),
En esclave fidèle,
Quand ma reine m'appelle,
Me voilà ! me voilà.

LE DIABLOTIN, *montrant deux personnages.* Voici d'abord Niaisot-Bétinès-Godichas de Nigaudinos, le roi des imbéciles et le dieu des recettes; demandez plutôt à Lazarille.

LA FÉERIE, *montrant Barbe Bleue.* Aimez-vous mieux Barbe Bleue, l'égorgeur de femmes, et sa clé toute rouillée par le sang?

LE DIABLOTIN. C'est une clé d'or que cette clé-là; prenez, prenez, ça ne peut pas vous nuire.

LA FÉERIE. Voulez-vous Ondine? les Quatre Élémens? le Petit Homme Rouge.

LE DIABLOTIN. Polichinelle, le même qui fut avalé deux cents fois de suite par une baleine.

LA FÉERIE. Et qui a ressuscité pour devenir le premier danseur de l'Opéra *?

LE DIABLOTIN. Parlez, demandez, choisissez; faites-vous servir.

LA FÉERIE. Eh bien, qu'en dis-tu? veux-tu engager mon Diablotin et tous mes sujets à ton service?

LE DIRECTEUR. Tous.... En vérité, c'est trop.

LA FÉERIE. Je te laisse y réfléchir, et bientôt nous viendrons chercher ta réponse.

AIR *des Puritains.*

Enfans, ma vertu souveraine
Vous l'ordonne, partez à ma voix :
 Je suis la reine
 De qui vous avez fait choix ;
 Retiens cela,
Seule en ces lieux ma baguette
 Fera recette,
Seule elle t'enrichira.
 Mon pouvoir
 Fait mouvoir
 Une glace
 Où tout se retrace ;
 Mon pouvoir
 Fait mouvoir
 Le miroir
 Où tout peut se voir.

LA FÉERIE.

Enfans, ma vertu souveraine, etc.

CHOEUR.

Sortons, car notre souveraine
Nous l'ordonne : partons à sa voix;
 Elle est la reine
 De qui nous avons fait choix.

(*Tous les personnages sortent, comme ils sont entrés, par des trapes et d'autres issues. Au même instant, une vieille femme tenant en lesse un chien caniche, paraît sur le seuil de la porte du fond.*)

* M. Perrot.

SCÈNE VIII.
LE DIRECTEUR, UNE PORTIÈRE ET SON CHIEN.

LE DIRECTEUR. Tous à la fois!... c'est un peu trop! il faudrait des millions pour payer tous ces sujets, et ma foi.....

LA PORTIÈRE. Salut, messieurs, mesdames et la compagnie........ Azor, présente tes civilités... Est-ce à mossieu l' directeur que j'ai celui de parler?

LE DIRECTEUR. Oui, ma bonne femme; que désirez-vous?

LA PORTIÈRE. Je viens vous solliciter, non pour moi, Dieu merci! j' suis à l'abri du besoin, je m'ai fait de petites rentes dans ma jeunesse, sans m'écarter de la ligne droite, ben entendu..... Mais c'est par intérêt pour vous, et par amour pour mon pauvre chien........ Pauvre chéri! va, mon bichon; baisez cette maîtresse! faites le beau! tournez! donnez la patte! Quand il donne la patte, ça veut dire qu'il est de mon avis.

LE DIRECTEUR. Voilà un chien qui paraît fort instruit.

LA PORTIÈRE. S'il est éduqué! et productif! sans reproche. Il en a fait gagner des beaux écus d'or à ce théâtre.....

LE DIRECTEUR. Comment! ce serait....?

LA PORTIÈRE. Le chien de Montargis, né natif de la rue aux Ours, ousque j' suis portière..... Mais. bah! les directeurs c'est des hommes, c'est-à-dire des ingrats! Voilà dix ans qu'ils laissaient ce pauvre animal au rancart... Vous avez l'air d'avoir de l'esprit, vous, et je vous l'amène. Y a une fortune dans ce chien! c'est une poule aux œufs d'or! ça vaut mieux que les Lions de Mysore et l'Éléphant du Roi de Siam. Ça fait pas d'embarras, et ça jouit d'une réputation européenne; que dis-je, européenne, napoléonienne! Pas vrai, chéri? donne ta patte. Quand il donne la patte, ça veut dire qu'il est de mon avis.

AIR : *On parlera de sa gloire.*

On parlera de sa gloire
Long-temps dans ce beau logis,
Et du Chien de Montargis
On voudra savoir l'histoire.
Là, diront les figurans,
A l'une de mes pareilles,
Par des récits délirans,
Mère, embellissez nos veilles!
Vous qui fûtes son appui
Jusqu'à son heure dernière,
Parlez-nous de lui, Portière,
Portière, parlez-nous de lui.

Dans la forêt périlleuse,
Sans secours et sans abri,
Le trop malheureux Aubry
Périt d'une mort affreuse!

Pas un chat n'a vu le coup ;
Mais un chien fait tout connaître,
En saisissant par le cou
L'assassin de son bon maître.
Il le traîne au tribunal,
Et l'accuse à sa manière.
Quel grand animal, Portière !
Portière, quel grand animal !

C'était l'bon temps du théâtre ;
A la queue on s'étouffait...
Souvent la place manquait
A not' public idolâtre.
Pour jamais avez-vous fui.
Jours d'éternelles recettes ?...
Beaux jours de monsieur Marty !
Tu t'en souviens, pauvre bête !
Point de billets à vingt sous :
Chacun payait place entière.

LE DIRECTEUR.

Ah ! priez le ciel, Portière,
Que ce temps revienne pour nous !

LA PORTIÈRE. Il reviendra, prenez mon chien...... l'as vrai, qu'il reviendra ; donne la patte. Quand il donne la patte, ça veut dire qu'il est de mon avis. Voyez-vous, mon brave homme, les hommes sont usés jusqu'à la corde, on n'en veut plus pour deux sous ; il n'y a que les bêtes pour gagner de l'argent ; vous pouvez en gagner, mon brave homme ; mais prenez mon chien.

SCÈNE IX.

LES PRÉCÉDENS, LOUPY *.

LOUPY, *s'avançant.* Ça n'est point vrai....... Prenez mes boulettes à incendie.

LE DIRECTEUR Hein ! Qui parle d'incendie ?

LA PORTIÈRE. C'est encore toi, faignant de Loupy... Figurez-vous que cet individu logeait dans un carton au-dessus de moi, il m'ostinait tant et tant avec des propos incendiaires que la pudeur m'empêche de répéter.

LOUPY. Vous m'écoutiez bé tout de même.

LA PORTIÈRE. Tais-toi, vieux mouchard ! tous tes radotages c'était bon il y a seize ans.

LOUPY. Oui dà, *Il y a seize ans* c' n'était point mauvais ; à c'te heure, c'est bon itou...... Écoutez-moi, au lieu de faire attention à c' te vieille sibylle, mon cher bon directeur du bon Dieu ; je me nomme Loupy, un pauvre honteux qui voudrait bé vous offrir ses petits services, et ses boulettes à......

---

* Personnage du drame : *Il y a seize ans*, l'un des succès les plus brillans et les plus mérités du théâtre de la Gaîté.

LE DIRECTEUR. A incendie ! encore!

LOUPY. Ça a fièrement réussi à des malins qui vous ont précédé, comme dit la vieille, il y a seize ans.

Air : *Ça fait toujours plaisir.*
Dans un' piéce sans pareille
L'vieux Loupy figura...
Et quoiqu'en dis' la vieille,
J'valais bien ce chien-là...
Quoique j'aie bien du service,
Quand on m'voit revenir,
Quand sur l'affich' je m'glisse,
Ça fait toujours plaisir.

Mon auteur vient d' s'éteindre,
Victor Ducange, hélas!
Tu n'es plus.... Et faut craindre,
Qu'on n'te remplace pas.
Le goût du public change,
Pourtant, faut en conv'nir,
Les pièces de Ducange*,
Ça fait toujours plaisir.

Ainsi la vieille, faudrait décaniller, et plus vite que ça. Il y a prou de mauvaises bêtes et de chiens dans ce monde, on se passera bé de vous et de votre animal.

LA PORTIÈRE. Silence, va-nu-pied!

LOUPY. Allez tirer le cordon, la vieille; le cordon s'il vous plaît.

LA PORTIÈRE. Si c'était pour te pendre, j'y volerais.

LOUPY. Vous voleriez ben sans ça.....

LA PORTIÈRE. Tu vas t' taire, horreur d'homme. (*A son chien.*) Voyons, voyons, tu me regardes, toi, au lieu de me défendre; mors-y donc ses jambes....

LOUPY. Chien de Montargis, n'approche point, ou je t'assomme.

LE DIRECTEUR, *se plaçant entre eux.* Eh bien! ils vont se battre à présent.

Air du *Forgeron.*
LA PORTIÈRE.
Tais-toi, méchant homme,
Ne me dis plus rien,
Ou bien', ou bien,
Prends garde à mon chien.
LOUPY.
S'il vient, je l'assomme
Avec mon bâton.
L'poltron, l'capon
Changera de ton.

(*) Auteur de *Calas, Thérèse, le Joueur, il y a Seize Ans*, etc. Il avait ennobli le Mélodrame, et inventé, long-temps avant MM. Victor Hugo et Dumas, ce qu'on appelle *le Drame Romantique* : c'est lui qui est le chef, le maître de leur école.

LA PORTIÈRE, *allant au directeur.* Ne nous renvoyez pas, songez-y bien, il y va de votre salut.

LOUPY, *même jeu.* Je vous amènerai un public, quand je devrais le voler ou le mendier.

LE DIRECTEUR. Allez au diable!

REPRISE DE L'AIR. *(Ensemble).*
LA PORTIÈRE.
Tais-toi, méchant homme, etc.
LOUPY.
Tâchez, mon brave homme
De m'prendr' pour soutien;
Ou bien, ou bien,
Vous n' gagnerez rien.
LE DIRECTEUR.
De vous, mon brave homme,
Rien ne me convient;
Non, rien; non, rien.
Je n'écoute rien.

(*La vieille et le mendiant sortent chacun par une porte latérale.*)
(*Un pompier entre par la porte du milieu; il tient à la main une échelle de corde.*)

SCÈNE X.

LE DIRECTEUR, UN POMPIER.

LE DIRECTEUR. Qu'est-ce encore que celui-là? que me voulez-vous, mon ami?

AIR *du Quadrille du Postillon.*
Gentil Pompier,
Joli troupier,
Le feu
C'est mon jeu,
Mon métier!
Savant
Je chauffe un dénouement;
Souvent
Mon sentiment
Ment.
Si j'm'approch' d'une femme,
Aussitôt je l'enflamme!
Quand j'vois brûler son ame,
J'prends un p'tit air moqueur...
J'lui dis : ma toute belle,
Le feu de ma prunelle
Te lance une étincelle
Qui t'incendie au cœur.
Gentil pompier, etc.

A l'instant, je présume,
Le brasier qui m'consume

Chez ma Vénus s'allume ;
Elle grille à son tour ;
Pour calmer sa souffrance,
J'lui dis : Hélas ! en France,
Il n'y a point d'assurance
Contre les feux d'amour.
Gentil pompier, etc.

Mon cher directeur, voulez-vous gagner trois ou quatre cent mille francs ? prenez mon échelle...

LE DIRECTEUR. Plaît-il ? votre échelle.

LE POMPIER. Voulez-vous atteindre la fortune, parvenir à la gloire, monter aux honneurs ? prenez mon échelle....

LE DIRECTEUR. Laissez-moi, je ne veux que la paix.

LE POMPIER. La paix ! eh bien ! prenez mon échelle......... Il n'est pas un point si élevé dans le monde où elle ne puisse conduire...... C'est l'échelle fortunée, l'échelle modèle, l'échelle monstre, en un mot, l'échelle de Latude, la véritable échelle de Latude, la seule brevetée par le gouvernement, et que j'ai eu le bonheur de sauver de l'incendie... La voilà ! prenez, regardez, la vue n'en coûte rien... pourvu qu'on paie son billet au bureau, on pourra la revoir gratis dans le foyer pendant cent-cinquante représentations. Prenez....... prenez..... prenez mon échelle !

LE DIRECTEUR. Bah ! elle est usée à la corde......... Mais comment diable, mon camarade, vous trouvez-vous dans ces archives ?

LE POMPIER. J'y étais comme sauveur, gardien et conservateur de la véritable échelle de Latude ; lorsque l'amour, l'amour qui fait le monde à la ronde m'a enfoncé de plus en plus. J'ai subi la loi commune, j'ai été fait par le petit Cupidon... (*On entend fredonner au fond.*) Eh ! justement j'entends roucouler ma particulière.

SCÈNE XI.

Les Mêmes ; LA BELLE ÉCAILLÈRE.

L'ÉCAILLÈRE.

Air *du Chalet.*
Oui, je suis la belle Écaillère,
Et voilà le guerdin de Pompier
Qui dans un moment de colère
M'servit un plat de son métier.
Ce fut le premier,
Le dernier.
Il m'dit, d'un air moqueur :
Viens mon cœur,
Et m'plong' sa lam' dans le cœur.
Hein, l'horreur !
Pour fair' ce qu'il fit,
Ce maudit,
Faut qu'un homme soit.....

LE POMPIER.
Suffit!
Dans ce siècle unique
Où chacun se pique
D'être romantique,
On aim' comme ça.
Tra la la, tra la la,
Tant pis pour qui s'en fâchera.

J'avais pompé plus d'une mesure
Lorsqu'on vint m'dire : A tel endroit
Denis' te monte une coiffure;
Ton casque en sera trop étroit;
Quand j'défends mon droit
J'suis peu froid !
Je cours comme un cheval
Au local.
Je m'emporte en brutal,
C'est égal.
Tout bas l'honneur me dit :
Sort maudit!
Toutes les femm's sont.....

L'ÉCAILLÈRE.
Suffit.....
Dans ce siècle unique,
Où la femm' se pique
D'être romantique,
Elle aime comm'ça.
Tra la la.
Tant pis pour qui s'en fâchera.

L'ÉCAILLÈRE. Eh bien, lui as-tu parlé à c't homme ?
LE POMPIER. Sans doute, j'y ai perdu mon latin.
L'ÉCAILLÈRE. J'vais lui parler français.
LE POMPIER. Il ne veut pas de mon échelle.

L'ÉCAILLÈRE.
Il voudra de mes huîtres et de mes chansons,
Pas vrai, mon garçon ?
Ton bonheur, c'est d' nous prendr' tous deux,
Entends-tu mon vieux ?
Tu n'auras pas d' succès sans nous,
Mon chou.
Ecoute-moi plutôt,
Mon gros.

LE DIRECTEUR. Oh! quelle patience il faut avoir! Maudits revenans, maudites archives !

L'ÉCAILLÈRE.
Air des *Blouses*.
Belle écaillère, et phénix de la halle,
Je puis ici le dire en vérité,
J'ai fait pleurer toute la capitale,
Mais j'ai fait rir' le caissier d'la Gaîté.

J'lançais l'amour à quinz' pas à la ronde,
Nul n'échappait à mon regard vainqueur;
J'savais ouvrir mes huitr' pour tout l'monde :
Mais pour tout l'mond' j'voulais fermer mon cœur.
Chez un mylord un jour j' fus un peu leste,
De punch et d'dans' j'm'enivrai tant soit peu,
J'perdis la têt', j'allais égarer l'reste...
Quand c'pompier vint jeter d'l'eau sur mon feu ;
Quelqu' mois après, au r'tour de la mairie,
Pour mon Robert tout s'arrangeait très-bien :
On crie au feu, quand j' sentais l'incendie,
Qui de son cœur se propageait au mien.
Me voilà seule auprès de ma couchette ;
Mais le mylord qui n' s'endort que d'un œil,
Me prend et fuit par un' porte secrète,
Qui d' mon tombeau devait être le seuil.
Robert revient tout bouillant de colère,
Court après nous, en criant au voleur !
Enfonc' sa lam' dans l'cœur de l'écaillère,
Puis r'tombe en scène expirant de douleur.

(*Parlant.*) C'est vrai, pauvr' chou! rien que d'y penser, il pleure encore d'avoir immolé son objet.

LE POMPIER. Par erreur, je croyais tuer l'Anglais, ma parole d'honneur la plus sacrée.

L'ÉCAILLÈRE. Vl'à comme ils sont tous nos amoureux ! ils nous tuent par erreur, et après ils meurent de chagrin pour nous rejoindre....... C'est toujours comme ça dans les mélodrames..... Et avec ça on fait deux cent mille francs de recette.

REPRISE DE L'AIR.
Belle Écaillère, et phénix de la halle, etc.

(*Après le chant*). Eh bien, qu'est-ce que nous disons, directeur?

LE DIRECTEUR. Pardon je n'ai pas le temps de vous répondre...

L'ÉCAILLÈRE. Plait-il? Il est galant, le monsieur! attends, attends, je vas lui dire son fait !

(*Elle se met les poings sur les hanches*).
Voyons donc c't'oiseau de bonn' prise,
Dirait-on pas qu'il nous prise...
Oh ! c'monsieur, c'te tête à l'envers
Qui ne veut pas d'la belle Écaillère...
Ça veut diriger la Gaîté,
Et ça mépris' mon p'tit Pompier.
Va donc ! va donc ! c'te tête, c'te face...
Des succès pour toi... j't'en fricasse...
Tirons-lui notre révérence;
Y a ben d'autr's directeurs en France
    Que ce directeur
      De malheur.
    Serviteur !
    Mon cœur.

LE POMPIER. Adieu..... Mais songez-y bien, nous sommes le dernier succès de la Gaîté..... Après nous, il faut tirer l'échelle.

ENSEMBLE.
Air *des Puritains.*
Malheur à toi ! (*bis*).
Si tu ne veux suivre ma loi ;
Songes-y bien, il n'est pour toi
Ni bonheur, ni succès, sans moi.

Ici toutes les pièces qu'on a déjà vues, et une foule d'autres tenant comme Giaffar des oriflammes à la main, et des inscriptions : l'Homme de la Forêt Noire, la Fausse clef, Indiana, le Couvent de Tonnington, Fitz-Henri, l'Ile d'Amour, etc., etc., sortent ensemble des archives et viennent se ranger autour du directeur, en répétant à tue-tête le chœur précédent.)

SCÈNE XII.

LES MÊMES, TOUTES LES PIÈCES A SUCCÈS DU THÉATRE DE LA GAITÉ.

Chœur général.

LE POMPIER.
Prendras-tu mon échelle ?

LA PORTIÈRE.
V'là mon chien, prends-le donc.

L'ÉCAILLÈRE.
Prends mon homm'.

LE POMPIER.
Prends ma belle.

LE DIABLOTIN.
Prends mon Pied de Mouton.

REPRISE DU CHOEUR.
Malheur à toi ! (*bis*).
(*Le Directeur se débat au milieu d'eux.*)

LE DIRECTEUR. Laissez-moi, laissez-moi tous..... Je ne veux rien de vous.... Non, rien..... Conseillé, tiraillé, persécuté par tout le monde : les plaisans de café, les habitués du paradis et des avant-scènes, les journalistes, et, pour brocher sur le tout, les mélodrames et les vaudevilles qui se lèvent en masse autour de moi pour m'étourdir, pour me briser les oreilles et me troubler la cervelle.... C'en est fait, j'y renonce.... je cède.... je ne veux plus de la direction, et je vais écrire au ministre pour le supplier de reprendre son privilége.

(*Il va s'asseoir, prend une plume et du papier, et va se mettre à écrire. Un homme de soixante ans environ, costume de 1770 à 1780, habit vert avec une petite tresse d'or, culotte verte avec jarretières d'or, veste blanche brodée, perruque poudrée et à bourse, paraît à la porte du fond, s'approche doucement du directeur, et vient lui frapper sur l'épaule.*)

SCÈNE XIII.
LES MÊMES, UN INCONNU.

L'INCONNU. Non, tu ne le feras pas, ou du moins tu commenceras par m'entendre.

LE DIRECTEUR, *se retournant et se levant.* Toi! qui es-tu donc? encore un mélodrame..... Va-t'en! va-t'en!

L'INCONNU. Je reste..... tu m'entendras..... Et vous tous, mes enfans, faites-moi l'amitié de nous laisser tranquilles.

LE DIRECTEUR. Ses enfans!

L'INCONNU. Allons, allons, obéissez.

LA FÉERIE.
Air de *Robin des Bois*.

Oui, c'est bien lui; c'est notre père!
Puisqu'il le veut, disparaissons.
Il nous faut revoir la poussière,
Et rentrer dans nos vieux cartons.

CHOEUR GÉNÉRAL.
Oui, c'est bien lui; c'est notre père, etc.

SCÈNE XIV.
LE DIRECTEUR, L'INCONNU.

LE DIRECTEUR. Ses enfans!.... Notre père!.... Comment! c'est à toi toute cette nombreuse famille?

L'INCONNU. A moi.

LE DIRECTEUR. Ton nom?

L'INCONNU. Feu Nicolet.

LE DIRECTEUR. Nicolet!

NICOLET. Le fondateur du théâtre de la Gaîté, qui vient rendre à toi, chargé de le diriger aujourd'hui, et le courage et l'espérance.

LE DIRECTEUR. L'espérance! le courage! Impossible.

NICOLET. Nous verrons.

LE DIRECTEUR. Comment t'y prendras-tu?

NICOLET. Comment? D'abord je te conterai mon histoire; asseyons-nous.

LE DIRECTEUR. J'écoute.

NICOLET. Il y a soixante-sept ans à-peu-près que je vins m'établir au boulevard du Temple, sur le terrain même où l'on a construit ce théâtre, à la place où nous voici tous les deux. Mon bagage était bien modeste, mes pensionnaires bien pauvres, et ma propriété bien misérable..... Des planches mal jointes, quelques méchans haillons couverts de paillettes, une corde et un balancier..... une demi-douzaine de sauteurs et d'acrobates, un paillasse et un arlequin, c'étaient là toutes mes ressources, toutes mes chances d'avenir et de fortune. Cependant j'avais au cœur la ferme intention de parvenir... Et je me disais toujours, même lorsque j'étais le plus aux prises avec l'adversité :

VAUDEVILLE.

Air : *Bonne Espérance* (de Bérat).

Travaille avec ardeur,
　Et confiance !
　Bonne espérance
Va, pauvre directeur !
Prends patience...
Un Dieu te soutiendra
　Dans ta misère,
　Et ce dieu sera là
　Dans le parterre.
Puis, à mon but toujours marchant,
　Toujours en lutte,
　Crainte d'une culbute
J'avançais doucement...
J'allais de crise en crise,
　Et d'effort en effort,
De plus fort en plus fort,
C'était-là ma devise.....
　Travaille avec ardeur, etc.
Ce dieu que toujours j'implorais,
　Dieu d'indulgence,
Me donnait assistance,
Et je m'agrandissais ;
Et la cour et la ville
Vinrent chez Nicolet
Admirer Taconnet,
Le rival de Préville.

Oui, cet adage que j'avais adopté, dont j'avais fait, pour ainsi dire, une phrase appartenant à moi seul..... et que le paillasse de ma troupe criait au public douze ou quinze fois par soirée en faisant les annonces de ma danse de corde..... cet adage : De plus fort en plus fort, fut la règle constante, invariable, de ma conduite..... Je ne cessai pas un seul instant de le mettre en pratique. Ainsi, aux petites pièces, j'en fis succéder de plus grandes, de mes banquistes et de mes sauteurs je composai la troupe des grands danseurs du roi, chargés de défrayer les fêtes monarchiques de Choisy et de Versailles. La mauvaise baraque qui d'abord m'avait servi d'asile, se transforma en une salle commode et élégante, mes acteurs rivalisèrent avec ceux des premiers théâtres de la capitale. Enfin, moi, sur mes vieux jours, j'étais propriétaire d'un château, et seigneur d'un village..... Alors, comme à présent, la route de la fortune était ouverte au travail et à la constance dans les idées. Entends-tu, mon cher successeur, aide-toi, le ciel t'aidera. (*Reprenant l'air*).

Toujours avec ardeur,
Persévérance
Et confiance,
Le pauvre directeur
Marche et s'avance ;

Bientôt enfin pour lui
Plus de misère.....
Il trouve son appui
Dans le parterre.

LE DIRECTEUR. Propriétaire d'un château !..... Seigneur d'un village !.....

NICOLET. Laisse-moi continuer ; je dois te parler encore de ceux qui ont pris ce théâtre après moi. Oh ! n'aie pas peur, j'en dirai le moins long possible, et je saurai me taire à propos...... D'abord ils ont suivi constamment et mes leçons et mon exemple....., les succès de mon gendre et de ma fille surpassèrent les miens.

LE DIRECTEUR. Votre fille.

NICOLET. Oui, beaucoup de tes habitués, de tes artistes t'en parleront encore...... Le nom de l'enfant de Nicolet, de Mme Bourguignon, est resté cher à leur mémoire. Cependant une nouvelle salle de spectacle s'était élevée tout à côté de la nôtre, à-peu-près en même temps, et avec tous les mêmes principes... On l'appelait du nom de son fondateur, le théâtre Audinot.

LE DIRECTEUR. Et plus tard on l'a appelé l'Ambigu-Comique.

NICOLET. Précisément....... On était voisins, rivaux les uns des autres ; mais surtout et malgré tout on était amis dans ce temps-là... Mais un évènement cruel vint séparer les deux théâtres ; celui de mon rival périt, s'écroula au milieu des flammes, et l'Ambigu alla se réfugier, dans sa détresse, à quelque distance de la Gaîté, auprès de la Porte Saint-Martin. Mais après dix ans de séparation, les successeurs d'Audinot et de Nicolet, éloignés les uns des autres par un incendie, devaient être rapprochés à la suite d'un second incendie..... celui de mon théâtre à moi ; oui, la Gaîté aussi fut brûlée, et ce désastre a laissé des traces qui n'ont point encore disparu ; et tout le travail, tout le zèle d'un honnête homme*, d'un artiste habile et consciencieux n'ont pu lutter contre les résultats déplorables de ce fléau......., Et maintenant, par moi, la lutte recommence ; par toi, deux théâtres ensemble se réunissent encore malgré la distance : ils sont associés de cœur et d'intérêts ; deux troupes confondues en une seule, avec le même zèle, la même ambition de plaire au public, et sous un même directeur**. Courage donc ! courage !...... Que la fortune d'Audinot vienne tendre la main à celle de Nicolet, et toutes les deux se soutiendront ensemble.

AIR de *Préville*.

Quand un navire a péri dans les flots,
Et qu'une barque échappe à la tempête,
Venus à bord, passagers, matelots,
Vers d'autres moins heureux doivent tourner la tête.

---

* M. Bernard-Léon.
** M. de Cès-Caupenne est à-la-fois directeur de l'Ambigu et de la Gaîté

Que ce devoir par toi soit accompli :
Ce n'est pas tout de toucher au rivage,
Il faut encor pour sauver un ami,
Dût-on périr, se jeter à la nage !
Il faut sauver son ami du naufrage.

Eh bien? es-tu encore effrayé? te sens-tu le cœur de soutenir ton entreprise?

LE DIRECTEUR. Oui, mon maître, oui; et moi aussi je veux suivre et vos leçons et votre exemple. Mais les obstacles sont innombrables.

NICOLET. Tu en triompheras.

LE DIRECTEUR. Les plaisans de café.....

NICOLET. Tu mettras les rieurs de ton côté : on est toujours de l'avis de ceux qui réussissent.

LE DIRECTEUR. Les journaux.

NICOLET. Les journaux........ On les fait beaucoup plus méchans qu'ils ne sont...... D'ailleurs...... est-ce que tu penses, pauvre fou, échapper à la critique, lorsqu'elle n'épargne pas même les plus hauts personnages de la terre.... La critique, si elle est juste et loyale, aie le bon esprit d'en profiter, de réparer le lendemain les fautes de la veille.... Et je suppose même qu'elle soit injuste et malveillante..... cela n'est jamais arrivé ; mais enfin, tout est possible, cela peut arriver..... Eh bien! même alors, la critique te fera vivre encore........ Un bon feuilleton bien méchant, bien spirituel, qui dira beaucoup de mal de ton théâtre, fera songer au public que tu as un théâtre, et si monsieur tel ou tel...... je ne nomme personne, parce que j'en aurais trop à nommer, si monsieur tel ou tel n'avait pas eu le bonheur d'avoir quelques ennemis, si on ne l'avait pas critiqué dans les journaux, qui diable saurait qu'il a jamais existé?

LE DIRECTEUR. Mais toutes ces prédictions dont vos nombreux enfans, les mélodrames, viennent de me poursuivre, comment les combattre? Tous ces conseils qui se contrarient, se contredisent, se heurtent ensemble, comment voulez-vous que je les suive ? auquel faudra-t-il que je croie?

NICOLET. Auquel? à tous...... Oui, partout il y aura du bon à prendre ; et tu ne réussiras qu'en consultant toujours l'un après l'autre tous ces grands succès de tes prédécesseurs. A l'un tu emprunteras la terreur, à l'autre le rire, et tu réussiras en imitant un peu tout le monde, sans copier servilement personne. Venez, venez, mes enfans..... Accourez tous.... Venez encore une fois vous ranger autour de lui..... (*Rentrée des pièces qu'on a déjà vues*).

SCÈNE XV ET DERNIÈRE.

LES MÊMES, TOUTES LES PIÈCES A SUCCÈS.

NICOLET.
AIR : *Bonne Espérance.*
Pour le protéger réunis,
Venez ensemble !
Dire à celui qui tremble :

Pour toi point d'ennemis.
Sur mon ancienne terre,
Entre ces murs nouveaux,
J'entends mes vieux bravos ;
Je revois mon parterre !
Travaille avec ardeur,
Persévérance
Et confiance...
Va, mon cher successeur,
Bonne espérance !
Dieu t'aidera.
Dieu tutélaire...
Tiens !... il est là !
C'est le parterre.

LE CHOEUR.

Travaille avec ardeur, etc.

LE DIRECTEUR. Allons, c'en est fait, le sort en est jeté..... à la grace de Dieu..... Joseph, Antoine, courez vite, courez porter aux journaux l'annonce certaine de la réouverture par la première représentation du *Petit Chapeau* *.

AIR : *Pégase est un cheval*, etc.
Feu Nicolet, je te rends grace ;
Les ombres me portent bonheur.
J'évoquerai dans mon audace,
Bientôt l'ombre de l'Empereur.
Pour le bien de mon entreprise,
Rien de plus neuf, rien de plus beau,
Qu'un pan de redingote grise,
Et l'ombre d'un Petit Chapeau.

Ah ! maître, prêtez-moi toujours la force de suivre vos conseils, et de marcher comme vous..... de plus fort en plus fort.

NICOLET AU PUBLIC.

AIR du *Baiser au porteur*.
Messieurs, il est une science
Pour soutenir un ouvrage nouveau,
Timidement, et sans bruit l'on commence,
Ça n'est pas mal... Allons, bravo ! bravo !
La pièce marche et l'on va crescendo.
Ce soir ainsi faites que tout se passe.
Jusqu'à la fin claquez, claquez encor,
Comme autrefois chez Nicolet, de grace,
Allez, messieurs, de plus fort en plus fort,
Applaudissez de plus fort en plus fort.

(*) Drame en quatre actes, par l'un des auteurs de ce vaudeville ; ces deux premières représentations ont eu lieu le même jour. *Le Petit Chapeau* est également imprimé dans le recueil intitulé *Musée dramatique*, qui se trouve chez le même éditeur.

Imprimerie de BEAULÉ et JUBIN, rue du Monceau-Saint-Gervais, N° 8.

ACTE V, SCÈNE VIII.

JEAN MOULINEAU,
OU
LE PAYSAN DES VOSGES,
DRAME EN CINQ ACTES

Par M. Du Mersan.

Représenté pour la première fois à Paris, sur le théâtre du Panthéon, le 17 octobre 1837.

PERSONNAGES.	ACTEURS.	PERSONNAGES.	ACTEURS.
MOULINEAU, paysan des Vosges.	M. CONSTANT.	THOMAS, ouvrier.	M⁰ˢ LAMBQUIN.
MADELON, sa femme.	Mᵉ E LAMBQUIN.	GERLON, ouvrier.	ROGER.
Le marquis D'HENNECOUR.	M. LIONNEL.	L'abbé de FLORISELLE.	FONTENAY.
La comtesse D'ORVILLE.	Mᵉ ÉGLÉE.	Le chevalier DE MÉRILLY.	ALEXANDRE.
La marquise DE PRESSIGNY.	Mᵉ CAROLINE.	Le commandeur LE TERSIN.	ARMAND.
PHULPIN, contre-maître d'une papeterie.	M. KLOPP.	Le président DE VAUDEUIL.	WILLIAMS.
NANCY, sa fille.	Mᵉ E. NORLIS.	DUHAMEL, valet de chambre du marquis.	BRIDET.
ANDRÉ, prétendu de Nancy.	Mʳˢ LANSOY.	FRANÇOIS, domest. d'hôt. garni.	DOCKE.
ALBERT, fils de Nancy et du marquis.	FARON.	UN PAYSAN.	ADRIEN.
		UN POSTILLON.	CLAUDIUS.
		PAYSANS ET PAYSANNES DES VOSGES.	

La scène se passe dans les Vosges, en 1790, aux trois premiers actes; au quatrième, à Coblentz en 1791; au cinquième, au château d'Hennecour, en 1808.

ACTE I.

L'entrée d'une papeterie des Vosges. A gauche, le moulin et les ateliers. A droite, le logement du contre-maître. Dans le fond, les bois d'Epinal.

SCÈNE I.

Le marquis D'HENNECOUR, simplement vêtu, ouvre une croisée du logement de Phulpin, jette son manteau, et descend par cette croisée. Il ramasse ensuite son manteau, et s'en enveloppe. Son mouchoir, qui est tombé, reste à terre près de la maison.

LE MARQUIS. Le jour vient de paraître; il était temps de partir. Les bonnes fortunes sont dangereuses chez des gens grossiers comme ces paysans des Vosges. L'âge d'or règne encore dans leurs montagnes. En vérité, cette petite Nancy est ravissante. Une espèce d'éducation, des sentiments nobles,

Les personnages sont indiqués en tête de chaque scène, comme ils sont placés au théâtre, le premier à la gauche du spectateur.

et de l'amour... Oh! trop d'amour, car cela devient embarrassant. —Elle n'est vraiment pas coupable; j'ai abusé de sa surprise, de sa faiblesse; et ce que j'ai cru le caprice d'un jour, dure déjà depuis près d'un mois. C'est un siècle pour un homme comme moi, pour le marquis d'Hennecour... Si elle savait qui je suis; un brillant seigneur, un des aimables de la cour... (souriant.) quand il y avait une cour; car cette diable de révolution!... mais cela ne durera pas. Je charme par ces roturières amours, mon exil volontaire, et bientôt!... (On entend la cloche qui appelle les ouvriers au travail.) Mais je m'oublie. La cloche appelle les ouvriers de cette manufacture; je pourrais être surpris. (Il s'enveloppe dans son manteau.)

SCÈNE II.
ANDRÉ, le MARQUIS.

ANDRÉ (arrivant.) Quel est cet homme qui s'éloigne mystérieusement? D'où vient-il? (Au Marquis.) Qui êtes-vous?

LE MARQUIS (grossissant sa voix.) Que vous importe?

ANDRÉ. Que faites-vous ici?

LE MARQUIS. Vous le voyez, je m'en vais. (Il s'éloigne précipitamment.)

SCÈNE III.
ANDRÉ, le regardant aller.

Cet homme m'est suspect! J'aurais dû le forcer à se montrer. En effet, quel motif!... Il ne loge que deux femmes dans ce corps de bâtiment... celle de Moulineau... (Réfléchissant.) et Nancy ma future... mon accordée... Je n'attends que le retour de son père pour terminer mon mariage... Nancy... Se pourrait-il! Oh! non, André, chasse cette mauvaise pensée. Nancy, la douce et bonne fille, si bien élevée... (Il aperçoit un mouchoir blanc sous la fenêtre par laquelle est descendu le marquis.) Que vois-je! un mouchoir, un mouchoir de fine batiste, et brodé... Mais j'entends tous nos ouvriers... Cachons ce mouchoir, gardons le silence... Je saurai plus tard!... Ah! que ce soupçon me fait de mal!...

SCÈNE IV.
THOMAS, GERLON, ANDRÉ, MADELON, sortant du bâtiment, OUVRIERS ET OUVRIÈRES de la papeterie, arrivant du fond.

GERLON. Tiens, André, comme te v'là de bonne heure par ici! A peine si la cloche a fini de sonner.

MADELON. Tu ne vois pas qu'il est à soupirer sous la fenêtre de sa bonne amie, de sa fiancée.

ANDRÉ. Fiancée, pas encore.

MADELON. Accordée; c'est tout de même. T'auras là une jolie p'tite femme, André; Nancy est ben sage et ben éduquée, presque une demoiselle.

GERLON. Dam! un contre-maître d'une manufacture comme c' telle-ci; ça vous a le moyen d'éduquer ses enfants, surtout quand on en a qu'une.

MADELON. Et stapendant M. Phulpin te donne sa fille en mariage, quoique tu ne sois qu'un ouvrier, comme mon mari Moulineau.

GERLON. Ah! un moment, mam' Moulineau, il y a de la différence; vot' homme qu'est né dans nos montagnes, est un bon garçon, mais un peu brute! au lieu qu'André est un de nos premiers ouvriers; il sait lire, écrire et compter, et en l'absence de M. Phulpin not' contre-maître, c'est lui qui en a fait les fonctions.

ANDRÉ. Oui, monsieur Phulpin veut bien avoir confiance en moi.

MADELON. Et en moi, donc! Est-ce qu'en partant pour son voyage de Paris, ousce qu'il est allé voir la fédération nationale, il ne m'a pas confié sa fille, en me disant: « Mam' Moulineau, ma voisine, vous êtes une brave femme, « pendant mon absence et celle de votre mari, venez loger dans notre « bâtiment; surveillez bien ma Nancy. Ce n'est pas qu'elle en ait besoin, « ni que je me méfie d'elle, qu'il me dit, mais il est plus prudent de ne pas

« avoir trop de confiance. Elle n'a plus de mère. » — Eh ben, que j'ai dit : Moi, je n'ai pas d'enfants ; ça fera not' affaire à tous deux : et pendant un mois que vous allez passer à Paris, je n'ôterai pa l'œil de dessus elle. Avec ça que je ne serai pas embarrassée de mon homme, pisque vous l'emmenez avec vous.

GERLON. C'est vrai, ce Moulineau qu'a été voir Paris...

MADELON. Va-ti avoir à m'en conter, quand y reviendra!... Mais ils ne devaient être qu'un mois, et m'est avis que v'là bientôt trente jours qu'ils sont partis.

ANDRÉ. C'est aujourd'hui même que j'attends le retour de M. Phulpin... Mais, mes amis, le quart-d'heure de grâce est passé, et l'ouvrage vous attend.

TOUS. C'est vrai ; à l'ouvrage, à l'ouvrage.

THOMAS. (Cet ouvrier n'est pas mis en paysan comme les autres. Il est resté dans un coin d'un air boudeur, et dit : A l'ouvrage!... Un quart-d'heure de plus ou de moins!... Nous ne sommes pas déjà si bien payés. M. le marquis d'Hennecour n'est pas généreux.

ANDRÉ. Tu parles toujours contre le marquis d'Hennecour.

THOMAS. De quoi vous mêlez-vous? Vous êtes ouvrier comme nous : vous devez prendre le parti des ouvriers.

ANDRÉ. Écoutez-moi, mes amis : le contre-maître a bien voulu me donner sa confiance ; je dois y répondre.

THOMAS. Vous faites votre embarras, parce que vous allez épouser sa fille. André, vous avez de l'ambition... vous espérez le remplacer.

ANDRÉ. Quand cela serait? Une noble émulation est permise. Et si par mes talents, je puis parvenir à une position plus haute, qui osera me le reprocher?... N'êtes-vous pas flattés quand vous voyez des rangs du peuple sortir un homme qui ne doit qu'à lui-même sa gloire et sa renommée. Vous vous plaignez de la noblesse... Pour vous faire respecter d'elle, valez mieux qu'elle! Soyez laborieux, probes, vertueux, et qu'au lieu de mépriser le peuple, on soit obligé de l'estimer.

GERLON. Tu parles bien, André... Travaillons, mes amis ; gagnons notre pain...

THOMAS. Mais il est arrosé de nos larmes.

ANDRÉ. Mais si vous ne travaillez pas, vous n'en aurez plus.

THOMAS. Mes amis, c'est nous qui fabriquons ce papier sur lequel tant d'idées généreuses sont imprimées, et vont répandre dans toute l'Europe les maximes de la philosophie et de la liberté!... et nous nous laisserions traiter comme des esclaves!

TOUS. Non! non!

ANDRÉ. Mes camarades, attendez le retour de M. Phulpin ; il parlera pour vous à M. le marquis d'Hennecour, le propriétaire de cette manufacture. Vous savez qu'il est venu passer la saison de la chasse à son château.

GERLON. M. Phulpin ne le fera pas : je le connais, c'est un brave et honnête homme, mais inflexible. Il punit la moindre faute avec la plus grande sévérité.

ANDRÉ. Il est juste.

THOMAS. Oui, mais il est dur.

ANDRÉ. C'est un ancien militaire, il a des idées de discipline.

THOMAS. Et quand même il parlerait à M. le marquis d'Hennecour? ce marquis se moquera de nous ; c'est un mauvais sujet, un libertin, un homme fier de sa naissance, un homme qui dévore sa fortune, et qui aime mieux la jeter à des flatteurs, à des mauvais sujets comme lui, que de l'employer à soulager des pauvres ouvriers qui travaillent pour entretenir son luxe.

GERLON. Thomas, je ne dis pas que tu as tort ; mais vois-tu, nous autres paysans des Vosges, nous sommes de bonnes gens. Tu n'es pas né dans nos montagnes, tu ne nous connais pas. Nous avons des mœurs douces et tranquilles, l'habitude du travail et de la pauvreté. Laissons les riches et les méchants pour ce qu'ils sont, et continuons à vivre comme nous avons toujours vécu.

ANDRÉ. Allons, allons, mes amis, l'eau qui fait tourner la roue de votre moulin ne s'arrête pas, et vos bras restent oisifs. Il faudra manger demain. Au travail.

TOUS. Au travail! au travail! (Ils sortent.)

THOMAS, à part. Oh! ce n'est pas fini. J'espère qu'ils m'écouteront, et que cette révolte servira mes projets. (Il sort.)

SCÈNE V.
ANDRÉ, MADELON.

ANDRÉ. Ce Thomas n'est pas franc; voilà déjà quelque temps qu'il jette chez nos ouvriers des semences de révolte. Voyez-vous, Madelon, il se prépare quelque chose. Les nobles et les riches se croient tout permis. Ils écrasent le ver qui rampe sous leurs pieds : mais ce ver lève la tête, et peut piquer le pied qui l'écrase.

MADELON. Vous avez de la lecture, vous André, vous pouvez parler de ça · moi je n'y connaissons rien ni notre homme non plus. Stapendant il va se trouver avoir été à Paris ; ça y aura pt'être dégourdi l'esprit.

ANDRÉ. Ne parlons plus de cela, Madelon. J'ai sur le cœur une chose qui me pèse, je voudrais m'en éclaircir, et cependant, ce que j'ai à vous demander est si delicat!

MADELON. Mon dieu! André, vous me faites peur.

ANDRÉ. On n'a peur que quand on est coupable.

MADELON. Eh ben! est-ce que vous croiriez que j'ai fait quelque chose de mal?

ANDRÉ (embarrassé). Si vous saviez ce que je souffre d'inquiétude, vous m'excuseriez de ce que je vais vous dire. Madelon, vous êtes jeune, gentille, votre mari est plus âgé que vous... il est absent... et...

MADELON (prenant le change). Jarni! André! qu'est-ce que vous me dites là! Est-ce que?... Ah ben! par exemple! vous qu'allez épouser c'te gentille Nancy, me tenir des propos semblables!

ANDRÉ. Ah! Madelon, vous ne me comprenez pas.

MADELON. Je comprends ben que vous me dites que je suis gentille, que mon mari est absent, qu'il est plus âgé que moi, et que... Ah dame, André! je connais mon devoir, et si ça n'était pas vous, je vous aurais déjà répondu par deux ou trois bons coups de poing à travers le visage.

ANDRÉ (à part). Cette femme a l'air de bonne foi. Mais d'un autre côté, soupçonner Nancy!...

MADELON. Tenez, André, vous n'êtes pas dans votre bon sens. Calmez-vous, il ne faut pas faire de peine à ce pauvre Moulineau (A part). Je ne veux pas trop le brusquer; mais je lui ferai entendre raison (Haut). Je vais travailler, André, nous nous revoirons. Entendez-vous mon ami? nous nous revoirons. (Elle lui fait des signes d'amitié et sort.)

SCÈNE VI.
ANDRÉ.

ANDRÉ. Cette bonne Madelon qui pense que je lui fais la cour. — Mais que dois-je croire? Cet homme mystérieux était quelqu'un du château. Le Marquis n'a-t-il pas amené des seigneurs de sa trempe, des étourdis, des mauvais sujets. Mais, qu'entends-je?...

SCÈNE VII.
ANDRÉ, PHULPIN.

PHULPIN (en dehors). Me voilà de retour, oui, mon garçon. Bouchonne bien le cheval, et donne-lui l'avoine...

ANDRÉ. C'est M. Phulpin.

PHULPIN (entrant). Ah! te voilà mon cher André. Bonjour. (Il lui serre la main.)

ANDRÉ. Avez-vous fait bon voyage, Monsieur Phulpin.

PHULPIN. Excellent, mon ami. Mais où est ma fille, que je l'embrasse. (Il va frapper à sa porte.)

SCÈNE VIII.
ANDRÉ, PHULPIN, NANCY.

NANCY (sortant et se jetant au cou de son père). Mon père! quel plaisir de vous revoir.

PHULPIN. Un mois! c'est long, n'est-ce pas ma chère Nancy. Mais c'était une mission si honorable!... Nommé par mon district pour le représenter à la fédération nationale!... Je regrette de ne pas t'avoir emmenée avec moi! Quel beau spectacle! cela ne se reverra pas dans cent ans, dans deux cents ans.

ANDRÉ. J'aurais voulu y être aussi.

PHULPIN. Comment tout s'est-il gouverné ici, pendant mon absence?

ANDRÉ. J'ai fait de mon mieux, Monsieur Phulpin.

PHULPIN. J'en suis sûr. Ah ça, on dit que Monsieur le marquis d'Hennecour est arrivé à son château, depuis mon départ.

ANDRÉ. Le lendemain.

PHULPIN. L'a-t-on vu par ici?

ANDRÉ. Oh! mon Dieu, non. Il ne se montre pas à des ouvriers, à des paysans : il est trop fier. Il a amené sa société de Paris, et il passe son temps à la chasse, ou dans des parties de jeu, de bonne chère, de...

PHULPIN. Et toi, ma fille, tu ne l'as pas vu non plus?

ANDRÉ. Comment l'aurait-elle vu?

PHULPIN. Comment! il n'est pas venu visiter cette manufacture, une des plus belles parties de sa propriété?

ANDRÉ. Non.

PHULPIN. Mais parle donc, ma fille! Tu as l'air triste, soucieux. Est-ce que cela te fait de la peine, de revoir ton père!

NANCY (avec intention). Pouvez-vous le croire! Je voudrais ne vous avoir pas quittée un instant.

ANDRÉ (à part). Il y a quelque chose!

PHULPIN. Nous ne nous quitterons plus, va. On ne fait pas tous les jours un voyage de quatre-vingt-seize lieues.

ANDRÉ. Et qu'avez-vous donc fait de Moulineau?

PHULPIN. Nous sommes descendus de la diligence à Épinal, je n'ai trouvé à la poste qu'un cheval, je m'en suis emparé. Moulineau a pris une monture plus modeste. Sa petite femme ne sera pas fâchée de le revoir : ils font si bon ménage. A propos de ménage, mes enfants, j'ai à vous parler de quelque chose que vous attendez impatiemment. N'est-ce pas André?

ANDRÉ (embarrassé). Sans doute, Monsieur Phulpin.

NANCY (à part). Mon Dieu!

PHULPIN. Et toi, ma Nancy. Je ne peux pas te donner pour mari un homme que j'estime plus qu'André.

NANCY (embarrassée). Mon père... j'ai aussi pour André bien de l'estime.

PHULPIN. L'estime d'une jeune fille! on sait ce que c'est. Elle n'ose pas dire un autre mot : mais nous reparlerons de cela. — Je vais me reposer un moment, et... Venez avec moi, mes enfants, que je vous parle de mon voyage, de tout ce que j'ai vu à Paris, de tout ce qui a enflammé mon vieux cœur de soldat. Ah! mon ami, il se prépare de grandes choses.

SCÈNE IX.
LES MÊMES, MADELON.

MADELON. Ah! Monsieur Phulpin, vous v'là donc; et mon mari, est-ce que vous l'avez perdu en route?

PHULPIN. Non, non, Madame Moulineau : je l'ai devancé de peu d'instants; car mon bidet n'allait pas fort, et quoiqu'il n'ait trouvé qu'un âne, il ne peut pas tarder d'arriver. Allons, entrons chez moi.

NANCY (bas à Madelon). Madelon, je voudrais vous parler.

PHULPIN (se retournant). Eh bien ! ma fille... Vrai, cette enfant-là m'inquiète !

ANDRÉ (à part). Et moi aussi. (Ils entrent.)

SCÈNE X.
MADELON.

MADELON. Qu'est-ce qu'elle a donc depuis quelques jours, Nancy ? Elle paraît triste, rêveuse, au moment de se marier avec un gentil garçon... Est-ce qu'elle en aimerait un autre ! Ah ! ça, et mon mari qui n'arrive pas ! Cependant les ânes marchent bien dans nos montagnes.

(On entend la cloche, les ouvriers arrivent.)

SCÈNE XI.
THOMAS, MADELON, GERLON, OUVRIERS ET OUVRIÈRES.

GERLON. On dit que Monsieur Phulpin est de retour.

THOMAS. Tant mieux : nous allons lui parler.

GERLON. Et Moulineau, où est-il donc ?

TOUS. Le voilà ! le voilà !

SCÈNE XII.
LES MÊMES, MOULINEAU.

MOULINEAU, du dehors. Hé hu donc, chien d'âne !... Veux-tu me laisser descendre ?... Là, là... Ah ! j'ai cru que je n'arriverais jamais... (Il entre en scène) Ma femme !... Ma Madelon !... Viens donc m'embrasser... (Il se retourne, et dit à son âne) : Vilaine bête !

MADELON. T'es encore bien poli.

MOULINEAU. C'est pas à toi que j'parle, ma Madelon, c'est à mon baudet. C't'animal m'a fait le diable en route : je l'avais pris pour arriver plus vite, et t'embrasser plus tôt... Mais embrasse-moi donc... Encore.

MADELON. Voyons, Moulineau, remets-toi.

MOULINEAU. Bonjour, mes amis ; bonjour, Gerlon ; bonjour Mathieu.. Je suis tout étourdi !... C'est ce Paris qui me bourdonne dans la tête... comme le bourdon Notre-Dame !

MADELON. C'est donc bien beau, Paris ?

MOULINEAU. Si c'est beau !... J'ai vu le Pont-Neuf et la Sainte-Maritaine, j'ai vu la Bastille, qui était démolie, par exemple ; mais ce que j'ai vu de plus intéressant, ah ! mes amis, c'est la Fédération !...

GERLON. Parle-nous en donc, mon garçon.

MOULINEAU. Fallait nous voir, quand nous avons défilé sur les boulevards !... Nous étions soixante mille hommes, tous plus beaux les uns que les autres... J'en étais... Et je peux dire que le département des Vosges était joliment représenté. Je me suis trouvé tout près de M. le marquis de Lafayette ; un blond, qui était monté sur un joli cheval blanc. Il m'a donné une poignée de main, et son cheval m'a donné coup de pied.. J'ai passé toute la journée au Champ-de-Mars ; j'ai attrapé un coup de soleil. Mon habit a été déchiré dans la foule, et j'ai perdu mon mouchoir. Mais c'est égal, j'avais assisté au pacte fédératif, j'étais Français, et j'étais content.

THOMAS (ironiquement). Je crois que tu auras bien profité de ton voyage.

MOULINEAU. Certainement.

THOMAS. Qu'est-ce que tu as appris à Paris ?

MOULINEAU. J'y ai appris la politique, donc ! Est-ce que M. Phulpin ne m'a pas mené à une séance de l'assemblée nationale ?... J'ai vu M. de Mirabeau comme je te vois : un gros frisé avec des ailes de pigeon ; il n'est pas beau de figure ; il est grêlé... mais il parle joliment ! Et l'abbé Mauri ; il a plus d'esprit que toi, va. — Mais vous êtes gentils, vous. C'est vrai ;

ils sont là à déjeûner... Ils sont entourés de cruches, et ils ne pensent pas à moi. Offrez-moi donc à me rafraîchir.

GERLON. Bois un coup, mon garçon.

MOULINEAU. A la santé de la nation.—Vive la nation !

TOUS. Vive la nation ! (Ils boivent.)

SCÈNE XIII.
Les mêmes, ANDRÉ, PHULPIN.

PHULPIN. Bien, bien, mes amis, j'aime cette gaîté.

TOUS. Bonjour, M. Phulpin. Avez-vous fait un bon voyage ?

PHULPIN. Excellent, mes amis. Mais, quelque plaisir que j'aie éprouvé, c'est avec bonheur que je me revois au milieu de vous. Bonjour, Gerlon, Pierre, Bastien, Mathieu; bonjour tous. Je retrouve tous mes braves ouvriers.—Mais en voilà un que je ne connais pas.

GERLON. C'est Thomas, un nouveau.

PHULPIN. Ah ! ah ! d'où venez-vous ?

THOMAS. De Paris... J'ai travaillé dans les ateliers de M. Réveillon, dans le faubourg Saint-Antoine.

PHULPIN. Et pourquoi les avez-vous quittés ?

THOMAS. Pour faire mon tour de France.

PHULPIN. On m'a dit que vous cherchiez à révolutionner nos ouvriers.

THOMAS. Nous ne sommes pas assez payés.

PHULPIN. Voilà vingt ans qu'on vous paie de même.

THOMAS. Nous ne pouvons pas vivre.

PHULPIN. Voilà vingt ans que vous vivez comme cela.

THOMAS. On se lasse de tout.

MOULINEAU. Je ne me lasse pas de vivre, moi.

THOMAS. Le marquis d'Hennecour profite de nos travaux et de nos sueurs ! De quel droit est-il plus riche que nous ?

PHULPIN. Du droit de sa naissance.

THOMAS. C'est le droit du hasard, et non celui du mérite.

MOULINEAU. C'est vrai. Je pouvais naître marquis, moi, par hasard, si ma mère avait épousé un comte.

THOMAS. M. d'Hennecour a quitté Paris après le décret qui abolit la noblesse, afin de pouvoir faire le noble dans ses terres.

MOULINEAU. Si ça lui convient, à c't homme; le charbonnier est maître chez lui.

THOMAS. Il a dans son château un conciliabule. On y tient des assemblées mystérieuses.

PHULPIN. Qu'en savez-vous ?

THOMAS. J'en sais plus que vous ne croyez. Faites retirer tout le monde, et je vous dirai quelque chose...

PHULPIN. Mes amis, entrez dans vos ateliers, et soyez persuadés que je serai juste aujourd'hui comme je l'ai toujours été. Vous connaissez mon caractère.

GERLON. Oh ça, oui : vous ne péchez pas par l'indulgence.

POULINEAU. Vous êtes même queq'fois un peu brutal.

PHULPIN. Allez, allez à vos ateliers, et comptez sur moi. (Ils sortent.) Eh bien, Moulineau, tu restes ?

MOULINEAU. Vous avez dit que tout le monde sorte. Je ne suis pas tout le monde.

THOMAS. Il peut rester. Ce que j'ai à vous dire l'intéresse peut-être aussi.

SCÈNE XIV.
THOMAS, PHULPIN, MOULINEAU.

MOULINEAU. Qu'est-ce que vous pouvez avoir à me conter, vous. Je ne vous connais pas.

THOMAS. N'avez-vous pas une femme assez gentille, qui habite dans ce corps de logis?

MOULINEAU. Oui; queq'ça vous fait?

THOMAS. Et vous, Monsieur le contre-maître, n'avez-vous pas une jeune et jolie fille qui demeure dans le même bâtiment?

PHULPIN. Pourquoi cette question?

THOMAS. Je vais vous faire de la peine, mais si l'un de vous est offensé, au moins il le saura, et pourra se venger.

PHULPIN (surpris). Que voulez-vous dire?

MOULINEAU. Il me fait venir la chair de poule.

THOMAS. Apprenez que depuis quelque temps, un homme sort tous les soirs du château, se dirige vers ce bâtiment dont la fenêtre s'ouvre à un signal, et qu'il n'en sort que le lendemain matin.

PHULPIN (ému). Êtes-vous bien sûr de ce que vous dites?

THOMAS. Je vous le jure.

PHULPIN. Et c'est quelqu'un du château?

THOMAS. Oui!

PHULPIN. Quel horrible soupçon!

MOULINEAU. Mes cheveux se dressent sur ma tête!

THOMAS (ironiquement). Maintenant, ménagez votre marquis d'Hennecour et ses aimables hôtes.

PHULPIN. Funeste voyage! pourquoi me suis-je absenté?

MOULINEAU. Et moi, donc...

PHULPIN (exaspéré). Il faut que je sache!... Mais un moment!... Avant de flétrir ma fille, même d'un soupçon... ne pourrais-je éclaircir? Oh! oui, Je vous recommande le plus profond secret. Je saurai la vérité... — Ils viennent chercher un asile dans nos campagnes, et ils y apportent les vices et la corruption des villes. — Ils veulent que nous respections leur rang et leurs titres! et ils ne respectent pas le repos et l'honneur de nos familles. Oh! cette révolution qu'ils maudissent, ce n'est pas nous, ce sont eux qui la préparent... nous la consommerons.

THOMAS (à part). Voilà comme je le désirais.

MOULINEAU. Oh! Madelon! que le diable emporte la fédération! je suis sacrifié sur l'autel de la patrie.

PHULPIN. Garde le silence, Moulineau.

MOULINEAU. Je ne pourrai pas.

PHULPIN. Je me contrains bien, moi! Et crois-tu que je ne fasse pas un grand effort sur moi-même.

THOMAS. Venez ce soir à notre club.

MOULINEAU. Tiens, vous avez un club, c'est donc comme à Paris?

THOMAS. Chacun son tour dans le monde, ceux qui avaient des chaumières auront des châteaux.

MOULINEAU. Et ceux qui avaient des châteaux, auront-ils au moins des chaumières?

PHULPIN. Je rentre chez moi, j'interrogerai ma fille avec prudence. Ah! puissai-je ne pas la trouver coupable, car... je la tuerais... Oh oui, je la tuerais! (Il rentre chez lui.)

MOULINEAU (à Thomas). Il le ferait comme il le dit!

THOMAS (à Moulineau). Il ferait mieux de tuer l'autre. (Il sort.)

SCÈNE XV.
MOULINEAU.

MOULINEAU. Il tient beaucoup à ce qu'on tue le marquis. Certainement que s'il a eu l'infamie de séduire madame Moulineau, il mérite une fameuse correction. Mais, quoiq'ça, je ne suis pas pour la peine de mort. Non, pas de sang, pas de sang. Nous autres, bonnes gens des Vosges, nous voulons bien faire une révolution : mais il faut qu'on la fasse sans chagriner personne. — V'là madame Moulineau qui me chagrine joliment, elle, et qui me fait une fameuse révolution, à moi. Faisons comme M. Phulpin : interrogeons-la avec prudence. Ah! puissai-je ne pas la trouver coupable; car... (avec sensibilité) je ne la tuerais pas! non, je ne la tuerais pas!

SCÈNE XVI.
MOULINEAU, MADELON.

MADELON (à part). Ce pauvre André qui est amoureux de moi! Tâchons de lui faire entendre raison.

MOULINEAU. La v'là, ma scélérate de femme; c'est-à-dire, est-elle scélérate ou ne l'est-elle pas?

MADELON. Ah! v'là mon homme. Pourvu qu'il ne se doute de rien.

MOULINEAU. Mam' Moulineau, nous v'là seuls, enfin. Peut-on se parler?

MADELON. Qu'est-ce qui t'en empêche, mon homme?

MOULINEAU. Mam' Moulineau, vous souvenez-vous qu'on disait avant la révolution que si la vertu était exilée de dessus la terre, on la retrouverait dans le département des Vosges?

MADELON. Est-ce qu'on ne le dit plus?

MOULINEAU. Je vous le demande.

MADELON. Queq' tu veux que je te réponde?

MOULINEAU. Ce n'est pas à moi de faire la réponse. Croyez-vous que toutes les femmes de ce canton, renommées pour leur sagesse et leur amour pour leur mari, n'aient pas changé de sentiment depuis la révolution?

MADELON. Je le croyons.

MOULINEAU. En êtes-vous sûre?

MADELON. Dame, il ne faut jurer de rien.

MOULINEAU (à part). V'là déjà qu'elle hésite. (Haut) cependant, mam' Moulineau, nous sommes dans un siècle où l'on jure beaucoup. Depuis deux ans, on nous demande des serments toutes les semaines, et moi, je ne vous en demande qu'un.

MADELON. Lequel?

MOULINEAU. Jurez-moi que depuis mon absence, personne ne vous a parlé d'amour.

MADELON (embarrassée). Mais pourquoi me demandes-tu ça?

MOULINEAU. Pourquoi? elle est bonne là : pourquoi je demande ça.

MADELON. D'ailleurs, je suis ben bête de me troubler. Comment le saurait-on?

MOULINEAU. Comment?... parce que quelqu'un vous a vus et entendus et qu'on est venu m'en prévenir.

MADELON. Mon Dieu, Moulineau, ne te fâche pas, et ne mets pas aux choses plus d'importance qu'il n'y en a.

MOULINEAU. Il y en a donc?

MADELON. Eh ben, oui, un jeune homme m'a parlé d'amour : mais v'là tout.

MOULINEAU. Ah! v'là tout. Tu lui as donné rendez-vous.

MADELON. Je lui ai dit seulement : *Nous nous reverrons.*

MOULINEAU. On ne dit pas : Nous nous reverrons, quand on ne s'est pas encore vu. Je suis trompé; je suis..... je suis.... Ah! le département des Vosges est deshonoré! Le voilà maintenant comme les quatre-vingt deux autres départements qui étiont à la fédération.

MADELON. Mais, écoute-moi donc!

MOULINEAU. Non, je n'écoute rien. Je suis maintenant de l'avis de Thomas. (Avec fureur) je suis pour la peine de mort.

MADELON. Ah! mon Dieu! Moulineau est fou!

MOULINEAU. Non, ce n'est pas ça que je suis. Retirez-vous de devan mes yeux.

MADELON. Mon homme!

MOULINEAU. Mais encore, si vous aviez pris la précaution de vous cacher, d'y mettre du mystère, on ne vous aurait pas vue, et je ne saurais rien, je serais heureux, tranquille; mais non, les diables de femmes n'y font pas d'attention.

MADELON. Est-ce que je peux empêcher un jeune homme de me dire...

MOULINEAU. Qu'est-ce qu'il vous disait pour ses raisons?

MADELON. Il me disait: Vous êtes jeune et gentille; votre mari est absent, il n'est pas beau.

MOULINEAU. Je n'en veux pas savoir davantage.

MADELON. Moi je lui répondais...

MOULINEAU. Je ne veux pas savoir ce que vous lui répondiez. C'est fini entre nous. Je vais vous renvoyer chez vos parents.—On dit que l'assemblée nationale va décréter le divorce; nous divorcerons.

MADELON. Queq' c'est que ça, divorcer?

MOULINEAU. C'est une invention patriotique pour se débarrasser de sa femme.

MADELON. Qu'est-ce qu'a inventé ça?

MULINEAU. Tous les députés: ceux qu'étiont mariés.

MADELON. V'là une belle invention.

MOULINEAU. On vient par ici. Je veux bien encore ménager votre amour-propre et le mien. Je garde ma rage au fond de mon cœur: mais demain je vais au château, et...

MADELON. Au château!

MOULINEAU (tragiquement). Taisez-vous.

MADELON. Il a perdu l'esprit!

SCÈNE XVII.

LES MÊMES, ANDRÉ, PHULPIN, GERLON, THOMAS, OUVRIERS ET OUVRIÈRES.

PHULPIN (très-composé). Mes amis, je vous ai fait prier de vous réunir ici, pour que vous soyez témoins d'une cérémonie qui, j'espère, vous intéressera tous. J'ai fait prévenir l'officier civil, et nous allons conduire André et ma fille à la mairie. Tu y consens, André?

ANDRÉ (avec franchise). Oui, si Nancy le veut, j'en hésiterai pas.

PHULPIN (allant à sa maison). Viens, ma fille, viens; nous t'attendons.

SCÈNE XVIII.

LES MÊMES, NANCY.

NANCY. Pourquoi tout ce monde?

PHULPIN. J'ai voulu te ménager une surprise.—Mes amis, quoique la noblesse soit abolie, M. d'Hennecour n'en est pas moins propriétaire de cet établissement, et notre protecteur naturel. Je ne suis ici que son représentant, et si j'ai acquis un peu d'aisance, c'est en travaillant pour lui. Il me semble donc convenable, au moment de marier ma fille, de la conduire au château, de la présenter à M. d'Hennecour et à sa société, et de les inviter tous à cette noce, à laquelle je ne saurais donner trop de solennité.

NANCY (émue). Pourquoi aller au château?

TOUS. Oui, pourquoi?

THOMAS. C'est un retour à l'ancien régime.

MOULINEAU. Et vous, madame Moulineau, oseriez-vous y aller, au château?

MADELON. Pourquoi donc pas?

MOULINEAU. Quelle effrontée!

PHULPIN. Approche, André, ton épouse sera digne de toi; si elle ne l'était pas, elle ferait exception parmi celles de nos montagnes.

MOULINEAU (à part). Elle ferait une deuxième exception.
PHULPIN. Nancy, ma fille, mets ta main dans celle d'André.
NANCY (hésitant). Mon père!
ANDRÉ. Je vous la tends de bon cœur, Nancy, et avec confiance.
NANCY (hésitant). André... mon ami...
HULPIN. Donne-lui donc ta main.
NANCY. André!—Ah! mon Dieu! je ne puis... (Elle s'évanouit.)
MADELON. Cette pauvre Nancy, qui se trouve mal. (Les femmes l'emmènent dans la maison).
ANDRÉ (hors de lui). Elle est coupable!
MOULINEAU (de même). Elles sont donc deux!
THOMAS (s'animant). Au château! mes amis, c'est là qu'est le séducteur! C'est là qu'est celui qui a perdu cette jeune fille, et qui porte la mort dans le cœur de ce vieillard!
TOUS. Au château! au château!
PHULPIN (avec force.) Arrêtez!
TOUS. Nous vous vengerons.
PHULPIN. Arrêtez, vous dis-je! — Mes enfants, ne confondons pas l'innocent avec le coupable. Vous irez au château? — Oui. — Mais laissez-moi vous y précéder.—Savoir de qui j'ai à me venger... Me le promettez-vous?—Je vous en prie, je vous en conjure. Voyez ces cheveux blancs, ce front marqué d'honorables cicatrices; il vient de recevoir une cruelle injure: oh! permettez à un vieux soldat de se venger noblement.
TOUS. Oui, oui.
PHULPIN. Je compte sur votre parole. Je vais chercher ma vieille épée; il y a quarante-cinq ans qu'à Fontenoi, elle fut rougie pour la première fois du sang des Anglais; pourquoi faut-il qu'aujourd'hui elle ait soif du sang français. (Il entre chez lui.)
THOMAS aux autres. Nous le suivrons, mes amis. Nous serons là pour le défendre.
MOULINEAU (apportant un énorme gourdin.). Je n'ai pas été à Fontenoi, et je n'ai pas d'épée! Mais voilà un gourdin qui rossera noblement celui qui a séduit madame Moulineau.
TOUS. Au château! (Ils sortent tous en tumulte.)

ACTE II.
[Un salon chez le marquis d'Hennecour.

SCÈNE Ire.
LE CHEVALIER, L'ABBÉ, assis.

LE CHEVALIER. Que lisez-vous donc avec tant d'attention, l'Abbé?
L'ABBÉ (tenant des gazettes). Je lis le dernier numéro de l'*Ami du Roi*. Ce diable de Durosoi a de l'esprit comme un ange.
LE CHEVALIER. Pas autant que le petit Gauthier. Mais, dites-moi l'Abbé, qu'y a-t-il de nouveau à Paris?
L'ABBÉ. Mon cher Chevalier, on bavarde beaucoup à l'assemblée nationale sur la constitution civile du clergé. Il paraît qu'ils arrangeront les prêtres comme ils ont arrangé les nobles.
LE CHEVALIER. Il serait plaisant qu'ils respectassent vos priviléges, quand ils ont aboli les nôtres.
L'ABBÉ. Laissez-les faire, Chevalier; il y aura toujours, en dépit de leur prétendue égalité, le privilège du riche sur le pauvre, de l'homme d'esprit sur l'imbécille, et du fort sur le faible.
LE CHEVALIER. Il est dur d'avoir abandonné ce charmant Paris et ce brillant Versailles pour végéter dans un château des Vosges.]

L'ABBÉ. Ce sera bien plus dur, quand nous n'aurons même plus ce château.

LE CHEVALIER. Taisez-vous, prophète de malheur.

L'ABBÉ. Pour ne rien craindre, je m'attends à tout.

LE CHEVALIER. Notre insouciant marquis n'est pas aussi prévoyant que vous.

L'ABBÉ. Non : il joue sur les bords de l'abîme.

LE CHEVALIER. Il le couvre de fleurs.

L'ABBÉ. Ce qui ne l'empêchera pas d'y tomber.

LE CHEVALIER. Vous êtes aujourd'ui d'un noir... Ah! j'entends le vieux commandeur et le président : ils vont vous égayer.

SCÈNE II.
LE CHEVALIER, LE PRÉSIDENT, L'ABBÉ, LE COMMANDEUR.

LE COMMANDEUR. Eh bien, messieurs, à quoi tuons-nous le temps aujourd'hui ?

L'ABBÉ. En attendant que le temps nous tue.

LE CHEVALIER. Encore.

LE PRÉSIDENT. Ce n'est pas le temps qui vous tuera : c'est l'ennui. En vérité, je regrette mes audiences : ça ne m'amusait pas ; mais ça m'occupait. Quand j'avais passé la nuit à la table, je pouvais dormir.

L'ABBÉ. Les causes étaient bien jugées.

LE PRÉSIDENT. Comptez-vous pour rien le hasard ?

LE COMMANDEUR. Est-ce que nous ne chasserons pas aujourd'hui ?

LE CHEVALIER. C'est une horreur ; il n'y a plus de gibier. Ne savez-vous pas que ces paysans se sont permis de tuer les lièvres qui se promenaient dans leurs blés ?

LE COMMANDEUR. Je pense que nous allons avoir de la distraction.

TOUS. Qu'est-ce donc ?

LE COMMANDEUR. N'est-ce pas aujourd'hui qu'arrive la comtesse d'Orville ? et que notre marquis d'Hennecour signe son contrat de mariage avec elle ?

LE PRÉSIDENT. Il y aura grand festin : voilà de l'occupation.

LE COMMANDEUR. La comtesse ne vient pas seule ; elle amène un monde, des femmes de chambre ; j'aime les grisettes, moi !

L'ABBÉ. Ah ! vieux pécheur ! tu ne te convertiras donc jamais ?

LE COMMANDEUR. Quand tu m'auras donné l'exemple.

LE CHEVALIER. Mais, comment le marquis se décide-t-il à se marier, lui, le plus franc libertin... après toi, Commandeur.

LE COMMANDEUR. C'est mon élève. Je crois qu'il se marie pour payer ses dettes.

LE PRÉSIDENT. Que ne fait-il des assignats ?

L'ABBÉ (riant). Pour achever de se ruiner !

LE PRÉSIDENT. Point de demi-mesure.

LE CHEVALIER. Ah ! voilà le marquis... Tudieu, quelle toilette ! On dirait qu'il arrive de Versailles.

SCÈNE III.
LE CHEVALIER, LE PRÉSIDENT, LE MARQUIS, en toilette, habit brodé, L'ABBÉ, LE COMMANDEUR.

LE MARQUIS. Salut à mes aimables convives.

LE COMMANDEUR. Mais, Marquis, tu es un astre resplendissant !

LE MARQUIS. Mars brille-t-il jamais de plus d'éclat que lors de sa conjonction avec Vénus ?

L'ABBÉ. Ce mariage est donc décidé ?

LE MARQUIS. Et je compte sur toi, l'Abbé, pour le célébrer dans la chapelle de mon château.

L'ABBÉ. Je n'en ai pas le droit. Tu sais bien que je ne suis qu'abbé de cour et de toilette.

LE COMMANDEUR. On dit la future prodigieusement jolie.

LE MARQUIS. Cent mille livres de rente.

LE CHEVALIER. Et d'une noblesse?

LE MARQUIS. Son grand-père était dans les gabelles, son père dans les fermes générales. Mais Chérin leur a trouvé une généalogie, et l'or est comme le feu, il purifie tout ce qu'il touche.

LE CHEVALIER. Diable! tu vas déroger.

LE MARQUIS (riant). Cela m'est arrivé bien souvent.

LE CHEVALIER. Mais non pas par contrat.

LE MARQUIS. Que veux-tu! je ne sais ce que mon père a fait de sa fortune. Il n'était ni joueur, ni dissipateur, et à sa mort on a trouvé un déficit d'un million, dont personne n'a pu me donner de nouvelles.

LE PRÉSIDENT. Pas même son intendant?

LE MARQUIS. C'est un coquin, qui a été muet comme une prison d'état.

LE PRÉSIDENT. Je l'aurais bien fait parler. On lui aurait donné la question ordinaire et extraordinaire.

LE MARQUIS. Cette petite comtesse de fabrique veut greffer sa noblesse nouvelle sur une vieille souche. Comme mes enfants porteront mon nom, il me sera fort agréable de retirer leur mérite de l'éclat des louis d'or de la jolie financière.

LE PRÉSIDENT. Est-ce qu'on ne va pas déjeuner?

LE CHEVALIER. Il a toujours faim!

LE PRÉSIDENT. Il faut bien avoir quelque chose.

SCÈNE IV.
LES MÊMES, DUHAMEL, au fond.

DUHAMEL. Monsieur le marquis, le contre-maître de la papeterie demande l'honneur de vous parler.

LE MARQUIS. Qu'est-ce qu'il me veut?

DUHAMEL. Il dit que c'est pour affaire.

LE MARQUIS. Est-ce que je n'ai pas un intendant?

DUHAMEL. C'est pour une affaire importante, et qui vous regarde personnellement.

LE MARQUIS (avec impatience.) Débarrassons-nous de lui. Qu'il entre.

SCÈNE V.
LES MÊMES, excepté DUHAMEL.

LE COMMANDEUR. Messieurs, allons faire une partie de billard.

LE CHEVALIER. Je rattraperai peut-être les vingt-cinq louis que le président m'a gagnés hier.

LE PRÉSIDENT. Vous ne me les avez pas encore payés.

LE CHEVALIER. Mes finances sont comme celles du royaume, un peu embarrassées.

L'ABBÉ. Mais le crédit vous soutient. Allons, allons au noble jeu de billard.

TOUS. Au billard! au billard!

LE PRÉSIDENT. Cela doublera mon appétit. (Ils sortent.)

SCÈNE VI.
LE MARQUIS, dans un fauteuil.

Que me veut cet homme? Il est donc revenu de Paris! Vient-il m'apporter quelques nouvelles politiques, ou bien aurait-il quelque soupçon de mon intrigue avec sa fille?

SCÈNE VII.

LE MARQUIS, PHULPIN, DUHAMEL.

DUHAMEL (annonçant). Monsieur Phulpin.

LE MARQUIS (assis). Qu'est-ce que vous désirez, mon cher?

PHULPIN (debout). Ai-je l'honneur d'être connu de vous, monsieur?

LE MARQUIS. Vous vous êtes fait annoncer : monsieur Phulpin, contre-maître de la papeterie dont je suis propriétaire. Elle rapporte, je crois, vingt ou vingt-cinq mille livres de rente. Je ne sais pas combien on me vole là-dessus!

PHULPIN (avec fierté). Vous voler? qui, monsieur?

LE MARQUIS. Mon intendant.

PHULPIN. Monsieur, j'ai été compagnon d'armes de monsieur d'Henne-cour, votre père. Cette marque, que vous voyez là, sur mon front, est un coup de sabre qui lui était destiné. Quand j'avais l'honneur de venir le voir, il m'appelait son camarade, et me faisait asseoir.

LE MARQUIS (à Duhamel). Donnez un siége à monsieur.

(Duhamel donne un siége et sort.)

PHULPIN (s'asseyant). Monsieur d'Hennecour, je vous ai vu bien jeune; j'étais fort attaché à monsieur votre père. L'estime que j'avais pour lui, je ne demande qu'à la reporter sur vous.

LE MARQUIS. J'en serai très-flatté. Etes-vous heureux? Vos appointements sont-ils bons?

PHULPIN. Il ne s'agit pas de moi : et quoiqu'un grand intérêt me préoccupe, j'ai cru devoir à l'amitié que je portais à M. votre père, de vous donner un avis important.

LE MARQUIS. Qu'est-ce donc?

PHULPIN. Vous n'ignorez pas, monsieur, qu'un orage gronde, et qu'il ne peut tarder à éclater.

LE MARQUIS. Est-ce que vous pensez qu'il me menace?

PHULPIN. C'est ce dont j'ai voulu vous avertir. Les ouvriers de la manufacture que je dirige, sont exaspérés contre vous. On les excite à la révolte : moi-même, on a cherché à me donner de cruels motifs de vengeance; mais j'ai plus de raison, plus d'empire sur moi que ces hommes sans éducation : je n'agirai jamais sans un motif légitime.

LE MARQUIS. Il semblerait que vous eussiez à vous plaindre de moi.

PHULPIN. Ah! j'espère que ce n'est pas de vous.—Mais, puisque nous avons abordé ce sujet, je ne puis vous cacher que j'ai reçu une blessure profonde, et que j'ai tout lieu de penser qu'elle me vient de ce qui vous entoure.

LE MARQUIS. Expliquez-vous mieux, monsieur Phulpin.

PHULPIN. Les gens qui sont chez vous sont-ils tous vos amis?

LE MARQUIS. Sans doute.

PHULPIN. Partagez-vous leurs opinions, leurs principes?

LE MARQUIS. Pourquoi cette question! Est-ce que votre visite a un but politique?

PHULPIN. Il ne s'agit pas de cela dans ce moment. Croyez-vous monsieur d'Hennecour...

LE MARQUIS (à part.) Il ne dira pas une fois marquis!

PHULPIN. Croyez-vous que tous ceux qui logent chez vous soient des hommes d'honneur?

LE MARQUIS. Je croyais vous avoir dit qu'ils étaient mes amis.

PHULPIN. Il en est un pourtant qui s'est conduit lâchement.

LE MARQUIS. Monsieur!

PHULPIN (se levant). Lâchement !... car il a séduit une enfant sans expérience : je dis séduit, pour ne pas dire plus.

LE MARQUIS. Que diriez-vous ?

PHULPIN. Qu'il a employé la surprise, la violence, et qu'ensuite, abusant de cette passion qu'inspire à un cœur neuf la première expression de l'amour, il a violé l'asile de la jeune fille, souillé de sa présence le toit paternel, et qu'il l'a perdue, car elle allait se marier honorablement, et elle n'a pas osé mettre sa main dans celle de l'époux qui se présentait.

LE MARQUIS. Enfin, monsieur...

PHULPIN. Enfin, monsieur, j'ai été soldat. Puis-je faire autrement que de demander raison ?

LE MARQUIS (se levant). A qui ?

PHULPIN. Au séducteur.

LE MARQUIS. Le connaissez-vous ?

PHULPIN. Ne pourriez-vous m'aider à le reconnaître ?

LE MARQUIS. Je ne suis pas un juge. Je n'ai pas le droit d'interroger les personnes de ma société, de leur demander compte de leurs actions.

PHULPIN. Aidez-moi seulement à découvrir le coupable.

LE MARQUIS. Coupable ! Vous n'avez donc jamais été jeune, monsieur Phulpin !

PHULPIN. Je n'ai jamais porté le déshonneur dans une famille.

LE MARQUIS. Mais que voulez-vous que je fasse pour vous ?

PHULPIN. Dites-moi seulement à qui appartient ce mouchoir.

LE MARQUIS (surpris). Ce mouchoir ! (Se remettant.) La marque D. H.—C'est à Duhamel—mon valet de chambre.

PHULPIN (tombant accablé sur son siége). Grand Dieu !

LE MARQUIS. Est-ce là tout ce que je puis faire pour votre service ?

PHULPIN (avec rage). Un valet !

LE MARQUIS (feignant l'intérêt). Je suis désolé, monsieur Phulpin, de cette aventure... Je conçois qu'un père !... Mais si j'osais vous dire ma pensée... Il y a un peu de votre faute. Pourquoi quitter votre famille, vos travaux ; la surveillance de votre enfant, pour vous mêler de politique !... qu'alliez-vous faire à la fédération ? (Il sort.)

SCÈNE VIII.
PHULPIN.

PHULPIN. Un valet ! Ne pouvoir me battre ! Ne pouvoir venger mon affront dans le sang de cet homme ! Savoir ma fille déshonorée, et, pour toute réparation, la donner en mariage à un valet qui a sans doute les vices de son maître, moins le vernis élégant qui les déguise chez ces grands seigneurs ! Et la malheureuse !... Oh ! je vais la chasser de chez moi !

SCÈNE IX.
PHULPIN, MOULINEAU.

MOULINEAU (à un laquais qui l'introduit). Merci, monsieur le domestique. J'attendrai. Que monsieur le marquis ne se gêne pas. — Ah ! c'est vous, monsieur Phulpin. Eh bien ! j'ons tant fait, que j'ons obtenu de mes compatriotes l'honneur d'être député auprès de monsieur le marquis pour... —Vous ne m'écoutez pas...—J'ai intrigué comme un diable pour ça, parce que je me suis dit : ça me fera peut-être connaître le propriétaire de ce mouchoir mystérieux, de ce mouchoir terrible !...

PHULPIN (avec énergie). C'est un valet ! (Il sort.)

SCÈNE X.
MOULINEAU, seul.

Un valet ! madame Moulineau aurait eu assez peu de fierté !... Ah !... —

Mais voyons... qu'est-ce que je venons faire ici? Je sommes ambassadeur. Ils m'ont nommé parce que j'ai été à Paris...Profitons de mon ambassade pour faire mes affaires particulières, et pour rosser l'individu qui... Oh! c'est que je n'aurais peur de personne... pas plus du marquis que des autres... Ah ben oui, moi, peur! Je connais mes droits! Je suis un homme libre... et indépendant, et fier de ma dignité. — Je vas parler ferme. Oh! v'là le marquis. (Il se recule tout honteux.)

SCÈNE XI.

LE MARQUIS, MOULINEAU, DUHAMEL.

LE MARQUIS. Encore quelqu'un? Je ne serai donc pas libre chez moi. Qu'est-ce qu'on m'annonce? Un député, un ambassadeur... Je ne sais quoi! Hé! quelle est cette grotesque figure?

MOULINEAU (saluant). C'est moi, monsieur le marquis... qui...

LE MARQUIS. Qui, vous?

MOULINEAU. Jean Moulineau.

LE MARQUIS. Est-ce que c'est vous qui venez de la part des ouvriers de la papeterie?

MOULINEAU. Comme vous dites, monsieur le marquis.

LE MARQUIS. Oh! mais c'est charmant! Ils m'ont envoyé une figure ravissante.

MOULINEAU. Vous êtes bien honnête, monsieur le marquis.

LE MARQUIS. Est-ce qu'ils vous ont envoyé ici pour me faire rire?

MOULINEAU. Non, monsieur le marquis.

LE MARQUIS. Cependant, quand on vous regarde, il est impossible de s'en empêcher?

MOULINEAU. Oui, j'ai une figure assez gaie. Mais, monsieur le marquis, il ne s'agit pas de ça. Je venons vous dire!...

LE MARQUIS. Un moment... Ce n'est pas ainsi que l'on reçoit un ambassadeur : il y faut un peu plus de façons. Diable! je connais l'étiquette. Connaissez-vous l'étiquette, monsieur Moulineau?

MOULINEAU. Il ne s'agit pas d'étiquette. Je venons donc vous dire...

LE MARQUIS. Attendez. Je vais faire assembler mon conseil. Il faut de la cérémonie; car il paraît que c'est une affaire importante. (A Duhamel.) Priez de ma part ces messieurs de venir.

MOULINEAU. Ça n'est pas la peine. Je vous aurons bientôt dit...

LE MARQUIS. Je ne veux rien entendre qu'ils ne soient là.

MOULINEAU. Que de façon!... C'est que c'est pressé. Les autres n'ont pas envie de rire, eux.

LE MARQUIS. Oh! mais j'en ai envie, moi.

SCÈNE XII.

MOULINEAU, LE COMMANDEUR, LE CHEVALIER, LE MARQUIS, L'ABBÉ, LE PRÉSIDENT.

LE COMMANDEUR. Qu'est-ce que tu veux, Marquis? J'étais en train de battre le Président.

LE MARQUIS. Voyons, messieurs de la noblesse. Voici un député du tiers état, qui vient me demander audience, et je veux qu'elle soit solennelle.

LE PRÉSIDENT. J'ai cru que tu nous faisais appeler pour déjeûner.

LE MARQUIS. Eh mais, au fait, l'audience sera solennelle à table. Avez-vous faim, monsieur le député?

MOULINEAU. Toujours, monsieur le Marquis.

LE MARQUIS. Vous mangerez bien une bouchée?

MOULINEAU. J'en mangerai ben deux.

LE PRÉSIDENT. Et moi, trois?

LE MARQUIS (à Duhamel). Faites servir ici. — Ne trouvez-vous pas, messieurs, que monsieur Moulineau a un air fort agréable à voir ?

TOUS. Oui.

LE MARQUIS. Que les paysans des Vosges, qui me l'envoient, ne pouvaient être mieux représentés.

TOUS. Certainement.

LE MARQUIS. Qu'il a un peu de l'air d'un ours...

TOUL. Sans doute.

LE MARQUIS. Mais d'un joli ours !

TOUS. Très-joli.

MOULINEAU (riant). Ces grands seigneurs sont gais.

LE MARQUIS. M. Moulineau !

MOULINEAU. Monsieur le Marquis !

LE MARQUIS. Vous voyez, messieurs, qu'il ne me refuse pas mon titre : il est plus poli que son contre-maître, et je pourrais bien lui en donner la place. — Monsieur Moulineau, n'êtes-vous pas un de ceux qui ont été à Paris ?

MOULINEAU. Oui, monsieur le Marquis : j'ons été à la fédération : mais il ne s'agit pas de ça, voyez-vous. — Les ouvriers...

LE MARQUIS (l'interrompant). Que les ouvriers fassent leur métier.

MOULINEAU. Ils disont qu'ils ne gagnont pas assez.

LE MARQUIS. Qu'ils travaillent davantage.

MOULINEAU. Qu'ils ne pouvont pas payer leurs dépenses.

LE MARQUIS. Qu'ils dépensent moins.

MOULINEAU. Et qu'ils ont trop de mal.

LE MARQUIS. Alors, qu'ils se reposent.

MOULINEAU. Ces gens d'esprit ont réponse à tout. (Les laquais ont apporté une table avec cinq couverts.)

LE MARQUIS. Mettons-nous à table, messieurs. (Il s'assoient).

LE PRÉSIDENT. La séance est ouverte.

LE MARQUIS (à table). Voyez-vous, monsieur Moulineau, il faut que dans le monde chacun se conforme à sa situation.

LE CHEVALIER. C'est la vraie philosophie.

MOULINEAU. Oui ; mais les paysans disont comme ça, que le règne de l'égalité va venir.

LE MARQUIS. Il sera long-temps en route.

MOULINEAU. Que tous les hommes ont les mêmes droits.

LE MARQUIS. Oui ; mais ils n'ont pas tous les mêmes moyens.

MOULINEAU (dévorant la table des yeux). La même appétit.

LE MARQUIS. mais ils n'ont pas tous la même table.

LE PRÉSIDENT. Ce pâté est succulent.

MOULINEAU (à part). Il me semblait qu'il m'avait invité. Ils mangent que ça fait plaisir à voir !

L'ABBÉ. Eh bien ! M... Moulineau, vous ne nous dites plus rien ?

LE COMMANDEUR. Cependant votre conversation est fort agréable.

LE PRÉSIDENT. Fort divertissante.

MOULINEAU (se grattant l'oreille). Si vous voulez, je vas vous raconter une histoire.

LE MARQUIS. Volontiers. M. Moulineau doit être un fort plaisant narrateur.

MOULINEAU. Vous êtes bien bon. — Messieurs, notre truie, sauf respect, a mis bas treize petits porcs.

LE MARQUIS. Elle est féconde.

LE PRÉSIDENT. Rien n'est délicat comme un petit cochon de lait ; vous auriez dû nous en apporter un.

MOULINEAU. Elle les nourrit elle-même, selon l'usage de ces animaux, qui ne mettent pas leurs petits en nourrice.

LE CHEVALIER. Elle suit les principes de Jean-Jacques Rousseau.

MOULINEAU. Mais il y a un diable d'inconvénient, c'est qu'elle a treize petits porcs et qu'elle n'a que douze mamelles.

LE MARQUIS. Ah! ah! Eh bien, quand ses douze nourrissons veulent téter ensemble, comment fait le treizième?

MOULINEAU. Il fait comme moi, il regarde les autres.

LE MARQUIS. C'est le moins fort ou le moins habile puisqu'il a la dernière place. Cependant, M. Moulineau, je vous ai engagé à manger un morceau chez moi : vous pouvez aller à l'office avec mes gens.

MOULINEAU. Merci; je ne veux pas dîner avec des gens; j'ai encore cheux nous du pain et du lard.

LE MARQUIS. Vous êtes fier : voyons, voyons, faisons la paix. Je parie que M. Moulineau a une jolie voix; il faut qu'il nous chante quelque chose.

LE PRÉSIDENT. Nous boirons nous, pendant qu'il chantera.

MOULINEAU. Je ne suis pas venu ici pour chanter : mais pour vous dire que nos paysans ne peuvent pas payer les redevances ; que vot' procureur fiscal les tourmente, et que si vous n'arrêtez pas vos huissiers qui voulont les saisir, qui voulont vendre leurs meubles, ils sont décidés à venir vous trouver dans vot' château ; et prenez garde à vous.

LE MARQUIS. Et vous vous êtes chargé d'une pareille commission?

MOULINEAU. Oui. Pourquoi pas?

LE MARQUIS (avec un grand sangfroid). Duhamel? — Ouvrez la croisée, — bien. Prenez M. Moulineau et jetez-le par la fenêtre.

MOULINEAU. Comment!

LE MARQUIS. Je vous trouve bien insolent, de venir chez moi me débiter vos impertinences.

MOULINEAU (aux laquais). Ne me touchez pas... (Duhamel sort) et ne me jetez pas par la fenêtre... car... les autres m'attendont en bas, et s'ils me voyaient arriver par ce chemin-là, ils en prendraient un autre.

(On entend en dehors de grands cris.)

TOUS. Qu'est-ce que c'est que cela?

SCÈNE XIII.
LES MÊMES, DUHAMEL.

DUHAMEL. Ah! M. le marquis!

LE MARQUIS. Qu'est-ce que c'est?

DUHAMEL. N'entendez-vous pas dans la cour du château?...

LE MARQUIS. Qu'y a-t-il donc?

DUHAMEL. Tout le village en armes : des fourches, des faulx, des fusils.

(On entend des cris.)

LE MARQUIS. Les insensés.

LE PRÉSIDENT. Où me cacher?

LE CHEVALIER. C'est difficile, gros comme tu es.

LE PRÉSIDENT. Je me mettrais dans un trou de souris.

DUHAMEL. M. le marquis, ces furieux montent l'escalier ; ils ont envahi tout le château.

LE MARQUIS. Je vais...

LE COMMANDEUR. Les voilà.

SCÈNE XIV.
LES MÊMES, PHULPIN, THOMAS, GERLON, OUVRIERS.
(Ils se précipitent en foule.)

TOUS. Où est-il! où est-il!

PHULPIN. Il nous le faut, monsieur; il faut que vous me remettiez le séducteur de ma fille.

LE MARQUIS. Qu'en voulez-vous faire?

PHULPIN (montrant un pistolet). Le tuer.

LE MARQUIS (froidement). C'est moi.

PHULPIN. Toi misérable! (Il ajuste son pistolet.)

MOULINEAU (détournant le bras de Phulpin). Ah! M. Phulpin...
(Le coup part.)

PHULPIN. Tu me l'as fait manquer.

MOULINEAU. Heureusement.

LE CHEVALIER (au marquis). Viens mon ami ou tu es perdu.
(Ses amis l'entraînent pendant que tous les paysans s'empressent autour de Phulpin.)

PHULPIN ET LES PAYSANS. Vengeance! vengeance!

THOMAS. Mettons le feu au château.

TOUS. Le feu au château.

MOULINEAU. Eh ben, s'ils brûlent le château, on ne pourra plus me jeter par la fenêtre! (Ils sortent en tumulte.)

FIN DU DEUXIÈME ACTE.

ACTE III.

L'intérieur de la pauvre cabane de Moulineau; quelques meubles grossiers. Table et chaises de bois.—Deux flambeaux de fer sur la cheminée.

SCÈNE I.
NANCY, MADELON, assises.

MADELON. Enfin, vous voilà mieux portante! oui, oui, Nancy; vous serez ici chez vous, tant que vous aurez besoin d'un asile. Plût au ciel que je n'eusse pas quitté ma pauvre petite maisonnette du bois d'Epinal, au lieu d'aller loger dans ce grand bâtiment de la manufacture. Vous seriez bien heureuse aujourd'hui, si votre père, en partant pour Paris, vous eût amenée ici. Pardon, ma pauvre enfant. Je ne vous fais pas de reproches. J'en mérite presque autant que vous; mais il faut dire pour excuse que je ne me méfiais de rien.

NANCY. C'est mon excuse aussi; et j'en ai encore une autre.

MADELON. Laquelle donc, mon enfant?

NANCY. C'est que je n'avais jamais aimé.

MADELON. Comment! et André!

NANCY. André est un honnête garçon que je m'étais habituée à regarder comme un frère, mais voilà tout. Lorsque je rencontrai ce jeune chasseur, que j'entendis sa voix gracieuse, ses paroles douces, que j'admirai ses manières élégantes, j'éprouvai un sentiment qui m'avait été inconnu jusqu'alors.

MADELON. Je vous plains, Nancy; car cet amour-là fera votre malheur. Votre père ne vous pardonnera jamais; c'est un homme inflexible: quand il a pris une résolution, le bon Dieu ne l'en ferait pas changer.

NANCY. Je le sais.

MADELON. Quant à M. le marquis d'Hennecour, en supposant qu'il voulût bien oublier sa noblesse et sa fierté (ce que je ne crois pas, voyez-vous), qu'est-il devenu?

NANCY. Est-ce qu'on l'ignore encore?

MADELON. Depuis deux jours que ces démons, conduits par cet enragé de Thomas, ont voulu mettre le feu à son château, et qu'ils ont juré de le faire périr, il n'a pas reparu.

NANCY. Il faut donc que je tremble pour ses jours?

Madelon. Votre père a juré que partout où il le rencontrerait, il le forcerait de se battre avec lui.

Nancy. Mon Dieu! Sa mort ou celle de mon père!

Madelon. Où ira-t-il, ce pauvre marquis? car tout le pays est en révolution: on ne voyage pas sans passeports; les communes environnantes sont sous les armes; on sonne le tocsin à tout moment: ça fait frémir.

Nancy. Oh! oui, c'est bien effrayant!

Madelon. Et mon mari se trouve mêlé dans tout ça malgré lui. Le pauvre cher homme, il faut qu'il dise comme les autres, qu'il aille au club... et je vous demande comme ce bon Moulineau est politique!

Nancy. Et... dites-moi?... André, que fait-il?

Madelon. André s'est engagé volontaire dans le bataillon des Vosges. Ils vont partir pour l'armée du Rhin.

Nancy. Pourquoi n'ai-je pas aimé André! mais...

Madelon. Nancy, ce sont toutes ces idées-là qui vous ont perdue. Voyez, moi, dans mon ménage; Moulineau n'a ni ces manières, ni cette délicatesse dont vous parlez; mais c'est un franc montagnard, un homme qui a de bons sentiments, de la probité; qui n'est pas ivrogne, ni dérangé, comme beaucoup de gens de son état; et ben, je m'y suis attachée! nous vivons tranquillement, et je suis heureuse.

Nancy. Je voudrais être comme vous.

SCÈNE II.

Les mêmes, MOULINEAU, en veste, et bonnet de laine.

Moulineau. Bonjour Nancy, bonjour femme. Ca va bien, ma pauvre Nancy... Allons, du courage, mon enfant. Dites donc, vous autres, si j'avions de l'ambition!

Madelon. Qu'est-ce qu'il y a donc?

Moulineau. Ils viennent de me nommer président du club.

Madelon. En vérité?

Moulineau. Oui, sans que j'ayons ni intrigué, ni cabalé. Thomas avait fait les cent coups; ils n'ont pas voulu de lui: c'est drôle!

Madelon. Tiens, ton Thomas, je ne l'aime pas; il est méchant.

Moulineau. Je leur ai demandé qu'est-ce qui me valait cet honneur. Ils m'ont dit: A cause de ta modération; tu nous as empêché de mettre le feu au château d'Hennecour; aujourd'hui, je serions fâchés d'avoir fait ce coup là; eh ben, reçois le prix de ta bonne action. J'ai vu le moment qu'ils allaient me décerner d'une couronne civique!

Nancy. C'est vous, Jean, qui avez empêché ce crime?

Moulineau. Oui, j'en empêcherons ben d'autres, si je pouvons.

Nancy (lui prenant la main). Vous êtes un brave homme.

Madelon. Qu'est-ce que je vous disais? Tiens, Jean, viens m'embrasser.

Moulineau. Je veux ben. (Il embrasse sa femme.) Voyez-vous, Nancy, si vous aviez épousé André, vous seriez heureuse comme nous. Ce bon André, il va venir nous faire ses adieux avant de partir.

Nancy. Je ne pourrai pas le revoir. Je rougirais trop devant lui.

Moulineau. Ah ben! je vous réponds qu'il ne vous humiliera pas: il est trop généreux pour ça.

Nancy. N'importe, je veux éviter cette entrevue qui serait pénible pour tous deux.

Moulineau. V'là vot'chambre. (Il la lui désigne.) Vous êtes maîtresse de vous y tenir seule quand ça vous fera plaisir. Je ne vous donnons pas l'hospitalité pour vous gêner en rien.

Nancy. Mais, mon bon Jean, j'aurais une grâce à vous demander.

Moulineau (riant). Tiens! me demander des grâces, à moi; est-ce que j'en avons?

Nancy. Jean, je voudrais revoir mon père; solliciter mon pardon.

MOULINEAU. Vot' père, vot' père, c'est un homme qu'est rude à manier Mais je lui parlerons, moi. Avec mon gros bon sens, j'ai queq'fois des idées!... je ne sais pas les exprimer ; mais elles sont bonnes dans le fond.

MADELON (lui tapant les joues). Je te dis que tu es un bijou !

MOULINEAU. Ah ! un diamant brut ! Il ne faudrait que me tailler, me rafiner un peu.

MADELON. Et que tu ne sois plus jaloux; car tu m'as donné ben du chagrin.

MOULINEAU. Et moi, donc ! j'en ai pas eu, peut-être ; mais nous avons eu le plaisir de nous raccomoder. C'est gentil, les raccomodements.

MADELON. Tais-toi donc !

MOULINEAU. Pourquoi donc me taire? Allons Nancy, rentrez dans votre petite chambre; on n'ira pas vous y tourmenter.

MADELON. Et moi... je vas m'occuper de notre souper.
(Elles sortent ensemble à gauche.)

MOULINEAU (seul). V'là la nuit qui vient. Allumons donc la chandelle : j'aime à voir clair dans les affaires.—Mettons toujours la table. (Il avance une table grossière, y met une nappe de toile grise, trois couverts de fer, des assiettes de grosse faïence, une cruche et des gobelets de fer-blanc.) Ce couvert là n'est pas si élégant que celui d'avant-hier, cheux M. le marquis, mais j'y ferons honneur. (On frappe tout doucement à la porte.) Quiens ! qui est-ce qui frappe à c't' heure-ci ?—Ah ! peut-être ce bon André qui vient nous faire ses adieux. — Entrez, poussez la porte, il n'y a pas de serrure.

SCÈNE III.

MOULINEAU, LE MARQUIS, vêtu comme au premier acte, il a un manteau.

LE MARQUIS (en désordre, pâle, défait, entre mystérieusement). Qui que vous soyez, je vous demande l'hospitalité.

MOULINEAU (surpris). Ah mon dieu ! je ne me trompe pas, c'est vous, vous, M. le marquis !

LE MARQUIS. Vous me connaissez ?... Ah ! c'est vous, Moulineau.

MOULINEAU. Oui c'est moi. Dans quel état je vous vois !

LE MARQUIS. Que voulez-vous, mon cher ami, voilà deux jours et deux nuits que je suis errant dans ces bois... Je suis un peu en désordre, je n'ai pas eu de valet de chambre pour faire ma toilette.

MOULINEAU. Vous devez être abîmé de fatigue.

LE MARQUIS. Et de faim, car je n'ai pas eu non plus de cuisinier pour apprêter mes repas.

MOULINEAU. Eh mon dieu ? queuq'vous avez donc mangé.

LE MARQUIS. Rien. J'ai aperçu votre chaumière ; à tout hasard j'y ai frappé, je n'ai pas d'argent sur moi... Mais ce diamant...

MOULINEAU. Pour qui donc que vous me prenez ! Eh bien par exemple, est-ce que je détroussons les passants !

LE MARQUIS. Mais cependant...

MOULINEAU. On ne paie pas, ici ; je ne tenons pas auberge. Restez avec nous, vous serez à l'abri, et vous partagerez notre souper.

LE MARQUIS. J'accepte avec plaisir.

MOULINEAU (souriant). Dites donc, M. le marquis, je ne vous engageons pas à souper avec mes gens ; d'abord parce que je n'en avons pas, et puis parce que ça ne serait pas honnête.

LE MARQUIS. Je comprends; c'est une épigramme pour la réception que je vous ai faite l'autre jour.

MOULINEAU. Par la même raison, je ne vous ferons pas jeter par la fenêtre ; au contraire, je vous ouvrons not' porte.

LE MARQUIS. C'est très bien, cela, M. Moulineau.

MOULINEAU. Mais vous vous tenez là debout, assisez vous donc.

LE MARQUIS. J'en ai besoin. (Il s'assied).

MOULINEAU. L'escabeau est un peu dur : il n'y a pas de coussin.
LE MARQUIS. Aye! c'est du bois.
MOULINEAU. Oh! c'est solide.
LE MARQUIS. Je n'en puis plus.
MOULINEAU. Je ne sais pas si not' fricot vous conviendra; ça ne sera pas fameux.
LE MARQUIS. Oh! ma foi, quand on a été deux jours sans manger!...
MOULINAU. Et puis not' pain est un peu noir : mais que voulez-vous, quand on gagne vingt sous par jour!
LE MARQUIS. Mon ami, si nous causions moins, et que nous nous mettions à table un peu plus tôt.
MOULINEAU. Faut le temps. C'est ma femme qu'est la cuisinière. En attendant buvons toujours un coup (il prend deux goblets) et trinquons.
LE MARQUIS (trinquant). Volontiers.
MOULINEAU. Eh ben vous vla moins fier. Voulez-vous aussi casser une croute? (Il lui donne un énorme pain noir).
LE MARQUIS. Coupez-m'en une bouchée.
MOULINEAU. Oh! y en a encore dans la huche (il réfléchit). Ah! mon dieu, moi qui mets quatre couverts! (à part) je n'y songeais pas. C'te pauvre Nancy qui se trouverait avec lui !
LE MARQUIS. Qu'avez-vous donc?
MOULINEAU, (à part). Et ces autres, et Thomas qui va venir! oh le malheureux!
LE MARQUIS. Qu'avez-vous à réfléchir?
MOULINEAU. Eh mon cher ami, vous ne pouvez pas rester ici!
LE MARQUIS. Comment! après m'avoir accueilli, vous me chassez! Ah! Moulineau vous avez de la rancune, ce n'est pas bien.
MOULINEAU. De la rancune, moi! vous vous trompez! mais mon brave homme, vous êtes perdu.
LE MARQUIS. Expliquez-vous.
MOULINEAU. D'abord, pour le souper... Savez-vous pour qui était ce couvert là, en face du vôtre! c'est pour c'te pauvre Nancy, que son père a chassée, qui serait depuis deux jours errante comme vous, dans les bois, et peut-être morte de faim et de chagrin... si je ne l'avions pas recueillie dans not' cabane.
LE MARQUIS (soupirant). Pauvre fille!
MOULINEAU. Si vous vouliez...
LE MARQUIS (lui prenant les mains lui dit avec douceur). Taisez-vous, mon ami! vous ne connaissez pas les lois de la société! vous ne savez pas quelles conditions imposent certain rang et certains titres.
MOULINEAU. Alors il ne faudrait pas les séduire.
LE MARQUIS. Les passions nous entraînent.
MOULINEAU. Ah! les passions! Mais l'heure s'avance, et vous ne savez pas que s'ils vous trouvent ici...
LE MARQUIS. Qui?
MOULINEAU. Ces enragés, et Thomas à leur tête, qui vous feriont un mauvais parti!
LE MARQUIS. Je comprends. Adieu M. Moulineau.
MOULINEAU. Arrêtez! Ne sortez pas; vous les rencontreriez dans le bois, et vous seriez perdu. Si, avant de sortir, vous vous déguisiez?
LE MARQUIS. Ce serait plus prudent.
MOULINEAU. Je crois que j'entends du bruit en-dehors!... Entrez vitement là, c'est not' chambre. Vous trouverez dans une armoire, au pied du lit, une blouse, des sabots, un bonnet de laine, toute ma défroque de travail. Pour qu'on ne voye pas vot' poudre, lavez vos cheveux dans un sciau d'eau. Saurez-vous ben vous ajuster? Dame, je n'ons pas de valet

de chambre à vous prêter; y a un p'tit morceau de miroir pendu à la croisée. Entrez vite... Ah! un bout de chandelle pour voir clair (il le fait entrer à droite). Sapredié, il était temps! v'la Thomas!

SCÈNE IV.
MOULINEAU, THOMAS.

MOULINEAU. Qu'est-ce qui vous amène donc cheux nous, Thomas?

THOMAS. Je viens te prévenir, que nous devons avoir une séance cette nuit, et puisque tu es président du club, elle aura lieu chez toi.

MOULINEAU. C't'idée, de s'assembler la nuit.

THOMAS. C'est que nous avons découvert queuq'chose. On a vu rôder le marquis dans ces environs-ci; nous voulons nous en emparer, et plusieurs d'entre nous battent la forêt, pendant que les autres vont s'assembler chez toi.

MOULINEAU. Vraiment! vous croyez qu'il est dans la forêt? Je ne crois pas, moi.

THOMAS. Vous alliez vous mettre à table?

MOULINEAU. Tu vois : not' petit souper était servi.

THOMAS. Quatre couverts? Combien donc êtes-vous ici?

MOULINEAU. Eh ben! est-ce que je n'avons pas c'te pauvre Nancy à qui j'avons donné asile.

THOMAS. Ah! oui. C'est bien. Et l'autre couvert?

MOULINEAU. Pour quequ'un que nous attendons.

THOMAS. Qui donc, ce quelqu'un?

MOULINEAU. T'es ben curieux! Est-ce que je ne sommes pas libre de recevoir qui que je voulons?

THOMAS. Oui : mais tu as l'air de faire du mystère, et alors...

MOULINEAU. N'y a pas de mystère à ça. J'attendons André qui va parti volontaire dans le bataillon des Vosges, qui doit venir nous faire ses adieux, et souper avec nous.

THOMAS. C'est bien : — Et André après ce qui s'est passé va se trouver vis-à-vis de Nancy?

MOULINEAU. Mais tu m'ennuies à la fin! Est-ce que j'ai des comptes à te rendre? Je suis président et je fais ce que je veux.

THOMAS. Tu n'as pas de comptes à me rendre : mais tu en rendras au club.

MOULINEAU. Si ça me plaît.

SCÈNE V.

LES MÊMES, MADELON, qui a apporté une soupière et qui l'a posée sur la table, va voir au fond.

MADELON (à la porte.) Dis-donc not' homme, v'là tout plein de monde qui vient par ici.

MOULINEAU. Fais-les entrer, et emporte tout ça. Je n'ai plus faim. Vous souperez là-dedans toutes les deux.

MADELON. Oui. Et si tu as besoin de moi, tu m'appelleras.

MOULINEAU, avec intention. Ah! dis donc, si tu rencontres Colas, ce garçon de ferme.....

MADELON. Qué Colas?

MOULINEAU, faisant des signes. Tu sais bien, qui devait nous apporter ce s'tier de blé... un garçon, en blouse...

MADELON. Puisque je ne sors pas, où veux-tu que je le rencontre!

MOULINEAU. Ah! c'est vrai. Je m'embrouille, moi. (à Thomas.) C'est toi qui m'ahuris. (Il aide sa femme à porter la table dans la coulisse, et lui dit à demi-voix) : Il est dans not' chambre, tâche de le faire sortir.

MADELON (de même). Qui!

MOULINEAU (de même). Tais-toi donc. Il y va de sa vie.

SCÈNE VI.
MOULINEAU, THOMAS, GERLON ET LES AUTRES OUVRIERS.

GERLON. Eh ben, Thomas, tu vois que nous sommes exats à ton invitation.

THOMAS. C'est bien. Mes amis, prenons séance.

MOULINEAU. Diable! Il n'y aura pas assez de siéges pour tout ce monde-là...

GERLON. On s'assira comme on pourra, et ceux qui n'en auront pas se tiendront debout.

MOULINEAU. Ou bien ils s'assiront par terre, s'ils tombent ça ne sera pas de haut (il rit). (Les uns prennent les siéges, d'autres veulent se placer sur les meubles, sur la huche, sur le bahut, sur la commode, sur l'appui de la croisée, etc.) Hé! gros Pierre, tu es lourd comme tout, tu vas défoncer ma petite commode. —Hé! toi, tu vas casser mon saloir..Prenez garde à mon vaissellier.(à part) Et cet autre qui est là-dedans. (Ils se groupent sur quelques bancs, de manière à laisser le passage libre, de la chambre où est le marquis à la porte du fond.

THOMAS. Mes amis et camarades, je demande la parole.

MOULINEAU. Eh ben, parle.

THOMAS. Est-ce que vous n'êtes pas las de voir dans le monde tout d'un côté et rien de l'autre : de voir ceux-ci travailler pour que ceux-là s'enrichissent? Est-ce que votre cœur ne saigne pas de l'affront qui a été fait à votre digne contre-maître, à un vieux soldat, dont un jeune seigneur impudent a déshonoré la fille?

TOUS. Si, si...

THOMAS. A un grand crime, il faut une grande réparation!

TOUS. Oui, oui.

MOULINEAU. Vous êtes drôles, vous autres de vous faire comme ça juges du grand monde.

THOMAS. Pourquoi ne le serions-nous pas?

MOULINEAU. Parce qu'il faut que chacun fasse son métier, et les vaches seront mieux gardées.

SCÈNE VII.
LES MÊMES, LE MARQUIS.

LE MARQUIS (vêtu des habits que lui avait indiqués Moulineau, cherche à se glisser dehors). L'instant me paraît favorable, tâchons de sortir.
[Deux paysans qui arrivent lui barrent la porte.]

UN PAYSAN. Tiens! ou vas-tu donc, toi! Pourquoi que tu sors!

LE MARQUS [déguisant sa voix]. Je ne sortions pas... J'arrivons.

LE PAYSAN. Qui que t'es?

MOULINEAU (se retournant). Ah! c'est Colas!... Eh ben!.. et mon septier de blé?...

LE MARQUIS. Je n'ons pas pu vous l'apporter, parc'que not' maître est allé à trois lieues d'ici avec ceux de la forge, pour piller un château.

THOMAS. Ah!

MOULINEAU. Alors, qué q' tu viens faire ici... Va t'en.

THOMAS. Non, non, qu'il reste et qu'il vote avec nous. Est-il bon patriote, ce garçon-là?

LE MARQUIS. Ah! je crois ben!

MOULINEAU. Je le connaissons... et j'en répondons.

THOMAS (au marquis). Prends place. — Mes amis, vous savez ce qu'a fait le marquis d'Hennecour; je vous le demande encore : quelle réparation croyez-vous qu'il faille à un crime pareil? vous vous taisez; eh bien! je vais le dire, il faut la mort.

TOUS (surpris). La mort?

LE MARQUIS (à part). C'est du sérieux.

MOULINEAU. Je demandons la parole à mon tour, et comme je sommes président, je me la donnons. Thomas parle toujours de la mort! lui! il a tort, parce que la mort ne peut rien raccommoder; au contraire, la mort gâte tout, à mon idée!... Y a une pauvre jeunesse, abusée, déshonorée ; je n'excuse pas le Marquis : mais si vous le tuez, le Marquis, il ne pourra pas réparer sa faute, au contraire : au lieu que si, étant vivant, il épousait la jeune fille, le mariage rapapilloterait toutes les affaires.

THOMAS (avec force). Il n'y consentira jamais !

LE MARQUIS (à part). Cet enragé connaît pourtant les convenances.

MOULINEAU. Mais si par hasard... et dans un cas... car ça peut arriver... cette pauvre fille... Enfin...

GERLON. C'est vrai. Moulineau a raison.

TOUS. Il a raison.

THOMAS. Voilà bien les assemblées. Vous êtes toujours de l'avis du dernier qui parle... Vons ne connaissez pas la noblesse. Le marquis d'Hennecour est comme les autres. Chez lui, ce ne sont pas des erreurs, ce sont des principes. Eh bien! agissons donc aussi par principes... Moulineau nous a empêché de brûler son château...

MOULINEAU. A quoi que ça vous aurait servi? A vous chauffer deux ou trois jours !...

THOMAS. Il y a une autre manière de se venger, et qui peut être profitable à tout le monde.

TOUS. Voyons, voyons.

THOMAS (montrant le Marquis). Ce garçon vient de m'en donner l'idée.

LE MARQUIS. Moi !...

THOMAS. Oui. Il ne faut pas brûler le château, il faut le piller.

LE MARQUIS (à part). Bien ! j'ai été fort adroit.

TOUS. Oui, oui. Il faut le piller.

THOMAS. Vous serez riches à votre tour.

MOULINEAU. Et toi aussi ?...

THOMAS. Non, car je ne veux rien pour moi...

MOULINEAU. Tu dis ça : mais tu ne donneras pas ta part au chat.

THOMAS. Demain à la pointe du jour, au pillage.

TOUS. Au pillage! au pillage !

MOULINEAU. Mes amis, écoutez-moi, le pillage, c'est un vol. Vous ne voudriez pas passer pour des voleurs ?...

TOUS. Non, non.

THOMAS. Les tribunaux volent-ils, quand ils confisquent les biens d'un coupable ?...

MOULINEAU. Mais tu n'es pas un tribunaux toi.

TOUS. Au pillage !

SCÈNE VIII.

LES MÊMES, ANDRÉ, en uniforme de volontaire.

ANDRÉ. Qu'est-ce que j'entends ? De quel pillage parle-t-on ?

MOULINEAU. Ah! viens André, viens m'aider mon ami. Ils m'avons nommé président, et ils ne m'écoutent pas !... J'ai beau leux y parler raison, c'est comme si je chantais le *Credo* sur l'air de *Colinette au bois s'en alla*.

GERLON. J'allons piller le château d'Hennecour.

ANDRÉ. Qui est-ce qui vous a donné cette idée-là ?

THOMAS. C'est moi.

LE MARQUIS. Et moi.

ANDRÉ. Et vous y consentez tous ?

PLUSIEURS VOIX. Oui.

ANDRÉ. Tout le monde n'a pas répondu.

MOULINEAU. Non.

ANDRÉ. Je parie que si l'on consultait chacun individuellement, il n'y aurait pas la majorité pour une mauvaise action. Voyons, que ceux qui sont pour le pillage, passent d'un côté, avec Thomas. Que ceux qui sont de l'avis contraire, viennent de mon côté.

(Les paysans restent du côté d'André. Le marquis seul passe du côté de Thomas.)

MOULINEAU. Ah! jarnidié, je sommes en force de notre côté. — Je n'aurais pas eu c'tidée-là, moi; et stapendant je sommes président.

ANDRÉ. Quel est celui qui a passé du côté de Thomas. Tu n'es pas du pays, toi. Viens-tu ici pour révolutionner nos bons habitants?

MOULINEAU. Pour les insurrectionner... (Bas au marquis.) Ne faites pas semblant de rien. (Haut.) J'te vas donner des coups de poing, moi.

THOMAS. Y songes-tu, Moulineau?

MOULINEAU (au marquis). Ah! tu viens ici pour piller les châteaux, toi!

LE MARQUIS. Pourquoi pas? J'aurai du moins ma part comme les autres.

ANDRÉ. Malheureux! ce sont des hommes comme toi qui égarent les faibles.

MOULINEAU (avec intention). Chassons-le d'ici.

LE MARQUIS. Renvoyez-moi si vous voulez.

THOMAS. Vous me renverrez donc avec lui, car je persiste dans mon idée.

THOMAS. (au marquis). Viens avec moi; nous trouverons au village voisin des hommes moins timorés, et si, en route, nous rencontrons le marquis, gare à lui.

LE MARQUIS. Est-ce que vous le reconnaîtriez bien?

THOMAS. Oh! que oui. Je ne l'ai vu qu'une fois! mais ses manières, ses habits...

MOULINEAU. Ne les laissons pas aller ensemble! — Deux démons comme ça mettriont le pays sens dessus dessous.

ANDRÉ. Mes amis, mes camarades, je suis bien plus blessé que vous tous, de la conduite du marquis; mais je pense comme le père de Nancy, comme le respectable Phulpin. Vous le voyez, je me suis fait soldat, parce que le marquis, dans ses préjugés, aurait dédaigné de mesurer le fer avec un ouvrier. Maintenant que je porte un sabre, maintenant que j'ai dévoué mon bras à la défense de la patrie, je suis aussi noble que lui, et partout où je le rencontrerai, je lui offrirai un combat à mort.

LE MARQUIS (s'approchant et le prenant par le bras, lui dit à demi-voix). Sortons ensemble, vous pourrez vous satisfaire.

ANDRÉ. Vous êtes?...

LE MARQUIS (bas). Le marquis d'Hennecour.—Silence.

ANDRÉ. Comptez sur moi.

MOULINEAU. Mes amis, il faudrait pourtant finir la séance. Les présidents ne sont pas de fer; avec ça que je n'ai pas soupé!

LE MARQUIS (gaiement). Ni moi non plus.

ANDRÉ. Voyons, mes bons amis, entendez raison. Vous voyez que la majorité est restée de mon côté. Réfléchissez avant de commettre une action dont vous vous repentiriez plus tard. En croyez-vous André, votre ami, votre camarade?

TOUS. Oui, oui; plus de pillage.

ANDRÉ (au marquis). Et vous?

LE MARQUIS. Moi? je ne tiens pas essentiellement à ce que le château soit pillé.

MOULINEAU (à part). Je le crois bien.

ANDRÉ. Retirez-vous tous, tranquillement.

THOMAS. Il fera jour demain (il sort).

SCÈNE IX.
LES MÊMES, MADELON.

MADELON. Ah ça, voyons, ça finira ti bentôt, tout ce tintamare là? Est-ce que je ne serons pas la maîtresse cheux nous? J'attends mon homme pour me coucher, moi : et je pense ben que vos femmes vous attendent aussi.

MOULINEAU. Dites donc, mes amis, je vous conseille d'aller les trouver. Ça ne vaut rien d'être hors de cheux soi à c'theure-ci. Les absents ont tort.

TOUS. Rentrons, rentrons. (Ils se retirent.)

MOULINEAU. Dormez bien. Bonsoir à vos épouses.

ANDRÉ (à Moulineau et à Madelon). Adieu, mes amis. Dites à Nancy que je lui pardonne et que je la vengerai. (bas au marquis) Sortons.

SCÈNE X.
LES MÊMES, NANCY (qui a entrouvert la porte et entendu la dernière phrase).

NANCY. André!... mon ami!... (Elle lui tend la main.)

ANDRÉ (allant à elle). Nancy!

NANCY (avec émotion). Ne me vengez pas! je vous en supplie!

ANDRÉ. Que je ne vous venge pas!... Vous l'aimez donc!

NANCY. Oui, je l'aime.

ANDRÉ (allant au marquis, lui dit tout bas). Partez, Monsieur, partez... Je ne me battrai pas avec vous... Mais ces hommes!... attendez-moi au détour du chemin. Je protégerai votre fuite.

LE MARQUIS (lui serrant la main). Vous êtes un homme d'honneur (il sort).

ANDRÉ. Adieu Nancy... Et moi aussi je t'aimais! Adieu!... (il sort.)

NANCY. Adieu! (Elle rentre dans sa chambre.)

SCÈNE XI.
MOULINEAU, MADELON.

MADELON. Ah ça! viens-tu te coucher, toi?

MOULINEAU. Sans souper!

MADELON. Mais à propos, nous coucher! Et tu m'as dit qu'il y avait queuqu'un dans not' chambre!

MOULINEAU. Il n'y est plus; il est parti : heureusement!

MADELON. Qui donc que c'était?

MOULINEAU (mystérieusement). Le marquis!

MADELON. Comment que ça se fait que?...

MOULINEAU. Ah vas-tu causer, à ton tour! allons j'ai assez de présidence comme ça. Dès demain, je donne ma démission. (réfléchissant) Je l'ai sauvé de la mort, pourtant, et je tombe de sommeil... Décidément, il n'y a pas de meilleur oreiller qu'une bonne action!

MADELON. Il ne faudra pas en faire tous les jours, tu dormirais trop.

MOULINEAU. Une de temps en temps : ça repose. Allons dormir, ma femme! (Il l'emmène.)

FIN DU TROISIÈME ACTE.

ACTE IV.
La scène se passe à Coblentz, dans un hôtel garni.

SCÈNE I.
LA COMTESSE D'ORVILLE, en peignoir élégant.

LA COMTESSE D'ORVILLE (assise à une table et écrivant). Si cela continue, toute la France sera bientôt à Coblentz. C'est une idée fort heureuse que d'avoir pris cet hôtel où les émigrés abondent. La comtesse d'Orville, maîtresse d'hôtel garni! c'est incroyable, ma parole d'honneur.—Ah! quand on a tous ses biens séquestrés en France, il faut faire ressource. Il ne s'agit plus de déroger, il s'agit de vivre. Les événements politiques sont venus rompre mon mariage avec le marquis d'Hennecour, au moment où il allait se conclure. C'était un riche parti, et nous aurions fait figure au milieu de ce monde d'émigrés dont les trois quarts ont apporté avec eux plus de titres et de prétentions que d'argent comptant! Prenons patience.

SCÈNE II.

LA COMTESSE, LE CHEVALIER, en costume élégant.

LE CHEVALIER. Bonjour, belle comtesse.

LA COMTESSE (se levant). Eh bien! Chevalier, qu'y a-t-il de nouveau? car vous êtes ma gazette.

LE CHEVALIER. D'abord, Comtesse, je vous apporte un nouveau joujou qui arrive de France.

LA COMTESSE. Qu'est-ce que c'est que cela?

LE CHEVALIER. Ça s'appelle un *émigrant*. Cela fait fureur. On y joue dans les salons, dans les promenades, dans les spectacles mêmes. Il y en a de très simples et de très brillants, depuis le buis jusqu'à l'ivoire enrichi de diamants. Tout cela tourne, monte et descend, comme la roue de la fortune; c'est l'image du monde et de l'émigration. (Il joue avec l'émigrant.)

LA COMTESSE. Et c'est bien de l'esprit français, qui joue avec tout. A propos, Chevalier, j'ai reçu l'avis confidentiel qu'un grand personnage devait passer incognito par Coblentz, et s'arrêter à mon hôtel. Pouvez-vous deviner qui c'est?

LE CHEVALIER. Non, mais plus il mettra de mystère, plus il sera déguisé, et plus nous devons lui supposer d'importance.

LA COMTESSE. C'est sans doute quelqu'un des plus grands seigneurs du royaume, peut-être un prince du sang, et j'espère profiter de l'occasion pour me ménager une protection puissante.

LE CHEVALIER. J'ai peur, Comtesse, que vous ne teniez auberge encore long-temps.

LA COMTESSE. A moins que le marquis d'Hennecour n'arrive enfin, et qu'un brillant mariage ne me remette dans la position que j'avais droit d'espérer.

LE CHEVALIER. Dans ma réponse à ma dernière lettre, il m'annonce sa prochaine arrivée. Vous sentez bien que je lui ai mandé de ne pas descendre ailleurs qu'à l'hôtel de madame la comtesse d'Orville.

LA COMTESSE. Je vais donc le revoir, ce cher marquis. Pourquoi est-il resté si long-temps en Suisse?

LE CHEVALIER. Pour une affaire d'intérêt très importante: il s'agit d'un million, dont la trace était perdue, et il espérait trouver en Suisse un ancien intendant de son père, qui avait, dit-on, la clef de ce secret.

LA COMTESSE. La clef d'un million. C'est fort joli.

LE CHEVALIER. Je ne sais s'il a réussi; mais comme nous étions amis intimes, j'attends son arrivée avec impatience, et j'espère sortir de la position où m'a mis le besoin d'assurer mon existence. Qui diable aurait jamais cru que le chevalier de Merilly eût été obligé de se faire maître de danse!

LA COMTESSE. Il y en a de plus malheureux que vous; car cette profession vous permet encore de voir la société.

LE CHEVALIER. Oui; elle est plus agréable que celle de ce président de Vaudeuil, qui n'ayant jamais fait d'autre étude sérieuse que celle du cuisinier royal, s'est trouvé obligé de descendre de son tribunal à l'office, de troquer la robe rouge contre la veste et le tablier de chef de cuisine, et la toque contre le bonnet de coton.

LA COMTESSE. Il serait mort de faim, s'il n'avait eu le talent de faire manger les autres.

LE CHEVALIER. Pardon, Comtesse, je vous quitte pour courir deux ou trois cachets. (Il sort en marchant comme les danseurs, et en faisant quelques flic-flac. Près de la porte il se retourne, et dit) : Eh bien! n'ai-je pas déjà les allures d'un Vestris. (Il sort en danseur.)

LA COMTESSE. Sa philosophie est gaie; il a pris son parti.

SCÈNE III.
LA COMTESSE, FRANÇOIS.

LA COMTESSE (sonne). François!

FRANÇOIS. Plaît-il, madame la Comtesse.

LA COMTESSE. Ah!... je vais faire ma toilette. Si monsieur le marquis d'Hennecour arrive avant que je ne sois descendue, vous lui donnerez l'appartement n° 1.

FRANÇOIS. C'est le plus beau de l'hôtel.

LA COMTESSE. C'est pour cela que je le lui destine. On aura bien soin de ses équipages. Vous mettrez ses domestiques au petit entresol, afin qu'il les ait sous la main... son valet de chambre près de lui.

FRANÇOIS. Oui, madame.

LA COMTESSE. Quant à la chaise de poste dont je vous ai déjà parlé, les plus grands égards pour le personnage mystérieux qu'elle amènera, et surtout point d'indiscrétion.

FRANÇOIS. Madame connaît mon intelligence. — A propos, madame, il vient d'arriver une calèche avec un officier général.

LA COMTESSE. Serait-ce lui?

FRANÇOIS. Je ne sais pas.

LA COMTESSE. Un officier... de l'armée de Condé?

SCÈNE IV.
LES MÊMES, ANDRÉ en général, un POSTILLON.

ANDRÉ (qui a entendu les derniers mots). Non, madame; un officier de l'armée de la république, en mission auprès du général prussien, dont le quartier général est à six lieues de la ville.

LA COMTESSE. Ah! mon Dieu! En effet, il porte une cocarde tricolore... Monsieur, je n'ai pas de place dans mon hôtel.

ANDRÉ. Je n'en veux pas, madame! seulement un bouillon et des chevaux.

LA COMTESSE. Un bouillon! C'est aujourd'hui jour maigre... Et les chevaux.

FRANÇOIS. Ils ressemblent au jour : ils sont exténués par les réquisitions.

LA COMTESSE. Je vous salue, monsieur. (Elle sort.)

ANDRÉ. Il faut pourtant que je parte dans une demi-heure. On doublera la poste.

LE POSTILLON. Impossible. Les règlements le défendent, et je suis éreinté...

ANDRÉ. Mais un louis d'or...

LE POSTILLON. C'est différent.

FRANÇOIS. Monsieur, si une aile de chapon au gros sel pouvait remplacer le bouillon.

ANDRÉ. Voilà encore un louis.

FRANÇOIS. Dans deux minutes l'aile de chapon.

LE POSTILLON. Et dans vingt minutes les chevaux.

FRANÇOIS. Entrez dans cette salle. (André sort.)

FRANÇOIS seul. Diable! les généraux de la république paient mieux que les émigrés.

SCÈNE V.

LA COMTESSE, ANDRÉ.

LA COMTESSE. François, ne me dérangez pas une autre fois pour de semblables visites.

FRANÇOIS, à part. J'en voudrais souvent de pareilles.

LA COMTESSE. Mon coiffeur est-il arrivé?

FRANÇOIS. Il finit une pratique au n° 6.

LA COMTESSE. Et ma marchande de modes?

FRANÇOIS. La voici, madame.

SCÈNE VI.

LES MÊMES, LA MARQUISE DE PRESSIGNY, en tablier vert, un carton à la main.

LA COMTESSE. Eh bonjour, marquise, comment cela va-t-il?

LA MARQUISE. A merveille, comtesse, malgré mon humeur. Je viens de porter un petit bonnet à une marchande qui se trouve mal coiffée, parce qu'elle est laide à faire peur, et qui me traite avec un ton!...

LA COMTESSE, riant. Comme vous traitiez à Paris votre marchande de modes!

LA MARQUISE. Oui, mais la mienne n'était pas marquise.

LA COMTESSE. Que voulez-vous, ma chère, voilà le fruit des révolutions! Elles déplacent bien des gens!

LA MARQUISE. Et elles en placent beaucoup.

LA COMTESSE. Oui!

LA MARQUISE. Perdre sa fortune, c'est dur! mais être humiliée par de la petite bourgeoisie, c'est déplorable!

SCÈNE VII.

LES MÊMES, L'ABBÉ en coiffeur, avec ce qu'on appelle habit de poudre.

FRANÇOIS. Voilà le coiffeur de madame.

LA MARQUISE. Eh vraiment! c'est l'abbé de Florizelle. Comment l'abbé, vous voilà perruquier!

L'ABBÉ. Cela me rappelle les heureuses matinées que j'ai passées à votre toilette, belle Dame! J'y faisais mon apprentissage!

LA MARQUISE. N'en rougissez pas: je suis bien marchande de modes.

L'ABBÉ. Vous vendez aujourd'hui, ce que vous embellissiez autrefois.

LA COMTESSE. Tout cela ne durera pas! Mais asseyons-nous donc un moment. — François, des siéges! — L'abbé, vous qui courez les pratiques, avez-vous quelques nouvelles de Paris? (Ils s'asseient avec les mêmes cérémonies que dans un salon.)

L'ABBÉ. J'ai lu ce matin la feuille à deux liards de cet illuminé de Cazotte, qui connaît les énigmes de la politique comme celles de l'Apocalypse. Encore trois mois, et la bête sera au fond de l'abîme.

LA MARQUISE. Pourvu qu'elle ne nous y entraîne pas.

LA COMTESSE. Ah! pardon: tout en causant, il faut que je donne des ordres à mon chef pour ma table d'hôte. — François, appelez le président.

LA MARQUISE. Quel président?

LA COMTESSE. Ce gros de Vaudeuil, il préside maintenant à ma cuisine.

L'ABBÉ. Vous ne saviez pas cela, Marquise? c'était jadis l'oracle de votre table.

LA MARQUISE. S'il exécute comme il jugeait, ses mets doivent être excellents.

SCÈNE VIII.

LES MÊMES, LE PRÉSIDENT, en costume de cuisinier.

LE PRÉSIDENT. Madame... je...

LA COMTESSE. Venez, Président, que je vous présente à la marquise de Pressigny. (On se lève et on salue.)

LE PRÉSIDENT. Comment! vous êtes des nôtres, madame la Marquise? Soyez la bien-arrivée.

FRANÇOIS (avance un siége, on se rassied).

LE PRÉSIDENT. Toujours radieuse : même avec ce tablier de grisette qui vous sied à ravir. Il me semble vous voir quand vous jouâtes si bien à votre château, le rôle de Fanchette dans le *Tonnelier*.

L'ABBÉ. Vous auriez bien joué le tonneau, vous, Président.

LE PRÉSIDENT. Je l'aurais encore mieux vidé.

LA COMTESSE. Tâchez donc aujourd'hui que votre filet soit cuit à point.

LE PRÉSIDENT. Ah! comtesse, hier, ce n'a pas été ma faute. En veillant la broche je lisais une horrible feuille révolutionnaire qui m'a appris qu'on avait brûlé mon château : il est bien permis en pareille circonstance de laisser brûler un rôti.

L'ABBÉ. Savez-vous que Barnave a parlé comme un ange dans la dernière séance de l'assemblée nationale.

FRANÇOIS. Monsieur l'Abbé, l'anglais du n° 8 vous demande pour le raser.

L'ABBÉ. Je vais y aller. J'aurais voulu être député. Je vous réponds que j'aurais fait la barbe à tous ces bavards de Condorcet, Camille Desmoulins, et surtout à ce petit avocat d'Arras, M. de Robespierre, qui n'ira pas loin.

LA COMTESSE. L'Abbé, il est temps de me coiffer. Venez, Marquise, vous m'essaierez mon chapeau.

LA MARQUISE. Allons, ma chère.

LA COMTESSE. Et ce soir, réunion. L'Abbé, n'oubliez pas de dire au commandeur qu'il apporte son violon. — François, que l'on ait bien soin du marquis d'Hennecour. — Allons à ma toilette.

SCÈNE IX.
FRANÇOIS.

FRANÇOIS. Que de préparatifs pour ce marquis. Est-ce que Madame a envie de lui donner dans l'œil? Il paraît que c'est quelque riche seigneur? car ce sont ceux-là que Madame accueille le mieux. Mais enfin, nous allons donc avoir une bonne pratique, et je vais recevoir des pour-boire!

SCÈNE X.

FRANÇOIS, (le marquis vêtu d'une rédingote très sèche, chapeau usé, des guêtres de cuir, un paquet au bout d'un bâton).

LE MARQUIS. C'est ici l'hôtel de madame la comtesse d'Orville?

FRANÇOIS. Qu'est-ce que vous voulez, mon ami?

LE MARQUIS. Son ami! Ah! ce sont mes habits. Je n'ai pas rencontré un domestique, et me voici dans le salon sans être annoncé.

FRANÇOIS. Tous les gens sont occupés, et vous sentez bien qu'on ne fait pas beaucoup d'attention à un voyageur qui arrive avec son paquet au bout d'un bâton.

LE MARQUIS. Où est madame la comtesse! annoncez moi.

FRANÇOIS. Madame est à sa toilette, et elle ne va pas se déranger exprès pour vous.

LE MARQUIS. Ah ça drôle, m'obéiras-tu!

FRANÇOIS, à part. Diable! il m'appelle drôle... C'est un homme comme il faut; quelque émigré râpé. (Haut) Excusez, Monsieur le duc.

LE MARQUIS. Je ne suis point duc. Annoncez le marquis d'Hennecour.

FRANÇOIS. Quoi, M. le marquis, c'est vous! que de pardons! madame vous attend avec une impatience... Elle vous a fait préparer un appartement : mais ce costume! — Ah! vous serez venu en vous promenant pour prendre de l'exercice, vos équipages vont arriver (lui montrant la porte à droite). Voici votre appartement ; c'est le plus beau de l'hôtel. En attendant votre valet de chambre, vous me permettrez de vous en servir. J'ai l'honneur de saluer M. le marquis. Je cours prévenir Madame (il sort).

SCÈNE XI.

LE MARQUIS. Mon valet de chambre, mes équipages ! se moque-t-il de moi ?... Toutefois la comtesse m'attend, elle m'a fait préparer un appartement, et le chevalier ne m'a pas trompé. Elle est encore prête à recevoir ma main (regardant). Elle occupe un fort bel hôtel : ma foi, cela m'arrangera parfaitement. Toutes mes propriétés sont vendues, et ce mariage va me remettre dans une brillante position.

SCÈNE XII.
LE MARQUIS, FRANÇOIS, LE PRÉSIDENT.

FRANÇOIS. Monsieur le marquis, voici le chef qui vient prendre vos ordres pour votre dîner.

LE PRÉSIDENT (en costume de cuisinier). Comment, c'est pour cet homme là que tu viens me déranger !...

LE MARQUIS. Eh bon dieu ! que vois-je ! je ne me trompe pas ! sous cet attirail de cuisine !...

LE PRÉSIDENT. Qu'entend je ! quelle voix ! sous cette redingote de paltoquet...

LE MARQUIS. C'est toi, président !

LE PRÉSIDENT. C'est toi, marquis !

LE MARQUIS. Te voilà marmiton ?

LE PRÉSIDENT. Te voilà mendiant ?

LE MARQUIS. Effet de la révolution.

LE PRÉSIDENT. *Quantum mutatus ab illo !*

LE MARQUIS. Tu ne sais pas le latin.

LE PRÉSIDENT (riant). Tu vois bien que c'est du latin de cuisine !

LE MARQUIS. Explique-moi donc ta métamorphose.

LE PRÉSIDENT. Elle m'a sauvé la vie. N'est-il pas heureux pour un gourmand de vivre au milieu de la bonne chère. Le proverbe dit que quand on touche à l'argent, il en reste toujours après les doigts ; eh bien, quand on touche à la cuisine, il en reste quelque chose au palais !

LE MARQUIS. Pauvre président !

LE PRÉSIDENT. Mais toi, tu ne me parais pas riche.

LE MARQUIS. Aussi ne le suis-je pas. N'ont-ils pas abattu les châteaux ?

LE PRÉSIDENT. Comme les parlements... Eh bien, mon pauvre marquis ! que vas-tu faire ?

LE MARQUIS. Me marier. Je viens exprès pour cela.

LE PRÉSIDENT. Je ferai ton repas de noces.

LE MARQUIS. A condition que tu en mangeras ta part.

LE PRÉSIDENT. J'y compte bien. Ah ça, mon cher marquis, sans indiscrétion, puis-je demander quel est le nom de la princesse que tu viens épouser à Coblentz ?

LE MARQUIS. Tu la connais. Tu devais te trouver il y a un an à la signature du contrat.

LE PRÉSIDENT. Comment, la comtesse d'Orville ?

LE MARQUIS. Oh ! je suis constant.

LE PRÉSIDENT. Superbe affaire !

LE MARQUIS. Oui, je vois qu'elle a conservé sa richesse.

LE PRÉSIDENT. La voici elle-même

SCÈNE XIII.
Les mêmes, LA COMTESSE D'ORVILLE.

LA COMTESSE. Que vient-on de m'apprendre? Il est arrivé! Oui, le voilà, ce cher Marquis.

LE MARQUIS (lui baisant la main). Que je suis heureux de cet empressement, madame la Comtesse!

LA COMTESSE. Mais, quoi! vous n'avez pas encore quitté votre costume de voyage?

LE MARQUIS. A peine suis-je arrivé.

LE PRÉSIDENT. Je me suis emparé de lui tout de suite.

LA COMTESSE. Il faut me le rendre, président.

FRANÇOIS (paraissant à la porte et criant) : Chef, on demande deux biftecks, et un poulet sauté.

LE PRÉSIDENT (criant). Voilà. (Au marquis.) Tu vois, mon ami, où en est réduit un successeur de Molé et de d'Aguesseau!... (Criant) Voilà le bifteck et le poulet demandés. (Il sort.)

SCÈNE XIV.
LE MARQUIS, LA COMTESSE.

LE MARQUIS. Enfin, Comtesse, un destin plus heureux nous rapproche donc après une si longue séparation.

LA COMTESSE. Nous avons été comme tant d'autres, dispersés par l'orage.

LE MARQUIS. Il a fallu plier sous l'effort de la tempête, et jouer le rôle du roseau pour n'être pas brisé comme le chêne.

LA COMTESSE. Mais votre retour me fait un plaisir indicible!

LE MARQUIS. Auriez-vous pensé que je pusse vous oublier?

LA COMTESSE. Dans le malheur, on oublie ses amis.

LE MARQUIS. Au contraire : quand on les connaît bien, on s'adresse à eux.

LA COMTESSE. Un changement de fortune ne peut désunir que des cœurs sans délicatesse.

LE MARQUIS. C'est ce que je pensais, lorsque, dans ma correspondance, je m'informais de vous avec tant d'intérêt.

LA COMTESSE. J'étais sûre de vos sentiments, lorsque je disais au chevalier de vous engager à ne pas prendre de logement ailleurs que chez moi.

LE MARQUIS. Et je vous connaissais bien, lorsque je lui répondais, comme La Fontaine : *J'y allais.*

LA COMTESSE. Nous nous entendions à merveille. Vous êtes resté longtemps en Suisse : vous ne vouliez quitter ce pays qu'après avoir trouvé l'homme qui devait vous mettre sur la voie d'un certain million...

LE MARQUIS. J'ai encore perdu la piste.

LA COMTESSE. En vérité!

LE MARQUIS. C'est d'autant plus malheureux que je n'avais pas d'autre espoir.

LA COMTESSE. Comment! de toute votre fortune?

LE MARQUIS. J'ai eu la maladresse de ne rien sauver, et je suis heureux qu'une amie aussi noble, aussi désintéressée que vous appuie, de ses grands biens le nom illustre qui me reste seul maintenant de l'héritage de mes ancêtres.

LA COMTESSE. Ainsi donc, ce costume de voyage?

LE MARQUIS. Est aussi mon habit de cérémonie.

LA COMTESSE. Mais vos équipages?

LE MARQUIS (montrant son petit paquet). Les voilà.

LA COMTESSE (à part). Quelle étourderie!

LE MARQUIS (regardant autour de lui). Y a-t-il long-temps que vous êtes propriétaire de ce superbe hôtel?

LA COMTESSE. Mais, je n'en suis que locataire.

LE MARQUIS. Ah diable! il faut que vous teniez un grand état pour l'occuper, car il doit coûter...

LA COMTESSE. Il me rapporte bien l'intérêt de mon argent.

LE MARQUIS. Comment cela?

LA COMTESSE. Mes appartements se louent à merveille.

LE MARQUIS. Plaît-il?

LA COMTESSE. Celui que je vous ai fait préparer, est de cinq cents francs par mois.

LE MARQUIS. Y songez-vous?

LA COMTESSE. Avec remise et écurie.

LE MARQUIS. Pour qui diable cette écurie! J'arrive de Suisse à pied : je n'ai rien, plus rien : mais vous, madame, vous avez un hôtel?

LA COMTESSE. Garni.

LE MARQUIS (surpris). Garni!... Ah pardieu! ma bourse ne lui ressemble pas!...

LA COMTESSE. Mais, monsieur, que veniez-vous donc ici m'offrir?

LE MARQUIS. Ma personne et le cœur le plus constant.

LA COMTESSE (embarrassée.) Certes, le mien ne lui cède pas en fidélité... et (à part.) comment lui dire que je ne veux pas épouser un homme ruiné?

LE MARQUIS (à part). Comment lui apprendre que je ne puis donner mon nom à une femme qui n'a rien.

SCENE XV.

LES MÊMES, LE PRÉSIDENT, LE CHEVALIER

LE PRÉSIDENT. Pardon, si nous dérangeons votre touchante entrevue. J'amène le chevalier.

LE CHEVALIER. Viens dans mes bras, cher Marquis. (Ils s'embrassent.) Le Président a déjà répandu le bruit de ton arrivée, et de ton union prochaine avec la Comtesse. Tous nos amis vont venir vous en féliciter.

LA COMTESSE. C'est charmant (à part.) Maudit bavard!

LE MARQUIS. C'est enchanteur. (A part.) Le diable l'emporte!

LE CHEVALIER. Tu viens sans doute faire circuler un peu de numéraire, nos compatriotes en ont besoin, car ici on ne bat pas monnaie. Parbleu, tu vas me faire le plaisir de me prêter une centaine de louis.

LE MARQUIS. Je le voudrais, mon ami.

LE CHEVALIER. Aimes-tu mieux que je te les gagne au jeu?

LE MARQUIS. Tu serais bien habile!

LE CHEVALIER. Diable!

SCÈNE XVI.

LES MÊMES, FRANÇOIS.

FRANÇOIS. Madame, une chaise de poste vient d'arriver, avec un courrier en avant. Elle amène un monsieur d'une tournure singulière, mais qui paie comme un prince. C'est sans doute celui que vous attendez.

LA COMTESSE. J'y vais moi-même.—Président, à votre cuisine!—On lui avait préparé le pavillon; mais si M. le Marquis ne tient pas à mon bel appartement du n° 1.

LE MARQUIS (vivement). Vous me ferez plaisir d'en disposer.

LA COMTESSE. Vous m'obligerez beaucoup. — Je vous quitte pour quelques instants... Pardon... Une maîtresse de maison... Vous savez... —Allons donc, monsieur le chef!...

LE PRÉSIDENT. Soyez tranquille. Le rôti sera cuit à point! (Il sort.)

SCENE XVII.
LE MARQUIS, LE CHEVALIER.

LE MARQUIS. Mon pauvre Chevalier, nous voilà seuls ; il faut que je te parle à cœur ouvert. La Comtesse est donc ruinée ?

LE CHEVALIER. Non, mon ami ; elle fait ici d'excellentes affaires.

LE MARQUIS. Alors je ne vois pas pourquoi je ne lui ferais pas tenir sa parole. Un marquis sans le sou ne doit pas laisser échapper une opulente comtesse.

LE CHEVALIER. Ta ruine est donc complète ?

LE MARQUIS. Toutes mes propriétés ont été vendues, jusqu'à mon château d'Hennecour, dans les Vosges ! Ce château a été acheté par un paysan, par un... Moulineau, tu sais, cet original qui viet nous haranguer...

LE CHEVALR. Et que tu voulais faire sauter par la fenêtre. Il l'aura eu à bon marché, comme toutes les propriétés qu'ils appellent nationales.

LE MARQUIS. Ce paysan m'a tiré des mains des forcenés qui voulaient me massacrer... Mais je crois maintenant qu'il avait ses idées en m'aidant à fuir.

SCENE XVIII.
LES MÊMES, FRANÇOIS.

FRANÇOIS. Messieurs, on va servir : voulez-vous passer dans la salle à manger.

LE CHEVALIER. Viens, marquis.

LE MARQUIS (à François). Vous, portez mon paquet dans mon appartement.

FRANÇOIS. Au n° 45. Une jolie petite chambre, un peu haut... au quatrième... mais une vue superbe : le Rhin et la Moselle, des campagnes charmantes, et quatre-vingts francs par mois.

LE MARQUIS. C'est plus en harmonie avec mes finances que le n° 1.

(Ils sortent.)

SCENE XIX.
FRANCOIS, ENSUITE MOLINEAU (en costume de voyage semi-bourgeois).

FRANÇOIS. Monseigneur, donnez-vous la peine d'entrer.

MOULINEAU. Monseigneur !... Ils sont bien polis en Allemagne.

FRANÇOIS. Madame la Comtesse va venir...

MOULINEAU. Quelle comtesse ?

FRANÇOIS. La maîtresse de la maison.

MOULINEAU. Quiens ! c'est drôle ! ici, les auberges sont tenues par des comtesses !

FRANÇOIS. Ce n'est pas trop pour recevoir un homme comme vous, Monseigneur.

MOULINEAU. Ne m'appelez donc pas comme ça, mon cher ami !

FRANÇOIS. Ah ! c'est vrai ! vous voulez garder l'incognito.

MOULINEAU. Je ne garderai jamais rien... que ce qui m'appartient.

FRANÇOIS. Voici votre appartement, c'est le plus beau de la maison ; six pièces de plein pied. Vous ne voudriez point dîner à table d'hôte, on va vous servir chez vous... Croyez à mon zèle, et à mon profond respect (Il sort).

SCENE XX.
MOULINEAU.

MOULINEAU. Qu'est-ce que c'est que cet *incornito* qu'il dit que je voulons garder ? Est-ce que c'est le trésor du Marquis ?..... Non : personne ne sait encore rien... Ce coquin de Thomas m'a confié ça en m'offrant de partager... Ah ben oui ! moi partager un vol !... Je lui ai fait un bon tour, je l'ai fait mettre en prison, et j'ai profité de la découverte pour acheter la propriété : mais jarnidié pas pour moi, et si je ne rencontrons pas le Marquis, je la garderons à la pauvre Nancy... J'ons appris que le Marquis était à Coblentz... Je n'ai pas regardé à faire un petit voyage... J'ai voulu lui parler moi-même, parce que les lettres dans ce temps-ci, on dit qu'on a beau les cacheter, elles arrivons tout ouvertes... Informons-nous de lui adroitement.

SCÈNE XXI.
MOULINEAU, LA COMTESSE.

LA COMTESSE. Ah! Monseigneur, croyez que je n'ai tardé à venir vous faire ma cour, que retenue par les soins que je devais à votre réception.

MOULINEAU (surpris). Faites-moi donc le plaisir de me dire pourquoi vous m'appelez Monseigneur?

LA COMTESSE. Ah! pardon! Mais comme nous sommes seuls!... Restez-vous long-temps dans notre ville, mon prince?

MOULINEAU. Bon! c'est encore mieux.

LA COMTESSE. Vous avez bien fait de quitter la France, vous n'étiez pas plus que les autres en sûreté dans votre château.

MOULINEAU (à part). Ils savont déjà que j'ai un château?

LA COMTESSE. Notre ville serait si heureuse de vous posséder, quoique nous ne sachions pas au juste quel illustre personnage nous avons l'honneur de recevoir.

MOULINEAU. Eh ben! cet illustre personnage étiont tout bonnement Jean Moulineau, paysan des Vosges.

LA COMTESSE (riant). Excellente plaisanterie!... Jusqu'au patois!...

MOULINEAU (à part). Elle me prend pour un autre.

LA COMTESSE. Si vous étiez assez bon, mon Prince (se reprenant), Monsieur Moulineau, pour rester ici quelques jours, j'aurais l'honneur de vous présenter plusieurs de mes amis, et entre autres, le marquis d'Hennecour...

MOULINEAU (vivement). Le marquis d'Hennecour est ici? Ah! quel bonheur!...

LA COMTESSE. Est-ce que vous le connaissez?

MOULINEAU. Sans-doute! et beaucoup!

LA COMTESSE. Vous savez que sa fortune est perdue?

MOULINEAU. Pas pour tout le monde... Le Marquis est encore riche, ça peut se dire ici.

LA COMTESSE (ravie). En vérité!

MOULINEAU. Vous n'imaginez pas le bien que j'pouvons lui faire?

LA COMTESSE. Ah! vous me ravissez. Car, vous ne sauriez croire tout l'intérêt que je prends à lui.

MOULINEAU. Je voudrions lui parler plus tôt que plus tard.

LA COMTESSE. Sachez, mon Prince... M. Moulineau... que le marquis d'Hennecour est venu ici pour m'épouser.

MOULINEAU (surpris). Pour!... vous épouser!... Non jarnidié, il ne vous épousera pas. Eh ben! par exemple, et que deviendrait ma pauvre petite protégée?

LA COMTESSE. Vous avez une protégée? mais M. le marquis d'Hennecour est engagé envers moi.

MOULINEAU. Il se dégagera.

LA COMTESSE. Monseigneur!

MOULINEAU. Il n'y a pas de Monseigneur! il ne vous épousera pas! Je ne le veux pas.

LA COMTESSE (à part). Ces princes sont d'un despotisme.

MOULINEAU. Quel heureux hasard m'a fait venir dans c'te auberge. Montrez-moi ma chambre et faites-moi donner à dîner, car je suis las comme un chien, et j'ai une faim du diable : mais après le dîner, tâchez de me faire parler au marquis d'Hennecour.

LA COMTESSE. Je n'y manquerai pas (à part). Je m'en garderai bien.

MOULINEAU (à part). Épouser le Marquis! je suis arrivé joliment à propos! (Il sort.)

LA COMTESSE. Ces manières grossières!... S'il se déguise, il se déguise bien.

SCÈNE XXI.

(La scène doit être jouée vivement et mystérieusement.)

LA COMTESSE, LE CHEVALIER.

LE CHEVALIER (vivement). Ah! Comtesse, vous êtes seule?

LA COMTESSE. Ce voyageur me quitte.

LE CHEVALIER. Ce n'est point ce que vous croyez.

LA COMTESSE. Je m'en doutais.

LE CHEVALIER. C'est un agent secret de la police française.

LA COMTESSE. Vraiment!

LE CHEVALIER. Son postillon a jasé. — Il a semé l'or sur la route.

LA COMTESSE. Mais cependant, il m'a parlé du Marquis...

LE CHEVALIER. Il vient pour l'arrêter.

LA COMTESSE. Il dit qu'il se nomme Moulineau.

LE CHEVALIER. Moulineau! C'est le nom du scélérat qui a acheté le château d'Hennecour.

LA COMTESSE. Ah! ce pauvre Marquis, il faut le sauver!

LE CHEVALIER. Je vais donner l'éveil au Marquis et le faire monter en chaise de poste, pour le soustraire à cet homme.

LA COMTESSE. Mais cela n'arrangera pas mon mariage avec le Marquis.

LE CHEVALIER. Commençons par le mettre à l'abri. J'entends nos émigrés solliciteurs, ils croient à l'arrivée d'un prince déguisé, livrons-leur M. Moulineau. (Il sort.)

SCÈNE XXII.

LA COMTESSE, LE PRÉSIDENT, L'ABBÉ, LE COMMANDEUR, tenant un violon. LA MARQUISE, ÉMIGRÉS, ÉMIGRÉES.

LE PRÉSIDENT. Où est-il cet illustre personnage, qui dans ce siècle d'assignats répand, dit-on, une pluie d'or?

LA COMTESSE. Il est dans son appartement.

LE PRÉSIDENT. Nous venons lui rendre nos hommages.

LA COMTESSE. Vous savez qu'il voyage incognito.

LE PRÉSIDENT. Oui, mais il ne peut qu'être flatté de l'empressement de gens de notre sorte.

LA COMTESSE. Le voilà. (Elle se tient à l'écart.)

SCÈNE XXIII.

LES MÊMES, MOULINEAU.

MOULINEAU. Est-ce que mon dîner n'arrivera pas, donc?... Ah! tu m'as l'air du cuisinier, toi?

LE PRÉSIDENT. J'ai cet honneur-là, Monseigneur.

MOULINEAU. Encore du monseigneur!... Ces gens-là ont le démon de l'haricocratie.

LE PRÉSIDENT. Vous avez beau vous déguiser, mon Prince, vous êtes reconnu.

LE COMMANDEUR. Vous êtes reconnu.

MOULINEAU. Reconnu ou non, fais-moi dîner, gros ventru.

LE PRÉSIDENT. Il est d'une gaîté... Vous serez content du menu... C'est moi...

MOULINEAU. Toi qui es le menu?... T'en as ben menti, par exemple.

LE PRÉSIDENT. De plus en plus fort.

LE COMMANDEUR. Comme chez Nicolet.

LE PRÉSIDENT. Mon Prince, vous allez voir mes talents en cuisine : mais aussi quand vous rentrerez dans notre France, j'espère que vous daignerez récompenser mon zèle et me nommer premier président du parlement, ou garde des sceaux.

MOULINEAU. Je crois que tu en as pas mal à garder ici.

LE PRÉSIDENT. Le Prince fait des calembours.

LE COMMANDEUR. Il est plein d'esprit.

MOULINEAU. Ah! ça, gros cuisinier, veux-tu que je dîne, oui ou non?

L'ABBÉ. Mon prince, nous espérons tous que notre conduite sera récompensé lors de la contre-révolution.

MOULINEAU. Laissez-moi donc tranquille; je ne pense pas du tout comme vous autres.

LE PRÉSIDENT. Cependant votre présence ici...

MOULINEAU. Ah! vous me prenez pour un émigré!... Jarnidié, je ne le suis pas. Je blâmons ceux qui abandonnent leur pays!

LE PRÉSIDENT. Ce langage...

MOULINEAU Qu'il vous convienne, ou qu'il ne vous convienne pas, je m'en moque... Et vous, madame l'hôtesse, que je voyons là, ricaner dans un coin, je vous prions de faire avertir tout de suite le marquis d'Hennecour, où j'allons me fâcher.

SCÈNE XXIV.
LES MÊMES, LE CHEVALIER.

LE CHEVALIER. Soyez tranquille, madame la Comtesse, le Marquis est en sûreté.

MOULINEAU. Le marquis d'Hennecour?...

LE CHEVALIER. Oui. Il est monté en chaise de poste, et sans doute il a déjà passé le Rhin.

MOULINEAU. Ah! Jarnidié, des chevaux!... des chevaux!...

LE CHEVALIER. Les derniers l'ont emmené.

MOULINEAU. Pardié, vous avez fait là un beau coup!

LE CHEVALIER. Et vous faites un joli métier, vous.

MOULINEAU. Comment? un joli métier!... Pour qui me prenez-vous donc!...

LE CHEVALIER. Vous êtes reconnu, M. Moulineau.

LE PRÉSIDENT. Ce n'est donc pas le prince que nous attendions?

LE CHEVALIER. C'est un patriote, l'acquéreur du château d'Hennecour.

LE PRÉSIDENT. Mais je le reconnais, ce coquin-là! Il faut le faire emprisonner.

LE CHEVALIER. Il faut le bâtonner.

MOULINEAU (se posant.) Approchez donc!... Y en a-t-il un ici qui sache jouer du bâton? (Tout le monde l'entoure.)

SCÈNE XXV.
LES MÊMES, ANDRÉ.

ANDRÉ. Quel bruit! Qu'y a-t-il donc?

MOULINEAU. On veut m'emprisonner, m'assommer!

ANDRÉ. C'est vous, Moulineau!...

MOULINEAU. C'est vous, André!

TOUS. Ils se connaissent!

MOULINEAU. Avec des épaulettes?

ANDRÉ. On va vite dans ce temps-ci. J'en ai gagné deux pour six blessures.

MOULINEAU. C'est bien payé! mais, mon ami, protégez-moi. Ils veulent me faire prisonnier.

ANDRÉ. De quel droit ?

MOULINEAU. Ils disent que je suis un espion.

ANDRÉ. Je vous prends sous ma sauve-garde. Venez avec moi chez le général prussien, nous repartirons ensemble pour la France. — Vous donnerez de mes nouvelles à Nancy.

MOULINEAU (aux autres). Vous m'avez empêché de rencontrer le marquis auquel je rapportais un million, eh bien! je le garderai. Je serai millionnaire malgré moi. Il y en a assez qui le sont malgré tout le monde. (Il sort avec André.)

FIN DU QUATRIÈME ACTE.

ACTE V.

Le parc, devant le château d'Hennecour.

SCÈNE Ire.

GERLON, THOMAS, PAYSANS ET PAYSANNES,
(portant toutes sortes d'instruments bruyants pour un charivari).

THOMAS (aux paysans). Venez, venez par ici, avec vos poêles, vos casserolles, vos chaudrons. Puisque c'est Moulineau qui a été nommé maire, il faut célébrer sa nomination par un charivari.

GERLON. T'es toujours bon comme à l'ordinaire. Si tu avais acheté le château, il y a dix-huit ans, comme Moulineau, c'est p'têtre toi qui serais maire aujourd'hui.

THOMAS. Je l'aurais bien acheté, mais Moulineau m'a joué d'un pion, il m'a dénoncé à la société populaire, et pendant que j'étais en prison, il s'est fait adjuger le château... Et parce qu'il a cinquante mille livres de rente, il fait le fier, il donne des dîners, il fait élever son fils à l'École polytechnique.

GERLON. Son fils est un gentil garçon. Il est arrivé d'hier pour passer ses vacances auprès de ses parents.

THOMAS. Et madame Moulineau ne disait-elle pas l'autre jour qu'elle espérait bien que son mari serait nommé baron.

GERLON. Est-ce qu'il va encore y avoir des barons ?

THOMAS. Parbleu ! l'empereur ne se gêne pas. Non seulement il laisse rentrer en France toute l'ancienne noblesse, mais il refait une noblesse nouvelle. Vous ne savez rien, vous autres !

GERLON. Faut être juste ! Moulineau s'est bien conduit. Il nous a tous fait travailler, il a doublé le prix de nos journées. Et c'te pauvre Nancy, quand son père l'a renvoyée de chez lui, il l'a recueillie, il l'a traitée comme sa propre fille.

THOMAS. Le v'la ben malade ! d'avoir reçu une jeune et jolie personne!.. ça n'est p'têtre pas sans motif ! quand on est riche, on n'est pas bien strict sur l'article des mœurs.

GERLON. Tu seras donc toujours une mauvaise langue !

THOMAS. Je suis Saint-Jean Bouche-d'or. Allons, mes amis, pour célébrer la nomination de M. le maire, commençons notre charivari!

TOUS. Oui, Oui, charivari.

SCÈNE II.

THOMAS, GERLON, MADELON ET MOULINEAU paraissant sur le perron du château.

TOUS (criant). Moulineau ! Moulineau !...

MOULINEAU (sur le perron). Mes chers administrés ! je me rends à vos vœux !...

TOUS. Ah! Ah! Ah!... (Ils agitent leurs instruments).

MOULINEAU. V'la une drôle de musique.
(Ils continuent leurs cris et le bruit du charivari.)

MOULINEAU. Mes amis, je vous fais des compliments, et vous m'écorchez les oreilles.

THOMAS. A bas le maire !...

TOUS. A bas le maire !

MOULINEAU. Il paraît que ma nomination vous fait grand plaisir.

THOMAS. Tu nous parles là du haut de ta grandeur... Tu es donc ben fier depuis que tu es dans les honneurs !

MOULINEAU. Je veux bien descendre jusqu'à vous : mais ne me cassez pas la tête. (Il descend.)

MADELON. Mon homme, prends garde à toi. (A part.) Je vais chercher mon fils. (Elle sort.)

MOULINEAU. Laisse donc, je n'ai pas peur.

THOMAS. Pourquoi qu'on t'a nommé maire ? intrigant !

MOULINEAU. Ne donne donc pas ton nom aux autres. — Voyons, à qui que j'ai fait du mal, ici ? S'il y en a un, qu'il le dise. — Toi, Jean-Pierre, qui qu'a payé les mois d'école de ton p'tit gas ?

JEAN-PIERRE. C'est toi.

MOULINEAU. Toi, la grosse Madeleine, qui qu'a marié ta fille avec le grand Roujeau, et qui l'y a donné une dot de cent écus ?

MADELEINE. C'est vous, Jean.

MOULINEAU. Et toi, grand Baluchet, qui qu'a payé l'amende pour toi, toutes les fois que tu ne balyais pas ta porte, ce qui t'arrivait plus souvent que tous les jours ?

BALUCHET. C'est toi Moulineau.

MOULINEAU. Et qui, qui vous gagnait toujours au jeu de boule, et quoi-qu'ça qui payait toujours cheux le marchand de vin ?

TOUS. C'est toi !

MOULINEAU. V'là donc le mal que je vous ont fait !

THOMAS. C'est égal ! t'es un acquéreur du château d'Hennecour.

MOULINEAU. Tu voudrais ben l'être, toi ! c'est ça qui te fait enrager...

TOUS. C'est vrai.

MOULINEAU. Eh ben, mes enfants, en réjouissance de ce que j'ai été nommé maire, j'ai fait dresser dans le parc une grande table de cent couverts, et défoncer deux pièces de vieux vin, du meilleur de ma cave, et je vous invitons tous à manger et à boire, jusqu'à ce que tout soit mangé et soit bu !

TOUS. Vive monsieur le maire !...

MOULINEAU. Allez resserrer vos casseroles, vos chaudrons, vous n'en avez pas besoin, parce qu'aujourd'hui, c'est moi qui tient la queue de la poêle.

TOUS. Vive Moulineau !

SCÈNE III.

LES MÊMES, MADELON, ALBERT, NANCY, sortant du château.

ALBERT. Que se passe-t-il donc, mon père ?... Ma mère est venue me chercher, en disant qu'on vous insultait.

TOUS. Vive Moulineau !

MOULINEAU. Tu vois comme on m'insulte, mon garçon.

TOUS. Bonjour, M. Albert !

ALBERT. Bonjour, mes amis.

MOULINEAU. Allez vous mettre à table. J'irons vous joindre aussitôt que j'aurons expédié les papiers de la mairie, que le garçon de bureau vient de me remettre.

TOUS. A table ! à table ! (Ils sortent.)

MOULINEAU. (voyant Thomas qui se tient à l'écart.) Dis donc, Thomas, est-ce que tu ne vas pas manger et boire avec les autres ?... Ne boude donc pas contre ton ventre.

THOMAS. Mais...

MOULINEAU (bas). Je savons que tu as des dettes, je les paierons.

THOMAS. Je vais me mettre à table ; mais nous n'en serons pas meilleurs amis pour ça. (Il sort.)

SCÈNE IV.
LES MÊMES, excepté LES PAYSANS.

MOULINEAU. Il est comme les chiens hargneux, qui mangent ce que vous leux y donnez, et pis qui vous mordent après.

MADELON. Ils m'ont fait joliment peur, toujours !... Je vais veiller à ce qu'ils boivent bien, ça les calmera tout-à-fait. (Elle sort.)

NANCY. Si ces gens-là vous connaissaient comme moi !...

ALBERT. Quel malheur, mon père, qu'avec un cœur comme le vôtre, avec d'aussi bonnes qualités, vous n'ayez pas eu cette première éducation, qui aurait fait de vous un homme distingué.

MOULINEAU. Au contraire, c'est plus drôle de me voir propriétaire d'un beau château, riche à cinquante mille livres de rente, et avoir des manières de paysan : ça me fait distinguer.

ALBERT. Ne pourriez-vous pas vous façonner un peu ?

MOULINEAU. Je suis trop vieux. Je suis plutôt en train de me défaçonner.

ALBERT. Si vous saviez ce que cela fait dire de vous ?

MOULINEAU. Dis donc, garçon, est-ce que tu rougirais de moi ?

ALBERT. Non ; mais...

MOULINEAU. Dam ! dis-le ; si tu ne veux pas de moi pour ton père, je tâcherai de t'en trouver un autre, n'est-ce pas, Nancy ?

NANCY (émue). Que dites-vous, mon ami ?

MOULINEAU. Et une mère, si ma Madelon ne lui convient pas.

ALBERT. Cessez de plaisanter là-dessus. La naissance que je vous dois, vous assurerait assez de ma reconnaissance, de mon respect : mais l'éducation que vous m'avez donnée, voilà ce qui mérite le dévoûment de ma vie tout entière.

MOULINEAU. Bien, bien, garçon : je sais que tu as un cœur noble,!...quoique tu aies un sang roturier.

NANCY (avec un soupir). Oui !

MOULINEAU. Avec tout ça, vous me faites oublier mes affaires. On m'a apporté de la mairie un tas de paperasses, un passeport à viser, et je n'ai sous la main ni mon adjoint, ni ma femme. Quant au passeport, le garçon de bureau m'a dit que c'était un artiste qui voyageait pour ses études. — Cherche-moi donc ce passeport là-dedans... l'écriture m'embarrasse oujours.

ALBERT. Le voilà (il lit). Albert.—Tiens, son prénom est comme le mien.— Albert d'Hennecour, peintre.

NANCY. D'Hennecour !

MOULINEAU. D'Hennecour ! Es-tu ben sûr ?

ALBERT. Voyez.

MOULINEAU. C'est singulier !

NANCY (à part). Serait-ce lui ?

ALBERT. Ah ! vous êtes surpris, parce que ce voyageur porte le même nom que notre château.

MOULINEAU. Sûrement.

NANCY (à part). Quel événement !

NANCY (emmenant Moulineau à part.) Mon ami, si c'était lui, je ne me sens pas la force de supporter sa présence.

MOULINEAU. Entrons au château. Il faudra que je le voie, puisque j'ai son passeport.

ALBERT. Vous chancelez, Nancy ; appuyez-vous sur moi.

NANCY. Je ne me sens pas bien.

MOULINEAU. Voyons, voyons ; prenez mon bras. Diable ! — Hé ! not' femme, viens donc !—Ce sera rien... Une petite goutte de cassis vous remettra les sens.
(Ils entrent au château.)

SCÈNE V.

LE MARQUIS D'HENNECOUR, en costume d'artiste qui voyage, le portefeuille suspendu avec une bretelle, la canne ferrée, la petite gourde, etc. Il descend le sentier du fond, et contemple le paysage.

LE MARQUIS. C'est avec un charme mêlé de regret, qu'après dix-huit ans d'exil, je revois les lieux où s'écoula ma jeunesse. Âge d'insouciance et de plaisir, que tu as passé rapidement ! Que la seconde moitié de ma vie a été pénible, orageuse... Enfin, avant de mourir, j'aurai respiré l'air de la patrie. —Cependant je suis étranger ici, après avoir été propriétaire. Ce château m'a appartenu. Les terres qui l'environnent étaient à moi. C'est là que (avec émotion) c'est là que Nancy ! — Que sera-t-elle devenue, la pauvre enfant ? —Chassons ces noires idées. Il faut que j'esquisse une vue de mon ancien château. Mettons-nous à l'ouvrage. — Heureux art qui a charmé les années de mon exil, et qui a fait vivre le pauvre émigré sur la terre étrangère ! Ma première idée avait été de prendre une épée : mais la pensée de croiser mon fer contre celui d'un Français m'a retenu, et ma main est restée pure. Au lieu d'une épée, j'ai pris un crayon, n'ayant pas d'autre moyen de posséder mon ci-devant château, emportons-le du moins dans mon portefeuille.
(Il dessine.)

SCÈNE VI.
LE MARQUIS, ALBERT.

ALBERT est entré depuis quelques moments ; il s'approche et regarde par-dessus l'épaule du marquis, avec intérêt. Vous êtes artiste, Monsieur ?

LE MARQUIS (tournant la tête). Oui, Monsieur. Et vous ?

ALBERT. Simple amateur. Je dessine pour mon plaisir. Je me destine à une carrière plus sérieuse : au génie.

LE MARQUIS. Je n'étais aussi qu'amateur, et bien m'a pris de n'être pas sans quelques dispositions, car ce que j'avais appris comme art d'agrément est devenu pour moi une ressource dans le malheur.

ALBERT (avec intérêt). Vous avez été malheureux, Monsieur ?

LE MARQUIS. Comme tant d'autres, que la révolution a ruinés, faute de les avoir massacrés.

ALBERT. Vous avez échappé à la hache révolutionnaire ?

LE MARQUIS. Mais non pas à un certain nivellement... celui qui en vous laissant la vie vous ôtait les moyens de vivre.

ALBERT. On était heureux alors d'être homme de mérite, et vous l'avez prouvé.

LE MARQUIS. Bien honnête ! J'aurais autant aimé n'être pas forcé d'en donner la preuve.

ALBERT. Je le conçois.

LE MARQUIS. Mais j'ai appelé à mon secours la philosophie qui m'a suivi et consolé dans les forêts brûlantes de l'Amérique, et dans les déserts glacés de la Russie. J'ai partout mangé le pain que je gagnais.

ALBERT. Vous aviez quitté la France ?

LE MARQUIS. En 90... Il le fallait bien ! Je me suis enfui : mes jambes ont sauvé ma tête.

ALBERT. Et vous laissiez peut-être en France des souvenirs...

LE MARQUIS. D'amitié. Je n'avais plus de famille.

ALBERT. Pardon de toutes ces questions... L'intérêt que vous m'inspirez me rend indiscret.

LE MARQUIS. On ne l'est pas lorsqu'on pense et que l'on s'exprime comme vous.

ALBERT. Je disais donc que vous aviez laissé en France ?...

LE MARQUIS. Des terres, un château, des rentes, le souvenir d'une jeunesse brillante et dissipée; et en y revenant, je n'y trouve plus ni rentes, ni château... ni jeunesse.

ALBERT. Votre nom a frappé tout à l'heure les personnes qui lisaient votre passeport. Seriez-vous l'ancien propriétaire du château d'Hennecour.

LE MARQUIS. Je n'ai nulle raison de le cacher. Nous parlions de philosophie; vous voyez que j'en ai assez pour dessiner ce château qui m'appartenait et qu'un misérable paysan a acquis à vil prix.

ALBERT. Monsieur, n'insultez pas le propriétaire actuel de ce château.

LE MARQUIS. Je ne dis que la vérité.

ALBERT (vivement). Monsieur, apprenez que ce château était à demi-ruiné, que les terres étaient en friche, qu'on allait achever de renverser le bâtiment, quand une acquisition légale a mis cette propriété dans les mains de mon père.

LE MARQUIS. De votre père ?

ALBERT. Oui, monsieur.

LE MARQUIS. J'en suis fâché pour vous.

ALBERT. Monsieur !

LE MARQUIS. Ah ! je ne m'en dédis pas. Ma façon de penser est invariable sur le compte de celui qui a acquis mon château.

ALBERT. Comme la mienne sur l'émigration. Je crois que le devoir d'un Français était de rester dans son pays, de le défendre contre l'étranger, si celui-ci l'attaquait contre ses compatriotes eux-mêmes, lorsqu'ils étaient assez insensés pour allumer la guerre civile.

LE MARQUIS. Vous avez vos raisons pour penser ainsi, fils de celui qui m'a dépouillé ! Mais on m'avait dit que l'acquéreur de mes propriétés était une espèce de paysan stupide, un nommé Jean Moulineau, et vous paraissez...

ALBERT. Je suis son fils, vous dis-je... C'est vous avertir de ne pas tenir en ma présence un pareil langage.

LE MARQUIS (sèchement). Ce qui est dit est dit. Il m'est permis d'avoir de l'humeur.

ALBERT. Il m'est permis de ne pas la supporter.

LE MARQUIS. Comme vous voudrez.

ALBERT. Monsieur... les élèves de l'École polytechnique portent l'épée.

LE MARQUIS. J'en ai une à mon auberge.

ALBERT. Rétractez, monsieur, les paroles que vous venez de prononcer.

LE MARQUIS. Je n'ai jamais reçu de leçon de personne.

ALBERT. Je pourrais vous en donner une.

LE MARQUIS. Le professeur est bien jeune.

ALBERT. Il paraît qu'il y a des écoliers de tout âge... Je vais chercher deux épées, monsieur.

LE MARQUIS. Où nous battrons-nous ?

ALBERT. Ici. Tout le monde est dans le parc. Nous serons plus sûrs de n'être pas dérangés. (Il sort.)

LE MARQUIS (seul). Nous sommes trop engagés pour reculer maintenant... J'en suis fâché cependant... Au fait, ce jeune homme a du cœur; et si j'avais un fils, je serais flatté qu'il se conduisît ainsi.

ALBERT (rentrant). Voilà des armes, monsieur.

LE MARQUIS. Vous le voulez, monsieur ; c'est à regret.

ALBERT. Il me suffit de savoir que vous êtes brave.

LE MARQUIS. Songez que j'ai de l'expérience.

ALBERT. Croyez que j'ai quelque adresse.

LE MARQUIS. Enfin, vous le voulez ?

ALBERT. En garde, monsieur.

ALBERT. C'est un appel auquel un Français ne peut pas manquer.

ALBERT. Je vengerai mon père des propos injurieux qu'on tient sur lui...

LE MARQUIS. Ah! prenez garde. Vous vous emportez : cela n'est pas prudent.—Il faut du sang-froid. Voyez celui avec lequel je pare vos bottes.—Vous ne vous attendiez pas à cette feinte. — Je pouvais vous toucher. Tenez, si j'avais voulu, je vous désarmais.

SCÈNE VII.
LES MÊMES, MOULINEAU.

MOULINEAU. Oh ciel! qu'est-ce que je vois... arrêtez...

LE MARQUIS. Ce n'est pas ma faute. Monsieur m'a forcé...

MOULINEAU. Albert, je vous ordonne de me rendre votre épée. Monsieur, remettez-moi la vôtre.

LE MARQUIS. Elle ne m'appartient pas. Reprenez-là, jeune homme.

MOULINEAU. Je m'en empare. — Comment, monsieur, vous revenez au bout de dix-huit ans pour tuer mon fils?

LE MARQUIS. Eh! c'est vous, monsieur Moulineau.

MOULINEAU. Comme vous voyez, monsieur le Marquis. — Vous m'avez donc reconnu tout de suite?

LE MARQUIS. Il y a des têtes qui ne changent pas : des physionomies inamovibles.

MOULINEAU. Merci.

LE MARQUIS. Votre fils est charmant, monsieur Moulineau ; il s'exprime à merveille ; il est brave.

MOULINEAU. Oui ; je vois ça, et un peu vif. C'est un gentil garçon. Il ne me ressemble pas.

LE MARQUIS. Heureusement pour lui.

MOULINEAU. Vous êtes donc toujours poli?

LE MARQUIS. Selon les gens à qui je parle.

MOULINEAU. C'est encore plus honnête pour moi : mais je m'en moque pas mal!

ALBERT. Mon père, permettez.

MOULINEAU. Mon fils, permettez. J'ons à parler à monsieur le Marquis, vous voudrez bien me le prêter un instant.

ALBERT. Mais...

MOULINEAU. Eh ben! et c't'obéissance!

ALBERT (bas au Marquis). Nous nous reverrons, monsieur.

LE MARQUIS. Cela suffit. (Albert rentre.)

SCÈNE VIII.
MOULINEAU, LE MARQUIS.

MOULINEAU. Vous v'là donc revenu au pays!... Monsieur le Marquis : (approchant une chaise). Voulez-vous vous assire.

LE MARQUIS. Merci.

MOULINEAU. Permettez-moi de faire les honneurs. Je suis chez moi.

LE MARQUIS. (haussant les épaules.) Chez vous!

MOULINEAU. Dame! oui. Dans ce monde, voyez-vous, c'est toujours la Saint-Lambert ; qui quitte sa place la perd.

LE MARQUIS. Vous feignez de rire : mais mon retour vous contrarie, monsieur Moulineau.

MOULINEAU. Moi? Ma foi non. J'ons assez couru après vous.

LE MARQUIS. Couru après moi?

MOULINEAU. Jusqu'à Coblentz : mais vous ne l'avez pas su.

LE MARQUIS. Si fait, car je me suis enfui devant vous.

MOULINEAU. C'est une fière bêtise que vous avez faite là.

LE MARQUIS. Ne veniez-vous pas avec une jolie petite mission de la police révolutionnaire ?

MOULINEAU. Hé ! Ah ! ça mais, dites-donc, pour qui me prenez-vous ? Je ne suis pas un...

LE MARQUIS. Si vous ne veniez pas pour m'arrêter, que veniez-vous donc faire à Coblentz ?

MOULINEAU. V'là ce que c'est que de mal juger les hommes. — *Moulineau est un paysan, Moulineau a été à la fédération, il est patriote, il vient pour me faire du mal.* Et stapendant, Moulineau vous avait caché chez lui, et vous avait fait ensauver.

LE MARQUIS. (sur le même ton). Oui, mais Moulineau a acheté mon château.

MOULINEAU. Si ça n'avait pas été moi, ç'aurait été un autre.

LE MARQUIS. Belle raison ! parce qu'un autre aurait mal fait, cela vous autorisait-il à faire comme lui ?

MOULINEAU. Dites donc, monsieur le Marquis, si l'on méprisait tous ceux qui font des fautes, je vous demandons si vous n'avez rien à vous reprocher, vous qui faites vot' embarras.

LE MARQUIS. Pourquoi cette question ?

MOULINEAU, (avec mystère). Quand vous êtes parti de France, n'avez-vous rien oublié ?

LE MARQUIS. Je ne crois pas.

MOULINEAU. Si !... Vous avez oublié d'épouser Nancy.

LE MARQUIS (avec douceur). J'y pensais tout à l'heure.

MOULINEAU. Vrai ?

LE MARQUIS. Sur mon honneur. Qu'est-elle devenue, cette douce et aimable fille ? — Vit-elle toujours ?

MOULINEAU. Oui.

LE MARQUIS. Et que fait-elle ?

MOULINEAU. Elle vous aime.

LE MARQUIS. Encore !

MOULINEAU. Quoique vous ne le méritiez guère.

LE MARQUIS. J'ai songé à elle, dans mes jours d'infortune. Quand j'errais seul parmi des étrangers, indifférents à mes peines, je me disais : si j'avais avec moi une femme !

MOULINEAU. Ça console !

LE MARQUIS. Je songeais à mon nom qui allait s'éteindre.

MOULINEAU. A qui la faute !

LE MARQUIS. Il aurait fallu...

MOULINEAU. Un fils, v'là tout.

LE MARQUIS. Certainement.

MOULINEAU. Et pour avoir un fils, il faut se marier.

LE MARQUIS (souriant amèrement). Hum !... Pas toujours.

MOULINEAU. Mais pour qu'il porte votre nom.

LE MARQUIS. C'est vrai.

MOULINEAU (avec intention). J'en ai un, moi.

LE MARQUIS. Qui m'a paru un aimable jeune homme.

MOULINEAU. Et vous veniez là me le tuer tout bonnement !... Dites donc, M. le marquis, quand on a été long-temps absent de son pays, faut prendre garde à ce qu'on fait ; car vous auriez tué mon fils comme vous auriez pu tuer le vôtre !...

LE MARQUIS. Que dites-vous ?...

MOULINEAU. Heim ?... si vous en aviez un comme ça !... Il aurait un bel héritage !

LE MARQUIS. Voulez-vous me narguer ? Vous prenez une cruelle revanche !...

MOULINEAU. Vous me connaissez mal; allez, M. le marquis, cet héritage, il pourrait encore l'avoir... Vous savez ben, ce fameux million?
LE MARQUIS. Que j'ai tant cherché!
MOULINEAU. Je l'ai trouvé, moi.
LE MARQUIS. Se peut-il!...
MOULINEAU. Et j'ai payé le château avec.
LE MARQUIS (indigné). Tu savais qu'il y avait de l'argent caché!...
MOULINEAU. Pardi! Pardi! sans cela, est-ce que je l'aurais acheté?
LE MARQUIS. Quelle assurance!...
MOULINEAU. Mais voyons, faut nous entendre... Je vas vous parler d'amitié. Nancy... la bonne Nancy... Vous ne savez pas les suites de son aventure avec vous?
LE MARQUIS. Comment?
MOULINEAU (mystérieusement). Nous l'avons emmené dans notre chaumière, personne n'a su qu'elle avait eu un fils.
LE MARQUIS (avec âme). J'aurais un fils!...
MOULINEAU. Ah!... C'est bien, ce mot là. Ça veut dire que vous le reconnaîtriez.
LE MARQUIS. En douteriez-vous?
MOULINEAU. Vous êtes donc ben changé!..
LE MARQUIS. Le malheur instruit et corrige.
MOULINEAU. Eh bien! vous êtes un honnête homme, vous méritez d'être riche, et vous le serez... Qu'est-ce que je dis, vous le serez?... Vous l'êtes.
LE MARQUIS. Vous moquez-vous de moi?
MOULINEAU. Ma foi, non. Allez cheuz le curé, et cheuz le notaire du village, vous verrez des écritures comme par lesquelles Jean Moulineau n'est pas autre chose que le fermier de M. d'Hennecour.
LE MARQUIS. C'est à ne pas croire!
MOULINEAU. Quand vous le verrez, vous le croirez, peut-être!
LE MARQUIS. Comment, Moulineau, vous avez été assez généreux, assez délicat!...
MOULINEAU. Je n'avons fait que mon devoir, v'là tout.
LE MARQUIS. Une fortune! un fils!... Cela n'est pas possible. Je rêve.
MOULINEAU. Vous rêvez tout éveillé.
LE MARQUIS. Excellent homme! Tu m'as sauvé la vie, tu m'as gardé ma fortune, et me mets en état de conserver l'honneur!

SCÈNE IX.

LES MÊMES, ALBERT, sortant du château avec deux pistolets.

ALBERT (à part). Mon père est encore là!
MOULINEAU. Ecoutez. Remettez-vous un petit brin de la surprise, de la joie, de la... de tout ce que vous venez d'apprendre, et je vas vous amener ma femme, la vôtre... et votre fils... Mais, jarnidié! vous avez bien fait d'être un honnête homme; car, foi de Jean Moulineau, j'aurions passé tout votre bien sur la tête de votre enfant, j'en avais le droit... Attendez-moi, un petit brin. (Il rentre au château.)

SCÈNE X.
ALBERT, LE MARQUIS.

LE MARQUIS (à part). Cet homme est incroyable! Qui diable, sous une pareille enveloppe, devinerait tant de délicatesse... et moi, je soupçonnais sa probité!...
ALBERT (mystérieusement). Monsieur, profitons du moment. Nous sommes seuls, on pourrait venir... Dans ce petit bois...
LE MARQUIS. C'est avec bien du regret... mais vous l'exigez?

ALBERT. Vous avez insulté mon père!

LE MARQUIS. J'ai eu tort, car je ne connais personne de plus estimable et de plus généreux.

ALBERT. Vous n'en êtes que plus coupable envers lui.

LE MARQUIS. Il serait pénible à un homme de mon âge de faire des excuses à un homme du vôtre; cependant je vous avouerai que ce combat...

ALBERT. Vous voudriez l'éviter. Je ne puis cependant vous croire un lâche.

LE MARQUIS. Je frapperais le fils d'un homme qui m'a conservé le mien! ela ne se peut pas.

ALBERT. Prenez un de ces deux pistolets et marchons. (Il les lui présente.)

SCENE DERNIERE.

LES MÊMES, MOULINEAU, MADELON, NANCY, LES PAYSANS au fond.

NANCY. Des pistolets!

MADELON. Albert! (les deux femmes le prennent dans leurs bras.)

ALBERT. Ma mère! Nancy!

NANCY. Tu veux tuer ton père! (Albert jette son arme.)

LE MARQUIS. Mon fils! — Nancy! (Il les prend dans ses bras.)

MOULINEAU, à (Albert.) Embrasse-les, garçon! embrasse-les! oui, c'est ton père et ta mère!

ALBERT. Se peut-il!... Mais vous... Quoi! vous n'étiez pas...

MOULINEAU. J'étais ton père!... nourricier! (Albert se jette dans ses bras.)

LE MARQUIS. Ma femme! mon fils! venez sur mon cœur! Albert, tu auras un nom.

MOULINEAU. Je lui en avais prêté un; mais il aura celui qui lui appartenait. Ça vaut mieux. Faut que chacun jouisse de son bien. — Eh ben! vous autres, suis-j' été encore un voleur de château!

GERLON. Tu es un honnête homme! — N'est-ce pas, Thomas?

THOMAS. Oui.

MOULINEAU. C'est heureux qu'il en convienne.

THOMAS. Mais il n'est pas le seul.

LE MARQUIS. Nancy, je t'ai causé bien des peines; mais je les ai cruellement expiées.

MOULINEAU. Ne pensez plus au mal; songez au bien que vous retrouvez, à votre fils que je vous rends.

MADELON. Dis donc, mon homme, nous n'en aurons plus, nous!

MOULINEAU. Si nous pouvions... Crois-tu que je sois trop vieux?

MADELON. Tais-toi donc! mauvais sujet.

MOULINEAU. Voyez, monsieur le Marquis, vous avez de l'esprit, et je ne suis qu'une bête; vous avez de l'éducation, je n'ai que de l'instinct, et cependant qui est-ce qui répare les sottises d'un riche et brillant seigneur de Versailles? un pauvre paysan des Vosges, Jean Moulineau.

FIN DU CINQUIÈME ACTE.

PARIS. — IMPRIMERIE DE GAULTIER-LAGUIONIE ET COMP.
Rue Christine, n° 2.

SCÈNE DERNIÈRE.

TABARIN,
OU
UN BOBÊCHE D'AUTREFOIS,
FANTAISIE EN UN ACTE, MÊLÉE DE CHANT;
Par MM. Saint-Yves et Burat de Gurgy.

Représenté pour la première fois à Paris, sur le théâtre de l'Ambigu-Comique, le 25 octobre 1837.

PERSONNAGES.	ACTEURS.	PERSONNAGES.	ACTEURS.
TABARIN, valet de Mondor.	MM. ST-FIRMIN	GAUTIER-GARGUILLE, comédien.	P. MEYNIER.
MONDOR, charlatan.	CULLIER.	GODEAU, commissaire.	MONET.
RODOMONT, sergent aux gardes de la manche.	SALVADOR.	UN GARÇON de la buvette.	JOSEPH.
		MARION, jeune orpheline.	MM^es ISABELLE.
Le baron DE GRATTELARD, charlatan.	GILBERT.	FRANCISQUINE, femme de Tabarin.	ADÈLE.
MAROQUIN, son valet.	BARBIER.	PEUPLE DE PARIS.	

La scène se passe vers l'an 1635, à Paris.

Le théâtre représente le débouché du carré Dauphine, à gauche, une buvette; à droite, l'estrade de Mondor; plus loin, la maison de Tabarin; au fond, le parapet.

SCÈNE Ire.
MONDOR, le baron DE GRATTELARD, MAROQUIN, le sergent RODOMONT, le commissaire GODEAU, PEUPLE DE PARIS.

Au lever du rideau, le théâtre se couvre de monde; parmi les promeneurs, on distingue le sergent Rodomont et le commissaire Godeau; et dans un coin, le baron de Grattelard et Maroquin : tout à coup, une musique bizarre se fait entendre sur l'estrade de Mondor.

CHŒUR.   Air : De la savonnette impériale.

Au Pont-Neuf on appelle
Les amis du plaisir,
Et la foule fidèle
Se hâte d'y courir...
Quel bonheur, quel plaisir !...

MONDOR (au public). Messieurs, mesdames... je vous annonce pour ce soir une nouvelle fantaisie, ornée de farces, joyeusetés et gaillardises, dans laquelle paraîtra mon valet Tabarin, ainsi que son épouse, l'incomparable Francisquine... lesquels ont le privilége de vous amuser et divertir, au grand dépit de nos concurrents et rivaux du Pont-Neuf.

LE PUBLIC (applaudissant). Bravo... bravo...

GRATTELARD (bas à Maroquin). Qu'en dis-tu... Maroquin?... Voilà qui nous concerne.

MAROQUIN. Maître, consolez-vous... j'ai mon projet.

GRATTELARD. Comment ?

MAROQUIN (lui montrant Rodomont parmi les promeneurs). Voyez ce militaire.

GRATTELARD. Le sergent Rodomont que Tabarin a mis dans une de ses fantaisies...

MAROQUIN. Parce qu'il fait la cour à sa femme Francisquine.

GRATTELARD. Eh bien ?

MAROQUIN. Eh bien ! C'est lui qui nous vengera...

GRATTELARD. Est-il vrai ?

RODOMONT. (s'avançant entre eux deux). Mutus... Entrons à la buvette...

REPRISE DU COEUR.   Au Pont-Neuf on appelle, etc.

(Le peuple s'éloigne de différents côtés ; Mondor a disparu derrière son estrade, Rodomont, le baron de Grattelard et Maroquin entrent à la buvette.)

SCÈNE II.

TABARIN seul. (On entend une dispute dans la maison de Tabarin.)

Mais, madame Tabarin... quand je vous dis encore une fois... (On entend le bruit d'un soufflet). Madame Tabarin... (La porte se referme sur lui.) Il paraît que ma femme a besoin d'être seule... Passons au bureau de consolation... (Il se dirige vers la buvette.) Ah ! mon Dieu ! qu'est-ce que je vois-là ?... Maudit sergent, séducteur de jeunes filles... Le voilà qui s'installe dans cette buvette... Le voilà qui se fait servir... par cette petite Marion, et je n'ai pas le courage d'y entrer, pour lui chercher querelle... Ah ! Tabarin, mon bon ami !... je ne te croyais pas si poltron... Mais aussi quelle destinée que la mienne... Et pourquoi diable ai-je eu la sotte idée de quitter mon premier état de médecin de campagne, pour venir vendre des drogues à Paris, et me lancer dans les honneurs de la célébrité !... Ah ! que j'étais bien plus heureux quand je n'étais qu'un homme comme tout le monde. (Baissant la voix.) Et surtout quand je n'étais pas marié... O Francisquine !... Francisquine !... Rien qu'à ce nom-là, je sens frémir mes épaules conjugales... Et les Parisiens croient que je m'amuse, parce que je les fais rire ; mais si mon corps est sur ce tréteau... mon âme, ma tête, ma pensée, tout est là. (Il montre la buvette.) Oui, tout est là.

AIR du premier Prix.

Dans c'réduit sans qu'il y paraisse
Est un bien de grande valeur,
Un prince en ferait sa richesse,
Un pauvre en ferait son bonheur.
De mes chagrins opiniâtres
Près de lui je sens moins le poids ;
Car si Paillass' vend des emplâtres,
Il est homme aussi quelquefois.

On vient... C'est elle...

SCÈNE III.

TABARIN, MARION.

MARION. Ah ! mon ami, vous voilà !

TABARIN. Ça te surprend ?...

MARION. Oui, de vous voir aussi tard ; ce n'est pas votre habitude.

TABARIN. C'est vrai, il me manque quelque chose quand je n'ai pas commencé ma journée par une petite visite à la buvette du Pont-Neuf... Mais ce matin, j'en avais une à faire presque aussi importante.

MARION. Où donc ?...

TABARIN. Au palais de monseigneur le cardinal... Tel que tu me vois, je suis en train de solliciter une place dans cette nouvelle société que monseigneur vient de fonder sous le titre d'Académie française.

MARION. Vous !..

TABARIN. Pourquoi pas ?... N'ai-je pas plus de titres qu'il n'en faut ?...

AIR de Marianne.

Rien ne manque plus à ma gloire ;
Maintenant la ville et la cour
Pour composer mon auditoire
Du Pont-Neuf ont fait leur séjour.
Malgré l'envie,

A mon génie
On rend honneur,
Je suis un grand acteur !
Chacun m'estime,
Chacun m'imprime
Et l'on me vend
Mieux que pas un savant.
Ma renommée est sans pareille,
Et l'on a si bon goût enfin,
Que pour voir jouer Tabarin
On déserte Corneille.

Mais à propos, je voulais te demander... Comment trouves-tu ce jeune homme avec qui j'étais hier soir assis devant cette table ? parle franchement.

MARION. Mon ami, je ne l'ai pas remarqué.

TABARIN. Petite espiègle... Je suis bien sûr du contraire... Au surplus, il n'y a pas grand mal... Tu sais que je te veux du bien, et que je te porte un intérêt tout paternel ; c'est tout simple... Tu m'as été envoyée par mon vieil ami Guillain de Montpellier, et comme je n'ai pas pu te recevoir chez moi... pour des raisons à moi connues... je t'ai placée dans cette buvette... Pour en revenir à ce jeune homme... il s'appelle Robert... C'est mon neveu... Il a 25 ans, et une place d'écrivain aux gages de monseigneur le cardinal... Tout cela n'est pas à dédaigner... Et je sais plus d'une jeune fille qui s'en accommoderait à merveille.

MARION. Sans aucun doute.

TABARIN. Eh bien ! dis un mot, et tout cela est à toi. Foi de Tabarin !

MARION. Mais, mon ami, vous n'y pensez pas ; je ne suis qu'une pauvre fille... une orpheline... qui n'a jamais connu ses parents... Oh ! non, non, ça ne se peut pas.

TABARIN (à part.) Est-ce que par hasard mes soupçons sur ce sergent de malheur... (haut.) C'est-à-dire... petite, que mon neveu n'est pas d'assez bonne maison pour vous plaire ?

MARION. Je ne dis pas cela... mais...

TABARIN. Mais vous préféreriez, j'en suis sûr, de grandes moustaches... une rapière au côté... et des plumes hautes de ça... Peste ! la belle !

MARION. Oh ! mon ami... pas davantage.

TABARIN. Hein !... Comment ?... il serait possible !...

MARION. Je vous le jure, et ça ne doit pas vous étonner, (se reprenant) maître Guillain m'a si souvent fait la leçon avant de m'envoyer à Paris.

TABARIN. Et que te disait-il ?

MARION. Il me disait... AIR de l'Ambassadrice.

Prends garde aux galantes livrées
De tout seigneur jeune et brillant,
Ils ont des paroles dorées
Mais ils mentent tous, mon enfant ;
Si l'un d'eux te dit :
« Exaucez mes vœux,
« Pour vous je soupire, et je suis malheureux.
« Oui j'en perds l'esprit,
« Et, par mes aïeux,
« Si vous ne m'aimez, j'expire à vos yeux. »
Qu'un autre à son tour
Vantant sa richesse
T'offre sans détour
Son or, son amour ;
Celui-là, tout bas
Te peint sa tendresse ;
Mais de mariage, il n'en parle pas.
Aussi pour ton bien
Ecoute-les bien,
Ecoute-les... mais
Ne les crois jamais..

TABARIN. Vrai Dieu ! c'est un homme d'excellent conseil que le bonhomme Guillain... et tu as suivi ses avis de point en point ?...

MARION. Oh! oui, mon ami... car celui que j'ai remarqué...
TABARIN. Comment... comment!... Celui que...
MARION. En rêve, mon ami, en rêve.

Même air.

Il n'a pas de bel équipage,
Il est tout simple et sans façon;
Et lorsqu'il parle, son langage
Donne à mon cœur un p'tit frisson.
Pourtant il me dit
Avec de doux yeux:
De vous, je le sens, je suis amoureux...
Puis, tout interdit,
Sans doute il attend
Qu'à son compliment
J'en réponde autant.
Celui-là, je crois,
Parle avec franchise...
Du moins je le vois
Au son de sa voix;
Et puis c'est certain
Il n'a dans sa mise
Rien de c'qui déplaît à maître Guillain...
Aussi pour mon bien
Je l'écoute bien,
Et je ne pourrais
L'oublier jamais.

TABARIN. Eh! mais! on dirait mon neveu l'écrivain.
MARION. Oh! non mon ami,.... celui que j'ai vu... en rêve.... est bien plus beau.... il n'a pas l'air si gauche.... et puis tout le monde l'aime, l'applaudit, l'admire.... il est si bien!
TABARIN. Toujours dans ton rêve.
MARION. Oui, mon ami. (Une voix dans la coulisse.) Marion!... Marion!...
MARION. Voilà.... voilà.
TABARIN. Nous reprendrons plus tard notre conversation.... Va... et surtout ne t'arrête pas à écouter les sornettes du sergent de la manche.
MARION. Il n'y a pas de danger.

Air du moulin de ma tante.

A regret je vous quitte,
Le bonheur s'enfuit si vite,
Plus vite qu'il ne vient,
Et l'espoir seul me soutient.

Au fond de la buvette
On m'appell', je les entends.
Jeun' fille un peu coquette
Se fait désirer long-temps...
Je les entends
Mais j'ai le temps...

ENSEMBLE. A regret { je vous / je te } quitte.

(Marion sort.)

SCÈNE IV.
TABARIN, GAUTIER.

(Au moment où Marion rentre dans la buvette, Gautier paraît et la suit des yeux.)

TABARIN (se croyant seul). Allons, il n'y a pas si grand mal.... je suis plus tranquille.... la naïveté de cette chère enfant me rassure.... et je mettrais cette main-là au feu.... Diable.... diable si elle allait brûler!... les jeunes filles sont si fragiles.... et les sergents si pervers.... surtout celui-là qui ne me pardonnera jamais de l'avoir exposé à la risée du populaire.... s'il savait.... Allons, ne nous endormons pas. (Il fait un pas pour rentrer et rencontre Gautier.)

GAUTIER (le reconnaissant). Eh! mais.... c'est ce cher Tabarin!....
TABARIN (de même). Gautier-Garguille.

GAUTIER. C'est-à-dire Hugues Fléchelles.... (Il récite d'un ton emphatique.)

« Soleil, puisque tu vois le bonheur de mes jours
« Ne le retarde pas... précipite ton cours.
« Eteins en ma faveur ta lumière adorable,
« Laisse-moi voir ta sœur, qui m'est plus favorable :
« Souviens-toi qu'autrefois tu courus pour Daphné,
« Et de lauriers par moi tu seras couronné. »

TABARIN. Et qui te rend si fier, mon pauvre Hugues ?... Est-ce que tu serais enfin engagé à l'hôtel de Bourgogne pour jouer dans les tragédies de M. Garnier et de M. de Bois-Robert ?

GAUTIER. Non, mais je n'oublie pas que je parle à un grand personnage qui va bientôt prendre place parmi les quarante immortels de monseigneur le cardinal.

TABARIN. Sans doute... grâce aux secours que ta muse me prête, mais... si tu m'en crois laissons là le langage des dieux, et descendons des hauteurs du Parnasse, pour redevenir sur le Pont-Neuf, toi, Gautier-Garguille, et moi Tabarin, tous deux bons vivants, braves et loyaux amis, et toujours prêts à trinquer ensemble.... holà !

GAUTIER. Non, non....

TABARIN. Tu refuses ?

GAUTIER. Je ne bois plus....

TABARIN. Gautier, tu es malade.

GAUTIER. J'en ai peur.

TABARIN. Allons donc.... toi, toi, le chansonnier le plus gai de Paris.... et le farceur le plus intrépide... après moi...

GAUTIER. Parbleu... il y a temps pour tout.

TABARIN. Même pour faire des grimaces !

GAUTIER. Demande plutôt à Francisquine.... à l'époque où tu lui faisais la cour.

TABARIN (rembruni). Francisquine... Francisquine... oh !

GAUTIER. Tiens, tiens... il me suffit de prononcer son nom pour mettre ta joie en déroute.

TABARIN. Ah çà ! je te demande un peu quel rapport ma femme....

GAUTIER. Aucun maintenant... mais jadis... il y a six ans...

TABARIN (étonné et baissant la voix). Tu es amoureux ?

GAUTIER. C'est toi qui l'as dit.

TABARIN. Bon... tu vas me conter ça, n'est-ce pas ? D'abord le nom de la belle, son âge... son état ?...

GAUTIER. Je suis... je veux être discret...

TABARIN. Avec moi ?

GAUTIER. Je ne ferai qu'user de représailles.

TABARIN. Comment ?

GAUTIER. (Tirant un médaillon de sa poche.) Connais-tu cela ?...

TABARIN. Ah ! mon Dieu...

GAUTIER. Hein !... si Francisquine voyait ce portrait mignon...

TABARIN. Pas de mauvaises plaisanteries... C'est celui de ma défunte première femme.

GAUTIER. Quoi ! vraiment...

TABARIN. La mère de ma fille... dont je t'ai parlé quelquefois... mais comment se trouve-t-il entre tes mains ?...

GAUTIER. Rien de plus simple... la dernière fois que tu vins chez moi... pour achever cette *fantaisie* nouvelle... notre *Procès du moulin à vent de la porte Saint-Antoine*, tu sais ?... nous avions bu un peu plus que de coutume, et ma foi...

TABARIN. Etourdi que je suis... c'est que j'aurais été fâché de le perdre au moins... pauvre femme... du reste, je ne veux plus qu'elle coure de pareils risques.

GAUTIER. En effet, ce serait dommage !

TABARIN. Et dès aujourd'hui je le mets entre bonnes mains, je l'attache au cou de ma fille!...
GAUTIER. Ta fille!... elle est donc ici?
TABARIN. Chut! malheureux... je la cache à tous les yeux, de peur de ma femme... songes-y donc... un ange de douceur et d'innocence!... si je la rendais témoin de la conduite si édifiante de sa belle-mère,
GAUTIER. Ainsi, tu ne veux pas me la faire connaître?
TABARIN. A toi? plus tard nous verrons. (A part) Quand elle sera mariée.
GAUTIER. Sournois de Tabarin!...
TABARIN. Je te conseille de parler... avec tes mystérieuses amourettes; mais je vois ce que c'est... tu n'es pas payé de retour?
GAUTIER. C'est ce qui te trompe...
TABARIN. Eh bien! alors plus d'obstacles...
GAUTIER. Si fait... un seul... mais immense.
TABARIN. Ah! parbleu! si j'étais à ta place...
GAUTIER. Que ferais-tu?
TABARIN. Je ferais sur-le-champ emplette de trois choses : une échelle, un bâton et une barque... Avec l'échelle j'enleverais ma divinité.
GAUTIER. Un enlèvement!...
TABARIN. Avec le bâton... je rosserais le guet, en cas de surprise.
GAUTIER. Et la barque?
TABARIN. Elle m'aiderait à transporter ma belle, dans quelque quartier éloigné, où une petite chambre la recevrait bon gré, malgré.
GAUTIER. Fort bien... mais je t'ai dit qu'il y avait un obstacle.
TABARIN. En fait d'amour je n'en connais qu'un.
GAUTIER. (Tapant sur sa poche.) Eh!... c'est le mien...
TABARIN. Que ne me parlais-tu?
GAUTIER. Quoi! tu serais assez généreux pour me faire quelque avance sur le prix de notre première œuvre...
TABARIN. Combien te faut-il?
GAUTIER. Il me semble que 20 écus...
TABARIN. Une bagatelle... je n'ai pas un denier... mais... laisse-moi un peu réfléchir...
GAUTIER (remontant la scène et se trouvant près de la buvette.) Ce cher Tabarin!... Ah! mon Dieu...
TABARIN. Qu'est-ce que c'est?...
GAUTIER. Vois donc... ce sergent... là bas...
TABARIN. Eh bien!...
GAUTIER. Il me semble qu'il courtise de bien près la petite servante...
TABARIN (vivement). Hein!... tu as vu?...
GAUTIER. Rien... je te dis... il me semble... (A part.) je le saurai.
TABARIN. Ne vois-tu pas qu'il s'éloigne, et qu'il la laisse! (A part.) Sacripant, va!...
GAUTIER. Cette petite est gentille...
TABARIN. Oui, pas mal... mais tu oublies ta belle.
GAUTIER. Ah! c'est juste... Eh bien?...
TABARIN. Eh bien! je ne sais vraiment pas... ah! j'entends Mondor.

SCÈNE V.
LES MÊMES, MONDOR.

MONDOR. Tête de bœuf... depuis une heure que je te demande à tous les échos de la place Dauphine... ce n'est pas malheureux.
TABARIN. Maître, qu'y a-t-il de si pressé?
MONDOR. L'heure s'avance... bientôt le public va affluer ici comme de coutume... gens de cour, gens de robe, gens d'épée, gens de toute espèce, tu le sais... Eh bien, plus que jamais j'ai besoin de ton génie.
TABARIN. (bas à Gautier). Ça se rencontre à merveille.

MONDOR. Tu sais combien notre public devient exigeant..!

TABARIN. Que voulez-vous que j'y fasse, maître.

MONDOR. Eh! mon bon ami, ne vois-tu pas que l'envie est déchaînée contre nous, et que nos rivaux, le baron de Grattelard et son valet Maroquin se frottent déjà les mains, en voyant la foule reprendre le chemin de leurs tréteaux, qu'elle avait quitté depuis si long-temps? Le souffriras-tu, Tabarin? dis, et laisseras-tu ton pauvre ami Mondor crier ses opiates et ses pommades dans le désert?...

TABARIN. Enfin, maître... qu'attendez-vous de moi?

MONDOR. Ecoute, Tabarin, j'ai promis du nouveau pour ce soir, et il n'y a que toi qui puisses tenir ma promesse... toi et ta femme Francisquine, que je vais aller voir tout-à-l'heure...

TABARIN (à Gautier). Tu auras tes 20 écus?

GAUTIER. Comment cela?

TABARIN. Laisse-moi faire... (Haut.) Quoi! maître, vous voulez que d'ici à ce soir?... C'est bien court.

MONDOR. Tu n'en auras que plus de mérite.

TABARIN. D'ailleurs, maître, s'il faut vous parler franchement...

AIR du Parnasse des dames.

Quand le désert est dans ma bourse,
Je suis bête à trent'-six carats;
Mon esprit se lasse à la course
Et les bons mots ne viennent pas.
Emplissez donc mon escarcelle,
Mon cerveau s'emplira, Dieu sait!
Partout les hommes de cervelle
Ont leur talent dans leur gousset.

MONDOR. Eh bien!... demain nous verrons.

TABARIN. Non pas maître... C'est sur le champ; sans cela, rien de fait pour ce soir...

MONDOR. Eh! tête de bœuf... que faut-il?

TABARIN. Oh! maître, une bagatelle... vingt écus, et rien de plus.

MONDOR. Vingt diables d'enfer qui t'étranglent! J'avalerais aussi facilement les tours de Notre-Dame...

GAUTIER (à part). Plus d'espoir.

TABARIN. Vous n'avalerez pas les tours de Notre-Dame, et vous me baillerez vingt écus.

MONDOR. Juif... arabe que tu es; mais c'est impossible.

TABARIN. Je ne dis pas le contraire... Vous exigez bien de moi l'impossible... Je fais comme vous.

MONDOR. Ah! Tabarin, tu me coûtes la moëlle de mes os.

TABARIN (tendant la main). Mes vingt écus.

MONDOR. Je ne les ai pas sur moi. Viens, mais je compte sur du nouveau

TABARIN Oui, maître (à Gautier). Notre dernière fantaisie... tu sais.

SCÈNE VI.

LES MÊMES, GRATTELARD, MAROQUIN, RODOMONT (sortant de la buvette).

RODOMONT (bas aux deux autres). C'est convenu.

MAROQUIN. Mutus!

RODOMONT. Le bélître ne sait pas ce qui l'attend.

GRATTELARD (à Rodomont). Taisez-vous donc...

GAUTIER (à part). Encore ce sergent... J'en aurai le cœur net.

ENSEMBLE (à part). AIR du Cheval de bronze.

Les voilà! filons doux
Contraignons-nous...
Ce soir ils auront le dessous.
Que chacun soit discret
Notre projet

Exige le plus grand secret.

GRATTELARD (à Rodomont).
Ainsi, pour venger notre outrage,
Vous enlevez...

RODOMONT (de même). C'est convenu.

GRATTELARD (de même).
La nuit... de peur que d'son veuvage
Par lui l'auteur n'soit reconnu.

MONDOR (bas à Tabarin).
Grâce à notre adroite manoeuvre,
Je veux qu'il crève de chagrin.

GRATTELARD (de même).
Allons, sergent, bien vite à l'oeuvre.

MONDOR (de même).
Bien vite à l'oeuvre, Tabarin.

ENSEMBLE. Les voilà, filons doux... etc.

(Grattelard et Maroquin sortent d'un côté, Mondor et Tabarin de l'autre).

SCÈNE VII.
GAUTIER, RODOMONT.

GAUTIER (à part). Il faut absolument que je lui parle. Comment faire? Ah!..

RODOMONT (à part). Maintenant, allons mettre à exécution le projet qui m'a été insinué par ces saltimbanques. Ah! Tabarin... mon bel ami, vous vous avisez de reproduire sur vos tréteaux mon respectable individu.

(En cet instant, Gautier qui s'est avancé vers lui, lui marche sur le pied.)

GAUTIER. Ah! le maladroit!

RODOMONT. Aie!... le chemin n'est donc pas assez large pour tout le monde... paltoquet?...

GAUTIER. Paltoquet! Qu'entendez-vous par ces paroles amphibologiques?

RODOMONT. Paltoquet! comme qui dirait un mal appris, à qui on pourrait bien couper les deux oreilles pour lui enseigner à marcher droit.

GAUTIER. Qu'est-ce à dire? sergent Goliath? Ta taille ne m'effraye pas... et le Pré-aux-Clercs n'est pas loin...

RODOMONT. Tu es donc bien pressé de mesurer le sol... Je ne te refuserai pas cette satisfaction, et dès demain...

GAUTIER. Non, sur-le-champ.

RODOMONT. Impossible, mon bel ami, j'ai une affaire importante; ma belle m'attend...

GAUTIER. Ta belle, ta belle!... Tu ne la tiens pas encore...

RODOMONT. Voudrais-tu me la disputer?

GAUTIER. Peut-être.

RODOMONT. Ah! je comprends... Heureusement que ma déesse ne s'abaisse pas jusqu'à honorer d'un regard un mirmidon de ton espèce.

GAUTIER. Tu veux dire qu'elle daigne à peine lever les yeux sur un matamore de ta sorte.

RODOMONT. Ma belle adore les matamores.

GAUTIER. Et la mienne idolâtre les mirmidons.

Air de la Girouette. (Fils du prince.)

Elle est douce, gentille et bonne :
Son teint est blanc, son pied petit ;
Elle a la taille si mignonne
Qu'entre mes dix doigts elle fuit...
L'amour qui dans son cœur séjourne ⎫ bis.
Me rendrait heureux comme un roi ; ⎭
Aussi ma tête tourne, tourne,
Ma tête tourne malgré moi,
Oh! oui, ma tête tourne,
Tourne malgré moi.

RODOMONT. Que viens-tu donc me rabâcher avec ta belle imperceptible... la mauviette enjuponnée?... Tu me fais rire vraiment... car ces perfections ne ressemblent guère à celles de mon objet.

Même air.

Ma reine est ma foi plus robuste ;
Pour son ampleur, c'est un tonneau,
Son port, son allure et son buste
En font un très friand morceau :
C'est au point, lorsqu'on la contourne } bis.
Que l'on se croirait au tournoi ;
Aussi ma tête tourne, tourne, etc.

GAUTIER. Ah! ça, il y a erreur... Vous ne me trompez pas, il n'est rien dans cette buvette qui vous tienne au cœur ?...

RODOMONT. Si fait, parbleu!... Le vin du buvetier...

GAUTIER. Et la servante ?

RODOMONT. Fi donc! la servante ?... Et vous, n'avez-vous rien remarqué dans cette maison ?

GAUTIER (à part). Celle de Tabarin.

RODOMONT. Vous la connaissez ?...

GAUTIER. Moi ? en vérité non...

RODOMONT. Touchez-la, mon ami... et laissez-moi vaquer à mon amour.

AIR du galop de la Pâtissière.

Il se fait tard, séparons-nous,
Et surtout sans rancune :
En fait d'bonne fortune
Il ne faut pas s'mettre en courroux,
Et sans propos être jaloux.

GAUTIER. Je vous ai fait quelques froissures,
Je les oublie... imitez-moi.

RODOMONT. Si je vous ai dit des injures,
Je les oublie aussi, ma foi.

ENSEMBLE. Il se fait tard, etc.   (Rodomont sort.)

SCÈNE VIII.
GAUTIER, puis MARION.

GAUTIER (d'abord seul). Tout va pour le mieux, et désormais je n'ai plus qu'à songer à ma belle, qui est bien la mienne... Oh! que Tabarin est lent à venir !... Profitons-en du moins... Justement c'est elle!...

MARION. Monsieur Gautier.

GAUTIER. Lui-même, ma belle enfant, qui accourt vers toi, le cœur toujours plein d'un amour...

MARION. Dois-je vous croire ?...

GAUTIER. J'en prends le ciel à témoin...

MARION. J'ai donc une bien triste nouvelle à vous dire...

GAUTIER. Ah! mon Dieu! laquelle ?...

MARION. On veut me marier.

GAUTIER. Te marier... et qui ça... Oh! je devine... Cet arbitre de ta destinée qui d'un mot te fait plier sous son vouloir, et que jusques à ce jour tu as refusé de me faire connaître ; mais je saurai son nom... et quel qu'il soit...

MARION. Vous ne le saurez pas.

GAUTIER. Mille morts!...

MARION. Ah! vous êtes mauvaise tête, je le sais... et si je parlais... Il y aurait peut-être entre vous querelle et batterie mortelle.

GAUTIER. Eh bien! je renonce à le savoir de toi... Mais, vois-tu, Marion, c'est de ma vie à présent qu'il s'agit... Choisis entre moi et cet époux qu'on te destine... Et si tu m'aimes... suis-moi...

MARION. Vous suivre !...

GAUTIER. L'existence que tu mènes dans cette maison, et qui est indigne de toi, m'avait déjà engagé à te faire cette proposition... Mais à présent il n'y a plus à balancer... Un sort plus heureux t'attend auprès de moi.

MARION. Y pensez-vous?... Mais quand même je vous écouterais, sachez bien, Gautier, que je ne suivrais que mon mari...

GAUTIER. Toi! l'épouse d'un pauvre comédien sans emploi, sans fortune!..

MARION. Suis-je plus riche que vous?

AIR de la Dot (de Mlle Loïsa Puget.)

J'n'ai pas d'autre dot qu'un peu d'gentillesse,
Je suis sans parents, presque sans abri...
Eh bien! qu'un amant près de moi s'empresse...
　Moi, je veux un mari,
　Oui, je le confesse,
　Je veux un mari.

J'vous entends sans colère
Me parler d'vos amours;
Mais malgré moi sévère
A tous vos beaux discours
Hélas! je redirai toujours:

J'n'ai pas d'autre dot, etc.

GAUTIER. Eh bien! puisque tu le veux, parle, ordonne, et nargue de la misère... Tu viendras...

MARION. Pourtant...

GAUTIER. Plus d'hésitation... Il fait nuit; dans une heure... là bas, derrière la buvette... A ce signal: trois coups frappés dans la main, tu seras prête...

MARION. Oh! jamais!

GAUTIER. On vient... C'est Tabarin...

MARION. Lui... Oh! Adieu!...

GAUTIER. A bientôt... Songes-y bien, Marion; si tu ne réponds pas à mon signal... la rivière est là...

MARION. Oh! c'est impossible... Adieu. (Elle sort rapidement.)

SCÈNE IX.
GAUTIER, TABARIN.

GAUTIER (d'abord seul). Elle est à moi!... Ce que c'est que d'avoir joué la tragédie en province... Ah! Tabarin!

TABARIN. Victoire, victoire!... mon ami, voilà tes 20 écus.

GAUTIER. Que le ciel te les rende...

TABARIN. J'aime mieux que tu les rendes, toi-même... Ah! si ma femme savait ça. Hum! quelle dégelée... Ah ça! est-ce que tu balances?

GAUTIER. Non pas, mon ami, non pas, et je cours sur-le-champ m'assurer de tout ce qu'il me faut...

TABARIN. Et moi, je vais allumer mes lampions.

GAUTIER (à part). Bon, il va s'éloigner! (le voyant arrêté.) Eh bien! à quoi penses-tu?

TABARIN. Je réfléchis que tout ceci ressemble fort à une scène que j'ai vu jouer à Galinette-Lagaline, et ce qui était le plus plaisant, c'est que le tuteur... le père, je crois, prêtait les mains à l'enlèvement de la belle.

GAUTIER. Ah! ah! ah!... c'était fort drôle...

TABARIN. N'est-ce pas, que c'était drôle. (Gautier sort en riant.)

SCÈNE X.
TABARIN, MARION (La nuit vient pendant cette scène.)

TABARIN (d'abord seul). Ce brave Gautier... C'est un bon diable!... Ah ça! ne négligeons pas les affaires sérieuses., Marion...

MARION (paraissant). Mon ami (à part). Il n'est plus là...

TABARIN. Ecoute, mon enfant, j'ai confiance en toi, et je veux remettre à ta garde un bijou qu'il te faudra conserver bien précieusement.

MARION. Qu'est-ce donc?

TABARIN. Ce portrait que j'attache autour de ton cou... Et qui ne te quittera jamais... n'est-ce pas?

MARION. Oh! mon ami, jamais ; mais ces traits, où donc les ai-je déjà vus?

TABARIN. Où ça ?... Je te le dirai plus tard... Le jour de ton mariage avec mon neveu l'écrivain.

MARION O ciel ! (à part) et Gautier, qui est peut-être là.

TABARIN (prêtant l'oreille). Mais, je ne me trompe pas... On vient par ici... rentre, et pendant que tout le monde va affluer sur le Pont-Neuf, ne te montre que si tu entends ma voix.

MARION. Oui, mon ami.

TABARIN (l'embrassant). Adieu.

MARION (à part). Si Gautier pouvait renoncer à ses desseins... (Elle sort.)

SCÈNE XI.
TABARIN, puis GAUTIER et RODOMONT.

TABARIN. A travers la nuit, je crois voir... Serait-ce Gautier ?... Je serais curieux de connaître la dame de ses pensées... Guettons sans bruit...

GAUTIER (enveloppé d'un manteau, avec un bâton et une échelle). Tout est prêt, tâchons de nous orienter...

TABARIN (à part). C'est lui, je crois.

RODOMONT (enveloppé aussi dans un manteau). La belle m'attend, songeons à notre vengeance (Il se dirige vers la maison de Tabarin.)

TABARIN. Où donc est-il ?... (Gautier frappe trois coups dans la main à l'entrée de la coulisse de gauche.) Hein! c'est par là. (Rodomont frappe aussi trois coups de l'autre côté). Non, c'est par ici.

ENSEMBLE (à voix basse)   AIR d'une finale de la Juive.

Pas de bruit (bis.)
Les ombres de la nuit
Partageant { mes / ses } amours.
{ Me / Lui } prêtent leur secours !
Fidèle au rendez-vous,
En dépit des jaloux,
{ Ma / Sa } belle de { mon / son } cœur
Va combler le bonheur.

(Gautier disparaît par la coulisse de gauche, et Rodomont entre chez Tabarin.)

TABARIN (seul).
L'écho trompeur a, sur mon âme,
Produit d'abord un fier effet !...
Mais là... Dieu ! si c'était ma femme !...
Tant de bonheur pour moi n'est pas fait.

(Au même instant on voit Gautier traverser la scène avec une femme voilée, Rodomont sort de chez Tabarin avec une autre femme qui doit être très grosse.)

REPRISE DE L'ENSEMBLE.   Pas de bruit, etc.

RODOMONT (bas à FRANCISQUINE).
Qu'attendons-nous encore !
Tout bas ma voix t'implore.
Tendre objet que j'adore,
Viens vivre sous ma loi.   (Il l'entraîne.)

GAUTIER (de même après avoir placé son échelle contre le parapet.)
Allons, ma toute belle,
Fiez-vous à mon zèle...
Mais, qui tiendra l'échelle ?

TABARIN (s'approchant de lui dans l'ombre).
Parbleu, ce sera moi ?

GAUTIER (parlé). Tabarin !...

TABARIN (parlé). Chut !...

(Au moment de disparaître, tout le monde reprend l'ensemble.)

Pas de bruit, etc.

(Rodomont s'éloigne par la gauche avec Francisquine ; Gautier disparaît avec Marion par-dessus le parapet ; Tabarin renverse l'échelle.)

SCÈNE XII.
TABARIN, puis MONDOR.

TABARIN (riant aux éclats). Ah! ah! le bon tour... J'en rirai long-temps!...

MONDOR (entrant). Ah! ça! Tête de bœuf... Tabarin n'a pas encore allumé ses lampions?...

TABARIN. Maître, j'y cours.

MONDOR. A la bonne heure... Moi, pendant ce temps, je vais prévenir Francisquine... N'oublie pas que tu me dois 20 écus (Il rentre chez Tabarin.)

SCÈNE XIII.
TABARIN, LE GARÇON BUVETIER.

Le garçon est occupé à allumer une lanterne suspendue à la porte de la buvette.

TABARIN. Certainement que je ne suis pas homme à oublier ce que je dois... (frappant sur son front), j'ai là de quoi payer... ah ça! en avant le liquide pour remonter mon génie... (appelant), Marion... Marion...

LE GARÇON. M. Tabarin, qu'est-ce qu'il y a ?

TABARIN. Ce n'est pas à toi que j'ai affaire... mais voyez si cette petite viendra...

LE GARÇON. Ah! c'est que je vas vous dire ; si vous voulez absolument lui parler, vous n'avez qu'à prendre patience, elle est sortie...

TABARIN. Il n'y a qu'un instant, elle était ici.

LE GARÇON. Oui, mais elle n'y est plus... depuis qu'elle est sortie... elle a dit qu'elle allait revenir... mais ce qu'il y a de plus drôle, c'est que si elle revient par où elle est partie, elle reviendra par la fenêtre...

TABARIN. Hein! qu'as-tu dit... par la fenêtre!... en es-tu bien sûr?...

LE GARÇON. Tiens! cette question!... Moi, j'ai rien dit, c'est pas mon affaire... (Il achève d'éclairer sa lanterne.)

TABARIN. Par la fenêtre!... Oh! mon Dieu! quel soupçon... Gautier... mais non! cet homme que j'ai vu tout à l'heure à travers l'obscurité... ce n'était pas lui... cette épée... ce plumet... cette cape... c'était Rodomont... O Tabarin! Tabarin!... tu ne seras jamais qu'un âne... et tu veux entrer à l'Académie!...

AIR : Un jeune Grec.

Que faire, hélas! où voler... où courir!
Vit-on jamais plus grande maladresse!...
Mais c'est le ciel qu , voulant me punir,
Soudain me plonge en semblable détresse!
O Tabarin, tu prêtes ton argent
A tes amis pour enlever leur belle!
Tandis que, pour ton châtiment,
Un double traître enlève ton enfant...
Et que c'est toi qui tient l'échelle.

(Il tombe sur un escabeau près d'une table et la tête entre ses mains.)

SCÈNE XIV.
TABARIN, MONDOR.

MONDOR (sortant de la maison de Tabarin, un papier à la main). Partie... avec ce sergent... O ma représentation de ce soir... que faire?... Tête de bœuf, l'heure me presse... et comment Tabarin va-t-il prendre cette nouvelle... Oh! quelle idée! Le voilà... Il paraît qu'il sait tout... N'importe... (Il fait signe au garçon et lui parle bas ; celui-ci sort et rentre aussitôt avec un broc et deux verres qu'il pose avec précaution sur la table.)

TABARIN. Oh! si je ne me retenais... je m'arracherais les cheveux... Ce Rodomont... ce scélérat de Rodomont!

MONDOR (à part). C'est ça... il est instruit.

TABARIN. M'enlever ce que j'ai de plus cher au monde !

MONDOR (à part). Sa femme !... Prenons-le par son faible. (Il s'approche de la table et verse à boire.)

TABARIN. Ah ! si je le tenais, je le briserais comme je brise... (Il saisit un gobelet.)

MONDOR. Un instant... il est plein.

TABARIN. Ah ! maître... vous savez ce qui m'arrive ?

MONDOR. Et tu le vois, je viens t'offrir des consolation, mon pauvre Tabarin. (A part.) O mon Dieu ! les promeneurs se montrent... l'heure marche.

TABARIN. C'est que vous ne la connaissiez pas, vous... vous ne pouvez l'apprécier... un ange, maître, un ange !...

MONDOR (à part). Qu'est-ce qu'il dit donc ?... elle le battait matin et soir.

TABARIN. Et puis elle était si jolie...

MONDOR. Sans doute... mais, vois-tu, si tu m'en crois, tu chercheras à l'oublier..... tiens, voilà un miraculeux spécifique... je m'y connais.

TABARIN. L'oublier !... mais il ne faudrait pas avoir d'âme, pas de sang dans les veines... Moi qui avais tout sacrifié pour elle, moi qui la regardais comme mon idole, ma divinité ! ce matin encore, je me disais : ce sera la béquille du vieux Tabarin... elle ne me quittera jamais... non jamais... Stupide ! stupide que j'étais ! Oh ! c'est affreux ! n'est-ce pas, maître... (En disant ces derniers mots il porte machinalement la main à son verre, et le verre à ses lèvres.)

MONDOR. Bon ! il y vient... redoublons. (Les promeneurs augmentent.)

TABARIN. Je n'ai plus qu'à me laisser mourir de faim et de soif. (Il boit.)

MONDOR (lui versant). Pour une femme ! ça n'a pas le sens commun ; pense donc plutôt à ton associé Mondor ; rappelle-toi qu'il a promis du nouveau pour ce soir à son public, et que tu lui dois vingt écus... et puis, songes-y bien, si je fais une bonne recette, grâce à toi, eh bien ! tête de bœuf ! je suis prêt à t'octroyer tout ce que tu voudras pour courir après les fuyards.

TABARIN (buvant). Maître ! quelle générosité ! Ah ! Maître, je vous estime...

MONDOR. C'est dans le malheur qu'on connaît ses amis... mais il faut du courage...

TABARIN (commençant à s'échauffer). J'en aurai (il boit) et je les atteindrai (il boit), et je les châtierai (il boit), et Rodomont y laissera sa défroque.

MONDOR (versant toujours). Et ce sera bien fait... car c'est une conspiration, vois-tu... ce baron de Grattelard en est...

TABARIN. Lui, ce charlatan manqué !

MONDOR. Il est jaloux de nous, et il prétend que sans ta femme tu serais incapable de désopiler la rate des Parisiens... Il dit que c'est elle seule qui attire le public...

TABARIN, (ivre). Francisquine, mon épouse ? ah ! il dit ça le baron de Maroquin et son fidèle Grattelard... ah ! ah ! Eh bien ! voulez-vous que je vous dise moi..., ils battent la campagne... car ma petite... non, je veux dire... ma grosse. (On entend la musique du baron de Grattelard ; tout le monde se dirige vers l'endroit où doit être son tréteau.)

TABARIN. Qu'est-ce que c'est que ce tintamarre ? c'est faux... c'est faux.

MONDOR. Vois-tu ! le monde se porte vers eux... Oh ! Tabarin, mon ami, c'est fait de nous... les charlatans l'emportent.

TABARIN. Pas encore, maître, je suis en train, moi ; je vais dire des bêtises plus gros que vous et moi... allumez les chandelles... je n'y vois pas... à bas le baron de Grattelard... et le marquis de Maroquin... à bas !

MONDOR (l'entraînant). Enfin !... Holà ! pages de musique, le signal.

(Les musiciens, placés sur les tréteaux, donnent le signal pendant que Mondor allume lui-même les lampions ; tout le monde déserte les tréteaux de Grattelard et accourt en criant : O hé ! Tabarin ! ô hé !)

SCÈNE XV.

MONDOR, TABARIN, GRATTELARD, MAROQUIN, GODEAU, PEUPLE.

(Le commissaire s'installe sur un escabeau de la buvette. Grattelard et Maroquin arrivent furieux.)

CHOEUR.   Air du Pré aux Clercs.
Quand le signal ici se fait entendre
Nous accourons, et sans nous faire attendre,
Pour nous guérir et pour nous mettre en train,
Vive Mondor ! et vive Tabarin !

LE PEUPLE. Tabarin !... Hola !... hé !... hé !...

MONDOR (paraît et fait trois saluts). Messieurs, nous avions dessein de vous offrir ce soir une nouvelle farce tabarinique à personnages de l'invention de mon élève Tabarin, et représentée par lui et sa femme Francisquine : nous éprouvons le regret de vous annoncer qu'une maladie grave retenant chez elle la femme Tabarin, c'est Tabarin lui seul qui suppléera à son absence; sur ce, que chacun passe au bureau, mon baume et mes opiates n'ont changé ni de prix ni de place... Après quoi nous commençons... Allez, pages. (Musique sur les tréteaux ; le public achète des pots de pommades et d'onguent. Plusieurs voix) Tabarin ! hohé !... Tabarin !

GRATTELARD (bas). Nous en sommes pour nos frais.

MAROQUIN (de même). Pas encore, maître, il ne paraîtra pas.

MONDOR. Viendra-t-on, quand j'appelle ? Tabarin !... (Tabarin paraît sur les tréteaux.)

LE PEUPLE. Hohé !... Tabarin... Hohé !

MONDOR (prenant sa voix de charlatan). Te voilà donc, drôle... Vas-tu encore me donner de mauvaises excuses, pour qu'en présence de l'auguste assemblée je ne te gratifie pas de mille coups de bastonnade.

TABARIN. Maître, où m'avez-vous conduit ?

MONDOR. Devant ces messieurs et ces dames, qui attendent avec impatience que tu leur expliques subtilement : 1° ce que l'on doit épouser d'une borgne, d'une bossue ou d'une boîteuse... 2° pourquoi les hommes nagent mieux que les femmes.

GODEAU. Ah ! oui, je serais curieux de savoir pourquoi les hommes...

LE PEUPLE. Silence !...

GODEAU. C'est juste (criant). Silence...

TABARIN. Attendez donc, maître, que je me rappelle... que je réunisse mes idées... Vous voulez que je vous explique ce que l'on doit épouser d'une borgne... d'une bossue .. ou d'une boîteuse ?...

MONDOR. Oui... réponds.

TABARIN. Eh bien ! maître... à mon avis... (Comme frappé d'une idée subite.) Ah ! mon Dieu !... il s'agit bien de toutes vos subtilités et inventions que le diable confonde... Laissez-moi... (Il va pour s'échapper.)

MONDOR (le retenant). Tabarin...

TABARIN. Oui, je sais ce que je vous dois... 20 écus... je vous les paierai, parce que je n'ai qu'une parole ; mais laissez-moi courir après eux.

MONDOR. Tabarin, remets-toi. (A part.) Il va tout gâter (Au public). Messieurs.

TABARIN... Vous savez bien que je suis ruiné... assassiné... on m'a pris mon bien... mon trésor... et c'est votre faute... Si vous m'aviez refusé ces maudits vingt écus...

MONDOR (à part). Le malheureux... (Au public) Messieurs...

LE PUBLIC. Bravo... bravo... Tabarin !..

GODEAU. C'est très amusant... je suis fort satisfait !..

TABARIN. Où est-elle... où est-elle ?..

MONDOR. Elle se retrouvera... j'ai prévenu l'assemblée... Francisquine est malade.

TABARIN. Ah ! la mémoire me revient... oui... c'est cela... elle m'a été enlevée... cet infâme sacripant m'a tout pris... oui, tout, car sans elle que ferai-je au monde.

MONDOR. Mais encore une fois... me diras-tu pourquoi une borgne...

TABARIN. Borgne... elle... plût au ciel... mais c'était une créature si frêle... si mignonne...

LE PUBLIC (riant). Ohé !!.. Francisquine... ah ! ah ! ah !

MONDOR. Tabarin... Tabarin.

TABARIN. M. le commissaire... c'est à vous que je m'adresse... vous m'aiderez à les retrouver, n'est-ce pas ?.. vous aurez pitié du pauvre Tabarin... car c'est un homme, Tabarin... ce n'est pas qu'un charlatan.

GODEAU (se pâmant). Ah! c'est très drôle... il m'interpelle!:.

LE PUBLIC. Bravo... bravo...

TABARIN. Mais c'est sérieux... messieurs... très sérieux...

LE PUBLIC (riant). Ah! ah! ah!..

MONDOR. Messieurs, veuillez excuser Tabarin qui perd la tête...

TABARIN. Qu'est-ce qui dit que je perds la tête... non, j'ai bien tout mon bon sens... mais j'aperçois son ravisseur. Ah! misérable!!! (Il s'élance du haut des tréteaux et se précipite sur Rodomont qui entre.)

SCÈNE XVI.
LES MÊMES, RODOMONT.

CHOEUR. Air du Forgeron.

Quel est ce mystère!
Il est furieux...
Fuyons, fuyons bien loin de ces lieux.
Vraiment sa colère
Est hors de saison !...
Il a, c'est sûr, perdu la raison !

TABARIN (serrant Rodomont à la gorge). Maintenant tu ne m'échapperas pas, et tu me diras où tu l'as menée...

RODOMONT. Ah! ça! mort diable... me lâcheras-tu?

TABARIN. Tu me la rendras, entends-tu... ou je t'étrangle...

MONDOR (à part). Je n'ai plus qu'à m'aller noyer...

GODEAU. Ah! ça, qu'on se taise et que cet homme s'explique... saltimbanque, on t'a volé quelque chose.

TABARIN. Ma fille, monsieur le commissaire, ma fille!..

MONDOR. Il déraisonne... c'est sa femme...

TABARIN. Non, non c'est ma fille... la fille de ma première femme, ma fille que j'avais fait venir en secret de Montpellier; la pauvre enfant! je l'aimais trop pour la rendre témoin des désordres du toit conjugal de son père; je l'avais mise en dépôt dans cette buvette, pour la voir plus souvent... je voulais bientôt l'unir en légitime avec son cousin l'écrivain de monseigneur le Cardinal... quand ce chenapan, cet infâme sergent...

RODOMONT. Qu'est-ce qu'il dit!.. qu'est-ce qu'il dit?

TABARIN. M. le commissaire, mon enfant!... il me le faut, ou sans ça...

GODEAU. Vous entendez, sergent... je vous ordonne de restituer à ce saltimbanque la jeune fille qu'il réclame.

RODOMONT. Une jeune fille... mais jamais je n'en ai connu à Tabarin.

MONDOR. C'est sa femme, encore une fois.

GODEAU. Ah! ça, expliquons-nous; le saltimbanque redemande sa fille, et c'est sa femme qu'on a enlevée?

TABARIN. Ma femme!... ma femme!... Oh! ce n'est pas elle que je réclame; c'est ma fille seulement.

MONDOR. Il est fou....

TABARIN. Fou! parce que je vous dis que j'avais une fille et qu'on me l'a enlevée!... Fou! moi, Tabarin.... En effet, qu'est-ce donc qu'un saltimbanque pour avoir des affections de famille, un enfant qu'il aime cent fois plus que sa vie... parce qu'il est là tous les jours, sur ces tréteaux, le sourire sur les lèvres, et grimaçant la gaîté pour vous plaire; croyez-vous donc qu'il n'ait pas un cœur comme vous, et qu'il ne sache pas comme vous aimer et souffrir... Ah! c'est qu'il faut bien qu'il se fasse un masque... lui... c'est son métier... mais l'instant arrive où la nature l'emporte, le masque tombe... et alors vous avez beau crier au saltimbanque: Fais-moi rire... le saltimbanque ne trouve plus là et là (montrant ses yeux et son cœur.) que des sanglots et une voix pour vous répondre : Grâce... pour moi... je souffre... je suis père, et j'ai perdu mon enfant... mon enfant... Rendez-moi mon enfant.

MONDOR (attendri). Sa fille!... Qui donc la lui rendra?

SCÈNE XVII ET DERNIÈRE.
LES MÊMES, GAUTIER ET MARION.

GAUTIER (fendant la foule). Ce sera moi...

MARION (se jetant dans les bras de Tabarin). Mon père!...

TOUS. Que vois-je?

TABARIN. Quoi! Gautier... c'était pour... Oh! ma fille! ma fille...

GODEAU. Ce saltimbanque m'attendrit!...

GAUTIER. Oui, ta fille que je te ramène avec le titre d'épouse de Hugues Fléchelles, dit Gautier Garguille, engagé dès aujourd'hui pour jouer les rois dans la tragédie, à l'Hôtel de Bourgogne.

TABARIN. Est-il vrai?... Mais comment as-tu su?...

GAUTIER. Ce portrait que je t'ai rendu ce matin, et que tu n'as repris que pour l'attacher au cou de ta fille.

TABARIN. Qu'elle soit donc heureuse avec toi... (A tout le monde.) Eh bien qu'est-ce que je vous disais... Ma fille... C'est ma fille.

GODEAU. C'est très bien, c'est très bien; mais si j'ai bien compris la chose, deux femmes ont disparu; la fille et la femme de Tabarin... Voici la fille qui nous dira où est la femme.

RODOMONT, (s'avançant). M. le commissaire...

TABARIN (vivement). Je n'ai pas porté plainte, sergent... mon bon ami, touchez-là. Vous êtes mon meilleur ami... Et souvenez-vous bien que je ne vous demande rien, absolument rien...

MONDOR. Pourtant, si Francisquine nous manque...

TABARIN. Ne suis-je pas là... Ah! M. le baron de Grattelard, vous avez dit, je crois, que tout mon mérite venait de ma chaste épouse... eh bien... vous allez voir...

GRATTELARD et **MAROQUIN.** Nous sommes perdus!

MONDOR. Je suis sauvé!...

TABARIN. Allons, maître, montrez-moi la route et réparons le temps perdu...

MONDOR (criant). En place, en place...

GODEAU (s'asseyant). Je vais donc enfin savoir pourquoi les hommes nagent mieux que les femmes. Les pages de musique donnent de nouveau le signal.)

LE PEUPLE. Tabarin... Ohé!... ohé!!!... (Tabarin paraît sur les tréteaux avec Mondor et salue la foule.)

TABARIN (au public.)

Air du vaudeville d la Quarantaine.

D'ici, Messieurs, j'entends dire : à la fin
Nous voulons tous, tant que nous sommes,
Savoir pourquoi le sexe féminin
Nage bien plus mal que les hommes...
Parbleu... ce n'est pas très malin...
  (S'arrêtant tout-à-coup.)
Mais non... veuillez encore attendre...
Si vous adoptez Tabarin ;
Revenez sans faute demain...
Et je promets de vous l'apprendre.

LE RIDEAU TOMBE.

PARIS. — IMPRIMERIE DE GAULTIER-LAGUIONIE ET COMP.
Rue Christine, n° 2.

www.ingramcontent.com/pod-product-compliance
Lightning Source LLC
Chambersburg PA
CBHW050750170426
43202CB00013B/2362